朔方文庫

主編 胡玉冰

蓉川集（附《入夏録》）

〔明〕齊之鸞 撰　劉紅 校注

兩朝平攘録·寧夏

〔明〕諸葛元聲 撰　韓超 校注

醢鷄吟

〔明〕李廷訓 撰　丁卓源 校注

上海古籍出版社

圖書在版編目(CIP)數據

蓉川集:附《入夏録》/(明)齊之鸞撰;劉紅校
注. 兩朝平攘録・寧夏/(明)諸葛元聲撰;韓超校注.
醢鷄吟/(明)李廷訓撰;丁卓源校注. —上海:上
海古籍出版社,2022.8
　(朔方文庫)
　ISBN 978-7-5732-0344-1

　Ⅰ.①蓉… ②兩… ③醢… Ⅱ.①齊… ②諸… ③李
… ④劉… ⑤韓… ⑥丁… Ⅲ.①中國文學－古典文學－
作品綜合集－明代　Ⅳ.①I214.82

中國版本圖書館 CIP 數據核字(2022)第 111529 號

朔方文庫

蓉川集(附《入夏録》)

〔明〕齊之鸞　撰　劉　紅　校注

兩朝平攘録・寧夏

〔明〕諸葛元聲　撰　韓　超　校注

醢鷄吟

〔明〕李廷訓　撰　丁卓源　校注

上海古籍出版社出版發行

(上海市閔行區號景路 159 弄 1－5 號 A 座 5F　郵政編碼 201101)

(1) 網址:www.guji.com.cn

(2) E-mail:guji1@guji.com.cn

(3) 易文網網址:www.ewen.co

上海展强印刷有限公司印刷

開本 710×1000　1/16　印張 25　插頁 6　字數 325,000

2022 年 8 月第 1 版　2022 年 8 月第 1 次印刷

ISBN 978-7-5732-0344-1

K・3203　定價:128.00 元

如有質量問題,請與承印公司聯繫

電話:021-66366565

國家社會科學基金重大項目
"《朔方文庫》編纂"（批准號：17ZDA268）經費資助出版

寧夏回族自治區"十三五"重點學科
"中國語言文學"學科建設經費資助出版

寧夏大學"民族學"一流學科群之"中國語言文學"學科
（NXYLXK2017A02）建設經費資助出版

《朔方文庫》委員會名單

學術委員會

主　任：陳育寧

委　員：（按姓氏筆畫排序）

于　亨　呂　健　伏俊璉　杜澤遜　周少川　胡大雷

陳正宏　陳尚君　殷夢霞　郭英德　徐希平　程章燦

賈三强　趙生群　廖可斌　漆永祥　劉天明　羅　豐

編纂委員會

主　編：胡玉冰

委　員：（按姓氏筆畫排序）

丁峰山　田富軍　安正發　李建設　李進增　李學斌

李新貴　邵　敏　胡文波　胡迅雷　徐遠超　馬建民

湯曉芳　劉鴻雁　趙彥龍　薛正昌　韓　超　謝應忠

總　序

陳育寧

寧夏古稱"朔方"，地處祖國西部地區，依傍黃河，沃野千里，有"塞上江南"之美譽。她歷史悠久，民族衆多，文化積澱豐厚。在這片土地上産生並留存至今的古代文獻檔案數量衆多、種類豐富，有傳統的經史子集文獻、地方史志文獻、西夏文等古代民族文字文獻、岩畫碑刻等圖像文獻，以及明清、民國時期的公文檔案等，這些文獻檔案記述了寧夏歷朝歷代人們在思想、文化、史學、文學、藝術等各方面的成就，蘊含着豐富而寶貴的、具有地域和民族特色的歷史文化内涵，是中華各民族人民共同的精神和文化財富，保護好、傳承好這批珍貴的文化遺産，守護好各民族共有的精神家園，扎實推進新時期文化的繁榮發展，是寧夏學者義不容辭的擔當。

黨和國家歷來高度重視和關心文化傳承與創新事業，積極鼓勵和支持古籍文獻的收集、保護和整理研究工作，改革開放以來，批准實施了一批文化典籍檔案整理與研究重大項目，取得了一大批重要成果。2017 年 1 月，中共中央辦公廳、國務院辦公廳印發《關於實施中華優秀傳統文化傳承發展工程的意見》，把中華優秀傳統文化的傳承和發展推上了新的歷史高度。《意見》指出，要"實施國家古籍保護工程"，"加强中華文化典籍整理編纂出版工作"。這給地方文獻檔案的整理研究，帶來了新的機遇。

寧夏作爲西部地區經濟欠發達省份，一直在積極努力地推進優秀傳統文化傳承發展事業。2018 年 5 月，《寧夏回族自治區實施中華優秀傳統文化傳承發展工程方案》和《寧夏回族自治區"十三五"時期文化發展改革規劃綱要》正式印發，爲寧夏文化事業的發展繪就了藍圖。寧夏提出了"小省區也能辦大文化"的理念，决心在地方文化的傳承發展上有所作爲，有大作爲。在地方文獻檔案整理研究方面，寧夏雖資源豐富，但起步較晚，力量不足，國家級項目少。

這種狀況與寧夏對文化事業的發展要求差距不小,亟須迎頭趕上。在充分論證寧夏地方文獻檔案學術價值及整理研究現狀的基礎上,以寧夏大學胡玉冰教授爲首席專家的科研團隊,依托自治區"古文獻整理與地域文化研究"人文社科重點研究基地以及自治區重點學科"中國語言文學"、重點專業"漢語言文學"的人才優勢,全面設計了寧夏地方歷史文獻檔案整理研究與編纂出版的重大項目——《〈朔方文庫〉編纂》,並於 2017 年 11 月申請獲批立項爲國家社科基金重大項目,這一項目的啓動,得到了國家的支持,也有了更高的學術目標要求。

編纂這樣一部大型叢書,涉及文獻數量大、種類多,時間跨度長,且對學科、對專業的要求高,既是整理,更是研究,必須要有長期的學術積累、學術基礎和人才支持。作爲項目主持人,胡玉冰教授 1991 年北京大學畢業後,一直在寧夏從事漢文西夏文獻、西北地方(陝甘寧)文獻、回族文獻等爲主的古文獻整理研究工作,他是寧夏第一位古典文獻專業博士,已主持完成了 4 項國家社科基金項目,包括兩項重點項目,出版學術專著 10 餘部。從 2004 年主持第一項國家社科基金項目開始,到 2017 年"《朔方文庫》編纂"作爲國家社科基金重大項目立項,十多年來,胡玉冰將研究目標一直鎖定在地方文獻與民族文獻領域。其間,他完成的國家社科基金項目結項成果《寧夏古文獻考述》,是第一部對寧夏古文獻進行分類普查、研究,具有較高學術價值的成果,爲全面整理寧夏古文獻提供了可靠的依據;他完成的《傳統典籍中漢文西夏文獻研究》入選《國家社科基金成果文庫》,爲《朔方文庫·漢文西夏史籍編》奠定了研究基礎;他完成出版的《寧夏舊志研究》,基本摸清了寧夏舊志的家底,梳理清楚了寧夏舊志的版本情況,爲《朔方文庫·寧夏舊志編》奠定了研究基礎。在項目實施過程中,胡玉冰注重與教學結合,重視青年人才培養,重視團隊建設。在寧夏大學人文學院,胡玉冰參與創建的西北民族地區語言文學與文獻博士學位點、中國古典文獻學碩士學位點,成爲寧夏培養古典文獻專業高級專門人才的重要陣地。他個人至今已培養研究生 40 多人,這些青年專業人員也成爲《朔方文庫》項目較爲穩定的團隊成員。關注相關學術動態,加強與兄弟省區和高校地方文獻編纂同行的學術交流,汲取學術營養,也是《朔方文庫》在實施過程中很重要的一則經驗。

《朔方文庫》是目前寧夏規模最大的地方文獻整理編纂出版項目,其學術意義與社會意義重大。第一,有助於發掘和整合寧夏地區的文化資源,理清寧夏文脉,拓展對寧夏區情的認識,有利於增强寧夏文化軟實力,提升寧夏的影響力,促進寧夏經濟社會全面發展;第二,有助於深入研究寧夏歷史文化的思想精髓和時代價值,具有歷史學、文學、文獻學、民族學等多學科學術意義,推動寧夏人文學科的建設與發展;第三,有助於推進寧夏高校"雙一流"建設,帶動自治區人文社科重點研究基地、重點學科、重點專業以及學位點建設,對於培養有較高學術素質的地方傳統文化傳承與創新的人才隊伍有積極意義;第四,在實施"一帶一路"倡議大背景下,深入探討民族地區文獻檔案傳承文明、傳播文化的價值,可以更好地爲西部地區擴大對外文化交流提供決策支持。

編纂《朔方文庫》,既是堅定文化自信、鑒古開新、傳承和弘揚中華優秀傳統文化的需要,也是服務當下經濟社會文化發展的需要,是一項功在當代、澤漑千秋的文化大業。截至 2019 年 7 月,本重大項目已出版大型叢書兩套、研究著作,依托重大項目完成碩士研究生學位論文 9 篇。叢書《朔方文庫》爲影印類古籍整理成果,按專題分爲《寧夏舊志編》《歷代人物著述編》《漢文西夏史籍編》《寧夏典藏珍稀文獻編》《寧夏專題文獻和文書檔案編》共五編。首批成果共 112 册,收書 146 種。其中《寧夏舊志編》32 册 36 種,《歷代人物著述編》54 册 73 種,《漢文西夏史籍編》15 册 26 種,《寧夏典藏珍稀文獻編》10 册 7 種,《寧夏專題文獻和文書檔案編》1 册 4 種。《寧夏珍稀方志叢刊》共 16 册,爲點校類古籍整理成果,由中國社會科學出版社、上海古籍出版社分別於 2015 年、2018 年出版。《朔方文庫》出版時,恰逢寧夏回族自治區成立 60 周年,這也説明,在寧夏這樣的小省區是可以辦成、而且已經辦成了不少文化大事,對於促進寧夏文化事業的發展、提升寧夏知名度起到了重要作用。同時也要看到,由於基礎薄弱,條件和力量有限,我們還有許多在學術研究和文化建設上想辦、要辦而還未辦的大事在等待着我們。

國內出版過多種大型地方文獻的影印類成果,但尚未見相應配套的點校類整理成果。即將由上海古籍出版社推出的《朔方文庫》點校類整理成果,是胡玉冰及其學術團隊在影印類成果的基礎上的再拓展、再創新。從這一點來説,國家社科基金重大項目"《朔方文庫》編纂"開創了一個很好的先例,即在基本完成影印任務的情況下,依托高質量的研究成果,及時推出高質量的點校類整理成果,將極大地便於學界的研究與利用。我相信,《朔方文庫》多類型學術成果的編纂與出版，再一次爲我們提供了經驗，增强了信心，展現了實力。祗要我們放開眼界，集聚力量，發揮優勢，精心設計，培養和選擇好學科帶頭人，一個項目一個項目堅持下去，一個個單項成績的積累，就會給學術文化的整體面貌帶來大的改觀，就會做成"大文化"，我們就會做出無愧於寧夏這片熱土、無愧於當今時代的貢獻！

2020 年 7 月於銀川

（陳育寧，教授，博士生導師，寧夏自治區政協原副主席，寧夏大學原黨委書記、校長）

目　　録

總序 ··· 陳育寧　1

蓉川集（附《入夏録》）

整理説明 ·· 3

重刻蓉川集序 ·· 7

蓉川集序 ·· 9

蓉川先生小傳 ··· 11

廉憲蓉川齊公行狀 ···································· 13

蓉川公年譜 ··· 16

蓉川集目録 ··· 21

南征紀行 ··· 29

悠然亭雜詩 ··· 48

開堰集 ··· 70

歷官疏草 ··· 74

附：入夏録 ·· 110

參考文獻 ·· 204

兩朝平攘録・寧夏

整理説明 ·· 211

兩朝平攘録・寧夏 ··································· 213

2　蓉川集(附《入夏録》)　兩朝平攘録·寧夏　醢鷄吟

參考文獻 …………………………………………………… 237

醢　鷄　吟

整理説明 …………………………………………………… 241

醢鷄吟自叙 ………………………………………………… 243

醢鷄吟紀年 ………………………………………………… 244

醢鷄吟小引 ………………………………………………… 260

醢鷄吟卷之一 ……………………………………………… 261

醢鷄吟卷之二 ……………………………………………… 264

醢鷄吟卷之三 ……………………………………………… 268

醢鷄吟卷之四 ……………………………………………… 273

醢鷄吟卷之五 ……………………………………………… 289

醢鷄吟卷之六 ……………………………………………… 296

醢鷄吟卷之七 ……………………………………………… 302

醢鷄吟卷之八 ……………………………………………… 306

醢鷄吟卷之九 ……………………………………………… 311

醢鷄吟卷之十 ……………………………………………… 319

醢鷄吟卷之十一 …………………………………………… 341

醢鷄吟卷之十二 …………………………………………… 360

醢鷄吟卷之十三 …………………………………………… 375

附録 ………………………………………………………… 383

參考文獻 …………………………………………………… 389

蓉川集（附《入夏録》）

〔明〕齊之鸞 撰　　劉 紅 校注

整 理 説 明

《蓉川集》，明齊之鸞撰。《蓉川集》存世版本最早爲康熙二十年（1681）齊山悠然亭刻本，《四庫全書總目·存目》記載《蓉川集》爲七卷，包括其中的三卷《入夏録》。此外有光緒二十三年（1897）桐城徐宗亮重刻本，民國六年（1917）鉛印本等，藏於中國國家圖書館、北京大學圖書館、清華大學圖書館、山西大學圖書館、山東大學圖書館等地。其中《入夏録》的存世版本僅有康熙二十年齊山悠然亭刻本，記載齊之鸞任官寧夏期間的有關事迹。

綜合各種版本，以齊魯書社 1997 年影印山西大學圖書館藏本爲善，共有《蓉川集》四卷，《入夏録》三卷，《贈言》一卷，《附録》一卷，附《年譜》一卷。每半頁十一行，行二十一、十九、十八字不等，小字雙行二十一字，四周雙邊，粗黑口，雙、黑、對魚尾。版心題寫書名、卷次及頁碼。

齊之鸞（1483—1534），字瑞卿，號蓉川，桐城人。正德六年辛未（1511）科二甲第十七名，授翰林院庶吉士，後歷任刑、吏、兵科給事中。嘉靖元年（1522）七月貶謫爲嘉興府崇德丞，後轉任長興知縣、青州同知等職。嘉靖八年己丑（1529）五月升任陝西等處提刑按察司寧夏官糧提督慶陽等七衛屯種兵備鹽法道僉事。辛卯（1531）二月升任陝西兵備鹽法道副使，壬辰（1532）除河南按察司副使，癸巳（1533）改調山東臨清兵備道副使，甲午（1534）二月升任河南按察司按察使，冒暑蒞事，卒於任上。《明史》卷二〇八有《齊之鸞傳》。除存世著作四卷《蓉川集》、三卷《入夏録》外，亡佚文集有於正德庚午（1510）作於南雍的《三昧録》，任湖州府長興縣知縣組織儒生所校刻的《唐語林》。

《蓉川集》正文前有清潘江撰於康熙二十年歲次辛酉立秋日的《重刻蓉川集序》，清何永紹所撰的《蓉川集序》，明周京撰於嘉靖七年戊子中秋的《蓉川先生小傳》，清汪居安所撰的《廉憲蓉川齊公行狀》。其後有齊之鸞之孫齊祖名撰述的《蓉川公年譜》一卷。此外有潘江藻定的《蓉川集目録》一篇。正文分爲五部分：

《南征紀行》，初名《南征紀》，一卷，共輯録詩六十九首，賦一篇。爲正德己卯(1519)從征江西寧王朱宸濠時所作，始於《棠陵約游西山再答》，終於《回鑾賦》。

《悠然亭雜詩》一卷，共輯録詩八十四首，文三篇，爲嘉靖戊子(1528)於南雍所作。

《開堰集》一卷，共輯録詩十九首，爲途經安慶府時所作。

《歷官疏草》，又名《歷官諫草》，康熙悠然亭刻本記録爲一卷，《桐城耆舊傳》記録爲兩卷，《重刻〈蓉川集〉序》記録爲若干卷。依據康熙本，彙集了從正德九年八月初三日起至嘉靖十年十二月十三日止，共奏疏二十七篇。

《入夏録》正文分爲上中下三卷，目録一卷。目録前有寧夏居士張嘉謨於嘉靖九年七月所撰的《蓉川入夏録前序》。上卷有詩一百四十五首，記載了齊之鸞從南京出發赴任寧夏的旅途事迹；中卷有詩七十九首，主要記載寧夏境内參與修築邊墾及處理民衆日常事務等有關事項；下卷有文章八篇，綜合收録了南京和寧夏等地所作文章。記載事件的時間約自嘉靖八年(1529)至嘉靖十一年(1532)。

《入夏録》後有寧夏文人管律於嘉靖庚寅秋七月所撰的《蓉川入夏録後序》。《贈言》一卷，包括嘉靖九年七月漢延王官的《讀入夏録序跋後》；正德十六年七月既望，新安汪玄錫的《送蓉川齊公之崇德序》；正德十六年辛巳秋七月既望，貴溪夏言的《送蓉川之崇德詩》；吕楠的《送陝西按察使齊蓉川序》；萬曆十九年春季望日，翰林院國史編修吳應賓的《廉訪蓉川齊公像贊》；陝西等處提刑按察司官糧兼兵備鹽法僉事滇南張橋的《夏鎮祠碑文》。

《贈言附録》九篇，包括：嘉靖九年七月初一日《巡撫寧夏右僉都御使翟鵬疏》，嘉靖九年七月初一日《總制陝西三邊軍務太子太保兵部尚書王瓊疏》，嘉靖九年十一月二十日《巡按陝西監察御史宋□書》，嘉靖十年正月日《總制陝西三邊軍務太子太保兵部尚書王瓊疏》，嘉靖十年三月十一日《巡按陝西監察御史方疏》，嘉靖十年九月十六日《巡撫寧夏右僉都御使胡東皋疏》，嘉靖十年十月初六日《總制陝西三邊軍務太子太保兵部尚書王瓊疏》，嘉靖十年十月十二日《巡撫寧夏右僉都御使胡東皋疏》，嘉靖十一年八月十四日《巡按河南監察御史王疏》。

齊之鸞的著述並非一次性刊刻出版。據張嘉謨的《蓉川入夏録前序》記載，齊之鸞從南京到寧夏一路上撰著了諸多律詩、古風、絶句、排律、長篇等，擬題爲《入夏録》。該文集内容隨時不斷修改，在嘉靖庚寅秋七月管律所撰《蓉川入夏録後序》中提及通判任芸菴將齊之鸞書稿付梓的記載，而這次付梓的信息甚少，以至於有無刊本傳世，亦未可知。在漢延王官的《讀入夏録序跋後》中提到其"曾讀蓉川之文章于書肆之所流布"，則嘉靖九年齊之鸞的文章已經有過刊刻，並且齊之鸞之諫議多藏在官署，亦爲他人所閱讀。且康熙時人潘江在齊山將文集鏤板之前已經能夠搜集到齊之鸞的《南征紀行》《入夏録》，此爲齊之鸞文集有過刊刻的佐證。以上所提及的刊本均無傳世版本。

至康熙二十年時，齊山將齊之鸞的散佚文稿勤加搜討，募工繕寫付梓，請潘江代爲寫序。付梓後所呈現出來的文集内容及排列順序與張嘉謨、管律等人所提及的有不同之處，應是對齊之鸞嘉靖間付梓的内容順序有所調整，此則爲康熙二十年齊山悠然亭刊本，即現今存世最早的版本。

齊之鸞存世著述後世研究甚少。《蓉川集》較爲完整地保存了齊之鸞于嘉靖八年以前完成的詩文，通過與友人的詩文往來，尤其是《歷官疏草》的奏疏，詳實地反映了明朝正德、嘉靖時期朝廷的政治生態、士人命運以及社會發展狀態。《入夏録》全面系統地記載了齊之鸞任官寧夏期間所開展的相關政務，爲寧夏的生産發展所做出的具體貢獻，包括倡議並主持修築邊墼，開渠築堤等，爲研究嘉靖年間寧夏的政治、軍事、水利災害以及民事風物等提供了切實可靠的材料。

《明實録》《明史》《國榷》《〔嘉靖〕寧夏新志》《萬曆朔方新志》《四庫全書總目》《文獻通考》等文獻或詳或略地著録了齊之鸞的有關事迹、著述。此外，近代以來學者著述中記載有關齊之鸞情況的有楊殿珣主編的《中國歷代年譜總録》，楊家駱主編的《僞書考五種清代禁書知見録》，丁成泉輯注的《中國山水田園詩集成第三卷(元明)》，徐復等主編的《四庫家藏目録》，淡泊所著《中華萬姓譜(上)》等等，《中國古籍總目》記録著述的分合情況，杜澤遜所編著的《四庫存目標注》詳細記載了齊之鸞著述的版本資訊，楊家駱主編的《中國文學家大辭典下》，蔣元卿編輯的《皖人書録》，安徽省圖書館編寫的《安徽省館藏皖人書目》《安徽文獻書目》等書籍，也簡略介紹了齊之鸞的相關信息。

此次整理將以標點、校勘、注釋等方式對四卷本《蓉川集》與三卷本《入夏録》展開整理。《蓉川集》以山西大學圖書館所藏清康熙二十年齊山悠然亭本爲底本，以北京大學藏光緒二十三年桐城徐宗亮本、山東大學藏民國六年藏鉛印本爲參校本，以各種收録齊之鸞詩文的地方志爲對校本。《入夏録》則以康熙二十年齊山悠然亭刻本爲底本。參考《明實録》《明史》《〔嘉靖〕寧夏新志》《明詩綜》等文獻，力求整理成果校勘精善。

　　附録：《蓉川集》整理研究成果
　　《〔嘉靖〕年間寧夏僉事齊之鸞及其著述淺述》：劉紅撰，《圖書館理論與實踐》2017 年第 3 期。

重刻蓉川集序

士君子湛深經術，出而有爲，於時□者致主澤民，卓然有可見之功績。如布帛菽粟之適於民用，寒可衣而饑可食，始足紓國家之急，而一雪處士虛聲之誚，次則事權不必自我操，猶能以其忠謀讜論抗疏露章于國事。成敗得失之幾，君子小人進退消長之故，擿發其機牙，抉剔其苞蘗，爲曲突徙薪之計。則立言與立功，均至於文采詞說，鋪陳終始，排比聲律。揚子雲所稱雕蟲篆刻，特布衣窮約不得志于時者之所爲，而豈古大儒以一身繫朝野之望，爲世道人心所倚毘者哉？吾鄉先達齊蓉川先生，筮仕武廟，初以名進士較讐清秘，既而特授諫垣，所建白如抑恩倖、冒濫、定儲宮、發宸濠之奸、罷花酒店之設、收威武大將軍之敕、著回鑾之賦、訟王文成之冤、斥太監張忠等之怙寵植私，皆人所棘喉薄吻，噤不敢言。一時忌公、銜公、齮齕公者，或訾公少年盛溢之氣，好大言沽直聲，非必坐而言，可起而行。

及謫丞崇德，徊翔州郡，循牒平進，備兵西陲，曾不敢厭棄猥冗，藉左官養資，望其措施爲何如者。蓋寧夏古朔方地，成化間築長城三百餘里，溝塹卑薄，不足遏南牧之馬。自紅山堡之黑水溝至定邊之南山口，如花馬池、毛卜剌堡、興武營、安定、鹽山諸堡，皆邊騎出入之路。而河東城燧、河西營堡，諸遺墟久埋廢不可復，公力贊大僚經營版築，深溝高壘，三邊之城屹然爲一方天險，此其功詎出范韓下哉？固不獨《蓬子》一疏，猶見曩者掖垣時之風采而已。嗟乎！使天崇之間得公，忠憂國如公者，入而論列諫諍，出而布化宣猷，用其精疆幹辦之才，奚至以賊遺君父土崩魚爛？若斯之亟，而當時一再量移，官止于府丞，年止于下壽，吾于是嘆公之才有所未罄，而其用亦有所未盡也，豈不惜哉？予年方羈貫即知慕公詩，求所謂《南征紀行》《入夏錄》，讀之未嘗不咨嗟諷咏，以爲沉鬱渾脫，大得瀼西之傳。

北地猶去而萬里，今國家蒐采遺籍，一時館閣諸公暨學校中名賢輩出，莫不銳意訪求于鄉梓先賢，首詢公集。其曾孫山率其雲仍，攟摭類次，募工繕寫，都爲一集，復爲之捐金鏤版以傳于世。予讀公奏議若干卷，又未嘗不肅焉起敬，懔然如見公嶽嶽懷方正色立朝之概，以爲詩殆未足以盡公也。聞公薨後，朝議寢白，謂宜功賞世延，而司常無易名之褒，瞽宗無樂祖之祀，輿論至今，以爲恨事。然公有從子刺史公傑、副憲公遇，有孫紹興公琦名，有從孫庶常公心孝，皆次第登朝，世纘清白，則其報殆未可量。而公之不朽于天壤者，固在此而不在彼也。鐫既竣，其曾孫與予善屬序，其端因樂得而附姓字，以志吾私淑之誠。後之君子，尚友古人求掌故，于公之集或愛其詩，或不僅愛其詩，必有以予爲知言者。

康熙二十年（1681）歲次辛酉立秋日，同里後學潘江蜀藻氏拜撰。

蓉川集序

余嘗纂修通志，見鄉先達余竹城先生奏議遺稿。人之稱道其往事者，謂余御史遇事敢言，不避權貴，發中涓奸賕狀，下詔獄杖幾死，謫判安陸州，後起江西僉事，討梅花洞大盜平之，擢四川威茂副使，練將造車習戰陣之法，諸番大畏服。至稽顙轅門，獻珊瑚爲贄，蓋嘆公有直臣之風。云嗣予彙輯龍眠古文，復得讀齊蓉川先生全集。又見所爲《南征紀》《入夏録》《歷官諫草》，備載先生當日由內翰移諫垣，以言事謫丞令，轉徙十餘年。望闕於外，纏綿悱惻，忠君愛國之念，藉敿歷以彰詩文之譽，在朝野者久矣。蓋在諫議，則有定儲貳、抑恩倖等疏，有正名分、明賞罰等疏，有止南巡、劈誣噬等疏。在寧夏則有封蓬子、請帑金等事，有堅溝壘、築池城等役。蓋嘆公文章、事業烺烺炳炳，與日月爭光。

又與竹城先生皆登武廟進士，何其先後同揆而詩文過之也？夫士君子矜盛氣以飾名高者，非憂國奉公經濟之儒也。經濟之儒，居閒暇而不驚，值險難而不避；禁闥不以爲榮，遷謫不以爲辱；在內無喜，在外無怨；得君而事則勿欺而犯之，不得君而事祇恪乃位舉其職而已矣，功利何有哉？以視蓉川先生，真與古人頡頏者乎？夫其發宸濠奸也，張九齡知禄山之識也；其論王守仁誣也，陽城救陸贄之力也；其陳言邊人疾苦也，鄭監門繪流民圖之懇惻也。而不止此，請回鑾以止蹕也，郭憲之斷軔也，司馬之諫獵也；城花馬池、毛不剌諸堡也，[1]烈灰引水而計之，南仲之城朔方也，充國金城之方略也。而又不止此，其請罷花酒店之市，請收威武大將軍之敕，則又言人之所不能言、所不敢言。公獨發抒其至性，浩浩然言之，娓娓而言之，如蘇文忠之文，行乎其所不得不行，止乎其所不得不止耳。卒之，天子不以爲激，同列不以爲忌，人之聞之見之者，起敬起慕而已。

嗟乎！西邸開於漢，宜市設於唐，教主道君號於宋，當時猶不聞有正人君子直言敢諫於其旁，以視公之丰采，何如也？此豈功名之士矜才恃氣，博爲名高,奮於一往者所得仿佛其萬一哉？天地之正氣正人,留之古今,名臣之嘉謨讜論,大儒任之,在官言官,悃悃欵欵,以自輸其誠期其效。後之人披其卷,覽其遺文,咏歌淫泆,其詩古文詞覺千載下猶當凜凜有生氣也。公真可謂頡頏古人者矣。考官有謫而不以榮辱介其心,獨以君父關其慮者,於漢則汲黯,於唐則陽城,於宋則李綱、趙鼎。由今思之,公殆以一身兼三人而有之與。今年朝廷弘開史局,蒐公之文,咨於邑里。公之孫山撫公之散佚彙而梓之,捐金鏤板,楷精褚潔,別爲卷若干,而乞言於同人,桐人益知公,公益不朽矣。惜乎！公之未竟其用而殫其施也。雖然,鄴侯爲相不再傳,而子孫至式微不可問,昌黎有子不免金根之譏,公之子孫雲仍繼起,而光大公之緒,公之所遺者抑遠矣。公僅與竹城先生同持並美乎。

同里後學存齋何永紹頓首拜撰。

【校勘記】

［1］不：原作“卜”,據《〔嘉靖〕寧夏新志》改。

蓉川先生小傳

先生名之鸞，字瑞卿，姓齊氏，蓉川其別號也。元季有諱天富者有所避忌，自濠梁來桐城，改姓徐氏，三傳而爲經歷良相，娶劉氏。子朝美，諱瑩，娶金氏，成化癸卯正月初八日巳時，①育先生於縣市西南隅太平坊之舊第。聰警夙成，沈厚方雅。年十五六，鄉先達袁太僕公宏見其術業器宇，奇之，許妻以女。游邑庠，習毛氏詩。丁卯，提學陳玉籌先生首選應試，中應天府鄉貢。明年，試南宮未利，卒業南雍，大爲大司成許公、石公稱許。越辛未，復上京師，朝美與之偕，中會試，刻程文行天下，桐城中會試先此曾未有刻程文者，有之實自瑞卿始。廷試賜進士出身，選翰林院庶吉士，入讀中秘書，桐城中進士先此曾未有入翰林爲庶吉士者，有之亦自瑞卿始。無何，朝美以疾卒於京邸，扶櫬南葬。服闋，拜刑科給事中，三載績成，敕贈朝美如其官，母封太孺人，妻封孺人。轉吏科右給事中，隨轉兵科左給事中，扈從南征紀功。

先是，當武皇用兵征討北邊，儲位久虛，車駕屢外幸，權貴多乞恩轉陞，大壞祖宗武選之法。封駁奏論無虛目，屢請回鑾建儲，伏闕諫止南巡，攻發銓司諸弊。及至紀功，又大忤貴倖，與用事大臣論事又多不合。今皇帝入繼大統未幾，例當考察，因謫嘉興之崇德丞。大司馬彭幸庵雪其枉，復移湖之長興令，尋陞山東青州府同知。蒞任甫三閱月，丁金太孺人憂。服闋，丁亥賜環，改南京刑部四川司郎中。鄉吏氏曰：“瑞卿在太學時，文名已四播。”然亦以其舉業文章云爾。及登甲科入詞林，曾未幾時即致舒閣，大手筆闡發其尊甫潛隱之德，而鄉評始多其有顯揚之孝。迨其居諫垣，六七年間先後論攻劾勸諫，持國是而豎國本，憂君危而慮患深，不遺餘力。而宸濠不軌之謀，實惟先發，凡所上章疏，無慮數千萬言，率皆明白而不詭，正當而不煩，溫厚而不激，和平而不刻，得

---

① 成化癸卯：成化十九年（1483）。

古論諫之體。及其讁也，無戚嗟之聲，無不平之色，平易近民，振作士氣，養不後教，士服而民懷。又有古良吏之風，而壬午寓考浙藩鄉試，又識拔解元鄭曉與他舉者，一皆允愜士論。

自其始遷之祖，當天造草昧之時，姓齊爲徐已歷六世，向以軍籍例格改正。至是始奏復之，論者亦稱其至誠無妄之學，其譽才賢之士吃吃不離口，惟恐人之不知。於布衣貧賤之交，久而能敬，絕無顯晦之別。其作古文辭，欲駕韓歐，而上薄周秦、西漢之作。其作詩賦近體諸作，欲沿屈、宋、漢、魏、盛唐，而庶幾三百篇之風。至于操觚染翰，仿佛二王丰骨；書啟束劄，情致勤懇而風誼凜然。蓋其孤騫豪邁，殆若列子御風不塵土，要皆根源乎仁義忠信，則其高明通敏之才，允可羽翼天下，藹瑞明時。回視其向日舉業文章之馳聲士苑者，殆鯨鯤之鈎、驪珠之斧、珊瑚之網之，在溟渤茫茫之內，而尚足以指視，而□□之耶？嘉靖丁亥穀旦，①傳一本于鄉評，士論之公爲之，而區區好德懷賢之私，亦竊因以自附。但恨學殖荒落，紀次疏漏，則又不能不仰厪大手筆之刪潤，以爲後來評騭尚論之地也。兼之先生中遭忌嫉，回翔遠方，其功業猶苦未究。

而晚節未露，則固未能逆要而定故，但依倣近時僉憲泰和陳賞、布政泰和梁棽，各撰楊東里公小傳，體例云爾。矧今大明中興下有赫，國是漸定，公論且日信。而先生凜然風操，折之不回，益勵孤貞，勤勞中外，計亦簡在淵衷，峻陟柄用，而風望聲光將由是而愈益鏗鎬炳煥，有可懸而斷者矣。則其功成結局之間，抑豈無絕世名家如四門助教永州司馬者流，通古今而譽盛德，允作史館太常，節惠易名之所有事耶？京不肖而老，蓋不惟才力之無能爲役，亦恐年歲不遑及矣。臨交愧悼，摻觚自失者久之。

嘉靖七年(1528)戊子中秋，倉曹參軍致仕篁鶴山人周京大觀甫文識。

---

① 嘉靖丁亥：嘉靖六年(1527)。

廉憲蓉川齊公行狀

公諱之鸞，字瑞卿，號蓉川。先世居桐爲著族，令先君諱瑩，無號，止字朝美。少有大志，公爲兒時，即知公不凡。後以公貴贈刑科給事中，以正德辛未年卒，①母金氏封太孺人。公生有異質，讀書若不甚經意，一覽即能記其大要。未冠，爲太守大名張公冕所重，提學方公志亦器之。弘治戊午，②公年十六，特以儒士應南都鄉試，中丞彭公清戎、侍御范公皆奇之。范猶屬意命坐與同食，人皆驚異。後提學石峰陳公琳，每至桐考校，輒以公居首。

正德丁卯，③中應天鄉試高第，時公年二十有五，人猶遲之。北上春官，爲同行者所誤，曰：“會試文格不同華贍者先得之。”公遂落筆任意，極其才思，雖雄渾擅場而繩度亦出。是年，下第卒業，南雍大司成許公、石公皆亟稱之，考置優等，八省之士歙衻推服，公聲大振。辛未春，會試南宮，今致仕東閣白樓，吳公得公卷，大喜薦之，主考靳公亦重其文，欲取公第三，會同列有異議，竟置公十七。然在本房尚爲第一，卷後與庶吉士之選，時以爲得人。

先是，贈給事中，君瑩素愛公，護送至京，偶得疾不起。公扶櫬南歸，自始至葬，皆如禮。擇地應辰，山人以爲吉，憂居三年，學益宏博。歲癸酉七月十九日，服闋，至部授刑科給事中。遇事敢言，不避權貴，當路屢有以提學薦者。公以給事中出入禁御，得執筆論列天下事與君相是非可否，以盡匡救之益力辭之。歷吏科右、兵科左，在言路八年，凡數百疏皆關天下大利害，而瑣細之事不屑也。武宗幸邊，公糾諸言官伏闕留駕，不從。江西寧藩久有異志，朝紳以宗戚不敢言。公與御史蕭公淮首發其奸，逆濠窘急，遂叛。奸謀未合，敗不旋踵。微公，則釀禍既深，羽翼漸就，雖真人世出，天命有歸，而封豕長蛇必有受其毒

---

① 正德辛未：正德六年(1511)。
② 弘治戊午：弘治十一年(1498)。
③ 正德丁卯：正德二年(1507)。

者矣。

是年，命公録功江西特選也。時陽明王公以平叛之功，爲權貴忌中傷之，公力疏救之，戢貴瑁之橫暴、郡守之貪，同行者受成而已。會當路者不悦，左遷公爲崇德丞，命下，中外驚駭。今致仕大理卿，東峰汪公尤不平，贈公以文，備述其事。居崇德，司馬幸菴彭公力薦之，扼於當路，止加俸一級，陞長興令。中丞梧山李公疏别，用侍御玉崍陸公著爲《濟川舟楫圖》。尋陞青州同知，聞太孺人之訃，即日就道居喪，執禮如前。服闋，轉南京刑部郎中。己丑五月，改陝西寧夏僉事，上蓬子疏。時寧夏多事，是行也，實有中傷之者，公怡然單車赴任。既至，多所修舉，邊戎悦服。巡撫聯峰翟公鵬以爲一時奇才傑出，力薦于朝。時議脩沿邊城塹，總制晉溪王公、巡撫胡公、巡按朱公、方公，會議以公名請上從之，遂築花馬池城。事竣，陞副使，董其功。公御下甚有威惠，區畫得宜，數月就緒，邊民少安。胡公因疏其材能俱異，勞勩居多，薦以自代。

公以功成還朝，夏民遮道，有西陲夫思、三秦同聲等碑，歲時入祀夏鎮。未幾，補調河南副使，督理河道。中丞朱公舉其績權，本省提學士服其公，而巡按王公疏薦之，尋改山東臨清兵備副使，陞順天府丞，有速化者欲得是缺貨當道假盜起，留公，由是命下中止。公治嚴，境内撤警。甲午春，陞河南按察司。炎月趨任，觸暑蒞事，晝夜不怠。報未完六百有奇，毒熱過勞，疽發于背，延及腦後，病革，家人悲哭。公呵之曰："大丈夫當以馬革裹尸回，何泣？"後竟無一言及家事，以六月十九日卒。公生于成化癸卯，[1]歿於嘉靖甲午，[2]享年五十有二，配袁氏。

初，同邑太僕卿袁公宏有女擇對，既長猶在室，一見公即許婚，後封孺人，生子述，太學生，室訓科方奕女。女三：長信適方雨；榴適方良，太學生；樓適方夢陽，太學生。方在桐爲巨族，諸方皆伯仲也。卜氏生遵，聘監生余宗顔女；沈氏生近，聘庠生汪萬頃女。袁氏先公卒，繼室趙氏以疾遣，終身未娶。公聰悟過人，有逸才，屬文藻麗不尚奇澀，而語意新妙，諫院數百疏，人多傳誦。

在寧夏時，蓬刺一本意甚切直，而上不怍者詞氣婉美，人以爲可繼宣之後素工尺牘，草草數語自出人意外。詩思甚切，然喜多有一韵疊至數十首者，摻

---

① 成化癸卯：成化十九年（1483）。
② 嘉靖甲午：嘉靖十三年（1534）。

探奇崛，毫末不遺，他人多即難工，公有餘力矣。在長興有《唐語林》，南曹有《悠然亭集》，寧有《入夏録》，其他稿尚多。得高識之士讐校之，當爲佳彙可傳也。公美容止，貴頗豐上，彩眉隱隱，議論英發，聲音琳琅，聽者欣服。善飲酒，醉後灑然可喜，然亦無可犯者。公與人交能久，少與布衣陳君章善，既貴不移，人服公之能交友也。

予少公六歲，幼同筆硯，生長孤寒，無親族之助，惟視法于公，公亦視予如弟。年二十漸知趨向，公之力居多。公性疏宕，予亦懶散，以是相得。公本齊姓，爲一世祖天富公自濠來，改姓徐氏，至公凡六世，始疏復之，其重水木本源如此。公有二弟，長之鳳，字文卿，次之龍，字雲卿，皆上舍公甚友愛二弟，而二弟亦甚敬之。予姪偶爲文卿壻，初議婚時，公力贊成之，欲吾二家世修之好也。予以差便歸省，文卿率其弟雲卿哭且拜曰：“知吾兄者，子也。”欲求銘於當仕名家，以托不朽，無以藉手敢請。嗚呼！吾忍執筆，無以狀公耶？雖然，知公者又誰哉？謹掇其大略如此。

邑人可亭汪居安撰。

蓉川公年譜

憲宗成化十九年(1483)癸未正月初八日,公生於縣市南隅太平坊之舊第。

甲辰(1484),公二歲,甫週日,贈君羅百具以觀取捨,獨筆硯兩撫摩焉,咸異之。時贈君夢五色青鸞集庭,遂命名曰"雲鸞"。

乙巳(1485),公三歲。

丙午(1486),公四歲。

丁未(1487),公五歲。

孝宗弘治元年(1488)戊申,公六歲,出就外,傅目數行下。日兼十餘人誦,師大異曰:"三年,吾藍矣。"

己酉(1489),公七歲,患痘有周。塾師愛誦道德家言,夜半見巨人伸兩足抵屋角。師再拜,囑曰:"得毋雲鸞之天星乎?"即視不見。

庚戌(1490),公八歲。

辛亥(1491),公九歲,習毛氏詩,即能屬文。太僕袁公宏過塾中,值師他出,諸兒驚避去,公朗讀如故。袁公試之,曰:"客至而踞,禮乎?"對曰:"奉師命讀書,不奉揖客。"音吐宏壯,顏色不變。袁公大奇之,清軍范公素異公,慫太僕妻以女。[1]

壬子(1492),公十歲,受業袁公之門,屬文,不事斤削。袁公益珍惜,爲更名曰"之鸞"。

癸丑(1493),公十一歲。

甲寅(1494),公十二歲。

乙卯(1495),公十三歲。

丙辰(1496),公十四歲。

丁巳(1497),公十五歲。

戊午(1498),公十六歲,行冠禮,加字曰"瑞卿",娶袁孺人。

己未(1499)，公十七歲。

庚申(1500)，公十八歲，補邑庠生。

辛酉(1501)，公十九歲，食廩立就千言，聲益振，與范公半星、謝公桐岡爲筆硯友。

壬戌(1502)，公二十歲。

癸亥(1503)，公二十一歲。

甲子(1504)，公二十二歲。

乙丑(1505)，公二十三歲。

武宗正德元年(1506)丙寅，公二十四歲。自甲子下第，遂杜門，益肆力於詩古文詞。

丁卯(1507)，公二十五歲，提學陳玉籌公琳首拔公應應天鄉試，中第三十三名。

戊辰(1508)，公二十六歲，下第卒業南雍，大爲大司成許公、石公所稱許。時安福鄒公守益大物自期，及讀公南雍課，驚曰："昆吾利銛，爲當退舍。"來京師訪之，劇談屢日，嘆曰："是科巨業，輸君一籌矣。"

己巳(1509)，公二十七歲，在南雍。

庚午(1510)，公二十八歲，在南雍，著《三昧録》。

辛未(1511)，公二十九歲，贈君偕公北上，中會試十七名，刻程文行天下，廷對登楊公慎榜，選翰林庶吉士，入讀中秘書。四月，贈君卒於京邸，公扶櫬南葬，哀毀逾常。置匠辦園，取租納稅，免合族之擾。

壬申(1512)，公三十歲，在憂中。

癸酉(1513)，公三十一歲，服闋，十月赴部，十二月授刑科給事中。當路屢有以提學薦者，公以出入禁御得執論列天下事與君相是非可否，力辭之。

甲戌(1514)，公三十二歲，在刑科清理蘆課，免江南北之擾。

乙亥(1515)，公三十三歲，在刑科條呈安邊弭盜六事。

丙子(1516)，公三十四歲，在刑科，時京師西角頭新設花酒店房，公力疏論止之。

丁丑(1517)，公三十五歲，在刑科，疏請建儲。武宗幸邊，公糾諸言官伏闕留駕。

戊寅(1518)，公三十六歲。三月，陞吏科右給事中，奏起編修王思，給事中張原、御史徐文華、周廣、高公韶，主事宿進，卒中戴冠韓邦靖，劾去吏部倖陞任者三人。七月，轉兵科左給事中，時武宗自稱總督軍務威武大將軍總兵官朱壽，公抗疏諫止之。[2]

己卯(1519)，公三十七歲，在兵科。八月，欽差紀功江西。先是，宸濠久蓄異志，造龍舟劇戲邀武宗南幸，啟行有日。公首唱留駕，率御史吳闓等伏闕號泣，屢日上疏吁諫。武宗意稍緩，濠復諷守臣保其孝行，朝野洶洶。公及御史蕭淮等首發其奸。六月，濠反狀聞時，征南諸將皆勳貴權閹，多挾勢驕橫，朝議選科道御史才望素著爲諸將所憚者，軍前紀錄功次，難其人。公挺臂請行，曰："賊憾予發其奸，必欲赤吾族。老母在南，願死以報賊。"朝紳亦共推公，遂有是命。

庚辰(1520)，公三十八歲，在兵科，紀功江西，奏免江西十四年一切錢糧。時濠已爲都御史王文成公守仁所擒，會鞠於府第。濠反誣文成，公責以大義，卒嘿不語。諸將忌文成功，欲中傷之，公前後論救疏凡七上。其爲濠事株連者數十萬人，公止勾其同謀扇惑者數十人，其無辜被逮者焚其籍，悉縱遣之。武宗駐蹕南都，公屢請還宮。武宗以不便已舍之江干，公乃作《回鑾賦》。

辛巳(1521)，公三十九歲，在兵科，奏復齊姓。保舉知府伍文定、邢珣、徐璉、戴德孺、陳槐，通判胡堯元，知縣劉源清、馬津，劾太監張忠、□□伯江彬、[3]安邊伯朱泰、左都督朱暉、參將瞿江、千總張懷、都司馬驥、兵部尚書王憲、薦舉參將蕭滓。世宗即位之日，公上疏幾三千言，極論六部諸弊，發貴瑞之奸。群閹閧然曰："齊給事攻我輩。"有即日引罪罷出者，保定大學士謝文正遷，劉文肅忠、王文恪鏊、楊文襄一清，尚書韓忠定文，孫榮僖交、張公濚，都御史彭襄毅澤、陶恭介琰、林貞肅俊、俞莊襄諫。公以論事忤權貴，七月，例當考察，謫公崇德丞，命下廷議沸然。公怡然收圖書南行，東峰汪公玄錫、貴溪夏公言尤不平，贈以詩序。十月，司馬彭公幸庵雪其枉，扼於當路，止加俸一級。

世宗嘉靖元年(1522)壬午，公四十歲。六月，陞湖州府長興縣知縣，政餘校刻《唐語林》與考浙潘識拔鄭端簡公曉爲解元，其他所舉者皆當時英俊，允愜士論。中丞李公梧山、侍御陸公玉籌著《濟川舟楫圖册》，造望春橋，有記。

癸未(1523)，公四十一歲，十一月，陞山東青州府同知。

甲申(1524)，公四十二歲，九月丁太孺人艱，殯葬盡禮一如喪贈君時。

乙酉(1525)，公四十三歲，在憂中。

丙戌(1526)，公四十四歲，服闋。

丁亥(1527)，公四十五歲。七月，赴部。十月，賜環，陞南刑部四川清吏司郎中。

戊子(1528)，公四十六歲，在南曹著《悠然亭集》。

己丑(1529)，公四十七歲。五月，陞陝西等處提刑按察司寧夏官糧提督慶陽等七衛屯種兵備鹽法道僉事。[4]時寧夏多事，是行也，實有中傷之者，公毅然單車赴任。其往寧夏時，沿途饑饉，居民採蓬子爲食。公上疏責難君相，封題各二，一進宮中，一進閣下。發帑賑濟，全活者甚眾，於是有一《過生春》之謠。

庚寅(1530)，公四十八歲。巡撫聯峰翟公鵬疏公一時奇才傑出，力薦於朝。時議修築花馬池城塹，總制晉溪王公瓊、巡撫胡公東皋、巡按朱公觀，以公名請。五月，敕公及僉事張公大用董其功。池故沙磧，旋築旋圮。公抵塞環視，調度方略出前人。右掘沙丈餘得土，鑿泉引水百里外。八月，城成屹如銅垣，邊民賴之。

辛卯(1531)，公四十九歲。二月，陞陝西兵備鹽法道副使，奉敕修邊。三月經始，八月告竣，[5]作朔方天塹東、西、北三關記。胡公疏其材能勞勛，舉以自代。王公、朱公、方公俱力薦之。十一月，還朝。夏民遮道號哭，數百里不絕，有西陲去思、三秦同聲等碑。入夏鎮祠，春秋享祀。

壬辰(1532)，公五十歲。二月，除河南按察司副使，督理河道。中丞朱公舉其績，復以巡按王公薦權河南提學副使。

癸巳(1533)，公五十一歲。五月，改調山東臨清兵備副使。八月，陞順天府丞，復奉旨還本任。蓋有欲得是缺貨當道，假盜賊起以留之。公治嚴肅，境內撤警，而臨清無事矣。

甲午(1534)，公五十二歲。二月，陞河南按察司按察使。到任，冒暑蒞事，熱延腦際，病革。家人悲泣，公呵之曰：“大丈夫當馬革裹尸回，何泣爲？”竟無一言及家事。六月十九日卒。

【校勘記】

[1] 此處袁公“妻以女”在齊之鸞九歲，明周京《蓉川先生小傳》記載爲“年十五六，先達袁太僕公宏見其術業器宇，奇之，許妻以女。”

〔2〕七月：應作"八月"。明武宗第二次以威武大將軍自稱應在正德十三年八月，而"徐之鸞"升遷兵科左給事中在八月戊寅。

〔3〕□□伯江彬：按《明武宗實錄》記載商討征伐朱宸濠謀逆時，武宗敕旨"命左都督朱洪，都督僉事朱琼，留西官廳疹東操練仍代張忠、朱泰管理捕盜，洪照舊兼管東路關口，琼暫代朱暉兼管西路關口，平虜伯朱彬、左都督朱周隨駕南征。"南京禮部奏"奉先殿已新行禮，其餘諸祀典當舉者請遣官從之。乃命平虜伯朱彬祭龍江壇，南京兵部尚書喬宇祭鐘山之神。"《明史》記載："江彬，宣府人，初爲蔚州衛指揮僉事。"正德八年，"建西官廳於奮武營，賜彬、泰國姓。越二年，遷都督僉事。"正德十三年，應州大捷，"錄應州功，封彬平虜伯；子三人，錦衣衛指揮；泰，安邊伯；琼、周，俱都督。"正德八年江彬接受賜姓"朱"。嘉靖皇帝即位，受武宗寵倖的江彬失勢，所賜國姓亦當削除。則"平虜伯"江彬與朱彬實爲一人，故當作"平虜伯江彬"。

〔4〕五月：原作"四月"，據《明世宗實錄》改。嘉靖八年四月條載："戊辰，升南京禮部祠祭司郎中王冀爲浙江按察司副使，南京刑部四川司郎中齊氏爲陝西按察司僉事。"據此，齊之鸞收到朝廷任命資訊在嘉靖八年四月初三日。則《年譜》所載"五月"與《明世宗實錄》"四月"相異。查檢《明史》等史料，確定齊氏升任寧夏僉事在"四月"而非"五月"。

〔5〕三月經始，八月告竣：原作"二月經始，十月告竣"，據《〔嘉靖〕寧夏新志》改。東西北三關修築始於二月，終於十月。

蓉川集目録

南征紀行

棠陵約游西山再答

用前韵報一竹給事西山之約兼柬棠陵秋官

諗一竹病足兼簡棠陵

答一竹病足韵

雨中病酒疊前韵簡思道秋官

湖陰高會卷次韵爲方思道作

答棠陵雲隱山房見招

與棠陵雲隱山房聯句三首

聞江西事變憂老母所在一夜而鬚白一莖因成二絕

送蔣冬官子雲謫南京前府都事

方思道中元謁陵被雨疊韵謔之

初恩志感卷爲大司寇張公作

次方思道後短竹歌韵簡茹均州光禄兄弟

送洪惟和宰蒙陰

贈賀錦衣英

見樹窠歌爲方思道秋官作

裕州城歌

次韵題美人睡起圖

次韵題美人題紅葉圖

秋江漁樂圖

萱花歌壽趙洪衢母韓太孺人

鳩隱

出張掖門與祝遥緒同年聯句

晚宿良鄉

良鄉曉發

新城夜宿

將至雄縣書見四絶

雄縣南曉發

過河間

景州道中

德州憶栗兒

夜發恩縣

過高唐憶孫子秀學正

將至荏平

望嶽用杜韵

東阿曉行即事

汶上簡劉伯祥同年

兖州察院

臨城驛夜坐

臨城曉雨

九日馬上

晚登黃樓

與祝掌科孫章董三侍御陸主事同游雲龍

入舟口號

觀物亭爲陳水部伯度作

後齋爲陳伯度作

次方思道玉簪花歌韵贈丁德卿員外

桃源即事

渡淮

露筋廟限韵

召伯驛

儀真遵陸褚家堡鋪次壁間韵

浦口曉行

烏江吊古

擬古少年行

巢縣道中寄葉孟元同年

南巢道中感興

冶父山寺有"第一山"三字。

山冷水關赴召關去吾家百里

將至舒城

廬州道中

臨濠道中晚行二絕

桃山驛夜坐書懷

徐州赴飲王公濟侍御次韵二首

彭州答方思道見寄二絕

再答方思道見招二絕余訪思道河東，鄰舟謂已行。興盡回棹，不知尚在橋南也。

三答方思道開州見寄二絕

望桓山

沛縣謁駕夜歸

徐州小溪橋晚泊

徐州得命先行

水哉行

回鑾賦

悠然亭雜詩

元旦次潘大行宗魯韵

元夕會飲視祠部鳴和宅口號

和方惟朴元宵作

戲題美人圖

西湖晚眺

訪余竹城侍御湖上

讀邸報喜同年庶吉士散館

東長安門觀榜

表謝釋菜日俱值雨喜而有作

新命改除刑科給事中十二月十八日也

除夜

元日導駕兵、刑、工三科東向西立，顧瞻轉折矜慎特至。

南郊供事

直科偶成二首

清明陪祀天壽山敬賦二十韵

陵祀歸途又賦

九日于午門外食餼

秋月甚朗延上虞沈輝談命私志三絶

元日書夢

顧東江學士同諸門生分韵爲竹城侍御贈別得料字

大興隆寺齋居

誕日對瑞香花獨酌

端陽節午門前剝粽

是日候朝至日暮群望猜甚偶成二絶

變意

偶感

咏史三首

渤海吟大城道中作。

哭丁汝正侍御

送高引之司諫楚府冊封因便展墓

送倪公在司諫韓府冊封便道省覲

送同年范以載試御史南臺

送劉伯儒侍御出按滇南

送李元朴司諫陞任浙江僉憲

送王拱之都諫陞任陝西參政

送張汝立侍御提學南畿

送張履謙進士出令桐城

送憲弟南歸口號

送李濟之侍御落職沔陽判官二首

余竹城侍御以巡監見逮謫判安陸惜別一首

送汪行可應試南都

寄壽屠司寇老先生七十

一竹爲出用周司諫題

與張汝立侍御同訪參西涯閣老園亭

參侍涯翁得其所爲花香樹色鳥聲鶴舞詩草書四幅志喜

將侍外翁行太僕公往石塘阻雨奉呈

途中用韵酬太僕公見和之作

過練潭渡獨行用前韵即事許鍊師同行，光發太僕公以事留練潭。

石塘用前韵志感

宿三城寺二首

登投子山次韵簡張水部宗周

九日樅陽登高方臺

銅陵月夜

寶應曉發

清源遇蕭梅林秋官舟中聯句

守舍

夜讀忽渴效陶學士匊雪烹茶

夢回聞雨

惡濕

溽暑晚坐

行時汪行道姻家見惠藤床暑中偃仰甚適詩以謝之

爲汪行可茂才題二仙傳道便面癸酉年。是秋十月，外艱服闋。

今日曷不樂

題芙蓉

采石李公祠

石刻失題

游浮山分韵得看字

下山憩三友亭次蕭郎中韵四首

寄方惟樸

示龍弟

納凉池上

春日感懷

思親

春夢次方惟樸韵

次韵竇都諫春日見惠之作

簡方惟樸

夜思

故婦怨

王昭君

齋居夜坐四首

游梅花水

寄友人出宰

次少白先生韵送可亭

謫崇德丞感憤答大巡之作

望春橋記

安慶府志序

河南按察司題名記

開堰集

馬上見天柱峰次郡伯胡可泉韵

皖山高次可泉韵

登塔

涪翁山谷三首

石牛

山谷夜集

途中奉簡可泉

分題得釣巖

分得白鶴泉

開堰

堰上微見皖峰

天柱山

天柱寺

望皖山歸來馬上盡見諸峰

石屋

石松

白雲岩

府學習射

言別

歷官疏草

清理蘆課疏

屏細娛疏

建儲疏

急救根本疏

薦賢疏

正名疏

慎兵權疏

抑幸恩疏

諫止南巡疏

遵舊制疏

溥聖恩疏

明賞罰疏

救王文成公疏

回鑾疏

復姓疏

清理刑獄疏

賞功抑倖疏

杜革冒濫疏

甄別功過疏

急黜文武姦邪大臣疏

薦舉將材疏

定聖志廣言路疏

起用名德老成疏

抑奔競疏

陳言疾苦疏

請告歸疏

呈請歸田

南 征 紀 行

棠陵約游西山再答

葛巾委塵十寒溽，欲向西湖水中漉。仙賞每格紅塵侶，俗心空注白雲屋。差喜攬彎光禄_{張子材}。豪，卻被出門霖潦沃。乘興幾番陵祀餘，歸鞍群奔城頭宿。堪笑食言張柱史敬之，悵然使我失遷木。工科_{吳瞻之}。開州_{余德輝}。近有期，虛辦金華酒一斛。荷君雅意詩訂約，踴躍庭前三過讀。未到西山即得歸，老望燕京死不足。珍重平生鷄黍意，指點雲間子午谷。

用前韵報一竹給事西山之約兼柬棠陵秋官

秋風將掃西湖溽，湖邊山色秀如漉。勝地曾經翠輦過，名崖多結高僧屋。渴心此日坐生塵，涓滴甘泉向誰沃？昨朝詩柱棠陵約，終夜夢繞雲岩宿。淡烟錦爛芙蓉花，初月龍吟杉檜木。何可長安居十年，不就此中飲一斛？一竹田郎故好奇，新詩首首皆堪讀。便須策馬披煩襟，還擬臨流濯倦足。與爾更是同舟人，且上高山俯深谷。

諗一竹病足兼簡棠陵

聞君裏創臥炎溽，葛巾並廢葡萄漉。分番見促煩友生，_{梁騰實給事，先用此韵促一竹出入直。}擁衾徒切瞻黃屋。病定本異膏肓憂，欲愈未免湯藥沃。爾來我暫釋負荷，_{先此余署印兵科。}失諗迹疑忘昔宿。料非輕出犯垂堂，兼非暗投踏械木。塞翁無須論福禍，大官何遽慚升斛。亦知非謝簿書忙,五十百步燈火讀。直當坐使良于行,況有葵能衛其足。亟報棠陵且緩期,忍見支節跛山谷。

答一竹病足韵

田生所至消息大,前聞寺裏高軒過。屈指距今兩日餘,胡爲更道捫足卧? 輕傷便爾病大痒,坦途莫謂無坎坷。抱膝遥憐七步吟,成創豈但一毫挫。諫院久浪登仙名,六科左右給事得朔望守科,故謂左右給事爲神仙。閉門方切洪恩荷。敢將越瘠視交游,暫理湘簾供睡課。塵凡却無九節杖,殷勤莫放一揩佐。勉終遠詣看超驤,勿因小蹶附衰懦。吁嗟兮,校顛自愛竹一箇,清班正愧糠粃簸。

雨中病酒疊前韵簡思道秋官

七旬陰雨秋仍溽,循渠戲捻蒼苔瀇。敝廬礎石潤欲流,不久當似棠陵屋。忽憶棠陵詩在篋,恐與高生麥同沃。發篋朗吟肌骨清,解除一石聖人宿。薦之廟朝映瑚璉,攜向山林光草木。一從得見照乘珠,魚目紛紛空滿斛。況聞千言對客揮,老殺十年閉門讀。因嗟追驥難附尾,更成畫蛇復添足。棠陵棠陵子之腹,直如錦繡萬花谷。

湖陰高會卷次韵爲方思道作

錢郎交情老不倦,稀年自作觀湖卷。爲政風流兩足稱,方子作吏今僅見。丹青指點湖陰寺,湖曲班荆非造次。鳴琴足敵戴星勞,王弘遠爲陶潛至。① 回頭樹裏青蓋收,轉眄棠陰布地周。星霜一變鴻泥隔,風景不異山川繆。飛鳧何處不復返,當日山僧念未休。湖邊酒泉嗎槳送,筆底詞源倒峽流。林端方外蓮社冷,閬仙夢寐還并州。少陵

---

① 王弘(379—432):字休元,謐號文昭。南朝宋琅琊臨沂(今山東臨沂)人。東晋丞相王導曾孫,年少好學,以清悟知名。義熙十一年(412)陶淵明辭任著作左郎,義熙十四年(418),王弘在江州任剌史時與陶淵明結交,兩人之間有軼事量革履、白衣送酒等。

封書舊青眼，旻公好事今白頭。① 非緣此圖寄舊游，安得勝事傳吾儔。吾儔但云見苦晚，遑恤□□挽不留。丈夫有生爲斯世，須令到處口碑記。一命雖微澤物資，出宰不爲更誰俟。穿渠功利未云殊，春生滿邑枯樹株。休嗟獄吏書牘尾，時思道不久下獄，詔得釋。幸有崑人歌袴襦。君不見，上逼窄，下側塞。賈誼董生萬言策，古來豪傑多見格。豈似河陽縣裡花，縱橫偏植由君得。

答棠陵雲隱山房見招

疏懶晨梳晏，淹留夜飲狂。干戈紛羽檄，樽俎且山房。雨足松流翠，風清竹有香。招呼憐汝意，歌好憶吾鄉。

與棠陵雲隱山房聯句三首

見我尋幽信，知君躍馬狂。方。② 暫違青瑣闥，共啓翠微房。齊。③ 檜柏交簷蔭，菖蒲覆石香。方。相逢知幾醉，兵火報南鄉。齊。

躑躅長安道，人看似病狂。方。空杯陪酒伴，露頂嘯僧房。齊。伏雨泥塗大，秋山桂子香。方。雲岩三十六，候爾過桐鄉。齊。

懶散成吾癖，麁豪賴爾狂。齊。羈栖憐子美，述作謝君房。方。藥竈烹葵嫩，磁甌薦茗香。齊。塵埃如不滯，即是水雲鄉。方。

聞江西事變憂老母所在一夜而鬚白一莖因成二絕

烽火慈幃定畏途，憂心煎白上莖鬚。凡雛空長三旬七，不得臨危手一扶。

省覲猶思再考時，兩考例得歸省。一莖先已變成絲。平安若遣慈顔見，笑定應驚早白兒。

---

① 旻公：唐朝林旻，官承事郎，泉州通判，好治理民生疾苦。
② 方：方思道。
③ 齊：齊之鸞。

送蔣冬官子雲讁南京前府都事

狂將身世託茅蕉，雨露恩深荷聖朝。官改舊都非去國，事收青譽是昂霄。侍郎果愜乘龍選，蔣乃南兵部侍郎黃公瓚之胥。[①] 老帥何心入幕招。名義干君知有負，踟蹰樽酒獨無聊。

方思道中元謁陵被雨疊韵譃之

方干居厭短檐湀，竹笠油衫更遭漉。攘臂昨説山中秋，燎衣今借道旁屋。山青苦被雲障遮，眼白仍看水肥沃。逆旅衾裯濕作寒，酒毋誰開甕頭宿。忽然涼月朗中天，猶有餘聲滴茂木。布帳蕭然夢不成，白鳥轟雷可數斛。指彈扇撲不停手，詩成無暇敲推讀。國哀正憶去年時，十日兵間暑雨足。知君夜歸今無恙，輦道新埋舊時谷。

初恩志感卷爲大司寇張公作

鐵筆持邦禁，丹誠注帝衷。忽看歸老疏，再上建章宫。急難鶺原迥，悲愁鵠髮同。腹心非自外，骨肉奈搖中。聖主聞應動，明廷禮特隆。勉留温詔答，存問有司通。草木霑新寵，桑榆慰速空。離憂知頓釋，志養亦云終。膂力經王事，涓埃感我公。更移温清孝，還畢救時忠。

次方思道後短竹歌韵簡茹均州光禄兄弟

君不見，光禄新栽數莖竹，秋官作歌思何速。竹裡陰疎不可坐，竹上露晞不盈匊。琅玕聲價滿長安，特以均州與光禄。更向秋官經品題，此竹遭逢幸無惡。均州榮戟今將移，秋官昨復臨送之。重續長歌即報我，歌詞語意含悽悲。苦云愛竹惜竹短，對竹引巵不能滿。萎黃憔悴爽不生，堂下炎宫張大傘。豈因客土根難安，明光急索金銀

---

① 黃瓚：字宗獻，號後溪，儀真人，成化二十年(1848)甲辰科進士。

管。徒令徑造發長嘆，謾道主人澆沃嬾。干戈報至理霓裳，有城垂克待晨粄。眼底紛紛惱人意，栽培何暇多感傷。均州南風正密邇，此行須早煩經量。我家蓉川君去路，脩竹陰陰舊草堂。即今聞在荊棘裡，滿園鳳尾空斷腸。安得攜壺候三徑，與君酬酢一相當。嗚呼，均州何能復愛竹？到官急令采美箭，不妨直幹伐盡雲山蒼。

送洪惟和宰蒙陰

每惜君才抱膝中，爲郎今得主東蒙。塵埃久擬操刀割，撫字應看製錦工。劍匣夜虛霑稼雨，琴堂朝度種花風。干戈草草臨岐別，側耳賢聲馬首東。

贈賀錦衣英

金吾官屬世稱榮，況復清標羨鳳成。頭角共看新雨露，光輝還惜舊簪纓。父書幾卷籖燈讀，王愾頻年汗馬征。聞道烽烟猶近塞，更須談笑立功名。

見樹窗歌爲方思道秋官作

棠陵山人足風致，城市每有山林趣。西曹簿書急相仍，退即開窗對嘉樹。坐愛明窗塵不起，綠陰院落澄如洗。翛然何異林居清，況復得之公署裡。爾昔計偕來越東，旋復作吏向吳中。青鞋布襪經行處，秀水佳山多異踪。自從闕下留鳧舄，海鶴蹁躚卻在籠。世故驅人苦束縛，一枝棲處難從容。曹司見樹見客同，瀟灑窗前興味濃。雲來氣接西山雨，鳥美涼生少女風。黛色可當袍笏拜，青柯不雜桃李叢。有時得意歌白雪，封題報我詩幾筒。嗟哉窗樹大幾許，從前凡經幾易主。乃今得喚見樹窗，宦海風流茲作古。還惜曹司更代頻，繼爾之後復何人。長得愛樹如今日，豈令斤斧摧爲薪。爲薪爲棟休預擇，自古芬華遞衰歇。等閒欲免牛山悲，漢家溫樹應不伐。爾才縱逸不可當，毫端光焰庸遽滅。見樹之作何獨闕，細和我詩千載揭。

裕州城歌

君不見，楚國方城今裕州，南陽四塞通襟喉。三秦郝侯來作刺，期年政理城亦修。城成兀有鐵籠固，斗絶翻令旌斾愁。憶昔賊奴破州治，殺人如麻勢何熾。平時敗隍坐不理，民死於賊誰之耻。郝侯假手裕人心，不似浚血完長子。城中萬姓咸樂生，倉卒村民可入城。俗州城，郝侯名，金湯高深應與並，侯民相愛萬古情。

次韵題美人睡起圖

穠花壓枝枝欲偏，晴日烘花花欲燃。美人無事饒春睡，亂鬟矗矗堆雲烟。花開花落流光過，不似沉香亭畔卧。別院春風自有花，帶笑看花泛紫霞。

次韵題美人題紅葉圖

羊車不來人欲老，蛾眉淡向秋風掃。霜葉閒情代楮生，免得詩成煩削稿。蕭蕭南北與東西，此物何緣手自題。還憑逝水流將去，不知可落詩人處。

秋江漁樂圖

江廬沙鴈楚江秋，日暮漁舟近舻頭。篷底弄兒飯羹鱠，乾坤俯仰更何憂。

萱花歌壽趙洪衢母韓太孺人

君不見，趙家北堂萱草花，孤根歲歲先春芽。侵凌雪色還青葉，閱歷韶光無艷葩。堂前阿母今七十，風骨與花同玉立。歲寒老梅昔枯瘁，獨守堦庭蘭與桂。一朝忽遣郎君行，爾事聖朝毋我繫。郎君牽裾跽請留，但教爲忠詞愈屬。諫官猶冀舊都銜，板輿得遂將迎計。青瑣而今望白雲，雖有諸孫鮮昆弟。去年綵衣戲花下，今年花下人千里。

寫圖千里寄歸舟，吾爲作歌花前謳。此花世以比母德，在昔一云名忘憂。阿母生兒有司諫，俯仰乾坤那復愁。　百無愁日優游老，萱長傍蟠桃開且落。① 平湖豈異瑶池頭。② 安知七十歲，此去不爲三千秋？

鳩 隱

結巢繡溪上，③静與拙相宜。翠剪空自好，鸚籠謾有知。陰晴呼婦日，上下引雛時。莫羨棲阿閣，終歸覓一枝。

出張掖門與祝遙緒同年聯句

高秋躍馬出嚴城，祝。雨後西風捲旆旌。輦道塵飛鸞仗近，齊。天衢雲净日華明。定知勝氣摧狂寇，祝。真爲么魔勒應兵。　奔走縱教髀肉盡，齊。敢緣勞苦負心盟。祝。④

晚宿良鄉

我行至良鄉，車駕已臨涿。官藏供億煩，吏走威勢捉。人馬正饑疲，晚得粟一握。華館據高軒，敝廬聊破幄。堦前樹卻佳，綠葉未全脱。獨坐新霽清，悠然念盤錯。自顧章句生，胡此擁矛矟。感時不成寐，起視明河數。月色忽半窗，枕上聞吹角。

良鄉曉發

紅塵輕拂面，白露冷霑衣。黍地收新雨，瓜籬摘曉暉。義旗人自奮，初路馬如飛。上策從天下，神威縛賊歸。

新城夜宿

自入新城界，風物倍蕭瑟。官道半爲渠，潦水流未歇。斷株如頑

---

① 疑"傍"爲衍文。
② 此句疑脱七字。
③ 繡溪：在廬江府廬江西南角。
④ 祝：祝遙緒。齊：齊之鸞。

石，楂牙臥道側。馬足凌兢行，東西路曲折。晚眠太僕寺，舊榻呃饞蝨。捲衾就地鋪，聊合雙睛澀。一宿豈求安，茲行爲討賊。經過廢弛多，感嘆意彌惻。當是灾傷餘，民窮賦斂迫。邑中多近臣，玉食累千百。君側豈無人，將非吏政闕。

將至雄縣書見四絕

沿溪風景似江鄉，老柳濃陰綠兩行。雙嶼稀罾編竹細，白沙中閣賣魚航。

十載騎驢此地過，平原如掌半爲河。生魚活蟹來盈市，黍地桑田奈爾何？

天王杖鉞爲蒼生，民見旌旗亦不驚。只恐有司供帳富，重瞳難照困窮情。

灾傷共道水連年，午過停驂不敢前。南去泛舟三十里，鄚州城北少人烟。

雄縣南曉發

凍蟾浴魄溪光溢，老樹疎星霧前失。北軍怯水馬驚船，日中渡者猶未畢。此船之下平田地，黍苗浸死生荷芰。野叟操舟疾若風，誰云駕浪非長技。憶昔計偕頻歷此，脩途輕轡行迤邐。浸淫誰使雄鄚間，相望漫漫四十里。採菱鉤蓮饞可餐，鐃歌鼓吹軍聲讙。從來檳水蛟龍蟠，但訝江風吹怒湍。

過河間

爽風輕颭酒旗搖，策馬瀛西第一橋。水繞郡城秋漸落，烟籠官柳午方消。書生軍旅何曾學，聖世鯨鯢浪作妖。蓐食下春還出郭，塵埃雙鬢任蕭蕭。

景州道中

景州水決桑園東，奔沙走石民田中。高黍離披總無實，低禾盡入河伯宮。豈惟禾黍傷頻澇，行人不得遵周道。百里華騑半日程，紆迴昏黑何能到？安得地置良有司，食民脂膏恤瘡痍。蓄洩有備人熙熙。[①] 皇華使者亦相慶，拔足泥淖行坦嶔。

德州憶栗兒

阿栗憐渠幼，曾令候德州。開舟何太速，駐馬見無由。篋內空儲果，天涯獨擁裯。平安傳令弟，夜半解吾憂。甘指揮夜將憲弟書至，云栗兒舟中平安，始得寐。

夜發恩縣

四更出恩縣，燈火照旌旗。霧重衣衫濕，風高鼓角悲。喜聞諸將帥，都解惜瘡痍。邑中遇王巡撫盛，憲副錢憲僉，皆云二帥過地界無他擾索。師過民無擾，皇恩海內知。

過高唐憶孫子秀學正

故人隱郡博，校士入三秦。風度應如舊，聲名卻日新。柏臺交剡薦，楓陛下蒲輪。惆悵出城去，思君欲損神。

將至茌平

長途秋暮馬騑騑，風起塵高雉堞微。蟬到夕陽聲更急，樹經寒露葉初飛。正聞老母平安信，兼喜中丞克捷威。揚策不知行色倦，欲沽村釀解征衣。

望嶽用杜韻

吾聞登岱宗，山形可了了。雞鳴即見日，天下不知曉。戴地疑有

---

① 此句疑脫七字。

鰲,摩空或無鳥。何當層雲巔,坐憩一石小。

東阿曉行即事

山路風寒又四更,崎嶇十里夢中行。青林石勢常疑虎,白水嵐光似泛瀛。狐鼠豈堪南面器,貙豻真數朔方兵。天王只合憂根本,早返皇輿拱治平。

汶上簡劉伯祥同年

征衫十日苦風塵,汶上停驂訪故人。無約信知非我避,有懷端擬向君論。雲林索笑黃花嫩,世路多愁白髮新。聞道江鯨先授首,歸時雞黍莫辭貧。

兗州察院

院清亭有竹,節近菊無花。獨酌不成趣,微吟易感嗟。淒風吹樹急,細雨傍檐斜。秋色征車外,家園路正賒。

臨城驛夜坐

晚風悲角斂孤軍,遼絕滕徐候館分。樹杪月華清送柝,兵前霜氣黯生雲。市無美酒重陽近,人忘歸途客思紛。何事金陵千里地,鹿鳴消息尚無聞。時鳳弟應舉南京,故結句及之。

臨城曉雨

明日重陽至,茲晨風雨多。鳴鳩號樹杪,啅雀避檐阿。只作衝泥去,無煩載酒過。登臺阻行路,將奈菊花何。

九日馬上

九日彭城路,征鞍指顧間。晨經高帝廟,暮憩子房山。戲馬連荒草,雲龍擁市關。且須留信宿,懷古一躋攀。

晚登黃樓

落日州城并馬躋，危樓猶揭宋人題。河流交泗趨淮壯，洪樹盈郊望嶽迷。泉縮民居新出水，舟行黍地尚無隄。留連正愛窻前月，野宿遥聞暮夜啼。

與祝掌科孫章董三侍御陸主事同游雲龍

城南秋色起雲龍，使節登臨一蕩胸。老衲解言民瘼事，山根下指水痕春。千年鶴馬浮雲變，四顧亭臺蔓草封。院省風流成勝會，夕陽杯酒話從容。山有放鶴亭、戲馬臺遺址。

入舟口號

浹旬鞍馬困風埃，天入滄浪一快哉。百步樹邊新舫去，吕梁月下故人來。

觀物亭爲陳水部伯度作

水部分司舊此亭，滿亭風月静中扄。堦前四序多幽意，堂上雙眸炳獨醒。天地盈虛無物我，陰陽姤復兆開零。主人應有弄丸訣，使節何妨半日停。

後齋爲陳伯度作

齋胡後爲名，英雄將自謔。不見終崢嶸，誰非始落落。春華遇眼新，秋實竟咀嚼。躁率進恒輕，老成顧每卻。惡盈聖者訓，姑子老氏學。譬彼稱良工，抱奇罔示朴。譬彼國手奕，毋令末著錯。君馬何不馳，君穎胡不脱。但笑終南徑，豈慕揚州鶴。糠粃故自前，蕛稗信有獲。終羞二鳥賦，竟羞十禽獲。諒君歲寒心，高見千古卓。寄語捕蟬徒，爾後有黄雀。

次方思道玉簪花歌韵贈丁德卿員外

考工臥創昔杜門，秋官策馬問寒暄。主人好客客好事，創屍踞床共啓軒。軒下玉簪花正盛，新篘問婦開芳尊。花逢好景人偏愛，素蕤幽香久還耐。月娥新梳綠霧鬟，斜插數枝多意態。仙種疑自廣寒來，化工幻作藍田類。絕異塵中爛熳叢，膩紅俗紫空形穢。涼露濡香净可吞，剛風吹折猶堪戴。玉簪花對玉人清，何不遣騎來我迎。蓉川平生好乘興，聞奇不問秉燭行。二十四朵雖落去，葳蕤尚有葉與莖。思道歌云："且聞六月開紫玉，二十四朵懸一莖。"但見秋官歌一首，筆勢顛狂猶帶酒。索我和章期立成，吾豈苦作觥佳叟。南風沸江江有聲，綿才幸預從親征。捲還寧暇事蚴蟉，且向江滸收長鯨。丁生亦别玉簪至，謂我安得終無情。舟中晚毫爲子作，玉簪回首成今昨。凱歌聲近陽春來，與子歸醉花前幕。

桃源即事

下邳南去水滔天，最憫桃源與宿遷。耒耜蕭條多結網，閭閻漂蕩半巢巔。官皆傲客存空傳，市不登蔬但鬻鮮。見説宣房猶未塞，一歌瓠子一凄然。

渡　淮

曉霏如霧復如霾，森森河流順沂淮。雙櫓微風摇鐵面，半窗殘月朗羈懷。舳艫水道帆千里，鷄犬人家樹兩涯。猶聽吳歌輸白粲，向來江水阻狼豺。

露筋廟限韵

道傍女子死於蚊，猶聽居人説露筋。古木荒祠來夜月，清風巍碣罩秋雲。事傳汗簡遺名氏，血染羅襦駭見聞。湖上貞魂千載恨，齋宫白鳥謾紛紛。

召伯驛

安石若不出，當如蒼生何？深淵竟非匹，召伯乃同科。人心重《甘棠》，道德不在多。東瀉漑稻田，北去通漕河。盈盈湖上水，渺渺生烟波。國家報士功，千古一網羅。埭名標驛頌，可以激蹉跎。

儀真遵陸褚家堡鋪次壁間韵

小亭繫馬看青山，芳樹人家淺水灣。回首東風生彩鷁，挂帆卻羨祝郎閒。遥緒掌科先欲由舟至南京，余由儀真陸行，賦此。後亦由陸來，見之大笑。

浦口曉行

三五星，短長亭。日光烹海赤，山色飲江青。野燒林邊人臂斧，秋濤霧裏客揚舲。

烏江吊古

往事追尋感慨多，英雄當日割山河。溝東項地西劉地，帳内虞歌外楚歌。遺廟欲荒神尚烈，大江不轉恨難磨。寒盟卻渡誰非是，故壘風雲長薜蘿。

擬古少年行

馬首青絲絡，腰間百寶刀。旗捎霜葉下，箭拂嶺猿號。意氣輕儒吏，飛揚見爾曹。誰知杜武庫，談笑静江濤。

巢縣道中寄葉孟元同年

榜中風度隔烟霞，訪客南巢夜駐車。有興不逢安道面，無心卻過季方家。道中午食處詢之，即其弟莊舍。軒幨亥徑牽蘿蔓，鷄黍深山對菊花。安得故人同契闊，金城坐淪老僧茶。

南巢道中感興

小徑依山去,平湖帶郡來。石雲孤寺出,烟樹數帆開。桑梓偏青眼,逢迎有白醅。干戈回首地,喜極淚盈腮。

冶父山_{寺有"第一山"三字。}

冶父姿形異,宜稱第一山。松雲開石逕,竹日净禪關。只作驅車過,重謀躡屐攀。峰前有奇氣,神物故應還。

山冷水關赴召_{關去吾家百里。}

使節南驅又北馳,關門細雨路逶遲。山藤暗刺低鈎彎,野菊寒花淡著籬。百里迴車懷老母,五雲瞻日赴王師。蕭岑候吏知鄉誼,頻跽西風進酒巵。

將至舒城

旋車趨召命,千里未從容。細雨沙溪渡,寒雲野樹春。石披軋剥蘚,巖老倒生松。回首倚門地,無言涕淚從。

廬州道中

來往征衫上,晴塵復雨泥。溪流朝飲馬,驛樹夜聽雞。鳥外楚山盡,帆邊焦水迷。道途荷鋤者,北首望雲霓。

臨濠道中晚行二絶

險路愁殘照,煩襟愛夕陰。寒塘魚躍藻,遠墅鳥投林。

橫澗山頭石,臨濠水上雲。肩輿行曠野,導騎入斜曛。

桃山驛夜坐書懷

驛樓更鼓坐聽籌,檢點行間不奈愁。廬鳳道偏農碾雨,_{各郡治輦道}

用牛曳碾平之。雨過道壞,則復治之,今無慮數次矣。河淮津闊賈梁舟。徐州、臨淮、鳳陽、淮安各新設浮橋以備渡軍,俱强纜客舟爲之。么麽祇重蒼生病,根本須煩聖主憂。但分驅馳應夙夜,使星何事復徐州。

徐州赴飲王公濟侍御次韵二首

柱史年家厚,清尊尺牘通。萍簪形迹外,風雨笑談中。未覺黃花老,真憐紫蠏空。不知今夕後,詩酒幾回同。

早春京國別,此地笑言通。翠輦雲霓下,黃樓霽雨中。坐憐烟擁樹,歸待月生空。有客河東宿,招呼未肯同。是夕方思道至河東,招之不至。

彭州答方思道見寄二絕

去來來去本無期,得望仙舟亦自奇。若到水鄉悲凍瓦,邳州南下更堪悲。

王師百萬過齊無,不釣鯨鼇且弋鳧。聞道薇垣舟泊處,向南征雁盡銜蘆。

再答方思道見招二絕余訪思道河東,鄰舟謂已行。
興盡回棹,不知尚在橋南也。

衝泥衝雨赴佳期,誰止誰行亦太奇。使節未同張翰去,迴船欲作阮生悲。

孤帆雲影望中無,百步烟光對浴鳧。興盡扁舟難再進,雨行岸樹接汀蘆。

三答方思道開州見寄二絕

偶違侍御隔宵期,洪樹河橋空自奇。羸馬再來君已去,呂梁風雨使人悲。先夕,予與玉溪侍御約同往訪,次日偶不得同行,故失佳會。又次日晨至橋下,則舟已夜行矣。怕人相遇意全無,可質河東鷗與鳧。驛使又將音信至,平安輕棹入江蘆。思道書來見責，謂僕以怕人遇之。

望桓山

桓山有約竟茫茫，山石嵯峨山樹蒼。三百年來無李白，更從今日憶蘸王。鎮遠顧公同寓于徐，將約游焉，以迎駕，不果。

沛縣謁駕夜歸

歌風臺下大風起，飛雲橋邊萬舟倚。夾道爭傳克敵來，入舟一笑龍顔喜。紫花罩甲紅繡衫，五拜趨蹌望錦帆。月裏從官徒步散，填街鐵騎響金銜。

徐州小溪橋晚泊

官舟晚泊黃樓下，汴泗交流駛如馬。霜氣先鳴高岸風，水痕半在居民瓦。星河鼓角聲動地，樓櫓旌旗色照野。主上西行未肯休，蕭蕭大樹無人舍。

徐州得命先行

有命傳先發，黃昏即放船。橋開人擁渡，水遠石生烟。驛路淹三月，家園望七年。使行成陟屺，感激聖恩偏。

水哉行

彭城以南水爲恙，九月官舟停市上。此日龍旗扈聖來，霜寒水落天清曠。長年三老真逗遛，忍與河伯成欺誑。九重庶民萬里如，千載一時時雨望。禾黍漂流棟宇沉，重瞳若見應悲愴。雖然忠愛竟安流，民隱何辜全見障。更嗟粉餙幽燕通，太平景物虛相尚。割肌剜肉充玩筵，貨子鬻妻勉供帳。錦瑟未聞于蔿歌，綵樓時見黃金榜。嗚呼，古道今已喪。水哉水哉獨惆悵，蒭蕘不訪民奚仰？

回鑾賦

執稀之歲秋孟，欲中徐子歸自江西，庚止南都，悵悵乎大江之濱、仰太陰之圓缺者，各六矣。於是火雖老而猶熾，金雖生而尚屏。迺出雪洞，面雪山，徑後圃，涉江堨，追涼聽蟬。池荷岸柳之間有一老父，脩髯而皤，少顏而酡。辟之不去，揚揚行歌，突前而揖，邇邸而立，未語而先威，蕭而言曰："子所處職，得非居侍行從。居行之事、侍從之際，皆得聞歟？"徐子曰："然。"老父曰："蓋聞三代聖主之於兵也，諱之爲凶器，用之爲時雨。故孤寡泣於所過，荊棘生于所處。不戰則自焚，有故則先去。彼虞之兩階，夏之一旅，商之鳴條，周之牧野，匪徒強大而好勝，皆不得已而後舉。既勝之後，卷甲韜戈，歸馬放牛，風止雨霽，威暢仁通。夫然後生民安無事之樂，而國家享靈長之休也。今主上丁八葉之全盛，荷七聖之弘烈，四海來賓，蒸黎樂業，玉燭既調，金甌罔缺。用而伸之，萬世一道，固不必更籌而改策。夫何六年以後，漸喜用兵？潢池之亂孽斯定，疆場之烽火數驚。然猶止於命，將而未始親行也。自時數歲，法宮靡處，群臣莫臨。千乘萬騎，馳射邊庭；窮漠獸彈，塞禽斥堠；戍走□□憂母，后空都城；行者居者，騷然不寧。子之在朝，聞亦數以爲言矣。然猶隨出隨返，而兼理朝經也。蓋求之古，好大則財竭，數戰則兵疲。苟徒恃人莫已蔽，而不知盜已我窺。於是宸濠昏豎子耳，敢以井蛙之見伺驪龍之睡，謀動干戈，睥睨神器，憑廟靈，賴天意。人心咸奮，士氣自勵，即其倔強之所旋爲受縛之地，歸務廣德，此其時矣。自上之違北京也，秋兮再涉，其在南京也。月諸八浹，屈專閫，遠雙闕，屠酥之朝，火樹之夕，春已夏午。梵宮仙宅，或以遨游，或以弋獵，或競龍舟，或探虎穴。似忘念而息機，莫賤貨而遠色。郊廟祔養、廟聘、宴饗之禮，政務稱可報罷之貫，大小停格，中外永嘆。胡爲久宿重兵於此，自貽伊絆？士馬精銳，物故幾半，軍凱不歌，俘讞不斷，獨不思金陵根本之業。又京師之所仰給，徒以東南之澶漫，迺使之男不得耕，女不得織，富竭其財，貧竭其力，小吏斃于箠楚之煩，上官勞於督榷之急，閭閻愁苦於斯爲極。今聞臺諫伏蒲師保，號天府部寺院，跪請教焉。子輩之遙疏，當侍之邇言，乃皆拒而不納，居之怡然。夫紫極之宫人，世之蓬萊也；帝者之樂，居中以制外也。今乃好游民間，樂爲褻態。白龍豫且，傳有明戒，不圖盛世，乃蹈秦隋之所以敗也。然天顏密於近臣，聖心淵於天載，宜未有蕩而不返者，淹速之度，子不聞之，亦可露其概乎？"

徐子愀然不樂，躊躇而思。老父逡巡，趨而去之。徐子乃使人追還而語之曰："始予固賞，若能杞人之憂，芹曝之愛也。然而未敢即言者，《春秋》之義，尊者不諱也。今予偶念晉叔向、齊晏嬰、吳季札，私相告語，罔擇國隱君子不以爲罪，天虖巍巍，曷讓管窺。苟不傷夫聖美，庸固默爲，是故反若。老父曰："幸甚，幸甚，唯子之所詔之。"

徐子曰："聖人作則，愚者議焉。明王高舉，俗士昧焉。若誠拘見泥聞，道聽塗説怨焉。往而不誹，直胡附而非訏。主上度聖之資，聰明英哲，僕不敢諂。必若而言，何邁之至是劣耶？意者以爲簡出之規既嚴，巡狩之儀中絕，維時弗靖兹焉。秉鉞若固，不曰金陵根本之業乎？高皇帝之所經營，建庶人之所失國。太宗龍飛以重光，仁宣鶴駕而遺澤。建邦故實，興王大節。內而殿廡，書戒宫庭志闕；外而父老，流傳諸司碑碣。大者、小者、臧者、否者，迹其所以興，鑒其所以蹶，皆神聖所必留意。詎旬時所能，徧涉小人之心，君子之腹。僕嘗中夜念之矣。上厭群言瑣細，外雖簸糠，中實抄砂。唯意之所獨運，或幾道而微瑕。始承雍熙之後，好文而莫置網罝，繼懲奸嬖之專，操切而躬事搔爬。法久弊滋，狗偷以肆。自頃觀兵，茶蓼用薙。顧功愈高而怨深，武既揚而德滯，廼惟聖祖投戈講藝，家法相沿，威不先惠。方時究思未遑，遂止。一張一弛，德有善，戲言者用拂聖情，自豫是必寓轉移之大機，求備捄之良濟。俟有次第始歸，而措之于治，南征之功是論，大賚之澤應需。親儒問道，振窮恤敝。勤民而儉，敬天而畏。大孝親享，至養躬侍，深居端拱，守在□□。人惟求舊物，不異貴放淫哇，以端主化出，將士以嚴法，內圖萬世之安，定皇儲之位，停不急之工役，慎將濫之名器。迺考群臣，驗治效，近直而遠諛，進賢而退不肖，蓋遠勵乎？輪臺之悔，豈不數乎？奉天之詔宿留遷延，意其在茲。不然，自師保以至庶僚，陳愛己之箴規；自衛士以至居民，播親己之怨咨。胡樂自娛而忘恤物，亢居高而耻聽卑也哉？融和往來，火星繼之；不觀之天，今時何時。赤雲燒火日之輪，朱鳥吐炎風之焰，如沸如蒸、如煨如煉。飛棲如摯，走喘如戰。卷不得舒，蕉不得蒨。廣厦脫巾，揮汗復泫。道暍過繼，低垂望扇。欲以此時駕車，前屬車殿，八駿風馳，六龍電轉，越四千里始至畿甸。東南雖病，獨不能忍旦夕之命，而少勉王師漿食之繕乎？金衹司律，雄風至庭，體知秋意，將靡寧僕。恐王良不暇整轡，公輸不及施繩，有衮之幸難再，候館之餼徒新。漢官儀衛，限隔清塵夫，然後知日角非世人之表，旄頭非里巷之旌也。”

老父再拜而謝曰：“氓，小人也。闇於大德，今茲失對，顧受明責。”徐子慰而遣之，復歸雪洞，傍徨迨夜。明旦，命策筮之，四營十有八變，而得純禚之卦。于是喜甚，拜舞稽首，敬祝天子神聖萬年，景福來迂。居旬日，有來告者曰：“鑾輿已撤駕矣。”

悠 然 亭 雜 詩

元旦次潘大行宗魯韵

三朝待漏趨金闕,五拜瞻天散紫宸。宦迹只尋常裡過,皇圖又十四回新。花邊劍佩明初景,塞外旌旗駐早春。安得封疆皆頗牧,坐紓北顧掃蜂屯。

元夕會飲視祠部鳴和宅口號

月照游人宮漏遲,乾元燈火似唐時。嚴城正弛金吾禁,遺事虛傳太乙祠。冰雪洞庭柑不至,朋簪姑孰酒頻釃。卻疑上谷春光好,五色虹橋仗數移。

和方惟朴元宵作

元宵富貴鳳城邊,火樹銀花萬戶然。誰念橋門千里客,自歌明月一燈懸。董帷心遠無塵土,顏巷尊空有簡編。莫望鄉閨憐玉臂,姮娥蟾兔待秋圓。

戲題美人圖

媚處含顰斂處盈,楊家勻膩趙家輕。歌喉不囀新詞調,恨殺丹青不貌聲。

西湖晚眺

海氛江氣檻前分,錦繡湖山帶夕曛。初夏鳥啼千嶂樹,大堤龍臥六橋雲。樓臺舊恨遙難指，簫鼓歸舟晚更聞。笑接勤公聽頓語，葛巾青履盪塵紛。

訪余竹城侍御湖上

孤墩湖面漲清幽，江上金焦海上洲。青嶂暮烟浮草閣，綠楊春水繫扁舟。著書歲月漁歌裡，觀物乾坤古渡頭。亦欲買舟傍湖畔，平分汀鷺與沙鷗。

讀邸報喜同年庶吉士散館

傳聞勝事歸吾榜，同日登瀛十七人。白玉堂高新雨露，鳳凰池近密絲綸。別來麗澤心生渴，望裏飛騰地絕倫。無復因緣親筆硯，正須奔走墮風塵。

東長安門觀榜

甲第排金榜，龍章曉日新。風雲爭入轂，袍笏絢生春。九陌繁花鳥，群情睹鳳麟。菁莪虔報答，瞻仰在經綸。

表謝釋菜日俱值雨喜而有作

風雲遭際愜歡情，朝拜君師次第行。皇澤霈春花霧泫，聖功資化褐塵輕。袍霑宮草歸時瀝，奠浣泥芹采後英。獻曝志虔才莫逮，望中霖雨愧蒼生。

新命改除刑科給事中，十二月十八日也

蓬山莫遂老青編，紫閣黃門等近天。日月九霄無闕袞，風霜一割有龍泉。逢時自愜良臣願，秉道先持苦節堅。漢黯唐徵還骨鯁，掖垣清暇細評詮。

除　夜

金吾弛禁市聲譁，絳蠟紅爐感歲華。鄰友穎門來竹葉，病妻將女

奠椒花。望窮梓里怕依母，身近楓宸別作家。雙闕切雲宮漏永，三陽催曙玉繩斜。

元日導駕 <small>兵、刑、工三科東向西立，顧瞻轉折矜慎特至。</small>

東履趨金殿，環楹響玉珂。歛躬裾畔瑟，<small>行由琴瑟間往返。</small>張膽目前戈。<small>班在大漢將軍後。</small>喜氣龍顔霽，韶陽鳳吹和。潛身瞻上位，顧步轉西科。<small>上起御座，西班即東趨，遲即不及。</small>

南郊供事

露輦垂龍袞，天門敞正陽。前驅移陛戟，夾道引爐香。鹵簿齋宮衛，青冥爝火光。從官先賜食，一德奠琮璜。

直科偶成二首

依字摹秦刻，臨池浣剡藤。直廬徒食退，晨鼓倒衣興。遠道難迎母，嬉游有失朋。浮雲飄亂絮，天宇視曹騰。

學寡無宏識，庭揚亦小言。離離梧老鳳，殷殷海圖鷗。市井心奸道，璠璵栗本温。閒情聊命已，心口自爲喧。

清明陪祀天壽山敬賦二十韵

六聖賓冲漠，衣冠儼閟宮。一丘章亥步，萬祀鼎湖弓。伊昔開天略，長陵不世功。乾坤依北極，臂指競南風。帝履祥更始，仙游愜慎終。秀明蒼翠勝，翔舞鳳龍雄。遠勢標猿鶴，高風卓岱嵩。關形平跨拒，王氣隱穿窿。凍植交春蒨，暝霞續曙紅。河湟常帶右，瀚海自襟東。翚趙哀榮疊，岐姬血食同。鍾山霏煥潤，祖武發淵衷。殉屏秦良特，幽虛魏艷叢。祠官分俎豆，法衛肅兵戎。象設靈迴戀，羹墻孝近通。時頻虔汛掃，歲再走臣工。寒食鶯花路，村田馬鬣中。壺簞猶有奠，遣攝已非躬。近侍趨昭事，薰蒿感朴忠。生平樂堯舜，瞻拜仰崆峒。歸騎緣溪谷，蜉蝣泳太空。

陵祀歸途又賦

鳥乳花飛谷氣蒸，松篁高處曉曦升。僕夫盡識山頭路，迴指雲間是泰陵。

九日于午門外食饍

鳳棲鴈過秋聲高，內盤平堆九日饍。清霜欲結蒸餘潤，白日偏明餃後條。凡賜食必裏其餘。三咽昊天一瞻仰，唐家詩豪負題榜。法釀頻斟拜舞歸，城頭菊花大如掌。

秋月甚朗延上虞沈輝談命私志三絕

沈輝雙瞽，以談命奇中，名動公卿，故特延問之，欲其告凶不告吉。云予辛巳年有否，特書以俟驗。

星移天定漏聲長，露下無風月色涼。雙眼秋毫懸鑑外，細從矇瞍問行藏。

供奉清班近紫宸，星盤福曜庇良臣。挽搶妬吉如潛蜮，明月中宵細討論。

對月談玄共月聽，歲當辛巳值妖星。世途莫作匏瓜繫，趨避常教耳目醒。

元日書夢

未央春蕩漾，群僚翔殿上。上殿繞楹揖，俯見一雙栗。因手其一，懷其一。懷者圓，手者方。一僚見之來，吾攘擊其手者。玉堦前應聲，中劈如圭璋。半與僚，半自與。懷中全者，金盌巨半者。雖分長咫許，下殿欣欣口私語。皇家珍果異人世，將歸忽寤神魂悸。

顧東江學士同諸門生分韵爲竹城侍御贈別得料字

君不見，鞲鷹好搏擊，憑籠攫翠遭深誚。又不見，伏馬忌嘶鳴，一斥罷霑三品料。御史美官清且要，觸邪指佞聲光耀。避禍潛身別有圖，京朝接踵臺中妙。君前持斧問釐政，何爲不與彼同調。鐵面工作埋輪事，霜威苦博模稜笑。城狐社鼠近通神，官讁機危天莫照。雙白高堂錦誥遲，江湖一去何時召。同年四座皆灑泣，勁氣驅酣發孤嘯。大澤清湘在何許，鳳樓過鴈排雲叫。東江先生嘉所挫，贈別分題容末釂。晨星鄉社嘆參辰，落日兼葭更遙眺。扶持社稷須正人，賜環自有天涯詔。

大興隆寺齋居

更衣聽戒宿招提，三日齋明思不迷。月朗半山清漏切，星迴初梵曙雲低。簿書已輟無奔走，詩社還催有咏題。燧火高城連紫禁，天門肅駕路東西。

誕日對瑞香花獨酌

瑞香花初開，馥郁有佳色。把書清思深，臨翫春日昃。妻女稱觴至，割鷄鱠鮮鯽。懷人望白雲，縹緲天南北。聊復花前飲，花欣净如拭。丈夫當壯節，瑣闥方努力。金石堅初心，靖恭親正直。誰云摻不割，誰云培不植？乾坤中太虛，誰云有荆棘？日月等逝波，老至空嘆息。

端陽節午門前剝粽

角黍楚遺俗，湘人餉水中。大官烹賜食，佳節訓爲忠。石蜜甘全漬，金盤剝未空。日高沾醉飽，祥舞下彤宮。

是日候朝至日暮群望猜甚偶成二絶

日暮簪縷跂欲頹，雙扃閶闔望清埃。龍舟奪得高標錦，傳道南城警蹕來。

朝衣隨地委蒼苔，衛士金戈望眼猜。張罷水嬉聞札柳，六龍驅駿到平臺。

變 意

暝樹秋陰送晚涼，搴簾轉燭驟顛狂。函開易卷聞雷掩，匣吐龍泉避電藏。疆場烽高殘主將，郊關歲歉斷行商。小臣忌諱言猶淺，暗室天威恐失常。

偶 感

庸俗安目前，智者明倚伏。莫以棟宇完，棄捐千尋木。莫以藩籬固，薪樵窮樸楸。莫以輗箱堅，不復虞輪軸。莫以舟未罅，衣袽戒糜宿。風動塵即昏，潦集泉亦渾。未寒先補裘，未饑先具殥。太平多頌記，杞憂共誰論？朱顏鶴不媒，鳳鳥有時來。坐莫當窗牖，游莫陟崔嵬。佳期在至公，冶艷生群猜。良馬不求售，世有黃金臺。和氏再刖足，寧非衒璞灾。庸愚無天錄，所患非真才。努力須風雲，廓清三精埃。

咏史三首

夫差會稽勝，薪膽資胥謀。黠敵貨導諜，囂也胥深仇。娟娟浣紗女，表裏藏戈矛。勢去封甬東，冶容亦扁舟。讒臣還入越，不失太宰不。

賢王薄自奉，瘠已天下肥。小靳可百萬，其入亦已微。利源不可開，趨者疾如歸。以財臨民上，將非誨盜爲。投珠與抵璧，道德何巍巍。

嘆息唐太宗，不知皇帝貴。自矜百勝雄，教射殿庭內。牙旗偃高壇，佳兵禁嚴地。出將入則師，良非大君事。英衛與褒鄂，詎少穿楊技。

渤海吟 大城道中作。

渤海水漸靡，荒凉掩魚鹽。人負鬪狠氣，性習故相兼。買劍嗔不騂，買刀嗔不銛。潢池一嘯聚，赤子皆來廉。擇術治亂絲，要非急與嚴。厝薪或不慎，洪原星星炎。荼毒流中土，談之巾一霑。齊民命莫續，妖孽族亦殲。蛇虺既以除，虎狼志無厭。斯爲國隱憂，筮卜有遺占。選賢爲今計，不獨安閭閻。

哭丁汝正侍御

三忠祠近憶分裾，百粵天長見訃書。側翅鷹鸇垂莫起，離群猿鶴往誰於。孤騣素練梅邊淚，萬里丹旌嶺外車。落日金臺鄉恨裡，鷓鴣聲記鴈回初。

送高引之司諫楚府册封因便展墓

湖藩册禮從天下，計相丘園杖節還。千里松楸遥奠藻，九原涕淚若承顏。顛連赤子諮詢地，郡國皇華指顧間。寫作封章報明主，高名青瑣動朝班。

送倪公在司諫韓府册封便道省覲

黃金鑄寶册，傳制出金坡。秣馬問明月，驅車向朝那。持杯別僚友，臨岐解玉珂。昔年棄襦來，關吏今若何？經秦馳入韓，將命恭匪他。殷勤陟屺岵，親舍游子過。入門愴別久，上堂承懽多。况有鸞回紙，九重渥恩波。淹留豈不樂，榮壽豈不歌。但恐關鷄鳴，僕夫戒星河。

送同年范以載試御史南臺

更試新監察，迴趨舊憲臺。看乘驄馬去，爭羨皁囊來。石樹雲霄蔚，江花錦繡開。澄湖香霧裡，法部列仙才。

送劉伯儒侍御出按滇南

三蜀宦塵輕鳥道，盤江洱海送乘驄。相如徼外文持憲，諸葛營前武練戎。殊俗天威聊薄震，內臺風力雅推崇。綵衣重拜慈幃壽，歸奏澄清第一功。

送李元朴司諫陞任浙江僉憲

瞻依正遡李膺門，[①]何遽飛騰出禁垣。官重冰霜還擇地，望先骨鯁亦徵言。胥濤漲海勤民檄，逋鶴盤湖宴客樽。石樹水花塵土净，杞天人遠恣閒論。

送王拱之都諫陞任陝西參政

骨鯁資深任紀綱，秩宗表裡羡庭揚。官都監院身層漢，位轉藩參岳一方。萬里風塵勞繼粟，三秦父老重《甘棠》。崆峒秋色崤函道，使節承宣正束裝。

送張汝立侍御提學南畿

大江坼南北，洪流濯天錦。環抱帝者氣，自秦有其朕。奧區弘人文，以道驅左衽。《菁莪》十三郡，《大雅》毓材品。庶其得皋夔，不獨求左沈。校士政小劇，云胡患未審。或令排俗製，皓首悲坎壈。君前中秘讀，風鑑精藻甚。舊學承家聲，奇情攄異稟。翩翩出館來，此任期數稔。今當宗匠寄，正印瞻凜凜。諸生仰范模，如饑方望飪。黃花別思長，莫惜花前飲。

送張履謙進士出令桐城

山城暫枉浴沂才，暇日頻勞問俗來。邑在儉鄉非錦製，民知直道易風回。庭前澮水滋耕稼，雪裏園林放杏梅。仙舄即看羅闕下，鸞棲

---

① 李膺（112—169）：東漢名士，字元禮，潁川郡襄城縣人。

那得久塵埃。

送憲弟南歸口號

令弟歸春暮，吾安爾卻勞。風塵驢背遠，雨店酒旗高。玉粒那能市，江鱘正可糟。殷勤傳仲子，擇寄越江濤。

送李濟之侍御落職沔陽判官二首

西巡封事皂囊遙，更道驄回不造朝。塵外舊氊聊信宿，日邊新社已蕭條。予入青瑣時，皖中衣冠科道七。今晨星漸落落矣。澄江且細嘉魚饌，薄俗終瞻老鳳霄。世事浮沉何足計，絕韋加食聽蒭蕘。

玉碎蘭焚別帝畿，送君清淚未停揮。湘江兩多岸芳草，雲樹孤舟望落暉。轉泊尚勤燈火讀，艱難休製芰荷衣。人間順境由人涉，獨取先憂地自依。

余竹城侍御以巡監見逮謫判安陸惜別一首

醝賈葭莩窟大姦，知君風格峻如山。都亭攬轡驅馳去，詔獄從天逮繫還。瀚海蕭霜留蔽翳，漕河凉月照潺湲。直聲封誥難兼得，獨爲高堂一汗顏。

送汪行可應試南都

風雲又喜棘圍開，羨爾吾鄉負俊才。腹笥六經皆錦繡，海天孤鶴豈塵埃。帆潮晚勢肥新雨，桂月秋光燭上台。好把文章售知己，相期冬盡會金臺。

寄壽屠司寇老先生七十

功成身退樂嚴阿，矍鑠秋高七十過。天上法星迴秀水，人間春酒釀嘉禾。社英舊德儀刑重，朋壽新恩惠養多。粉署通家還望嶽，繫鴻聊寄紫芝歌。

一竹爲田用周司諫題

伶俜秀絕萬竿瀧，獨影長延月近窻。飼鳳未須愁實少，清風高節世無雙。

與張汝立侍御同訪參西涯閣老園亭

龍門不作抗塵高，綠野無扃納俊豪。桃李寒溫連宵院，斗山瞻望散鈞陶。風晨月夕頻扶杖，墨妙詩玄一湫醪。閒約乘驄穿竹逕，正逢呼鶴到林皋。

參侍涯翁得其所爲花香樹色鳥聲鶴舞詩草書四幅志喜

詩翰黃扉雄兩絕，投箋綠野看臨池。冥搜意匠驅龍虎，獨主騷壇絢羽儀。總擅風流歸俊格，誰從斌媚薄新姿。青瑤白璧蓬山寶，流落人間便偉奇。

將侍外翁行太僕公往石塘阻雨奉呈

春來都欠賞花詩，風雨還教出郭遲。去意正妨投轄地，歡情重愜洗天時。樹鳴樹靜籟喧寂，雲鬪雲閒兵正奇。行止陰晴皆物理，一鞭明日快追隨。

途中用韵酬太僕公見和之作

天開霽景入新詩，三月郊行未恨遲。沙岸柳藏鶯巧日，野塘花趁燕忙時。丈人才力猶能賦，小字空疏謾好奇。願得年年陪曩鑠，倘徉陶謝小車隨。

過練潭渡獨行用前韵即事許鍊師同行，光發太僕公以事留練潭。

讀罷郵亭看劍詩，馬驚溪渡受航遲。添來新漲恰三尺，流去落花今幾時？仙艒御風塵絕軌，翁車入谷坐搀奇。青山綠樹無人共，珍重奚囊晚□□。

石塘用前韵志感

　　石塘，先君漁憩之地，僕亦嘗與太僕公會漁于此，有"投此長竿終遠去"之句。蓋土風甚惡，詩中暨蛟窂虎，特譏之耳。

　　投竿忽憶泛湖詩，舊雨雲深鶴到遲。南北去來真浪迹，存亡感念獨移時。暨蛟窂虎資生險，石兀淵停著象奇。聞上松陰小寺名。延晚眺，沈瀯天迥有僧隨。

宿三城寺二首

　　修途熱無賴，延望有諸天。信彎且投止，清風徐颯然。蟬聲東陸景，鶴夢上方烟。莫放秋蠅入，酣眠傍定禪。

　　寺僻陰陰轉夕陽，藤蘿小逕涉微茫。瀕江水鳥歸投樹，過竹林蟬噪切床。秋已三旬猶苦熱，郡違十里自成鄉。年來服習山中靜，直北神京路許長。

登投子山次韵簡張水部宗周

　　丹砂井底不知年，鳥道雲梯峻切天。漢幻有禪逃將種，山靈何意祀姑仙。高風皂蓋溪南北，落日清歌酒聖賢。藉草詩篇渾漫興，陽春白雪亦虛傳。

九日樅陽登高方臺

　　惜陰遺甓莽荒臺，送別登高共此杯。東海平潮江正穩，西風下葉菊方開。稻梁鴻雁銜蘆去，洲渚魚龍迫夜來。玉陛丹楓天路永，白雲親舍首頻回。

銅陵月夜

　　清風清月清江上，萬頃冥茫暗九華。槎影上連銀漢仄，鴈聲西帶玉繩斜。芙蓉匣冷秋裝劍，鸚鵡杯深夜泛霞。癡女急斟催滅燭，蚊雷撲簌打窗紗。

寶應曉發

初日照平湖，烟光澹欲無。鄰舟飛候騎，鷲鳥妬檣烏。直北河須凍，維南草漸枯。鳴榔不可速，何日達皇都？

清源遇蕭梅林秋官舟中聯句

尊前一笑共天涯，_梅。懷抱真從邂逅嘉。事喜異聞頻瀆聒，_蓉。身經多病遠紛挐。蒼茫曉色雲含雪，_梅。慘淡冬威風捲沙。煩道平安慰慈母，_蓉。殷勤移孝達王家。①

守　舍

慮密馳喧境，心虛見素秋。蠹魚游幔角，蟋蟀徙床頭。止酒消塵病，忘言鎮客愁。玄機如嚼蠟，世道日悠悠。

夜讀忽渴效陶學士匊雪烹茶

我有南携茗，采采潛霍崖。山遠囂腥絕，天近風露佳。芽裹先春細，深藏備清齋。燕山夜深讀，中冷渴江涯。城西有甘水，小車卧重街。起視霏霏雪，三尺憑吾皆。效穀匊烹取，再飲寧子懷。飲罷哇出之，雪韵嗔莫諧。師雪非師心，激烈增安排。

夢回聞雨

桑林春閔雨，雲漢亘長晴。高枕颼颼響，虛窗耿耿情。樵卷夜回槁，閭閻晨樂生。城中米翔貴，城外盜縱橫。

惡　濕

衣被生潮沴浹肌，朝雲鳴雨暮飛絲。燕山七月多泥潦，絕似江南

---

① 梅：蕭梅林。蓉：齊之鸞。

五月時。

溽暑晚坐

仲夏苦蒸溽，襟煩夜未清。火雲疑蝕月，炎海欲連城。淪茗呼甘水，移榴傍小屏。嬌兒還闕乳，擁塞迸啼聲。

行時汪行道姻家見惠藤床暑中偃仰甚適詩以謝之

佳惠編藤七尺床，箽簹清簟捲瀟湘。薄帷自與塵煩隔，高枕能令肺渴忘。翰思幾宵生綵筆，仙游一夢識黃粱。南歸載向芙蓉渚，何日同君臥草堂？

爲汪行可茂才題二仙傳道便面 癸酉年。是秋十月，①外艱服闋。

巾衫排俗製，瀟灑洞仙姿。白日兩忘妙，青山一坐癡。共傳混沌死，誰一陰陽岐。附耳岩前水，寶珠净摩尼。

今日曷不樂

今日曷不樂，砌蛩秋鳴悲。漢廣絕莫跨，露冷濃誰釃？庇鼠之器，孰爲器計？養癰之肉，可爲肉哭。群仰其蔭，競斧其根。莫語彼愚，有心自捫。蓍龜遺智，書史遺旨。曷資善終，曷圖更始？

題芙蓉

秋江仙子錦爲裳，洛露漂雲天一方。艷色莫嗟春去久，正憐搖落見孤芳。

采石李公祠

松間樓閣倚雲開，江轉天門絕岸迴。亂石伏龍吟夜月，空山飛鳥下春臺。鸂鶒不起波心醉，風雨猶驚筆底來。逐客未歸宮錦敝，白頭

---

① 癸酉年：正德八年（1513）。

杜甫獨憐才。

石刻失題

背郭初成水上亭，仲冬冰雪照丹青。閒從斧鉞經綸地，坐洗風塵耳目醒。萬里載航銜朗霽，百川奔勢底清寧。中丞憂樂□□趣，樓外虛傳有酒星。

游浮山分韵得看字

名岩六六鬼神刓，未到先須駐馬看。碧樹倒遮飛瀑細，丹梯平跨石龍寒。苔邊藥竈猶能煉，竹徑旁廬便可安。況有山隣頻早暮，興來直欲解微官。

下山憩三友亭次蕭郎中韵四首

初冬來浮山，踏遍林巒霽。歸憩三友亭，愛此竹日細。主人抱素懷，塵外託幽契。梅月照墻陰，松濤鼓雲際。盤桓未能去，短裾凌風曳。

歷磴披蘿興未窮，石牀再掃翠微中。金尊醉俯岡前月，鐵笛橫吹洞口風。砑古似聞山鬼泣，湫深應與石溪通。岩岩可作神仙窟，搔首中宵嘆轉蓬。

浮山別後最關情，此日青鞋布襪輕。金谷曙雲生縹緲，天池春日麗空明。長松虎倒僧廬廢，老鶴龍吟石屋清。三載盍簪須一醉，蒸葵燒笋夜杯行。

壁削蒼苔樹吐泉，舊游遐矚尚依然。百千萬劫客幾醉，三十六岩春可憐。蝶前桃樹落紅雨，鶯外柳花飛白綿。金鷄解鳴石龍舞，一嘯空谷生雲烟。

寄方惟樸

年來南北逐萍踪，一入高城更不逢。常切龍頭期後舉，豈因雀角病先容。亭中木石連堦净，沼上芙蓉帶露濃。便可騎驢朝出郭，江風江雨夜相從。

示龍弟

上衡同住未能圖，姜被春來得暫娛。病骨一分炎氣熾，客窗頻聽雨聲孤。城頭消息無車馬，江上形容傍鷺鳧。阿栗況聞猶枕席，汝知吾未減憂無。

納涼池上

雪洞炎蒸亦不支，野塘岸幘逐涼颸。農勤渴雨分龍後，士飽鳴弓下鷺時。架柳移床陰滿席，團荷飲水味勝巵。祇緣智略羅臺早，魚鳥窺人久更疑。

春日感懷

高陽舊侶氣麄豪，春日相思首獨搔。老去終騎山簡馬，憂來欲藉伯倫糟。鶯聲綠裹堤邊柳，蝶夢紅飛洞口桃。一別滄洲驚十載，祇因風月憶吾曹。

思　親

白雲冉冉楚天高，幾度慈顏夢裏遭。生子不能娛暮景，爲人何以報劬勞。已無長策酬前席，會有歸心折大刀。家國由來忠孝念，空將清淚滴恩袍。

春夢次方惟樸韵

邯鄲春夢託神明，占應傳來慰我情。常恨皖江秀山水，每無多士宦神京。科名早擬光鄉社，學業還聞課日程。莫向癡人頻説破，從前平步到蓬瀛。

次韵竇都諫春日見惠之作

北堂春日羨追懽，白玉青絲鬬菜盤。綵舞舊衣風漸軟，酒斠新釀雪初殘。錦囊詩稿頻年祭，青瑣封章舉世看。薄劣卻慚隨驥尾，宮梅苑柳幾溫寒。

簡方惟樸

方報出城，即道登舟掠柂矣。已覺憮然，歸館佳作，在案中似有未亮鄙情者，知尊意欲以試僕耳。然不可不答，用韵解嘲二首，遠寄爲一笑也。

磊落高賢簡易踪，神交恒不在相逢。向人慣託推心契，酒女知爲悅己容。覆雨翻雲緣道薄，蒼松翠柏異時穠。歸舟逆浪何匆遽，欲更追留已莫從。

軍功偶聽急分支，困頓因尋樹下颸。凡鳥題門空返地，蒸豚拜饋未歸時。使貧豈遂兼無酒，生孝方逢屬斷卮。肝膽向君猶莫照，此生何處免人疑。

夜　思

入城迎去鴻，轉盻送歸燕。中宵耿不寐，倚徙秋欄徧。月清露盈盈，風細雲片片。豈無南携酒，痛飲孤懷遣。一酌蟄蛩鳴，再酌星河變。昨朝霹靂迅，不雨空驚電。西郊苦旱暵，草木失葱蒨。三年隴畝心，行藏此交戰。川上芙蓉花，晚艷向誰絢？

故婦怨

新人初入門，君子猶念舊。妾顏誠已改，獨恃君心厚。爲君常正色，守禮肅中冓。那知提防疎，衽席生讒搆。束髮爲君婦，恩深怨何驟。驚雷劈長松，黃霧塞清晝。妾冤一何苦，妾去亦已後。欲語忌投鼠，恐復彰君謬。吞聲下庭階，凄風掩羅袖。

王昭君

羞澀貫魚末，詎當明主意。生非健兒身，遠代和戎使。閼氏失顔色，誰道漢宮棄。天子念蒼生，畫工何足僞。琵琶抱私泣，□雛皆灑淚。爲訪蘇子卿，昔年氈雪地。

齋居夜坐四首

誓戒傳齋自未央，貫城春夜歛星芒。燈花自結爐薰細，炭獸頻消院漏長。案撤葷膻身似定，神游溟滓意都忘。敬箴一卷含香讀，稽首重華聖德光。

分獻郊壇憶瑣闈，驅馳重換省郎衣。兩都禮樂高明地，十載恩私出入機。凍雪著春鳴暗滴，清蟾隔户烔虛輝。二毛獨坐成長嘆，宦業深慚補報微。

畫省精虔夢未安，繞垣清柝雪初殘。湖山不暝天光湛，松桂無聲月影寒。蒼璧黃琮春奠寶，龍行虎步夜登壇。趨蹌正想周廬静，燋火光中走百官。

萍踪新感賜環恩，千里高明仰至尊。德意共瞻馨饗帝，勵精誰識敬爲門。禮存故國星辰近，春殿寒威雨露濕。郊賚定同天廣大，向隅休泣未招魂。

游梅花水

姑射仙人洞已扃，香魂無路水盈盈。空傳幻海清冰片，魯乳春流白玉英。蒼璧翠沉苔色長，碧池寒湛月華明。直須坐把桓伊笛，吹落瓊梢綽約清。

寄友人出宰

正計仙舟當至，擬與諸同袍出候。江關傾倒以別，不謂臨流莫渡。失此佳會，悵望之餘，無以爲情，小詩五章，聊代晤語，改教幸幸。

客從西北來，銀章炫新寵。壯游多逸氣，青雲生劍琫。勒馬臨大江，白浪中流洶。長鬚致雙鯉，使我神飛動。聚散可奈何，悵望山巃嵸。

巃嵸青山色，雲間有岐路。丹鳳不將雛，綵衣生內顧。以茲五情熱，臨江不欲渡。長安羈旅思，別來幾缺兔。一水晝盈盈，遠道多風露。

風露凋朱顏，燕齊路幾何。應識壯游興，不似老蹉跎。馬嘯岱宗雲，衣牽鄒嶧蘿。錦囊有秀句，何不爲我歌？自今紅塵鞭，莫失青山阿。

山阿復江滸，泉石發奇思。君誠陶謝手，惜不時聯彎。老年污省郎，壯士卑縣吏。聊以經國猷，且爲遠民庇。咫尺龍虎山，詩成幸相寄。

相寄非閒情，欲以卜佳政。百里寄蒸黎，勿謂尊非令。粲粲元道州，遺詩獨堪咏。郡邑今長吏，近名乃通病。請以一己名，權後群生命。

次少白先生韵送可亭

行可與予莫逆，桐鄉之人無不知之，今天下亦有知之者矣。然予官京師時，行可春闈連不偶。及予去國，而行可乃登第。嘗切恨之。今行可筮仕得興化，予亦有量移，同得過家，酣飲劇談，凡十有四日，獨于賡唱缺焉。少白蔡侯，年家之好，情密意真。先有珠玉舉觴，責予次韵，于南郊茂松疎柳之間，驪歌遏雲，高車載轄，加以離情種種，焉得有佳句哉？時嘉靖甲申仲春六日也。①

河柳酣春色，故人千里行。高旌隨鳥迥，遠樹與雲平。共道江無

---

①　嘉靖甲申：嘉靖三年(1524)。

警,須教雁有情。郡齋讀律地,還置舊書程。

故國三秋別,予歸子復行。板輿隨處樂,訟牒到時平。花鳥經心句,河梁執手情。中郎年誼重,應共數江程。

雙旆春風外,溪流飲馬清。梅疎山月白,草細野烟生。慎重祥刑意,踟蹰望闕情。飛騰方羨汝,我已厭浮名。

遠別正自苦,宿醒仍未清。露花和淚泫,郊草喚愁生。白酒勿嫌滿,青山空復情。臨岐重有贈,切莫急時名。

讁崇德丞感憤答大巡之作

語溪風雨濯煩襟,世態炎涼任淺深。路轉石橋茭草細,烟迷逕路野棠陰。危疑曾折朱雲檻,疎放常輕季子金。鄉里小兒浮薄甚,英雄垂首豈無心。

望春橋記

神武爲長城之大東門,東門之外可十數武,即城西北二流會經之溪,以志討之,其所謂中箸者耶?舊溪界城中流,國初耿帥炳文改築城以抗僞吳。於是環城皆溪,而城中之故流分矣。既分,東出水門復合,故東門之溪受水獨多,而流且峻急。橋故數敗,城之門六,門之外橋亦六。土人謂耿帥時皆駕木爲之,賊去,設以濟渡;賊至,即撤以自守。後不知何時復皆易爲石,然不甚堅緻。而在是門者,又上爲馬步通衢,下爲舟楫要津,雖稍壯麗,非過費也。顧亦苟率若此。

嘉靖改元,壬午,全吳秋潦,湖州爲甚。於是邑大東門橋復告圮。予初至,力弗及也。旋以稅事自臨倉督,徵居人復駕木渡。予往來月凡數易。予曰:“是可久乎?”乃謀諸富人得八十金,予又益以市租五十餘金。取松天目,伐石武康,徵工姑蘇,督以耆俊,緣以戒僧。舉事于冬十二月,斷手於春三月。於是東門之橋偉然成壯觀矣。舊橋孔偏岸西,舟上下不相見,往往迎獨多墊没患。今命中溪爲之舊,僅立石,其上低平,莫容大舟。今命隆其中,大其孔道,沿以隄防,衛以闌干。蓋上可方軌而馳,下可並舟而行矣。予登而眺焉,凡邑之橫玉五峰,顧渚碧岩,四安八座,烏瞻白鶴之奇,皆可指顧而見。近則沿溪之柳岸、花蹊、竹間、松下,坐者、行者、漁者、桑者、筏者、舟者、野處而市趨者,又各有以覘,知其自適焉。予江湖未歸人也,固不敢怠政病民以嬉。然登臨之際,天高望遠,以淒清悲,以和煦悦,以搖落思,以芬華忘者,亦豈能與人異情哉?維莫之春出其東門,而吾橋適成。停肩輿而佇視,撫華表以興懷,浴沂舞風,千載同韵。初不知其身之遠,而官之謫也,因合地與時而名其橋曰"望春",作《望春橋記》。時嘉靖癸未年春三月吉日。①

安慶府志序

今天下郡縣之志,無問郡縣大夫所自爲。與屬之士人之有文而爲之者,大率欲詳於其身之治行,而增飾其邦人之文獻,往往濫爲許可,而多存溢美無實之談。是故其志炫,其辭腴,其爲書疑。蓋千百帙而一揆也,有異於是者,則又不過踵方輿之陳籍,意見義例,一主常故,而不知今郡縣志即古列國之史也。求其能博取古史之遺意,而卓然自爲一家之言者,蓋不多見矣。安慶入國朝郡志凡再成矣。今其書固在也,取而讀之,文質交闕,莫稱邦典。

我郡守天水胡公至而病焉,屬征潘江,軍事方殷,未暇改作。再閱歲,乃始牒六邑,取諸生之博古者令檢故實,於載籍求遺佚,於野史徵是非,於公論以採以擇,務歸至當。公乃自臨鉛槧,躬事筆削,盡取舊志之舛者易之,善者因之,煩者删之,漏者增之,其疑而未定者一斷之,古而折諸聖甚則闕之,自不諉不爲人諉。於是一郡六邑之地理風俗、産物制器、宦治人才、古今藝文事迹,條無遺書,書無遺議,分爲若干志,萃爲若干卷。書成以示予山谷寺中,且曰:"是可不可?"予因悉

---

① 嘉靖癸未:嘉靖二年(1523)。

請而熟復之，則見其詞古義，備《周禮》之旨法也；命意立例，《史記》之宗要也；褒榮貶辱，《春秋》綱目之律令也。是所謂古有《乘》，而今僅見者，真可備一方之實錄矣，且爲是編將以考也。今則又有訓之道焉，彼昔之以勢以譽，得志賢書是者，豈不自幸以爲不朽之傳乎？茲或臧否頓異，出入懸殊，非公能以意軒輊之也，乃天理之在人心，久則自有一定之論耳。

故勢可挾名於居職之時，而不能終譽於身退之日，則爲政於是者可以鑑矣。譽可虛隆于有生之前，而不能蓋愆於易世之後，則修行於是者可以鑑矣。惟良吏之政，善士之行，雖更有秉筆者，莫得而没其實焉。公是志之所以訓也，若其作述備，卓然自爲一家之語，安慶自有他郡自無，則天下之有具眼者必能識之，豈特予之私言哉？因具是復於公，公遂授序之。公名纘宗，字世甫，嘗爲翰林國史檢討，出而復歷南京駁封郎中拜守今邑。

河南按察司題名記

國初釐革元制，改諸路行中書省爲承宣布政使司，且並設提刑按察司，分職而治。按察云者，即近代採訪、謙訪之異名，有貞肅澄清之寄，非特刑焉而已也。事雖不主錢穀，而得糾問之。凡學校、軍伍、戎備、屯田、水利皆隸焉，則政教罔不兼矣。其在河南長有按察司一員，貳有副使，若僉事銜不恒授，總十有三員。自洪武至弘治間，任者舊有題名記，勒石儀門之左。前副使楊君達夫以其歲久字剥，缺更礱治，欲新之，而達夫遷去。今按察使陳公即卿至之，明歲復考得其名氏，按察使凡二十有六人，副使五十四人，僉事五十四人，即其石重刻焉。舊記莫知作者，而石本逸矣。

陳公屬之鸞補其闕，之鸞乃循今所勒，蹤踪其履歷、邑里，想望其風裁歘容而興嘆曰："猗與彬彬哉。此吾人所當，尚論景行之先躅也。昔趙文子執晋政，與叔譽觀乎九原。文子曰：'□者如可作也，吾誰與歸？'"于是歷數陽處父、舅犯皆以爲不足稱，而獨仰德于隨武子焉。

古之君子耀當時，信後世，其難如此。今茲諸公往矣，石上之名將百世不可刊也，皆嘗司刑與政與教與寄，貞肅澄清於是地者，其間行業彪炳懋鬱，不可刊於百世。若文子之信士，會固不少矣。然亦豈無表表如處父、舅犯，後人猶以爲不足稱者乎？況又有睹其名，而其人或未之前聞者乎？名之留實之覈也。是故可以興，可以懼矣。夫昔而今，今而後，位如傳舍，居位者如過客，其乘一也。後之視今，猶今之視昔，同歸乎，不足稱乎，睹其名而未聞其人乎？其見一也。是烏得不懼而興與？陳公以爲然，遂書之。

開 堰 集

馬上見天柱峰次郡伯胡可泉韵

天柱如飛龍，翩翩朱鳥上。翠壁産青藜，可作仙人杖。我欲問真源，籃輿歷曠漭。五馬先在山，新詩出佳倡。

皖山高次可泉韵

吳楚千峰外，皖山一何高。山頭有紫芝，食者生羽毛。

登 塔

四山圍孤標，裊裊出層霄。天柱平臨近，神州俯視遥。豎毛高鳥仄，重足勁風搖。忽發冥捜興，長歌振沉寥。

涪翁山谷三首

涪翁讀書處，琬琰繡荒苔。谷水泠泠出，山雲漠漠來。少陵花鳥興，元祐馬班才。日暮空懷古，溪寒欲放梅。

蘭若藏山谷，烟雲覆洞門。郡章淹太史，詩派重西崑。石出還岈豁，泉迴自吐吞。藤間摩古刻，臺上倒芳樽。

龍舒郡僻皖峰前，曾住涪翁此聽泉。塔影半天梁鶴錫，金聲空谷宋詩篇。三江皁蓋身何處，一代青苗史尚編。山谷以修神宗實錄謫涪，量移舒。欲遂循臺登嶽頂，直從汴洛數幽燕。

石　牛

混沌耕初罷，蒼藤漫玉田。溪邊長自牧，芳草臥寒烟。

山谷夜集

去年使節蒼江上，今夜談鋒碧澗隈。榻底鳴泉隨谷轉，燈前細雨傍溪來。涪翁去國詩尤老，山澗臨池興未迴。千載風流皖山下，更留驄馬待秋臺。

途中奉簡可泉

高情枉素書，幽討訂良覿。旋聞飛皂蓋，昨已凌丹壁。谷裡漢壇雲，鶴邊志公錫。望望青塵近，策馬入蘿薜。

分題得釣巖

相傳漢左慈，垂綸碧巖際。幻引松江鱸，掣作楊花鱖。釣沉水織愁，餌香石蛟噬。至今坐漁處，月白水溶漓。

分得白鶴泉

搏空指潛麓，驚錫迴東林。攫地石泉白，漱玉山雲深。明涵舞處影，清發棲時音。神功不自潤，涓滴散爲霖。

開　堰

石蛟吐新渠，散作千家雨。一勞堰役息，公名垂終古。

堰上微見皖峰

臨流忽見皖伯山，天外諸峰勢可攀。岩石參差龍徙倚，洞雲冥漠鳥飛還。星辰只在藤蘿上，衡霍真居伯仲間。安得振衣凌絕頂，高尋瑤草駐塵顏。

天柱山

天柱近看更奇絶，皖峰對起勢嶔岑。偏擎日月南維壯，平跨荆吴北斗沉。媧石雪寒晴不掃，漢壇雲起晝常陰。芒鞋笑撫蓮花上，鳥外江湖自帶襟。

天柱寺

招提亦可游，林壑敞清幽。漢帝旌旗擁，隋皇棟宇留。嶽雲時斷續，峰雪自春秋。更欲騎黄鶴，升高望白牛。

望皖山歸來馬上盡見諸峰

入洞出洞陰復晴，皖峰回首遥分明。溪盤白鶴青蘿隔，路轉迴龍碧樹平。石屋雲門堪晚眺，岩花谷草自冬榮。紅塵只在丹梯下，下馬殘尊送鳥聲。

石　屋

鑿雲開混沌，倚天擎空濛。一簾邀月窟，半榻卧龍宫。

石　松

瘦根盤鴻濛，青枝傲霜雪。上有白雲巢，下有蒼蚪穴。

白雲岩

烟霞起洞天，藤蘿封石室。娟娟峰上雲，冉冉岩中出。

府學習射

輕風駃駛動高旌，五馬來臨教閲精。古學歌傳周六藝，温恭猶見魯諸生。《采蘩》聲合賓僚肅，貫鵠純多禮數成。師道淑人公樂甚，舒王臺上月華明。①

言　別

洞天春色啓山楹，漢調唐風幾唱賡。雲外跨鸞潛嶽重，月中迴鶴皖江晴。飛騰況復開新寵，契闊何當續舊盟。重辱公言金石在，敢將百折負平生？

---

① 舒王臺：位於天柱山上，爲北宋王安石任舒州通判時的讀書臺。後王安石追封舒王，故名。"舒臺月夜"爲潛陽十景之一。

歷 官 疏 草

清理蘆課疏正德九年(1514)八月初三日題,時授刑科給事中。

　　爲清理蘆課以甦軍民困苦事。臣聞:古者山林川澤之利,輒施以利民。蓋聖人之意,不欲盡天下之財,所以厚民生而固邦本也。後世國家多事,征求百出,而山林川澤之間無遺利矣。我聖祖龍興,深念民隱于不能不取之中,而每存不爲多取之意。誠以君民一體,貧富相應,其爲後世慮者至深遠矣。夫何邇年以來,有等掊克之臣往往爲割肉充腸之計,不知益上無多而損下已甚,其作俑之弊可忍言乎?

　　且如沿江一帶,祖宗之法,每巡檢司,弓兵砍柴解納,民甚便也。行之既久,不無流弊,督理乏勤,能之官當解有欺隱之事,此但宜稍爲通融之法,以杜弊端之萌而已。前工部郎中毛科,首倡清理之議,行聚歛之術,立爲洲頭,定以課額,量之丈尺,取之盡錙銖。今二十餘年,而民力已重困矣。推原其弊,沿江一帶之地遷徙不常,非量度可定。有今年爲茂草之高阜,明年淪爲深淵者;有今年爲此蘆之遠岸,明年廢爲荒坵者;有全洲之地盡入爲江者,有洲漸倍於他洲者。有其地半存而半無從出者,以致或空存某洲之名而莫知其處,或因傍所生之洲而自擴其餘。地土漸異於初分之年,徵輸惟拘於原派之數,苦樂不均,完欠亦異。富者累而貧窮,貧者懼而逃徙,悍吏不能安集,能官無法徵收,繫獄停俸,經年引月。瀕江東西軍衞有司、官吏軍民人等,莫不同聲歸咎,合詞騰怨而曰:"此毛科之爲也。"

　　伏望皇上念東南爲財用所出之地,無盡其財,少寬其力。乞敕工部并都察院差委廉能官員，會同撫按官，而合府縣習事、守令陳説利病，從實清理，將毛科所立之法去其太甚，以永爲通融可久之規，使一方軍民不致困於誅求，該部錢糧不致虧于逋欠。如此，則邦本固而國計亦有賴矣。

屏細娛疏正德十一年(1516)十一月初二日題。

爲屏細娛以崇大體事。臣聞：積德必始於微，修行當矜其細。苟平居有所舉，輒自恕曰：“此一事之微，聊以寓吾一時之情耳，未必爲大德出入之擊也。”然内而求之身心，已非至正之道；外而驗之觀聽，或來物議之非矣。故《書》有之曰：“不矜細行，終累大德。”然臣以爲細行之矜，當急於細務。何者？七情之中，惟喜易失之輕，欲易失之縱。喜輕、欲縱，皆細務也。近世以來，動爲人主行樂之言以相誘引煽惑，一入其説，至玩細娛而忘遠圖。此在韋布之賤，人猶非之，況天下四海之所仰望而賴焉者乎？近日，都城市井民庶爭言，京師西角頭新設花酒店房若干座，雜令内外人役如古所謂登龍斷者以主之。或云車駕將幸其間，或云朝廷實私其利，一唱百和，衆議紛然。臣竊聞之，始而駭，中而疑，終而惜。駭者，以爲陛下身居九極之尊，爲天地民物之主，四海之内孰非其富，乃至兢錐刀之利於當罏滌器之間，以貽細民之口實乎？疑者，以爲陛下必非利此而爲之也，或以百姓承平，四方無事陋齊，君獨樂之，非倣漢人賜酺之意。故爲設置合歡之所，令百姓群飲其中，欲時往觀之，以與民同樂耳。故天子舉動不可輕，四海之觀聽不可忽。一時耳目之娛甚細，萬世是非之論攸任，反復思之，不能不爲陛下惜焉。

夫臣出入禁闥，瞻近清光，事陛下有年矣。知爲陛下惜之，而不爲陛下言之。遇事則爲不直，蓄心則爲不忠，臣不能也。請爲陛下一竟其説。夫人主欲與民同樂，以和天下之情，非謂褻尊卑之分，忘義利之辨，不顧上下之體而後謂之同樂也。其要在於親近儒賢，以講明懷保惠鮮之道；斥逐奸貪，以痛革聚斂掊克之政；裁抑冗倖，以梳剔剥民耗國之蠹。自然家給人足，百姓安樂，而人主之心亦快然無有不慊者。何至靦此細娛以爲樂乎？若曰利之所在，欲釀者專之，以濟國用，此尤大不可者。夫下之所利上，趄而奪之，是與民爭利也，於國用未必能濟，而國體已先失矣。意其初必有群小牟利己者，虛張一說，以中陛下，致陛下顯當其名。而此輩陰蒙其利，所入甚微，所損益鉅，不可不熟爲之慮也。

伏望皇上慎微大猷，屏絕細娛，將西角頭新開花酒店房即令罷設，仍將造端小人痛加懲治，以謝群議，以崇國體。令中外遠近知此舉動咸非聖明之意，則所以爲聖德光者不小矣。不勝干冒天威，恐懼待罪之至。

建儲疏正德十二年(1517)八月十三日題。

爲早決聖斷以豫定大計事。臣竊惟纘有萬世之業者，必思所以爲萬世之計。是以古之聖帝明王，以天下爲公，務要爲天下得人而已。而於繼統之事，定之必早，謀之不輕，斷之不疑，以顯示天下有所付屬之意，使凡覬覦之徒、非分之望莫不翕然以定，而宗社所由安也。故漢文帝踐祚未幾，而有司即以豫建太子爲言；宋仁宗付屬未堅，當時范鎮、司馬光之徒先後秉議，卒得其請而後已。蓋天下治亂、安危、隆替之本，皆係於是。而人臣爲君計，以安天下，固莫先於是也。

我祖宗之慮是事也，則又豫且慎矣。大凡皇嗣未生，或生而未衍，必留親王一人使居京邸，蓋所以默寓無事之備，潛消未形之患。其被留者無倖心，而留之者無忌意，天下之大公至計，獨爲度越千古者也。累朝以來，遵爲故事，是以先帝升遐之前，陛下建極之後，榮王每留而不遣，蓋此意也。旋因逆瑾異謀，忌王在中，以計出之。當時人心蓋岌岌矣。誅瑾之時，群臣倉卒建議，凡所紛更悉得改正，獨此一事未復。祖宗之舊，因循至今且七年，內外大小之臣乃更共以爲諱而不敢言。其爲身謀則善矣，而於國家長久之計，臣不知也。臣嘗思之，孝宗皇帝深仁存澤，皇上茂德清年，瓜瓞必有其期，熊羆必叶其吉，天道人事固不占可知。但此乃進退列聖相承之故事，終不可以今日頓廢也。況祖宗間關百戰，櫛風沐雨，以有此四海一家之業，方賴陛下以遞傳之萬世。

今自陛下一身之外，入則無問安視膳之敬，出則無居守付托之安，九廟無孝誠不匱之慰，兩宮無含飴弄孫之樂。陛下試以清閒之燕，一念及此，豈能不為之寒心，而思所以為之計哉？廼者駕出郊圻，旬餘未返。而百司庶府無所稟受，幾務叢脞，眾職多廢。大小臣工汲汲如狂，遠近民庶嗟咨道路，竊計聖心內顧必有不安者。向使陛下有一親屬可以付之居守之責，則中外臣民豈遽惶惑如此？臣愚以為宜及此時，議取宗藩至親一人，令其馳赴京師，居之邸第。一以樹本幹不拔之強，一以伸宗廟不匱之孝，一以娛萬幾之暇而奉兩宮之歡，此最今日之色，務人心之同。然事理之必不可已者也。

然聞近有以為言者，陛下乃寢而不報，忽而未聽，豈非以聖躬春秋，鼎盛猶或可緩，後日皇子肇生，則更煩區處也哉？臣竊以為未然。夫天下之事雖小者，不可以無備，況宗廟社稷、天下生靈之大事乎？謂當問夜待旦以速圖之，不宜復置猶豫於其間也。若一旦前星中耀，沐宸位有人，前所召者不過諏吉告廟、授冊之封而已，何難區處？今忽大事而不為之慮，泥後日之小費區處，而不急國家安危之圖，恐非所以上承宗廟、下為蒼生之意也，恐非所以公天下之道也。

伏惟皇上深惟後事之重，無主先入之言，斷自宸衷，早定大計，急下文武大臣、翰林、科道等官會議，速賜施行。若夫次及之序，則祖訓具在，廟謨有常，非微臣所敢喋喋者也。臣備員瑣闈，蒙荷國恩，碎首粉身莫報萬一。顧天下之事無復大于此者，豈敢愛死不為陛下陳之？伏惟寬其斧鉞之誅，賜之蒭蕘之聽，則宗社幸甚，萬世幸甚。豈特小臣之私幸哉？臣干冒天威，不勝戰慄，萬死待罪之至。

急救根本疏正德十二年(1517)閏十二月初五日題。

為急救根本以永綏大業事。乃者，皇上憤外敵之頻年深入，愧邊將之數戰無功，欲親揚武威，以固疆圉。不待告于廟宜於社，顯示于中外鹵簿之儀，不設丞弼之官，不從帷幄，内外執事之臣不備輕騎，奮迅排關以山經懷來。歷宣府，宿留陽和，至于大同，總率各邊兵將親與賊戰。上賴神靈，我師萬全，逆賊狼狽退遁。然遡求而追策之，其舉不可謂不輕，其事不可謂不危，其功不可謂非幸也。陛下亦可以歸矣。乃猶翱翔冰雪，暴露威靈，邊庭狃有袞之留，都人鬱翠華之望。太皇太后、皇太后日切垂堂之憂，内閣府部、院寺、科道各衙門大小臣工，久疎虛位之敬，欲往則峻拒於嚴關，有言徒積壅於不報。日者萬壽聖節，親王及四方使臣，南京及各鎮省文武官員，梯高航深，詣關效敬，皆不得一望天顏而歸旋。

及仲冬，履長至慶，頒朔進曆，並闕躬臨。其於哀對之道，閉關不省方之義，告廟請行之典，違悮亦多矣。又王者，父天母地而爲之子，謂之天子。故人君之敬天，猶天下之敬君也。今大祀實伊邇矣。先時夙戒，亦既越其常期矣。及今而歸，猶可預存肅肅之敬，庶幾克享高高之心，且永命建極以示天下，其禮莫大於此，決不可視爲常務，游衍而不顧也。況歲暮大祫，義重必親，孝子順孫，所當踧踖。“春，王，正月”，有舉必書。三朝建始，上奉于天，是又烏可以或忽哉？

臣又聞，近甸地方連年水旱，民間所仰以救死者糠粃都盡，而木皮草根至於剝掘無餘。京城之中百物翔貴，米石千錢，小民無從得食，重以苦寒展轉道塗，日不勝計。蘆溝橋、固安、楊村等處響馬強賊所在，成群太監畢貞前往，江西聞其輜重輕裝，劫掠殆盡。細民商賈因懦不敢行，民窮如此，盜起如此，陛下根本之地何在？萬世之業何在？輕擲而不之顧如此哉。故飛奔接轂，緹縠連群游行，信可樂也。如國是之當惜，何射伏飲羽，割鮮染輪，雄心信可逞也。如民命之垂盡，何若猶執迷不返、翫變不戒？臣誠爲陛下内惜金甌之業，外虞白龍豫且之憂。昔漢武雄才大略，足蓋一世，然身幾困於柏谷。少年之輦業，瀕殆於海内虛耗之餘，書之漢史，足爲明鑒。陛下神聖，追迹堯舜，而曾不此慮，何哉？

伏望皇上趣駕還京，回心嚮道，即敕户兵二部，講求安民弭盜之要，使根本之地屹然可恃。于以潛消奸雄覬覦之念，于以默折回海輕視之心，庶日月之食有旋復之明，而天下之戴有萬年之永矣。臣誠愚妄，不避危言觸戾。然與其竟死于默，不若先死於言。固臣之職亦臣之心，是以披瀝血誠，祇懼待罪。

薦賢疏正德十三年(1518)六月日題時陞吏科給事中。

爲收卹人才以弘治道事。臣嘗斂衽興嘆，恭惟我國家待士之意，一何厚哉。蓋百五十餘年間，優禮縉紳，愛養名器，無所不至。苟非寡廉鮮恥、作姦犯科之徒，自外於洪鈞之造，屢朝列聖，未嘗不以憐才爲心，故事不讐其拂意，言不忌其逆耳。雖其間陽虛陰慘之下，不無升沉榮辱之典。然亦每薄其責、恤其困、察其卒，無他志，旋收録之，往往復爲名臣，固未嘗禁錮摧抑如前代末季之爲也。忠厚之意傳爲家法，度越千古矣。以故士生其時，咸欲感會風雲，罄竭涓埃，委致軀命，思不與草木同朽腐。於聖明之代，雖顛仆相望于前，而振起不乏於後。蓋亦有以養其正氣，而不傷其直性之所致也，猗歟盛哉。迨我皇上聖度益優不諱之臣，雖或時有出入，而體恤之念未嘗間於遠邇。昔之自速泥塗之辱，今已半在雲霄之上矣。

蓋天地無棄物，聖明無棄才，泣隅之徒咸共知有燕笑之望，莫不悔罪改，圖冀脫魑魅。但邇來尚有朝士數人，如編修王思，給事中張原，御史徐文華、周廣、高公韶，主事宿進、李中、戴冠、韓邦靖等，或崎嶇於嶺海之小吏，或瀿落於耕鑿之編氓，青雲失勢，白首誰憐？以時考之，斯亦久矣。是雖其所自取，然皆忠憤激發有足矜者。往者雷霆餘怒，猶未盡釋，敕旨峻厲，收録無期。然唐臣有言，韓愈在朝，未必果異于人，但不用此人，後世以爲口實。當今英賢滿朝，亦豈必待此數人然後成治。但遠而不忘，過而能容，自是聖朝美事耳。況此數人者，嚮或以院省侍從，或以臺部清要，皆天子之華近臣也。一旦使之奔走車塵馬足之間，無異胥吏之賤，非所以示遠人重堂陛也。臣愚以爲，雖不欲遽還之朝著，亦當蒙量移之輕典；雖不欲即復其舊官，亦當循進叙之常資，使無嗟咨於榮枯雨露之偏，共府仰于覆，載天地之公，不亦可乎？

伏望皇上録杞梓之可用，採菲之不遺，特敕吏部查訪近年落職，補外爲民京官。如果飭躬省過，及有撫按奏保實迹，再加斟酌，陸續起用。于以湔洗前愆責收後效，上以示聖主優容之道，下以廣大臣包荒之義。蓋不朽之盛美，普天之厚望也。臣待罪該科，間閲事籍，每念此數人者，皆國家養成可用之材，徒以愚直、疎狂、潦倒擯置，深爲可惜。復恐全軀持禄之臣，視爲覆轍之戒，瞻前顧後，靡然成風，是豈朝廷天下之福哉？用是不避鈇鉞，冒昧上陳，伏惟皇上留意焉。

奉旨該衙門知道。

正名疏正德十三年(1518)七月初九日題時轉兵科給事中。

爲正名分以尊君道事。正德十三年七月初三日，欽奉敕兵部，總督軍務威武大將軍總兵官朱壽，親統六師勦除狂寇，安民保衆，雄威遠播，邊境肅清，神功聖武，宜加顯爵以報其勞。今特加威武大將軍公爵，俸禄仍命吏户、衙門一體知會，如敕奉行，欽此。

欽遵該兵部補奏送科臣等，捧讀之際，相顧愕然，不知陛下何所取義。以是爵號爲榮不一，稽之典禮，謀之廟堂，輕爲此舉，動以駭天下之耳目，而貽後世之譏笑乎？臣等聞之，古之帝王因時立號，以臨兆庶，顯名殊稱，至尊極美。蓋至于兼稱皇帝極矣。漢高帝有言曰："吾乃今知皇帝之貴。"是固海内之所共尊，萬世之所常尊，不可復易，亦不可復加也。三代以來，中間代有繼統之君，遭時弗靖，往往親講戰陳，自收戡定之績者。然考之當時，功成之後，亦不過南面受賀而已，又其甚者，不過勒之金石、播之歌頌而已。固未有加爵酬勞如待人臣之爲，若今之敕諭云。然者，臣等不暇遠引，請即以敕諭事理所不可通者，爲陛下言之。

夫君者，出令者也；臣者，奉君之令而不敢有違者也。所謂敕諭者,令也。今陛下實稱予一人以令天下,顧安得方一身爲君,而出令復有一身爲臣而奉令乎?此理之不可通者一也。大將軍之官今固不設,然在漢時每以貴重臣爲之。當時衛青、霍光之徒實領其事,此亦古人臣之職耳,其不可以加之人主,亦明矣。今陛下以天子親統六師,復曰大將。此理之不可通者二也。陛下貴爲天子,爵處無對之尊矣,非若公侯伯子男皆爲有等之爵也。今曰特加公爵,是不以主爵爲尊,而顧廡上其堂,履加其首,自卑自辱亦已甚矣,而復自以爲顯爵。此理之不可通者三也。陛下富有四海之内,禄專無窮之入矣。非若内外諸臣,可以分職而受禄也。今曰特加公爵俸禄,是忘其天禄爲崇,而顧以蹄涔益海、培塿爲嶽,自爲品節限制,將或不得而踰矣。而復自以爲加禄,此理之不可通者四也。陛下主器於震之時,孝宗敬皇帝親製,御名播告中外,天地宗社神靈所共聞,諸夏四海臣民之所共記,固當奉之終身,罔敢易也。今復自製一名列於威武大將軍總兵官之下,四方萬姓遠不悉知,必將騰播稱道,無復忌諱,閭閻里巷,口耳媟褻。此理之不可通者五也。

凡此五者,於古無所考法,於今無所義起,於後不可爲訓,揆之事理,無一可者也。陛下何故輕率堅定,必欲爲此不祥之事乎?宜即敕該部收回前降敕諭,勿令傳布,仍令吏户二部停格不行,正名定分,自饗其尊,毋慕虚榮,自貽實辱。以啓上陵下替之漸,則主威震而君道明矣。臣等幸甚,天下幸甚。

慎兵權疏 正德十四年(1519)二月十六日題。

爲守成憲以慎兵權事。臣等伏睹《大明會典》,各營管操官曰提督,各哨分管官曰坐營、曰坐司,俱兵部奏請於公、侯、伯、都督、都指揮内推選,及查得見行事例。文武職官不由推舉,徑自希求進用,乞恩傳奉等項,俱問罪,成憲昭然,萬世所當遵守。正德十四年二月初三日,該司禮監太監李英傳奉聖旨,西官廳監督朱彬,著與同新寧伯譚佑等提督十二團營,一同管事。查昭譚佑提督五軍營事例,不妨原任仍舊。西官廳監督左都督神周,都督僉事李琮,著與同安邊伯朱泰等,西官廳監督一同管事。署都督同知李隆,著替李琮坐右營。山西行都司都指揮僉事潘浩,著替神周坐勇士營。都指揮僉事林寬,著替李隆坐四衛營,俱坐營管操。各坐營管操,各寫敕與他兵部知道,欽此。

臣等竊惟祖宗設置吏、兵二部,分掌文武職官,銓選推舉,一應事務,且著爲前項,典例至不欲傳奉,内批以撓其行事。所以一事權昭公道,尊朝廷也。今十二團營既有新寧伯譚佑,提督管操,雖或衰老,恐難獨任。而添設提督大將,事體重大,不聞該部奏請。一旦即以朱彬參之,西官廳及右營勇士,四衛營監督、坐營等官,並係將領重職,亦不聞該部擬授。一旦即將神周等易補之。陛下選用兵部尚書付之本兵重任,此等舉措背不獲與。縱使一一用之,各當其才,豈所以崇古帝王無爲之體,而示天下至公之道哉?及照□□伯朱彬,[1]本以邊庭偏裨,受知聖明,得奉清光,頻從征伐,遂違群議封以伯爵。國家於彬既已酬過其勞,彬之榮幸至此,亦宜有不安之心矣。見今監督西官廳軍務,委任不爲不重,若復使之提督團營,則内外兵戎皆得料理。自古人臣才識有限,寵用太過,漸恐弗勝,殆非所以全之也。中間如神周、潘浩、林寬,又皆各邊昔年失事將官,過蒙恩宥,已爲厚幸。今復接踵天懼,連袚將壇,聞之輿論,皆云未可。

伏望皇上監守成憲,慎重兵權,收回成命。特敕兵部查議團營提督,果應添設,務從公推舉素有威名相應宿舊,以厭衆心。及查前各官履歷,量才□□,毋或輕授,致生異議。如此,則本兵之任專,而選將之意公矣。

抑幸恩疏正德十四年(1519)二月初三日題。

爲裁抑幸恩以清朝政事。臣等伏惟國家設置軍職指揮、千百户等官,所以待有功,而官有見任帶俸之不同,所以別賢否也。是以名器所在,政體所關,故人主愛惜慎重,不輕授人,則人亦貴之。紀綱正而爲治朝，苟倖門不塞，小人皆得乘君子之器，則斯賤之，紀綱亂而爲穢政矣。照得已故太監馬永成，雖稱歷事有年，勤勞頗著。然蟒衣玉帶、尊顯用事者，十有數年。且疊承恩廕姪姓以下，並都高爵列美官，亦足酬其生前矣。今既物故，陛下苟念之不置，但宜再官其家一二人，以示毋忘没後而已。而太監趙亨等乃爲之請，乞親疏陞官見任等項至九十餘員名。中間都督乞管事者一人，指揮乞斗牛者一人，指揮乞南鎮撫管事者一人，都指揮乞象房管事者三人，指揮同知乞指揮使者一人，百户乞正副千户者七人，旗校舍人等項乞百户鎮撫者三十二人，乞旗校御醫、僧道住持者四十餘人。

臣等不知馬永成者，有何功于天下社稷，而輒希國家非分之恩濫無紀極如此。陛下皆可之而略不加裁抑焉。奈何以一内侍之故，而破壞國家之名器，政體一至是乎？且一太監死而乞恩者九十餘人，尤而效之，將援之以爲例矣。靳之，則恩有所偏；從之，則法不可繼。且以報功任賢之職，而爲卹死市恩之舉，臣等恐天下聞而解體也。訪得前項官役真爲馬氏之系者不過數人，餘皆各衙門夤緣奔競之徒，用賄投托，希求進用。若不懲治，深爲沮壞祖宗選法，無以示戒將來。

伏望皇上爲天下惜名器，爲治道正紀綱，即敕兵部將趙亨等乞恩人員一體裁革，仍將夤緣投托之人查送法司照例究治，以後不許仍前濫爲陳乞。如此，則倖恩頓抑，朝政一清，而天下皆仰太平之治矣。

諫止南巡疏正德十四年(1519)三月十一日題。

爲懇留聖駕以安人心事。正德十四年三月初六日早，該司禮監太監李英傳奉聖旨，説與該部知道，即便轉行南北直隸、山東、河南鎮巡等衙門，并陸路、水程沿途軍衛、有司、驛遞、閘垻、官吏、軍民人等知會：朕今南行巡狩，但所過地方如往來祖廟、獻新京運，繼織造、漕運、糧儲及官民船隻，都著照舊通行，毋得因而阻當有誤。供應國濟商販、有妨壯實京師，其往回船隻，亦要順幫讓路沿河居居，毋得驚動，各要安業生理。其隨侍人員務要安分本等，不許生事擾人。俱各遵守法度以安衆心。如有違犯，罪不輕貸。便著出給榜文，沿河張掛，曉諭衆人，故諭該衙門知道。欽此。

先該節奉南行巡狩之旨，臣等屢次具本奏論，不可久候，批答謂當俯從而中輟也。今復降此敕諭，則聖意猶未回，而行期蓋有日矣。然觀聖諭所言，無非以京師萬年根本之地，沿途生靈，國家赤子，故慮之如此，其周卹之如此，其至而告之如此。其諄切者惟恐德意之不宣，而衆志之不孚也。但臣等一得之愚以爲，意雖美矣，不若即停無事空行之轍，則事體爲便安；言雖切矣，不若與之相安無事之域，則人心爲自定。且天下之所以爭赴京師，而京師之所以壯固充實者，皆以一人在內故也。今乘輿遠出，居守無人，縱使國賦、商販之來不減於舊，而宗社寄於空城，實有意外無窮之憂。況百餘年來，鑾輿不聞南行，千乘萬騎，民間所不習見。一旦先聲傳聞，莫不倉皇驚疑。加以道路訛言不一，行者、居者相率遠避，雖人人耳提而面命之，將亦不能禁止。見今水陸舟車、貿易貨物，或取間道而他適，或至中途而賤售，其部解官物人役，亦趑趄觀望而不敢進。商賈漸以不通，百物漸以不至，久則京師物價必當騰踊。城中居人百萬，生理坐蹙，甚非久安之道，何壯實之有？外則四方灾傷凋耗之餘，百姓流移而轉死者不可勝計，其幸存而按堵者，皆爲陛下耕土作貢，取其餘自救之遺人耳。

陛下何忍復親蒞其地，而重擾之哉？就如聖諭使之，不致驚擾安業生理。然水陸舟車一應供給之需，從行士馬、糧餉、芻粟之備所在，葺治殿廬、迎來送往之役，內外從官供給應付之煩，皆不能不取之民者。今窮民一歲，所獲猶不足以供一歲之稅，監幷于有司，展轉於道塗者，方顛連苦楚萬狀也。計聖駕所過，非倍取數年之稅足以辦。一旦供給之事到骨，貧民何以堪之？至千毀其屋垣以通輦道，拘其身及其子弟以備夫役，且復百端皆有司欲，禁而不能者，雖諭使安業生理，其可得乎？隨侍人員守法安分，固亦有之，但勞而欲息，饑而欲食，行者同情疲頓，修途望門如赴家。畏懼之心，或不勝其自愛之意，未免損人利己，知法故犯之矣。其不畏法之徒，往往挾勢凌人，無所不至，姦污婦女，强取財物。閭閻小民，天高莫訴。陛下以一人之耳目，比其違犯而重治之，其能幾何，而無辜隱忍被害者，可得而悉究之哉？此皆聖慮所未詳也。故臣等斷斷乎以聖駕不可出者爲是故也。

伏望皇上內念根本之重，外憐民物之窮，勉從中外懇留之請，即日停止巡游，明諭遠近，無復知南行之意。則京師自實水陸，居行之人自不驚擾，而各安其業矣。不然，則徒張墻壁之虛言，無救生人之實害，或致人心不安，大非國家之福，恐他日重煩聖慮，悔無所追。惟陛下留神裁察，毋自輕忽。幸甚，幸甚。

遵舊制疏 正德十四年(1519)五月二十日題。

爲遵舊制以正姦惡以全宗室事。臣等查得見行事例一條，各王府不許擅自招集外兵，凌辱官府，擾害百姓，擅作威福，打死人命，受人投獻地土，進送女子及强取人財物，占人妻妾等項，違者，巡撫、巡按等官即奏聞先行，追究設謀撥置之人，提問奏提等因。及查得天順二年七月內，欽奉英宗皇帝聖旨，是寧王不法事情，多是護衛官校人等撥置，長史等官又不能輔導，以致攪擾不靖。這合問的人犯，著巡按御史拏問，解京發落。仍將護衛改南昌左衛，寫敕與都司管轄。今後不許本衛人員出入王府，違者輕則調發邊遠，重則處死不饒。還寫敕戒諭王，欽此。

臣等近日風聞：道路之人傳言江西寧府不法之事，未審虛實，不敢輒以上聞。昨聞御史蕭淮舉以爲言，蓋先事之慮義有不得已者，今固已入聖明聰察之下矣。傳聞之言，皆謂致仕都御史李士實，儀賓顧官祥，指揮葛江、王信，引禮丁璽，內使陳賢，壽山熊受、涂欽、梁偉、萬銳，義官裘鳳一、兄弟倪慶、廬孔章、王蘭、徐紀、趙七、謝培、方玠，省祭官黃海、秦梁，舉人王春，罷吏陳金，三舍人李顯忠，校尉查五火，信樂公秦榮，建昌縣聽招賊首凌十一、閔念四等設法撥置，以致王違祖訓而妄爲，怙聖恩而驕蹇，招納亡命，毒害良善，打死平人不下數百，强奪財產動以萬計。虐燄熾於封內，怨聲播於京師。臣等以爲如前所陳萬有一實，則陛下豈能終以親親之故，而不爲一方倒懸念哉。夫醞惡稔釁，必有其因。今日之傳，雖曰疑信居半，而致疑之迹亦有其三：有求而不靳，一也；因事以立威，二也；撫按畏禍而失職，三也。何謂有求而不靳？王之先世既以不法聞於皇祖，而革去其護衛矣。至逆瑾專權，納賄而得之。陛下誅瑾而既從改正矣。未幾，復因其請，違衆議而予之，此謂予傷其惠。而或者固有得衆而驕之疑矣。何謂因事以立威？按察使胡世寧曾因舉其過失，嚴譴而戍邊；御史范輅、南昌知府鄭獻，近因失其意旨，謫官而逮獄，此謂專聽生姦。而或者亦有唯其所欲陷之疑矣。何謂撫按畏禍而失職？訓典親親之戒重，皇上睦族之道隆，王怙法以庇其人，小人怙王以庇其身，此謂投鼠忌器。而或者又有終莫如之何之疑矣。居此三疑，王復不知檢身而愛人，宜其過失日增，而浮議積以上聞也。

伏望皇上鑒成法於已往，銷禍患於未萌，特令親信大臣慎密酌議，先將護衛革去，以復舊規。其設法撥置人員，從長設法，緝拿究問，虛實照例，分別情罪，以昭國法。巡撫都御史孫燧、巡按御史林潮，既坐視姦惡而害衆，糾察之職不聞，復共爲諂詞以欺天，耳目之寄安在？前鎮守太監畢真以朝廷心腹之託，爲宗藩私比之人，民怨所歸不減。王府俱當差人拿解來京重治，以爲人臣受命不忠之戒。其宗室情法，事體重大，均乞詳慎，毋或輕忽。中間投托賊首，人犯既麗法在不赦之條，恐有獸窮則攫之變。預行各該巡撫操江都御史，沿江一帶兵備、守備等官嚴加把截，毋致疎虞。如此，則宗室保全，而地方人心安矣。

奉聖旨這所奏寧王事情，已遣官降敕戒諭了。畢真、孫燧、林潮妄行奏保，都著從實回將話來，該衙門知道。

溥聖恩疏正德十五年(1520)正月十三日題。

爲溥聖恩以安地方事。臣奉使江西，竊見里邑蕭條、民物衰耗凋敝之狀，不忍見聞。蓋自宸濠襲封以來，日事誅求，歲加剝削。一省列郡在在不寧，逞威勢以豪奪民財，恣凶殘以戕害民命，子女殆盡，杼柚其空。官府爲其脅制而寬政難行，生靈畏其虐害而逃亡日衆，凋敝之源實在於此。今者宸濠惡貫滿盈，天奪其魄，糾聚醜類犯順，稱兵南康。九江望風不起，延及安慶，攻圍兩旬。所至則毀壞城池，焚燒房屋，劫掠財物，驅擄良民。比及用兵，供億繁重，協濟徧及於列郡，日費不止於千金。遂使殷厚之家盡皆凉竇，繁盛之地化爲窮鄉，誠可哀憐者也。幸賴陛下親統六師，臣工戮力，渠魁就縛，餘黨悉平。然傷殘衰敝之處，非得休養生息者閱歷歲年，其何以蘇久困之疲癃，還承平之舊觀耶？臣等會同欽差紀功，監察御史孫孟和、章綸議得前項地方凋敝已甚，除殘去暴，固已蒙陛下之威德，而惠鮮子養，尤有待於陛下之仁恩。

伏望陛下俯察微誠，亟垂軫念。乞敕該部從長計議，將江西南隸用兵地方一應錢糧悉免，徵派新舊逋負悉與蠲除，興作工役悉皆停止。待三五年之後，民困少蘇，再行議處。仍敕各該撫按官員嚴督藩臬守令，務要存恤孤窮，撫摩凋瘵。其有貪墨殘虐重爲民害者，即行糾舉黜退。官吏軍民人等，有歿於戰陣及橫罹鋒刃者，通查家屬，厚加軫恤，毋令失所。上累聖慈，庶使創殘之地重沐至仁，九重寬南顧之憂，萬姓感更生之賜。皇恩既洽，富庶可期。不然，則恐民窮盜起之患，或難免於他日也。臣等承乏紀功，目擊民瘼，敢陳愚見。仰瀆宸聰，乞賜俞行，地方幸甚。

明賞罰疏正德十五年(1520)二月初九日題。

爲明賞罰以勵民心事。臣等各准紀功，監察御史孫孟和、章綸各手本，俱奉都察院劄付，准兵部咨職方清吏司案呈奉本部，送兵科抄出。南京廣東道監察御史熊允懋奏本部，議擬覆題孫燧、許逵二人死節，合無行令紀功官，亦候事寧之日，通查江西地方死節大小官員，與孫燧、許逵一并議擬具奏，贈官廕子，或賜與祭葬以爲忠節之勸等因。題奉聖旨是，欽此。

欽遵移咨轉行，紀功監察御史孫孟和等，會行紀功左給事中祝續等，一體欽遵施行等因。備行前來，行攄江西布政司左布政使陳策、按察司按察使伍文定，查勘得已故都御史孫燧、副使許逵，俱因正德十四年六月十三日，寧王宸濠生旦，鎮巡三司等官以禮慶賀。十四日，各官赴府謝宴，不意宸濠謀為不軌，預集兵校藏刃同立，將孫都御史等俱各綁縛。宸濠厲聲高說朝廷有密旨，教我起兵赴闕，你各官知義否有？孫都御史不從，說要密旨看，又問許副使，回說只有一點赤心在。宸濠怒說不知大義，官拿兩員殺了，以正人心。遂將孫都御史、許副使押出梟斬。比孫都御史等在路罵不絕口，至惠民門拽跪不屈，俱被立斬於門內。通衢竿其首三日，棄之。地方軍民思其遺惠，壯其忠烈，哀其不得死為，殮屍供奉於佛寺中。又有江西布政司右參議黃宏、戶部公差主事馬思聰，亦被囚執，義憤不屈，遂不食三日，相繼而殂。居民亦殮以衣冠，輿置孫燧之側，朝夕哀之等因。各呈繳到，臣等會同紀功監察御史孫孟和、章綸，議得仗節死義，人臣之難事，表忠旌烈有邦之令典。是故國家有忠節死事之臣，則必厚加褒恤之恩者，非徒崇報於既往，亦將為勸於方來也。近者宸濠之變，其積威虐焰已懾人於平日，而危言暴怒又遽發於一時，聞之者膽喪，見之者股栗。自非真知義命之君子，孰敢與之抗哉。而巡撫江西都御使孫燧、江西按察司副使許逵，乃能嬰其鋒而折其氣，密旨之索，赤心之對，蓋知有國家而不知有其身者。比至臨刑，罵不絕口，可謂忠貫白日，志烈秋霜矣。宜乎民之懷惠、哀忠而殮屍供奉，實天理民彝之不容已也。照江西布政司右參議黃宏、戶部公差主事馬思聰，囚繫之中，忠憤不屈，不食而死，為眾所哀。其死也，不若燧之烈，而見危授命，特立不懼，則同一為國之忠也。四臣者不加表異，何以激勸將來，而愧為人臣而懷二心者哉？

如蒙准言，乞敕兵部轉行各該衙門，查照舊例，斟酌議處，將孫燧、許逵錫之美諡，贈以尊官，祭葬必出乎特恩錄，後當超乎常格。宏與思聰亦乞量加贈葬祭之典，仍於江西省城通建一祠中肖、燧、逵之像，而以宏、聰爲配，定擬祭期。每歲兩司府縣從事焉。如此，則恩典昭明，而人心悅服，可以慰忠魂于冥漠，而垂激勸於無窮矣。

救王文成公疏正德十五年（1520）二月十八日題。

爲十分緊急軍情事。正德十五年正月十五日，節該欽奉軍門鈞帖，爾等公同太監張永、張忠，安邊伯朱泰，左都督朱暉，從公備細查勘宸濠反叛事情，要見始末來歷根由。及據安慶府知府張文錦，本內奏稱賊首吳十三、凌十一、涂承奉等，①口稱倒被兩京一二人誤賺了我事等語。又據都御史王守仁等差來齎本奏事，人役供稱有宸濠在陣，說稱我是正宗枝，有娘娘密旨來取我。及擒獲宸濠在監，又說被人哄了我了等情。爾等務要親問宸濠，追究往還結交何人，真情下落等因欽遵。於正月十八日會同欽差提督贊畫，機密軍務御用監太監張永，欽差提督軍務御馬監太監張忠，欽差提督軍務掛威武副將軍印充總兵官安邊伯朱泰，欽差提督軍務掛平賊將軍印充總兵官左都督朱暉等，親擬監所公同結問。彼時宸濠驕傲之態尚存，凶狠之性猶在，指斥乘輿，出語無狀，且曰有恩報恩，有讎報讎。臣等細問前項情節，俱稱無有，止說南京初逢講起是王守仁。臣等竊惟修怨者必懷反噬之心，誣人者多爲溢惡之語，仇家之口大抵難憑。

宸濠潛蓄異謀積有歲月，天奪其魄，遽爾舉兵將謂大事可以倖成，天位可以力取，固已悍然無所顧忌矣。而都御史王守仁仰仗神算，戮力擒之，遂使姦雄一旦失望，則宸濠之深仇孰有過於守仁者？所以必加誣搆，始遂其心。是猶己則爲盜，而指擒獲之人爲同盜也。臣等愚昧，伏計聖明固已洞燭其奸，必不聽信。但所慮者王守仁忘身狥國，功在社稷，而一旦爲仇人所誣，如此將使英雄豪傑作戒前車，長養寇持祿之風，沮圖功立事之志。國家緩急何以使人？此臣等所以日夜思維，深惜國體，而冒死爲陛下言之。若必任罪，以宸濠之言爲

---

① 吳十三、凌十一：二人爲江西大盜之首，見《王陽明全集・知行錄・征藩公移下》。

實，臣等請以數口之家爲天下第一流贖也。再照鈞帖内别項事情俱行，參政嚴鉉，僉事謝豸查勘未報。臣等在彼多方詢訪，官軍入城之時，如貪功妄殺、圖利焚掠等事，難保必無。然皆各哨領軍官員故違節制之罪，且承委官員亦稱前事已經太監張永等先已勘明，難再別議。若復再加鍛鍊，恐於國體有傷。

伏望聖明裁察，幸甚。今將會同問過宸濠情節，先以上聞，其各項功次，臣等另行造册奏繳。

回鑾疏正德十五年(1520)八月初六日題。

爲懇請回鑾以安人心事。乃者，陛下以宸濠反叛，謀危社稷，親統六師往問其罪。天威赫然，如雷如霆。蠢兹逆徒，望風瓦解，渠魁就縛，餘黨悉平，地方底寧甚盛甚休。但今乘輿久駐南都，而班師之詔尚未宣布，中外人心頗致惶惑。何則？聖躬不可久勞，師徒不可久暴，帑庾匱竭，供億艱難。兵旅有不戢之虞，人心有易搖之勢，誠不可不早爲之計也。日者天氣炎熱，師行實難。臣等仰測聖心亦必念此，待秋涼之日然後啓行，今則維其時矣。

伏惟陛下亟發德音，早旋聖駕，以安臣民之心，以消意外之慮。供億少舒，地方蒙福，實宗社無疆之休也。臣等待罪言路，承乏行間，苟有所見，不敢不陳。伏乞聖慈省覽，幸甚。干冒宸嚴，不勝激切戰懼之至。

復姓疏正德十六年(1521)正月十八日題。

臣原籍直隸安慶府桐城縣人，先世嘗居鳳陽，本爲齊姓。元末兵起民間，自相讐殺。臣祖天富因見宗人隨俗背訓，恐及於禍，獨率本房遷居今之桐城，別族爲徐。國初占籍，縣市一圖，人户未知即改。後又因一丁僉充陝西甘州衛軍役，一丁僉充在京宛平縣剉磨匠役。班伍清勾不常，兼以家世農夫伯，曾祖琳、祖相皆州衛小官，力微勢隔，因仍至今。獨五世神主尚以"齊"書幽明之間，水木本源之自實同一。念臣今復蒙國恩，發身甲科，居官近侍。竊惟君子之明倫正宗，莫大于氏族；而氏族之別嫌審僞，莫先於詐冒。昔智伯無道，輔果異族，史固有之。然事非常理，不可以訓臣祖所別之姓。雖與入贅、隨嫁等項僞冒不同，而考之齊、徐之始，相去遠矣。時因從權，疑非本意。至於今日，可復而不可復，一則爲忘己之故宗，追孝者不忍；一則爲冒人之非數，知恥者不爲。此臣所以日夜莫能自安者也。

伏望皇上敕下吏部，先容臣將今姓改復爲齊，仍行臣原籍官司，令臣合族攢造黃冊之年，例格改正移文，知會軍匠著役衙門。今後班伍有缺，照前清勾解補。臣非敢別有他故脱重就輕，實以一本之思不能自泯。倘蒙天恩得復故姓，臣一家不勝生死感戴之至。

清理刑獄疏正德十六年(1521)四月二十四日題。

爲緊急軍情事。先該宸濠反叛，臣等各奉敕隨軍紀功，照得都御史王守仁擒獲逆賊劉吉等，提督軍務御用監太監張永抄拏方倬等，御馬監太監張忠、平□伯朱彬、[2]安邊伯朱泰、左都督朱暉，各緝獲熊僚、申宗遠、揚清、李汝淇等各起囚犯，雖於江西等處送到臣等審問，此因隨軍回促日促，事冗不暇詳議，止據江西按察司及各提督送來審訖。亦有未經送審徑自起解者，除將情法顯然可矜可疑，季元亨等九十三名題奉大行皇帝聖旨，法司看了來説，欽此。

除欽外爲照前項，囚犯事情多端，若不仔細研審，切恐情法未盡，有虧至公。再照大行皇帝駐蹕通州之時，傳旨抄拏人犯陸完等，①中間情罪輕重不同，法難概施，亦合詳審。節該正德十六年四月二十二月，詔書內一欵法司，錦衣衛見監罪囚，中間或鍛鍊成獄，或拘泥文案，多有枉抑。今後問刑務要法當，其情不許深刻，欽此。又一欵，江西并各處地方，先因宸濠反逆事敗，及因人告報謀反妖言等項事情，

① 陸完：字全卿，號水林，長洲人，成化二十三年進士，授監察御史。正德十五年十一月初三日，朱宸濠叛亂平定後，搜得他與宸濠的往來書信，遂被執至通州下獄，十六年謫福建靖海衛。嘉靖五年(1526)卒，年六十九。

一時追補餘黨急於撲滅，不暇審辨，未免有迹涉疑似被誣逮擊者。經該問刑，衙門務要嚴加詳審，果係誣枉，即與釋放。若係逼脅順從者，問擬明白，奏請定奪，毋得冤抑淹禁，欽此。又一欵，見監與宸濠謀反事情，有于正德十四年就陣擒獲真正共謀逆賊，并臨時脅從。及先年交通不曾與合者，各依律議擬應得罪名，再會多官覆審，相同具奏定奪，毋得輕從冤枉，欽此。

臣等愚昧，亦有以知陛下仁慈惻隱，慎重刑獄如此，爲法司者必已仰承德意，不敢輕忽。但今天氣暄熱，疾疫易生，囹圄幽囚尤宜矜憐。幸遇陛下嗣大歷服之始，雖昆蟲草木亦望至仁涵育，而況人命之重乎？如蒙乞敕法司毋拘，成案勿事觀望，亟將劉吉、方倬、熊僚、申宗遠、楊清、李汝淇等逐一研審，如有冤抑罪不至死者，即與清雪明白奏請，必其情真罪當，然後從重議擬，請自上裁。陸完等亦要嚴審，冤抑者清雪，情真者從重，一體奏請定奪。庶幾刑法不濫，人免枉死，而陛下好生之德洽于民心矣。

賞功抑倖疏正德十六年(1521)四月廿六日題。

爲緊急軍情事。先該江西宸濠肆行反逆，臣等於正德十四年八月二十一月各奉敕隨軍紀驗功次，禁革姦弊續。於正德十五年正月十五日，節奉大行皇帝欽命臣等，查調各處生擒及擒獲首級各若干，備開何人所獲，衛所、職役、姓名、造冊繳報，等因欽此欽遵。行攄江西按察司呈送協謀討賊，御史謝源、伍希儒、紀驗過，都御史王守仁，部下獲功，草冊委官，徽州府知府留志淑查勘。過安慶等處，功次文冊前來，臣等查訪相同。除各另開坐造冊奏繳外，會同議得。宸濠之稱亂也，蓄謀聚眾，積有歲年，犯順舉兵，號十八萬鼓行而前，無與抗者。至塵萬乘決策親征，其勢可謂盛矣。巡撫江西都御史王守仁乃能慷慨起兵，誓清國難，統集義旅，畢舉群策。於本年七月二十日攻復省城，傾其巢穴。二十四等日，大戰王家渡等處，生縛宸濠，破滅餘黨。遂令江右再底寧謐，生靈免塗炭之苦，九重寬南顧之憂，功在社稷，莫可倫擬。

守備安慶等處署都指揮僉事、今陞右參將楊銳，安慶府知府、今陞太僕寺少卿張文錦，悉力禦寇，克全孤城。致賊奔逃以及大敗，保障之功，亦不可泯。各官建此懋功，實應超擢，無容議矣。顧其部下功次見今造報者如此，江西冊內有隆慶左衛報効寇帶軍人呂鎧等四十三員名，雖經駁行該司查勘，止照前冊回報，揆之輿論，終係冒濫。舍人伍壽等三十二名隨征義兵，王愚等七名俱係領兵官員及隨征協謀鄉官家人，緣各官既有領兵協謀之功，朝廷必加賞典。其子姪僕從之類，似難更徼國恩。安慶等處冊內披効冒功者，有孝陵衛舍人劉奎等三十四員名，領兵官員舍人林平等二十名。又有射箭打磚之人，查無事例，有褒行賞，前項功次通難紀錄。但臣等到彼地方之日，事已平定，兵皆散訖，無從審驗，難遽刪除。

如蒙乞敕兵部查照，將王守仁部下功次亟議陞賞，以酬大勳。應給銀牌、花紅，先行差官賚，訖安慶等處有功人員，雖蒙給過牌紅，亦當速議賞典。其前項詐冒報効及射箭打磚，功次通行削去，不准甄錄，已給牌紅俱合追回。伍壽、王愚、林平等查議奏請定奪。如此，則賞罰公明，人知勸勵，貪冒者息心，而弊端可革矣。

杜革冒濫疏 正德十六年(1521)十月二十八日題。

爲緊急軍情事。正德十四年六月，內節該南京守臣□報江西宸濠肆行反逆，大行皇帝下詔親征。先命安邊伯朱泰統領官軍前往南京等處，相機勦殺。太監張忠、左都督朱暉統領官軍前往江西，直搗巢穴。又命太監張永踏勘，一應機密重務，各於本年八月初三等日啓行。臣績、臣孟和，各奉敕隨朱泰；臣之鸞、臣綸，各奉敕隨張忠、朱暉，俱軍前紀驗功次。至十一月十一日，駕次徐州。臣等先往江西查考事情。至十五年正月十五日，節奉賚到欽命行，臣等通查各營官軍擒斬功次，造冊繳報，以憑紀驗等因。欽此。續准太監張永等各開到擒獲功次，并有功官軍衛所、職役、姓名、揭帖，俱類送軍門請裁訖。

又將經審過可矜疑人犯彭綵等奏請就便，敕付南京法司問理，不蒙批答。

至本年閏八月初九日，大行皇帝親臨南京直江口，就憑軍門造出揭帖，内增總督下賊犯二名。□□伯朱彬部下賊級一十五名顆，[3]賊屬三十一名，并太監張永等各部下功次，及獲功首從官軍逐一唱名點驗，面命總管紀驗。兵部侍郎王憲與同臣等爲首者，給與銀牌一面，綵紅一段，花二枝；爲從者綵紅一段，花二枝，各賞訖。隨即班師。臣等在途，又將驗過矜疑人犯季元亨等通行具題，請敕法司問理。奉大行皇帝聖旨，法司看了來説。欽此。又蒙軍門將奏，内王敏、胡褒發回江西，按察使辦審訖前項驗過功次，一向未敢造冊進繳，除將各部下開來安撫、散釋、參議、解囚、防守等項，勤勞節年軍功事例不曾開載。及病故官軍不係陣亡俱難准收録外，查得宸濠於該年六月十四日舉兵爲逆，隨該提督南贛軍務都御史王守仁糾集義兵，於七月二十日攻入省城，傾其巢穴。二十五等日在王家渡等處對敵，宸濠兵敗就擒，餘黨陸續擒勦解散盡絶，地方俱已平定無事。

九月間，張永、張忠、朱泰、朱暉，兵馬始到江西，各處抄没緝拏助逆、郡王、將軍及宫眷人口，從逆文武職官軍民人等，并男婦家屬俱是事定歸府，及逃匿在民，束手待罪。人犯初非既解，復聚臨陣克復之功。節查會典，成化十四年申明陞賞，内地功次條件。及正德六年會官議擬征勦流賊事例，其緝獲者俱不在陞賞之條。中間雖有朱泰部下睢州地方擒獲劇賊楊清等，曾於事後殺傷官軍巡撫等官，具奏奉有大行皇帝明旨。但楊清一起止有十二名顆，其餘盡是江西緝獲之數。再查總督下閆岳等功次，係湖廣解來人犯。及□□伯朱彬正是隨駕駐劄南京，[4]未曾親到江西，所報功次訪得俱是揚州府等處拏解人犯，事屬奪冒領賞，官軍相應究治。前蒙大行皇帝南京命賞銀牌，原係侍郎王憲與臣等内府領出，“得勝猛勇奇功頭功”等項字號牌面，即今難以填寫。勘合底簿，既非陞賞功次，各應追奪。但先該侍郎王憲、太監張永、張忠，安邊伯朱泰，平□伯朱彬，[5]左都督朱暉，各奏捷音。節奉大行皇帝聖旨，兵部便會議了來說。欽此。

事體不一，俱合請自上裁。仰惟皇上嗣大歷服之初，一新政化之日，正宜杜革冒濫，明慎爵賞。若復一概混錄，不無有傷名器。乞敕兵部議處改正，則臣等雖不能力救於先，亦可少逭罪責於後。不勝恐懼瞻望之至。

甄別功過疏正德十六年(1521)五月初四日題。

爲甄別功過以明公論事。乃者宸濠之亂，巡撫江西都御史王守仁慷慨起義，誓清國難，統率師旅，奮勇直前，一舉而克復省城，再舉而擒其元惡。滔天之惡一日剪滅，功存社稷，無容議者。其領兵若吉安府知府伍文定、贛州府知府邢珣、袁州府知府徐璉、臨江府知府戴德孺、撫州府知府陳槐、瑞州府通判胡堯元等，同心協謀，共著勞勣。設奇則算無遺策，陷陣則敵不旋踵。一時偉功，誠可嘉尚。第其人品之高下，亦有可得而論者。臣等奉使于彼，蓋嘗留意詢訪，而頗得其一二，請謹陳之。

戴德孺以嚴御下，而秋毫不擾于民；以廉律身，而千金不動其念。當時無凶殺之過，訖事無爭功之私，此其上也。陳槐功雖有間，而知守清操。胡堯元克修廉潔，而微傷多殺，抑亦可以爲次乎。至於進賢縣知縣劉源清，守孤城而首挫劇寇之鋒，堅壯節而不爲妻子之慮。餘干縣知縣馬津，防守嚴密而式遏西趨之賊，擒捕惡黨而逆阻奸人之志，又皆守土官員之節義可取者也。其他如伍文定、邢珣、徐璉等，功雖不細，過亦不無，或紀律欠嚴而殺掠過當，或廉隅少立而侵盜著聲。且聞輳集銀兩分送總兵太監等官，一二萬者有之，二三千者有之，其受否雖不可知，而饋送則有其迹。人言藉藉，孰能掩之。以上各官，功過得之與論，可徵不誣。

伏望皇上念立功之勤勞，及士風之當振，乞敕兵部先將各官功次議擬甄錄，所有過功仍行吏部查訪擬奏，或別賜定奪，庶使功過不相掩覆，而凡百臣工益知勸戒矣。

急黜文武姦邪大臣疏正德十六年(1521)五月十一日題。

爲急黜文武姦邪大臣以快公論事。頃者，江西之役，臣等周旋兵間爲日最久，其內外提督等官立心行事，嘗共識之。如太監張永頗知愛惜軍民，扶植忠善，僅爲沉密寡過者也。太監張忠、□□伯朱彬等，[6]惟知擅作威福，大肆貪暴，實爲罪惡深厚者也。近該奉有朝廷處分，中外允愜無事，復論矣。照得威武副將軍朱泰，經兗州而凌虐；知府羅鳳，過徐州而困辱；副使蔡需及抵江西，衛使張忠，箠繫伍文定，强要三司之跪，意授江彬讒害王守仁，痛抑地方之首功。深夜勒軍，云備倉卒歸途異道託有湖兵，惟欲搆功臣之反形，以成人主之疑忌。又以貪悍參將瞿江、千總張懷爲鷹犬，以漏網逆犯；都司馬驥爲腹心，指稱捕緝餘黨。幾致驚疑地方，因而獲金無慮數萬。

今論者徒以厚貌深情之故，猶或賢之，不知大行皇帝自稱威武大將軍，彼居然副之，而刻印故在也，非犯無將之戒乎？團營之立已閱四聖，一旦改爲威武團練營，而彼實與其議也，非犯變亂成法之條乎？既云賜姓，非得已也，而兄弟子姓爲義子者七八，其人果因誰以進？既云拜爵未上表也，而奏疏公移，一則曰安邊，二則曰安邊，又將誰是欺？乃復總握大兵，不知退去，此公道所以扼腕也。

前兵部侍郎今陞尚書王憲，始則納賄於張銳，繼則附勢於江彬。前叨扈蹕之行，惟事逢君之惡。撒網藏閣甚瀆，尊畢之體爺爺奴婢，是何禮法之稱？挾勢凌人，而撫臣被其氣使；黨惡忌功，而正義因之不伸。軍中細大之事，一唯江彬之命，不曰提督處未曾稟過，則曰提督要如此施行。報捷之章大肆欺妄，今論者猶以其事非得已之故，將或亮之。不知慈聖皇太后昨以懿旨削去江彬典兵，乃愕然曰："何遽無提督之名也？"此不可不增亦非得已乎？掣回各處，邊兵乃怫然曰："宣府三千人馬可用也，此不可不留，其意安在乎？"江彬既提督廠衛旗校矣，復許推用其子江杰掌管錦衣衛事，人心因之洶懼。既以越次晉卿司馬矣，復與江彬約婚，以要玉帶。士林無不唾罵，乃猶顧戀高位，貽玷清班，此公論所以切齒也。再照左都督朱暉失身晚節，亦係賜姓附勢之人，從征江西，與有受金作威之罪，縱容中軍王道貪淫壞事，姦惡雖淺，亦應罷黜。

仰惟皇上欲新庶政，本在得人，欲用群賢，事先錯枉。乞將臣等所論列朱泰、王憲、朱暉，奪其爵秩，即賜罷黜瞿江、張懷，革去管軍事馬驥，拿解來京究治。則姦邪知懼，而衆正之門闢矣。

奉聖旨朱泰、王憲、朱暉俱已有旨了。其餘事情兵部看了來說。

薦舉將材疏正德十六年(1521)五月十三日題。

爲薦舉材識將官事。頃者，先皇調集各路兵將南征江西，臣以薄劣濫竽紀功之役。于時地方雖已平定，各官方略勇敢無所考見。然其立心行已，遇事穎脫，則有不待臨陣對敵而可以知其爲奇器者。如遼東參將蕭淬，持己和而能廉，馭軍恕而能整，所至之地，民稱不擾。況當兜鍪驕橫之時，恪守靖恭之節；權奸傾奪之際，獨識義利之分。且宦官武人，罔上醜正，南征一事最可恨者。方宸濠之反報一聞也，莫不畏行而失措；及王守仁之捷書一至也，莫不趨利而兼程。

許泰、張忠既嫉地方獨成其功，復憤宸濠歸之。張永日夜媒孽王守仁之過，而將甘心焉者，無所不至，或搆成交通之形，或造爲指斥之語流聞。先皇大致疑忌，而淬獨以爲非，屢以王守仁之忠義言之許泰、張忠，冀解釋焉。此其守義而不黨，非士林所共聞也。宸濠既擒，反側已定。許泰、術紿、張忠、劉暉教以安靜，乃自分遣爪牙四緝餘黨。劉暉覺其賣己，從而效之，淬獨不爲動，且以地方關係之重言之劉暉，冀安輯焉。此其畏法而不貪功，武夫或未有也。

夫爲將固宜以勇爲上，尤當以識爲先，淬之奇識如此，固一時良將材也。若論其勇敢，臣雖未嘗親見之臨陣，然昔年勦殺流賊，則劉暉之勇嘗獨寇於諸將矣。而蕭淬者，暉之所以寄手足者也。發迹行間，不數年而置身將領，非有謀勇，恐亦未易臻此。即今遼東地方狼狽特甚，開原一路尤爲可憂。臣愚以爲若淬者，使當一面之寄，必能內撫軍士，外抗戎敵。置之閒地，深可惜也。如蒙乞敕兵部查訪，果如臣言，特加超用，則武人飭行，而良將之材見矣。

定聖志廣言路疏正德十六年(1521)五月二十一日題。

爲定聖志廣言路以修復成憲事。恭惟陛下以大行皇帝遺詔、慈壽皇太后懿旨，入自藩國，續承大統，乃國家前此所未有之事。則今日正當天命啓聖之辰，人心望治之日，亦陛下自宜兢業恐懼思，所以應天而順人之時也。然內外臣工，方觖愒於天下之久安，祖宗法制適更變於小人之柄。國故宿姦不除，則新政猶梗；前弊尚積，則後令莫行。補救之道，惟在先定聖志於中，次廣言路於外。視二三大臣中可與謀者，咨而行之，必精必斷，無惑無貳，期盡剗除，庶克有濟。若或姑息遲疑，復令墮於小人之手，則天下之事愈不可爲矣。可不畏哉？陛下今所繼者，祖宗列聖相傳之位也，則所當力行而追孝者，祖宗列聖相傳之法也。

昔大行皇帝聰明英武，本出常倫，獨以妙齡纘序，志意未定，群小窺伺得所欲。於是恐其中處而不便所爲也，初自大內誘之；出居文華殿，又自文華殿誘之；徙居御馬監，又自御馬監誘之；西居豹房新寺諸處，盛爲宮室，廣置玩好，因樂處焉。回視法宮宸極，尊嚴邃密，以爲非快意適志之地，而深居高拱之情蕩然荒矣。由是聖母不得親，三宮不得近，輔弼之言莫入，部府之論莫從，科道之諫莫聽。而孽寺、義子、妖僧、姦帥、悍卒、賤伶、邪女、猾豎之類，更侍迭從，彼倡此和。忠善不聞於耳，媟褻日陳於前。大行皇帝以爲愛也，而不虞其姦也，遂懽焉。樂之而天下之權有竊弄之者矣。於是作威作福，賄賂公行，百司庶位，咸失其職。故憸邪用於內批，忠直擯於私忌，彈劾舉而見格，黜陟擬而被停。黃冠褳流，數冒清職；白丁恩叙，郡列堂司。乞恩傳奉之官盈滿衢路，甚或有獻謟詞、干制草以竊卿貳者，而吏部之成法壞。鹽利并於權勢，漕運稽於橫索，招買制於兜攬，倉儲耗於冗食，國計竭於妄費，財貨阻於皇店，倉場庫廠苦於內官之添設，畿甸軍民納糧田地奪於豪右之封堆，邊軍之月糧不繼，武職之歲俸不支。一有警急，動以匱告，十年之間，賣官鬻監等例凡數開矣，而户部之成法壞。

宗藩貨行於册封，小斂入非其常禮。郊祀不時，廟饗不親，經筵不設。優人干政，賤女耦敵，迎佛掛籙紛擾於外，胡僧聚徒橫行於中。冒亂天姓，小人殆數百輩；私自浄身，男子收近萬人。太醫院各宮寺思倖之官額，外莫考其數。服色無章，第宅踰制，而禮部之成法壞。

閹黨義子無功而驟貴，裂爵罪帥，瑣才附勢，而典兵與事。內外鎮守、分守守備等官，用因賄進邊方內地殺賊。及平定反逆，功次職并貨斥，或指揮以上而違例報功，或是否奏帶而竝從紀錄，或一人一時而數處奏名，或并功冒功而皆未臨陣，不論真贗，皆得填註。故錦衣衛指揮以下、總小旗以上，名藉冒濫，姦僞百出。而當權用事之家，應門廝養蒼頭僕役，朝承顧盼、暮請要衛，文臣武廕太輕，喪事傳陞太濫。西官廳及舊無鎮守地方，并各額外內官、內使增設非制。疆場之戍守不支，太僕之戎馬不給，守臣之僨事害軍莫究，乞恩傳奉之授擢無虛日，校尉勇大軍匠之收充無定規，倖穴弊源不可枚舉，而兵部之成法壞。

御史以執法而遭譴，郎司以違祝而見凌，寺評以繩姦而失官。既有廠衛緝密，復有軍門辦事侵奪職掌，任意出入，所欲全莫敢誰何？所欲陷恣爲羅織，獄成乃付法司，有冤莫爲伸雪。輕輕之斷或非原擬，大辟不讞三載于茲，而刑部之成法壞。

乾清、坤寧營進既非得已，其他不急工役亦襍然並興，取財於民而徧行科派，借役於兵而橫取傭錢。天下囂然不勝勞費，而各監局方不絕營建之請。南京、蕪湖、蘇杭等處不時差遣織造抽分，內使夾帶硝鹽，奏用牙爪阻塞運道，攔截商貨。文思院副使等官增至千餘，各衙門月錢軍匠無慮計。大率以易盡之民力填此無窮之私寶，而工部之成法壞。

凡此諸弊，該科非無論駁，而竟爲虛談；部司非不執奏，而莫承允詔。外間多傳，內閣不得條旨，司禮監不得奏事，凡有疏入，二三用事小人即共執之,或蔽匿而竟被留中,或朦朧而妄傳進止。遂使一十七年之間,志士蓄憤,倉生蒙害,大行皇帝皆不得而盡知也。則本源機密之地,亦大壞矣,猶賴雄斷去姦如遺。惡如劉瑾,不崇朝而剪除;姦如朱寧,自行間而追逮。顧其盤踞既久,根蔓滋多,作弊者雖去而護法者猶存,所以大漸之詔不勝追悔。前雖改革數事,至當拔根株掃濁翳,以副重託以釋遺憾,固有待矣。且方今之財,上不在官,下不在民,而皆在此輩之私室。又其負國已深,必將藉資通神,挾力回天,顧戀權勢以逃譴責,未肖遽去,不悟曆數所在。豈伊人謀,或假定策,或求迎扈,冀以貪天之功取憐固寵,天下事豈堪更復姑息耶?臣是以深懼聖志之未定也。今日之事有口者數能言之,而欲言者皆夙懷憤懣。而今效忠悃之人也,顧久扼於權奸蔽抑之餘,而適逢大明當天之會,必有不顧忌諱以吐其所積蓄者。此在聖明曲宜優容,稍或靳制,則小人必乘之以進而讐,忠直言路一塞不可復開,大爲新政之累矣。臣是以又懼言者之過激也。

伏望皇上獨秉剛斷,一遵舊法,毋俟言者之激。先令內外大臣堂官,及非軍功大拜之人,各得自陳。中間察其前日蠹政附勢者,即賜罷黜,勿容在位。次令科道查劾內外亂法罔上、誘引蠱惑等項,姦黨最壞事,無狀之人及亂天宗義子,悉付法司,明正典刑。次令六部各條其本衙門,自正德年間,小人所變亂諸色弊政,奏請禁革改正應追究者,從重究處。尤望陛下親賢遠佞,講學求治,清净淵默,與天下休息,使祖宗成法于以復行,天下蒼生于以復安,用彰我皇上中興無前之偉績,豈不美哉,豈不盛哉?臣不勝悚懼,冒死待命之至。

奉聖旨大臣堂官自陳已有詔旨了。無功封拜之人也著,自陳其內外誘引蛊惑等項,壞事有名之人著,科道官查劾各衙門弊政著。遵照詔旨,查革改正,該部知道。

起用名德老成疏正德十六年(1521)五月二十三日題。

爲起用名德老成以共成新政事。臣聞爲政在人,傳有是言也;人惟求舊，經有是訓也。今陛下一新庶政，並錯群枉，必將求天下第一流人物而用之。中外之譽，必有以南京兵部尚書喬宇爲言者。然臣則知其爲人，夫文雅風流，登臨嘯咏，在宇則有餘矣。然亦與時浮沉，近名之士耳，其弊至于通而不甚擇交，華而不甚求實。昨者自陳守禦之功，冀徼無名之賞，曲引旁及，亹亹不厭其守，固爲可知，恐亦未足當新政之首舉也。惟其人不惟其位，山林之下，臣得數老焉。

守正不阿，大學士謝遷其人也。急流勇退，大學士劉忠其人也。典型蘊藉，大學士王鏊其人也。文章政事，大學士楊一清其人也。忠誠練達，户部尚書韓文其人也。公正疏通，户部尚書孫交其人也。慷慨剛毅，都御史彭澤其人也。清介絶俗，都御史陶琰其人也。風裁固執，都御史林俊其人也。勇往果行，南京兵部尚書張溉其人也。强幹闊達，都御史俞諫其人也。之十有一臣者，其才足以執政，其守足以范俗。苟一一舉而行之，必能上爲陛下體國，下爲蒼生造福，仰裨新政固自不少矣。況其擯棄之久，而人望之所屬哉。

敕吏部再加酌議，果如臣言，特賜起用。昔禹作司空，進宅百揆，周公以冢宰下行分陝之事。臣愚以爲不必仍其舊官，不必泥夫員缺，俱宜一時禮取來京以備任，使以共成除舊布新之治，則天下幸甚，宗社幸甚。

奉聖旨吏部看了來説。

抑奔競疏正德十六年(1521)五月二十六日題。

爲抑奔競以正士風事。臣聞好惡取舍，中士測時之表也；黜陟進退，聖世礪世之石也。國家懸厚薄之禄，置大小之位，將以登正人而求至治，關係爲至重也。比司人物之寄者，好惡取舍之間，乃不能一一悉得，黜陟進退之宜，以至前者獲倖，後者效尤。表之非所測，而石之非所礪也久矣。臣不欲悉舉其人，故以弊端陳之，惟聖明正焉。頃者錢寧、張明，外託好士之名，而内資醜正之計也。一時險薄之士争往趨之，或資之以謀利，或藉之以轉官，或賴其庇以宣淫，或挾其勢以自固。鬼出蜮没，波流瀾倒，至或與伶人、賤工通刺，扎而共坐，起媟行衰，蹤言之可醜。而爲天官冢宰者，乃復不能公天下以爲心，惟以私媚詭隨，爲悦中間，或能勉舉正直者數人。而黜陟之要，不過假託公論聊塞天下之口耳，其以權貴進、以意向取，而不厭衆望者實多矣。

於是堂遷可以力求，京擢可以智取，百司庶士，靡然成風。上者習爲顧默軟美之行，而無所是非；中者惟事造請逢迎之爲，而不避暑雨；下者則借助權門勢家之力，而無復顧忌。一有堂官之缺，則各以其能取之，薦剡未上，而物議先沸騰矣。用人者不之恤，而蒙用者不之愧。此巧宦者之所深便，而修正者之所以不遇也。數年以來，其弊益甚。

陛下欲新庶政，而此之未改，亦安得正人君子而用之哉？茲當銓衡，改授之日正值庶官考察之年。乞敕吏部採擇臣言，痛抑奔競，盡將前此謀進鑽刺之人因其自陳查請罷黜，別選敦實方正之士，及前以直道不容之流補其員缺，其庶職以貪緣進者，徑行退讁。務使善人滿朝，而股肱耳目咸當其任，則士習正而治道興矣。

奉聖旨這所言有理，吏部看了來説。

陳言疾苦疏_{嘉靖十年（1531）十二月十三日題。}

爲邊吏厚望明時，陳言遠人疾苦、責難君相事。臣比承乏蒙恩，待罪西夏。七月中旬，由舒霍過汝寧，[①]目擊光、息、蔡、穎之間飛蝗蔽天，[②]或時下食垂成穎穗，頃刻而盡。然民間尚有早穫，可度秋冬。及經汝州河南、陝州潼關，遺蝗所乳蝻子徧野塞路，地方止有晚禾，遭其毒口，略無遺者。時方西成窮民，已避凶就豐、扶老攜幼，顛連困苦之狀纍纍道周，則又豈能枵腹忍饑俟明春耶？此非臣境必有能達之者。及入關中，夏旱之餘重以秋潦，收成歉薄。環慶而北，山城、萌城、隰

---

①　舒霍：廬州府之舒城和霍山。

②　光、息、蔡、穎：汝寧府光州、息縣、上蔡和臨穎。

寧、小鹽池等處，驕陽五年，赤地千里，畝無棲禾。臣時崎嶇沙磧，見近山紅碧雜錯離披，居人刈穫其中，疑爲豆蕎，喜召仆夫而問之。答曰：「蓬科也，其類有綿蓬、刺蓬，貳種子皆可爲面以食。」饑人仰此爲命五年矣，臣時尚意其爲美實也。

及至鎮城，該總制軍務尚書王瓊，親領大兵駐劄花馬池，捍禦套賊，供億缺乏轉行督餉。都御史劉天和檄臣即日出城，復自靈州往前項地方召買糧草。行至韋州，令千户陳清取蓬子面，臣自啖之，苦惡辛澀，螫口貫心嘔逆。移日則知民間食此，豈得已耶？因將二蓬子親封題識，拜手稽首，齎獻禦前。伏望皇上批閱之餘，以示謀國諸大臣，使皆知萬里民瘼。如此，則微臣有不勝其大願者。

臣竊惟，皇上自登極以來，食不甘味，寢不安席，宵旰圖治，無一念不在生靈。宜乎天鑒其誠，毓祥降康，以粒食兆庶。而次歲方内頻見災異，至勞聖情，無時逸豫。此天意欲重皇上之憂勤，而啓登三邁五之治功耳。陛下宜體天意，大闢忌諱之說，一覽微臣所盡之愚，幸甚，幸甚。夫人君之反正出治也，當視其時所急之弊而先圖之，然後事爲有序，庶績用成。今陛下操切天下之事者九年矣，以淵乎大有爲之資濟之，以日不暇給之力，而治安之效固未臻也。

國家有大可憂之事三，廟瘼有深可惜之癖四。陛下亦嘗深念之乎？蓋我國朝建都北極，鈞取天下之貢賦，水運、陸輓歸之上游，其爲力艱矣。古稱無三年之積者，曰國非其國。今茫茫禹績，惟正之供，陛下復力行節儉，休養生息之。而太倉内帑、積貯無幾脫，或道塗有挺鋤之梗，而東南之運一再歲不至，不知根本之急，何以待之？此其大可憂者一也。

天潢目衍，班爵無制，聖祖封建之始但圖固磐石之宗，而未暇究末流之害也。今試取户部錢穀出入之籍計之，山西、河南、陝西，歲入幾何？宗室禄食、歲費幾何？坐匱之弊，蓋不待易世而見矣。雖使聖祖復生，必思更爲之處。今徒憚于作俑，不顧尾大不掉之可寒心不凡于膠柱，不知變者乎？臣謂諸伯叔父同有萬世之慮者也，若斷自聖心告于高廟，書諭諸王令相議處，以濟時艱，則必能各親其親，爭先以佐根本之急矣。漢明帝有云："我子不當與先帝子等。"蓋約己割愛以厚天下也。今誠能因聖祖之法求聖祖之意，捄偏善後，先自陛下之子孫始，此正所謂繼志述事之孝。顧猶因循，未忍使聖祖之天下，自弊於一定之法。此其大可憂者二也。

天子有道，守在四夷。今邊疆北未復東勝之戍，西更失青海、哈密之利。宣大近境而賊勢必窺，榆林絕檄而漠荒彌望，洮岷之殍骨相仍，河湟之耕夫被擾，東西奔命。歲費京運官銀率數十萬計，而大同、寧夏、甘肅之變，姑息之政屢成。將驕卒惰，法令廢弛，以之捍外，無維亡固存之威，幸其不來而已。以之馭內，非身運臂隨之術，苟且目前而已。異日國家有事，必自邊境始。此其大可憂者三也。

天生聖人，理固不數。皇上聰明英睿，超冠古昔，宜及時奮迅激昂，早建中興之業。乃八九年間，徒以大禮一議，蔓引無休。上之所以好惡而予奪者，一主乎是；下之所以趨愛而避憎者，一視乎是。獨不計天下可爲之績尚多，闕而弗講者乎？且陛下入纂倫序，名謂之間，正值夫禮之變者耳。蓋禮之常者，聖人之所嘗言；禮之變者，聖人之所未言也。聖人之所嘗言，經生學士皆可知而守之。聖人之所未言，則非天子不得而議之矣。今以因心之孝酌變，議而卒歸之正，大典既成，宜推廣親親之意，與天下更始可也。何至追仇天下之經生學士，守其一說之固，一概斥之如四凶檮杌，使永無收錄之期？中間固有離父母鄉井而亟就鬼錄者，獨不念其亦人子哉？固已甚矣。小大臣工，一則懷黨同伐異之懼，一則處市恩釋怨之嫌，而皆不敢以告陛下。宜自惜國寶，赦其小過，收而用之，如拯溺救焚以祛海內之惑可也。天威久猶不霽，何哉？夫齊之管仲，親爲帶鈎之難者也；唐之王珪、魏徵，實首禁門之禍者也。桓公、太宗，猶以國家之故赦而用之，諸臣之罪固有間矣。古者升用宰輔，或自禁近，或自側微。蓋以鈞軸之重，必惟其人，非若他官可以常資叙也。比者超擢二三大臣，溫綸之語，不曰議禮有合，則曰議禮有功。似爲以論道經邦之職，爲賞勤之官,恐非所以示無我之大公,重端揆之極選,而亦何以責二三大臣之展布哉?今日黃綰之調,熊浹、桂蕚之罷,陸澄、何淵之謫,天下始知聖心之無他。臣願自今以後諸以議禮進退者,宜敕令吏部均課平施,兼用竝蓄,毋自彼此重生天下之疑,而吏部尚書方獻夫固已言之矣。昔年攻璁蕚者,既以為黨而去之;今之附璁蕚者,又以為黨而去之。則縉紳之禍,何時而已?真可謂冰鑒無私之言,銷絀黨議,亦惟在不讐其昔之攻,而德其今之附而已。不務出此,而徒責臣下之植黨。故曰可為,聖明惜者此也。

祖宗法制已定,獨行之既久,不能無偏。而不舉之處,大臣居位者,大要以能佐守文補弊為賢,故宜取其知,故事慎持己。特立奉公,不為黨比;老成體國,不為躁率。近者,進退大臣頗失之易。取之,非協於公論,而遽進之,所進之中未必皆真才,則難使久居其位矣。舍之,或因其一失而遽退之,所退之中未必皆匪人,則難使汩沒其身矣。此無他,同己異己之愛憎,尚根于中故也。臣願吾君相虛心體物,遠求之野,有異己而憎為賢;近求之位,有同己而愛為不肖。一以道,為進退略其細,故而己無與焉,則無向者之易矣。然大臣者,以道事君者也,大臣之不肖,諂諛為甚。天下之不治,諂諛之害為甚。故吁咈在廷,不失其為堯舜。近時居位者,但務以將順為恭,不聞以違拂為愛。侈祥衒異,見之章牘、傳之邸報,言甘而指佞,莫知有矯其非者。雖聖性勵精,固不因之啓惰導欲,而此風漸不可長。故曰可為,聖明惜者此也。

京師建國已久,城社所在,姦欺窟焉。東漢所謂河南南陽不可問者,故冗食之耗京儲,至於正德末年極矣。此非大明至公崛起震迅,而一切整齊之鮮有不牽制難割者。陛下自藩邸初來,戚里未通,佞倖未親,此深剗痛割一大機會也。臣時備員,兵科與前都給事中汪玄錫奉詔奏選給事中夏言,使菇其事,竟能任法苗薅而髮櫛之。及該部查革,衛士冗濫,歲省倉糧以數萬計,故太倉之米自是漸有贏蓄。雖其中裁抑或過,而仰裨國計多矣。夤緣日久,往往有聽其陳情而勘復者，佳會難逢，前功忽棄。臣恐倖源既浚，而揚波鼓瀾之徒至矣。況京儲未充，難以勤遠；內備方闕，未可言外。昔宋太祖欲以封椿之積易胡人之首，積之易世至于太宗，猶以財匱力竭，不能復幽燕彈丸之地，有財有用經國者憾焉。今各邊凋敝，正須料理，居安慮危，未見其所以樽節財成，以爲譽蠱燕翼之地。故曰可爲，聖明惜者此也。

腹裏大藩以及邊方重鎮，有撫按二司以分理兵馬、錢穀、刑政之宜，有將領、都司以分任戰陣攻守調遣之事。所謂文武竝用，長久之策，法莫良于此矣。文廟靖難之後，分遣內臣鎮守要害，假借威權姑以彈壓一時，非祖訓意也。是後相沿，遂爲故事，至於正德年間，其流弊極矣。一鎮有隙，則數人謀奪，其處必囊橐數萬，然後可以得之。及至蒞鎮，則百方圖固，其所必苞苴數十萬，然后可以守之。所至剥軍害民，競爲貪殘，邊方腹裏，在在虛耗。臣以爲聖明在上，當不旋踵而拔去此病根也。乃因循而久不之議，豈亦惑于非此不可以寄腹心之說耶？臣請得悉，數明辨而證其說之不然。近日，西北之大變三，大同、寧夏、甘肅是也；東南之大變二，江西、福建是也。今雲南又小動搖矣，彼豈無鎮守內臣而致然哉？其不足以繫地方之安危也審矣。臣以爲南京守備可存一人，各處鎮守悉宜取回。不然，則祖訓不足守，而晚唐之亂轍不足鑒也。故曰可爲，聖明惜者此也。

臣過懷杞之憂，不覺冒昧言之至此，誠望皇上盡其有爲之具，乘此可爲之時，以樹千載一時大有爲之績。而仰觀天變，俯察人心，中稽政令，則似天猶有仁愛之譴，人猶有怨慕之鬱。無乃祈天應人之政，猶或有萬分一意必固我之頗乎，何其事倍而功寡也？夫君相者，以天下爲心者也。以天下爲心也者，以畏天命、恤人言爲心者也。陛下聖德，可竝堯舜。而治化未之及者，獨此未能虛己求之耳。誠能虛己求之，力行不已，則天悅而人信之矣。儲福之物可致之祥，莫不畢至，固不待侈祥衒異，而盈天地間皆中和之氣矣，此王道之終也。

臣言畢矣，罪當斧鑕，伏惟皇上宥而聽之。又臣所進遠人日食蓬子，竝是實事。復因今年總制大臣調聚各路兵馬，久駐花馬池地方，以保障三秦。居停轉運，擾費無端，全陝竝受其福，而一隅獨當其勞。邊遠倉廒，米麥支盡，只得以豌青豆放充月糧。久饑之人既食蓬子，又食豌青豆，無米麥以和其腸胃，皆黃瘻欲死，而其死者故已多矣。乞敕該部量發内帑銀一二萬兩，行令巡撫都御史翟鵬同臣趂時糴買米麥，相兼賑放，庶可救起仆地垂盡之命。不然，臣不忍見其相繼而死也。干冒天威，萬里殞越，緣係邊吏厚望，明時陳言遠人疾苦、責難君相。事理未敢擅，便爲此具本，順差舍人王清，親齎謹題請旨。計開齎，獻《綿蓬子》一封，《刺蓬子》一封。

嘉靖八年十二月十三日題。奉聖旨該部知道。

請告歸疏 嘉靖八年(1529)十二月十三日題，時陝西按察司僉事。

爲懇乞天恩憫念衰病愚僻容令致仕歸田事。臣先濫竽刑、吏、兵三科，歷俸將及八年，賦性迂疏，謬當言責，齒牙積猾，自取顛沛。荷蒙皇上仁聖，察其無罪加俸陞用，尋得賜環爲南京刑部郎中，遷有今職，激揚憲風。皇上之大造於臣者至矣，犬馬之私敢忘報戀。但臣舊患痰氣、鬱火怔忡等疾，醫治未愈。近因邊方水土硝鹹，食性差違，致成瘧痢，寒熱外攻，喘嗽内作，氣血摧敗，陰陽虛怯，早衰頭白，百念遽灰。臣妻喪後，遺有二男三女在家，長者正及婚嫁之期，幼者一無怙恃之仰。單形絕塞，時一念之病轉增劇。方思籲天乞哀，懇求骸骨放歸田里。又以大恩莫報，未忍恝然以行。乃殫悉耳目所聞見，心意所存蓄，萬里敷陳，冀垂天聽。

及成而反復思之，位卑言高之罪，智小謀大之戒，臣具犯之矣。戰兢悚惕，復欲中輟，而江湖杞憂，義終不能自已。是以輒披血誠，遠冒天威，伏望皇上亮臣忠愛、恕臣罪誅，海嶽包涵。採葑採菲，仍乞特敕吏部，容臣以今職致仕，俾得生還。則不但未死之年感曲成之賜，而首丘之日亦不忘雲漢之瞻矣。奉聖旨吏部知道。

呈請歸田

爲乞念愆僻多病容令離任中途候旨歸田事。照得本職，蒙恩拔擢,自登進士至今,垂二十年。先以翰林院庶吉士丁憂,起復歷刑、吏、兵三科,內俸將及八年。賦性愚迂,不知雅飭自重;思欲好奇,矯枉獵取聲實;積致齒牙交猾,當路憎惡中傷。考察悔罪江湖者七十年,身遠機危,意垂事左。又無達人包羞,忍恥胸次,怨艾慚憤,不自排遣,痰鬱火蒸爲心悸怔忡等病。蒙皇上仁聖,察其無罪,加級陞用,尋得賜環南京刑部郎中,遷有今職,偃然居一方面,以激揚憲風,不才更何有不足之望於明時哉。不意南腹北境邊方水土硝鹹,食性差違,致成痢滑。加以手足不耐苦寒,皆凍作胼胝,出癟出血,早衰頓白,百疾交攻。已於嘉靖八年十二月十三日具本差舍人王清奏聞,請乞骸骨,並掇拾地方灾傷,及明時闕略數事,上瀆宸聰。誠冀萬一身退,言行庶幾犬馬餘生,不即與草木同歸腐朽。故狂躁不知進退存亡,以及於此。

今前病轉劇,夙志愈灰。雖力疾勉強蒞事,終無意興,欲即棄去。近見山西參政王尚綱,僉事楊朝鳳,不奉明文家食,皆蒙彼處巡撫衙門奏劾,奉旨提問。君臣之義,本無所逃,於天地之間,豈敢更復效尤。如蒙准呈,乞念病軀絕塞,終無所補。另委官員前來署掌道事,容令謝事起程,前途聽候明旨。倘蒙允歸,則可逕即首丘;如其不允,亦可近趨斧鑕。實爲進退之便,擬合通呈爲此。今將前項緣由理合呈請,乞賜憫念放歸,仍爲轉達施行須至呈者。欽差總制陝西三邊軍務兵部尚書兼督察院右都御史王批,陝西各邊連歲饑饉,人多採蓬子食之,不獨寧夏。今榆林欲食蓬子,亦不可得。至于花馬池聚兵禦敵,不獨保障腹裏,而靈州、鹽池亦得保障。今云一方獨苦,實老耄之所未喻也,至于建大議論,令人竦仄驚懼。昔日螭頭風采,宛然如舊,未曾減也。以閣下才氣久屈而伸此其時矣。盤根錯節所以別利器,朔方邊牆尚欲托閣下畢竟成其事,以建百世保障之績,而云俟命中途,非所敢知也。希稍忍屈抑,以就遠大,至囑至囑。

【校勘記】

［1］□□：《明世宗實録》作"平虜"。

［2］□：《明世宗實録》作"虜"。

［3］□□：《明世宗實録》作"平虜"。

［4］□□：《明世宗實録》作"平虜"。

［5］□：《明世宗實録》作"平虜"。

［6］□□：《明世宗實録》作"平虜"。

附：入夏録

蓉川《入夏録》前序

詩文而付于筆札，以録致慮逸散也。詩本性情，文寓道感而後發，擇而後成，善而後録。孰謂善出於性情之正，而有益於身心國家者是也。若是，則自録固當録以貽後，益當人或監焉，録之亦當而自不容議也。上古《詩》《書》雜多，孔子删其繁而略其靡。《詩》爲三百篇，《書》五十篇，正謂無益之故耳。百世之下，家傳而人習之，如布帛菽粟，日用而不可缺也。

蓉川先生，南州鴻儒，自登第即選辭林，繼居諫垣，論列不避，負重望者八年。既而陟官南州，更歷多態。頃自南都刑署補任陝臬，督儲夏方。日贊輔撫臺聯峰老先生，[①]同心一德，興滯補弊，積食養兵，旦莫勤遑，大憫邊望。嘉謨在田野，亦與快説。一日得先生自南來，途次及關中，入夏塞，所咏律詩、古風、絶句、排律、長篇，及《蓬獻》一疏，名曰《入夏録》。蓋他録居多，此特夏耳，讀之終日不倦。詩如"趙宋智窮疆宇蹙，范韓師老鬢毛斑"；又如"春遠尚聞鶯舌在，花稀應念蝶魂勞"；歌如"但使蒸藜歲飽食，何惜萬山蒼翠爲新櫨"，皆警拔有心句也，不能徧揭。疏如"可憂者三，可惜者四。重根本、節財用、憂邊疆、息朋黨、重宰輔、宥諫臣、裁冗濫、抑倖位、銷天變"，可謂達天人之理，識治亂之原。其氣允，其學博，其心志懇切，其識見超邁，其辭語

---

① 聯峰：即翟鵬（1481—1545），字扶九，號聯峰。正德三年進士，嘉靖七年升右僉都御史，巡撫寧夏。

直峻。舉天下所不敢言而獨能言之，是豈無益？不恨風雲花梛、浮辭浪語所能仿佛其萬一哉。

昔寇忠滑公《登樓詩》"野水無人渡，孤舟盡目横"，當時以爲相業句。董仲舒《對賢良策》，正誼明道之説，劉向稱其王佐之才。是録詩、疏，中外今日亦不多見。藉使董、寇復生，亦不過此。我皇上廣大仁明，樂聞直諫，已付疏辭於所司矣。行將論定，大有所悟。深契淵衷，不日命召左右匡輔爲理，盡平生所學而措之，致天下於太平康阜之域，臯契可冀也。如董如寇，在武帝、真宗時，相業王佐之名不足擬也。嘉謨非妄有所思於分外者，不敢詭諛於前以取一時容悦，惟道其實耳。

嘉靖歲舍庚寅（1530）秋七月上旬之吉，夏人城南居士張嘉謨序。①

入夏録目録

入夏録卷上目録

得寧夏之報謾書二首
與陳棟塘郎中，葉旗峰、陸簣齋二主政同游牛首山詩
山安德門
白雲方丈次陽明先生韵
登牛首山
唐銀杏
浮圖影
虎跑泉
白龜池
卓錫泉

① 張嘉謨（1830—1887）：字鼎名，號梅耶，莞城人。

憑虛閣一名芙蓉閣。

兜率崖

辟支洞

昭明池

巨人迹

將游獻花岩雷雨大作

游獻花崖

歸雲亭

芙容閣

太白泉

宿星房

待月臺

伏虎洞

拱北峰

聳翠亭

小星槎

大觀堂

送同年牛西唐太常致仕歸南陽

前太平歌送李寓山秋官赴詔詣闕名松，字節夫。

後太平歌贈陸弘齋廷平赴召詣闕名鰲。

送同年林石厓寺丞陟大理少卿二十韵

送同年吳北川學士赴修大明會典三十韵

送朱華溪郎中考績入京名方，字良矩。

石頭城別諸僚友入舟

與述兒乘別舟至三山舟人醉而觸石覆焉倉卒脱難感而有賦

和尚港登觀音閣二首

夜聞隔江虎聲作洲虎行

將至兔河山莊

龍山書院小集

松蝗嘆

度桐溪橋

光州簡孫德夫同年二首

飛蝗嘆書西平縣臺屏。

書鄢城縣臺壁是縣道中無蝗。

望中嶽

彭婆鎮謁范文正公祠墓在萬安山下伊闕之内，溪山風氣甚聚。

龍門龕

渡洛水

洛陽漫興

過函谷新關

會盟臺咏古

澠池道中

張茅坐雨

函谷關懷古

稠桑道中望黄河

出關用遂菴先生韵

登太華山二首

驪山四絶

温泉

始皇墓

戲亭

鴻門

長安中秋對月十韵

久雨新霽登秦城鐘樓

同姚拙菴憲長心齋副使盧藍山僉事游小雁塔是日雨阻，不能至曲江。

送成遂齋方伯陟太常卿入京

同許義菴憲副游大雁塔

過乾陵

永壽道中自西安至此地漸高矣。

邠州曉發二首

午發政平二首

寧州曉發

慶陽即事

謁范韓祠

靈祐驛次毛東塘韵

曲子里驛次郭雨山韵

過本鉢城《志》作"木波"。

靈武臺子睹壁間之作有過罪肅宗者,故爲解之。

清平驛坐雨

是夜燈下聞雁口號

山城漫興

將至萌城

秋雪行小鹽池作。

過石溝

將至靈州

入夏城到鎮三日即出按部沙井道中即事二首

韋州月夜望螺山有作

峽口

花馬池初謁晋溪公出述事

立春

除夜

庚寅元日試筆用立春除夜二韵

送楊中舍册封回京

春巡雜咏十五首豫望城獨酌

将至威武堡三首

入宁安堡

宣和堡渡河

入中衛城

閉閣

校士

巡蜘蛛渠閲邊

石空道中

過塘壩橋

憩漢壩堡

将至邵綱堡

麗景園宴集用老杜樂游園歌韵，同游者馬少卿營、給事王侍御史鄭二總兵，予與江副總兵作主。

侍大中丞聯峰翟公同赴張監鎮紅花寺湖泛舟觀魚用老杜《渼陂行》韵。

端午侍聯峰公閲将士騎射

大水

皮服嫗

便涼

七夕

對月二首

秋巡雜咏三十二首

脱衣亭偶成

疏水

渡河

靈州道中即事

憩毛卜剌堡

宿興武營

過安定堡不入

將至花馬池王參將郊迎設食

挑塹督役

聯峰公將至小鹽池草地取路參迎宿狼巴井

鐵柱謠鐵柱泉，堡城之水頭，弘治間據守，後以兵少棄之。然此乃兩鹽池與武、靈州、定邊四通要害之地，似不可惜增戍也。

小鹽池營偶成營當賊西寇三秦之路，至則寧靈、環慶中斷，爲公私畏途。舊設參將，今革之，并減戍兵，或遂將欲并營於惠安堡以護鹽利，而均驛程是亦一説，未詳其是否也。

郊遲聯峰公獨坐道傍流移滿目惻然有作

懷臺西蔬圃

清水篇聞寧安堡被溺，作清水河名，濁之反也。三岔亦河，名七星渠，名紅寺堡，名靈。靈，墩名。

同牛東梧憲副苗參將會王參將宅上秋賞月

同牛東梧、苗王二參將登邊墻東望作塞上曲五首

至定邊營與諸將談邊事有作

牛東梧談定邊二異私識二首

山現定邊東十里，雲日之朝曉氣恒結聚，爲城郭形，樓櫓門堞宛然，居人呼"山現"。

石寺定邊東角嘗有黃白鼠出入沙穴，見者掘之數尺，得浮圖。項窮其下爲石寨，數佛巍然其中。今因其舊寺焉。

鎮屬上雹灾甚重秋稼大損

書王參將西戎即叙卷

書王參將光裕勳階卷

九日同苗王二參將演武庭登高

奉侍晋溪公閲視續挑壕塹

奉晋溪公命歸途閲塹至紅山堡少憩

橫城北登眺邃老所築邊墻

奉侍晋溪公冬巡雜咏四首

奉次周歷夏境嚴

紅花寺前范湖奉命作亦用前渼陂韵。

高臺寺謾成

黑山謠閱視五岔新塹作

別大知己詩六十韵有序

奉晉溪公檄經度賀蘭西塹

庚寅除夜

入夏録卷中目録

辛卯元日

誕日固原道中

山城候迎王給事朱大巡謾成

桐溪亞卿書報述兒完娶

山城由澗道趨饒陽

三山暫駐

憲副符命至書懷

過定邊次壁間韵

渡河入李祥堡喜見桃李盛開

宿周澄堡困甚

至□□城命丁夫如東路改隍爲墻喜成重險

歸德水賀蘭山歸德谷口有水泠然出山，即澖流沙底。今引之爲築城用，几跨木千里，至工所作此。

經過故楊副總兵賢花園

相地至邵綱堡即去歲巡歷之日

修邊宿唐壩堡有感用壁間韵

度地趨赤木口徧探泉穴

赤木裏口墩下坐憩

王宏堡午憩用壁間韵

晉溪公爲更請官司邊計銓部不從聞報

軍夫小譟撫而定之静思自艾一首

望斗

清水營喜雨

次日毛卜剌堡再雨用前韵

花馬池得方侍御薦草過譽學行愧感一首

晋溪公切責諸將築墙非宜復改爲陻惋嘆自咎

端午王參將以疾不能速客置酒託彭游擊見過是夕大雨霑足

花馬池散農

靈州棗有武人爲是歌靈武之臺壁聞，頗悲慨。然味其辭多脂粉氣，類思婢孌之爲者，故用其韵作佳語矯之。

渡河六言

責園丁

諭蝗

張常侍以歲星蟠桃圖索爲作歌席間援筆應之

制檄至以暑停役

興武營答農夫問

渡河六言春來往返計十渡矣。

晋溪公有示許便宜爲墙堲志喜

見農入王澄堡

過田州故城即唐朔方軍也。

精衛行

辟梟花馬池行臺有鷗梟巢而夜鳴，晋溪公惡之不居。予檄後衛指揮楊釗移文城隍之神使逐之，再至猶聞其聲，乃責限申敕焉。而今絶響矣。

與王參將彭游擊連日登朔方天塹臺

戒思

渡河時水勢甚盛漫述三首計往返十二渡

張南溪僉憲至石溝以予前大沙井道中韵賦詩三首

見寄因叠韵迂之

用前韵作二律迓王北澗少參

壽羅母太孺人八袠十韵爲果亭方伯作。

復用前韵答張南溪二首

復用前韵答王北澗二首

夏夜臺中露坐

送江副總戎歸上谷江名桓，今賢將，吾甚惜其去云。

奉侍方岡老先生巡水口號

曉迎方岡中丞公歷彭游擊王參將二營

鵲橋仙七夕作。

小重山

渡河喜聞北工就緒時河東工猶未畢，計往返十四渡。

肩輿野望用前韵

讀邸報有感

踏勘蝗災宿河西寨

廣武迎候晋溪公乘暇觀青銅峽宿牛頭山寺二首

枕上聞鳥

過地涌塔院

渡河遇劉中常侍攜酒殽來會戲作計往返十六渡。

賀蘭山下中秋雪後見月呈晋溪公

過李王墳書慨

奉侍晋溪公落成□□關門次韵

奉侍晋溪公落成長城關樓

方岡公爲疏乞代得旨志喜

九日途次登清水關城

渡河計往返十八渡。

赤木山下閱視新甄

樂游園歌用杜韵，此夏南郭外慶邸園也。

趨定邊候晋溪公途次書見

役竣渡河計往返二十渡。

石涇爲郿延陸憲副作。

別夏賦

入夏録卷下目録

游牛首山記

浮圖倒影測

朔方天塹東關門記

朔方天塹北關門記

朔方天塹西關門記

奉壽柱國太宮保晉溪王老先生七十四華誕詩序

送王將軍歸榆林序

西蜀贈言後序

蓉川《入夏録》後序

讀《入夏録》序跋後

附贈言目録

送蓉川齊公之崇德序

送蓉川之崇德詩

送陝西按察使齊蓉川序

廉訪蓉川齊公像贊

夏鎮祠碑文

巡撫寧夏右僉都御使翟鵬疏

總制陝西三邊軍務太子太保兵部尚書王瓊疏

巡按陝西監察御史朱觀書

總制陝西三邊軍務太子太保兵部尚書王瓊疏

巡按陝西監察御史方疏

巡撫寧夏右僉都御史胡東皋疏

總制陝西三邊軍務太子太保兵部尚書王瓊疏

巡撫寧夏右僉都御使胡東皋疏

巡撫河南按察御史王疏

入夏録卷上

得寧夏之報謹書二首

湖海餘踪汙省郎，歸心無日不桐鄉。璽書忽濫三秦枲，宦轍寧辭萬里疆。江樹望迷燕樹杳，關雲行共楚雲長。書生豈有籌邊策，馬革聞風老氣揚。

平生不分賀蘭山，西賊憑高虎豹關。趙宋智窮疆宇蹙，范韓師老鬢毛斑。聖朝朔漠塵無警，邊弩南生力可彎。使節霜威烽火静，移文千載討逋姦。

與陳棟塘郎中，葉旗峰、陸簣齋二主政同游牛首山詩[1]

出安德門

女墻迴日曉氛高，雲樹烟蘿帶石皋。春遠尚聞鶯舌在，花稀應念蝶魂勞。野僧不語敲茶臼，村女連歌擷澗毛。千里關塵還極目，登臨何地憶同袍。

白雲方丈次陽明先生韵

松閣午濤生，林棲白羽明。江山浮世眼，草木舊游情。澗石如牛飲，村田似掌平。老僧散禪寂，入户聽經聲。

登牛首山

爲愛城南第一山，芙蓉重憩白雲間。郊形右袒江湘圻，洞勢中虛日月閒。天闕土花函晋寶，相傳宋受晋禪建郊壇于此。祇園珠樹揭秦關。

---

[1] 陳棟塘：陳良謨(1482—1572)，字中夫，號棟塘，安吉風亭人。陸簣齋：即陸坤，字秀卿，號簣齋，浙江嘉善西塘鎮人，嘉靖五年進士。牛首山位於應天府之南。

蒼苔錦石高峰暮，一笑悠然俯八寰。

唐銀杏

老樹一院陰，蒼皮剥錦苔。劫灰吹不盡，白日纏風雷。_{樹嘗被火。}

浮圖影

空明迴靈光，游氛蕩高日。幻影生浮圖，倒射西檐隙。

虎跑泉

石束滄江起，古木銀床陰。白沙明水底，中有給孤金。

白龜池①

神鬼太白精，毛甲雪相似。高巢玉井蓮，不逐泥中曳。

卓錫泉

不見高僧錫，空餘石上泉。微涓作霖雨，偏灑下方天。

憑虚閣

青天金芙容，縹緲擁虚閣。憑欄挾飛仙，一笑山雲薄。

兜率崖

高臺盤孤雲，遠色俯諸嶺。空中舍利光，下燭丹砂井。

辟支洞

捫蘿窺石穴，烟雲起玄秘。何緣聲聞生，乃落第二義。

昭明池②

鶴駕藤蘿外，瀟然帝子臺。當年飲馬池，龍種渥洼來。

巨人迹

蹟息不可傳，空印蒼苔石。爲笑公孫生，東對衒奇迹。

將游獻花岩雷雨大作

幽期已報獻花僧，林潤朝回氣鬱蒸。鳴雨翻空滄海立，暗霆殷地黑蛟騰。塵揮近隔禪牀定，蟻泛謹圍繡佛燈。但使農禾先入土，明朝高閣更同登。

---

① 白龜池：位於今安徽天柱山三祖寺東卓錫峰。
② 昭明池：位於今玄武湖西南角，爲昭明太子蕭統讀書會客之處。

游獻花崖[1]

過雨初憑竹樹涼,崖居盡以北爲陽。天開斗分山迴拱,江束關形海混茫。星裹小槎浮露電,松間清梵引笙簧。勝游無那芒鞋劇,欲問仙人借鳳皇。[2]

歸雲亭

草色苔痕半上衣,海東涼雨散初暉。幽崖故是雲生處,謾道雲從天際歸。

芙容閣

融公説法有高臺,雪裹芙容並蒂開。小閣獨憑青嶂曉,空中花氣撲人來。

太白泉

金精垂光燭丹岑,化爲老人捉白衿。青藜點地西江涌,蛟龍夜泣愁太陰。

宿星房

仙宇巢空萬木浮,蘭楣桂橑竹窓幽。青冥夜夜精靈聚,前宿台階後斗牛。

待月臺

空翠清宵濕布袍,江鳴人静石壇高。持杯坐遲青天月,萬里金波映海濤。

伏虎洞①

石洞何年虎聽經,高僧定後樹冥冥。芒鞋踏徧蒼苔繡,一笑江風虛翠屏。

拱北峰

岩下石角皆北向,峰頭石勢儼執珪。天地奠位君臣禮,袍笏見爾首欲低。

---

① 伏虎洞:位於廬州府冶父山,此山有伏虎寺,爲孝慈伏虎禪師所創建。

聳翠亭

立石峰頭生紫烟，前與雙闕高齊肩。清嘯凌風老鶴警，白云滄海天悠然。

小星槎

老夫飲牛天漢清，晚風吹客孤槎輕。爲移織女支機石，歸向山中奠不平。

大觀堂

中天新霽敞山楹，萬翠涵虛混太清。雙眼乾坤塵想滅，海雲江日席間生。

送同年牛西唐太常致仕歸南陽①

屈指同年幾漸達，如公行迹並瓌奇。自精堯舜幽明課，來總彝夔禮樂司。台斗近聯蒼玉佩，烟霞先乞石田芝。南陽亦是秦關路，應許龍崗一局棊。

前太平歌送李寓山秋官赴詔詣闕名松，字節夫。②

太平景象臣不知，聊于秋官李子。行，卜之。秋官起家固安，令畿縣風清多善政。徵入便合登台階，留都粉署紆奇才。正逢左右開湯網，平反屢報矜眚灾。昔歲戚雄、潘壯爲御史，③上書言事忤天子。有詔逮繫玄武獄，牘吏搖手畏中旨。秋官恐傷盛時美，摧沮直氣執法恥。釋之未減犯蹕金，戴胄論寬校尉死。獄成自詣御史臺，愿伏違詔

---

① 牛西唐：牛鳳，字西唐，正德六年(1511)辛未科第二甲進士。

② 李松：號小峰，邑蘇莊里人，鄢陵簿淮子。生於明嘉靖四年(1525)，卒於萬曆二十六年(1598)，嘉靖四十一年壬戌科(1562)第三甲進士。嘉靖八年齊之鸞赴寧夏時李松四歲，不可能與齊之鸞有唱和詩。則疑此詩非齊之鸞所作。《周禮》分設天、地、春、夏、秋、冬六官。秋官以大司寇爲長官，掌刑獄。

③ 戚雄(1478至1544)：字世英，號雪崖，金華人，正德辛未年第三甲進士。初授建陽縣令，後擢南京、河南、福建等監察道御史。潘壯，南京御史。《明實録世宗實録》卷八十載：嘉靖初年，因武定侯郭勛寵信李福達妖言惑衆，而與給事中王科、鄭一鵬等，南京御史姚鳴鳳、潘壯等，交章彈劾郭勛。時逢大禮議，群臣被逮捕下獄，戚雄等人被革職閑住。

歸去來。精誠格天天爲回，竟薄其罪何留猜。南士讙聲騰萬雷，乃今復以諫官召。聖代用人真破調，手持三尺能死守。身爲諫官豈杜口。君不見，陽城救贄遷司業，①石介咏賢禍終烈。② 君以違拂受簡知，千載廟謨獨英特。送君憶昔叩鎖闥，豺狼當道狐假威。涓埃莫報身已累，舉足坎壈逢危機。君今此行戴堯舜，張膽明廷無係吝。勿謂治平聊素尸，賈生汲黯真吾師。江風五月吹利涉，長蛟驅鯨助擊楫。持杯謾及邊隅事，聖朝臣直頑自格。靈州到日走馬索，願聞李生入朝太平策。

後太平歌贈陸弘齋廷平赴召詣闕名鰲。

秋官既由執法召，廷平復以有道行臺諫。用人每如此，天下安得不太平。艤舟且勿發，停鼓且勿伐。滿引江上杯，我歌詞清越。詞清越，江淼漫，五月風絺沁雨寒。薊門黃紙三千里，白下衣冠望闕嘆。陸賈《詩》《書》真國士，誰其推轂良亦智。始君講學陽明山，礫括知行朱陸間。近來傳得甘泉秘，聞義必爲如轉圜。詩文雖小技，組繡無不好。登君白玉堂，始見潤熙皞。門下殿中皆侍從，得君爲之亦增重。士須先識用明時，入朝始効明時用。堯天净徹無片雲，台階光潤連斗文。爾來何爲太白復，晝見蝗飛蔽天滿江濆。君讀《洪範》知咎徵，宜向明廷敷所聞。惟皇致和銷祲氛，其次莫若務薦賢。君子滿朝福萬年。平生識君非委瑣，飛騰有神先告我。予春嘗爲陸得佳夢。臨岐莫怪語太頻，爲君胸中增磊砢。疆場微臣灑血誠，翹首太平心如火。

---

① 陽城：字亢宗，唐河北定州人。爲人謙恭簡素，李泌爲宰相時向唐德宗舉薦陽城爲諫議大夫。及裴延齡誣讒驅逐陸贄等人，陽城即上疏論延齡等人罪狀，累日不止，德宗大怒，陽城抵罪爲國子司業。

② 石介：字守道，北宋初兗州奉符人。爲人耿直，慶曆三年，范仲淹、富弼、歐陽修、杜衍等人被仁宗器重，石介作《慶曆聖德詩》讚頌革新派，貶低保守派，爲夏竦所嫉恨。慶曆新政失敗，夏竦等陷害革新朋黨，石介外放濮州，病逝家中。

送同年林石厓寺丞陞大理少卿二十韵

憶附春官驥，天衢羨羽翰。班隨蒼玉佩，氣壓惠文冠。墉隼秋空静，臺烏夜月寒。簡花霜作骨，冰蘗鐵爲肝。獨坐圖書府，先登述作壇。詞章推組繡，桃李照門闌。哲匠司陶冶，神工起蟄蟠。觸邪迴舊勁，敷教體新寬。精鑑窮淵石，頹風滌垢瘢。南生方悓望，北士復騰驤。碧落三春雨，黄金一粒丹。師資環甸服，聲望籍朝端。故國瞻京洛，清丞進理官。還聞徐杜恕，不學趙張殘。① 岡鳳終巢閣，逵鴻豈漸磐。列卿參大棘，温詔燦回鸞。郎署非顔駟，關塵更賀蘭。優容無短議，愛惜有長嘆。且慰登仙送，何知行路難。法星懸象魏，聖德服呼韓。

送同年吳北川學士赴修大明會典三十韵

自聞偕計吏，英妙滯關繻。健筆驚風雨，雄詞薄誥謨。才名傾兩浙，師席半三吳。謾有遺珠嘆，終看美玉沽。南宮題姓字，中秘繼膏腴。入室還鉛槧，傳衣更范模。機玄移曲折，匠契奪虛無。汗血天開駿，全枝苑樹烏。青藜陪禁掖，彤管叙唐虞。司業成均貳，諸生博約須。陽城真善誘，穎達舊醇儒。麗澤漸函丈，陶鈞散海隅。皇輿初釋奠，法從儼卿孤。憲老龍垂袞，鳴陽鳳在梧。講筵臣獻納，束帛主歡娛。帝簡清華秩，仙瀛白下趨。出驂金騕裹，入籍錦氍毹。潤色江山助，精微溟涬俱。南珉鎸古字，東絹引新圖。紙價千篇貴，神工萬象殊。石渠懸睿想，銀榜照亨衢。鵷泛徵書紫，鵬盤賜服朱。校讐披令典，功德紀貞符。憶昔叨清選，茫然見大巫。蓬麻空附類，鵠鷃已分途。瑣闥心徒苦，塵埃迹可吁。賜環慚粉署，沃暍近冰壺。忽作凄涼别，難謀鄙悋軀。君歸居内相，我往備强□。鈴索籌邊夜，毋忘返賤軀。

---

① 杜恕：字務伯，西漢京兆杜陵人。御史大夫杜延年之後，尚書僕射杜畿之子。在太和年間任散騎黄門侍郎。

送朱華溪郎中考績入京名方，字良矩。[1]

青雲歧路問江津，君北之燕入我秦。彩鷁遡風瞻魏闕，黃河出塞近崑崙。功名後會身誰健，慷慨當歌意自親。館閣爲傳知己道，書生不解怨邊塵。

石頭城別諸僚友入舟

慷慨驪歌出舊京，征帆初掛石頭城。江山麗藻三春迹，金石交游萬里情。聖代未增東勝戍，天驕猶憚朔方兵。邊儲使節非難事，欲學終君面請纓。

與述兒乘別舟至三山舟人醉而觸石覆焉倉卒脫難感而有賦

三山近在吾几席，舟人笑弄烟波碧。長風鰲背片帆輕，掌底微茫衷怪石。狼牙暗觸聲劃然，鷁彩無神舟辟易。安流未解濡衣袽，頃刻漸然百板折。檣勢顛危柁力殫，觸仗太阿縮泉脈。斷蛟再起楚屈原，橄鯨責問唐李白。弱子號呼響入雲，漁艇踉蹌旋脫厄。龍宮釣取五經笱，爲有明時濟川策。餘裝聽爾自浮沉，身存豈復長物惜。請君勿憂，黃河萬里從天來。請君勿憂，賀蘭山上悲笳哀。丈夫平生四方志，禍福遠近何常哉。

和尚港登觀音閣二首

磴雲迴窅窕，江閣俯微茫。地瞰燃犀渚，天閑跨海梁。魚龍吹近浪，鷗鶴浴斜陽。欲就垂綸客，同傾待月觴。

石壘青雲色，湖吹碧海聲。二江環抱起，孤嶼混茫生。福地棲僧梵，神功翊帝京。維舟榆日遠，岸幀蓼風清。

夜聞隔江虎聲作《洲虎行》

天用神龍地用馬，虎穴在山非在野。咆哮静夜江上洲，水深月白

---

① 朱華溪：正德甲戌（1514）進士。

胡爲者。豈因渴胳奔洪流,饑逐孤豚過漁舍。連荻青青績漲高,歸路迷冥誰則假。魚蝦瑣碎不可食,罟獲兼虞泥没踝。長空一嘯悲風來,隔渚猶能飛屋瓦。但恐虛聲賈實禍,技窮豫且挺義下。何不掉尾涉清波,得到雲林即瀟灑。

將至兔河山莊

月櫂江聲遠,雲莊巨壑長。親朋迎共笑,鬢髮白兼蒼。不信歸田勸,應憐山塞忙。范半醒嘗勸予早歸共鍊金丹,今重有疆場之命,違夙願矣。向平還擾擾,誰復定行藏。

龍山書院小集[①]

白鶴西飛去不迴,諸儒俎豆一堂開。雲間禮樂埃氛鄐,市外溪山爽氣來。故里尊罍真欲醉,英賢項背苦相催。何年築室高亭下,經史群疑得共裁。

松蝗嘆

黃楊有閏槿有夕,未聞松有歲時厄。禾苦四蟲木百蠹,未聞蟲能竭松液。桐鄉民俗好種松,大家小家山青葱。胡爲一旦蟲作祟,緣枝食葉葉爲空。蟲長二寸身有毛,黃黑色雜饞如蠨。蠶食葉盡蛹歸繭,繭蕃百子嗣老饕。土人皆呼爲松蠶,繭雖纏綿不可繅。吾聞北方有蝗一種,類此蟲,食穀。氣化南來豈其曹,堅貞高大松最壽。鍼鋒勁銛且細瘦,蝗不食禾乃食此。帝將寶穀爲民祐,或言貞象有德高象位,變異來應君子受。天道深遠豈其然,代民蒙殃爾何咎?但使蒸黎歲飽食,何惜萬山蒼翠爲薪橦。嗚呼,何惜萬山蒼翠爲薪橦。

度桐溪橋

白石青溪度曉興,西風朔雁計程初。微軀霄漢輕行路,遠思親朋

---

① 龍山書院:位於今江蘇太倉附近,建於元至正三十年(1293)。

祝寄書。蝗老松梢青復起，鯊吹水面碧仍虛。鄉心忽亂題橋興，何日歸懸駟馬車。

光州簡孫德夫同年二首[1]

藩臬飛騰久，蘭焚事偶然。檻車炎海上，尉幕瘴江邊。汝月秋三五，關塵路幾千。狂歌對君酌，香細夜堂烟。

老去僉關臬，逢君忽此州。一尊汝水暮，百感曲江游。直柏衝星立，清河近月流。含情臺上語，露下濕吳鉤。

飛蝗嘆書西平縣臺屏。

光霍新蝗如游蜂，[2]饑喙所至民田空。汝蔡舊蝗類啅雀，[3]飽飛刺天勢彌惡。久厭北穀恣老饕，近切南禾如刈蒿。舉家勤動充爾腹，無怪曠野悲號咷。旋遺種類何勞乳，黑脊黃股號蝻子。春鮞布地秋跳梁，誰云冬雪能壓死。盤空穿市忽填積，貫索纍纍厚盈尺。捕瘞莫盡摧使車，田祖無神暗嗟泣。吾聞天神尊者稱太乙，遞治三才尸道疾。胡爲□氣獨傷農，水旱四虫灾匪一。東方青龍澤稞稷，代天降康雨天下，毒霧腥雲胡少靳，蠆粉此蟲惠鰥寡。西方白虎口呀呀，習噬婁豬與艾豭。陰風不爲行肅殺，靦顏蝕食何心耶？北方玄武水之精，漂殺人畜歲靡寧。蝗飛渡淮且渡江，何惜涓滴汩其生。南方朱雀炳離兩，烈澤赭山猶反掌。弱羽翩翾畏日中，赤口雖炎底無恙。修途目擊衷隱憂，咎徵《洪範》懵所求。行臺客睡何曾著，月裏空明炯飛落。起吟掇拾書且嘆，傳語姚崇細商推。

書郾城縣臺壁是縣道中無蝗。

長路淹炎日，驅馳損壯心。倦便雙柏坐，幽伴數蛩吟。嘉穀連河

---

[1] 孫德夫：孫懋，字德夫，浙江慈溪人，正德六年進士。
[2] 光霍：汝寧府光州與廬州府霍山。
[3] 汝：汝寧府。蔡：汝寧府之新蔡或上蔡。

内，飛蝗度汝陰。經過見人樂，亦足豁煩襟。

望中嶽

峻極崧高古帝畿，峰頭曾卓漢皇旂。從官迹共祠官逝，太室雲過少室飛。四嶽雌雄差異服，二儀炎朔獨同歸。騰青躍翠鍾神秀，生甫生申勢未稀。

彭婆鎮謁范文正公祠墓在萬安山伊闕之內，溪山風氣甚聚。

行顧溪山意有奇，停車果得拜公祠。事偕後樂先憂往，心與青天白日期。萬古儀形瞻峻嶽，一堂俎豆照清伊。公四子，忠宣公兄弟皆配食。驅馳正屬西征地，欲乞遺靈濟夏師。

龍門龕

伊水出龍門，疏鑿惟禹績。溪縈匯澄潭，雲斷劃絕壁。泛舟巡南厓，諸龕空翠滴。遠疑民窟居，近聽境廖闃。皇冠一人來，導我縱幽覿。何年驅鬼工，穴堅隱金狄。刻畫開生面，精微神儻佪。頎然丈六身，大小隨刌剔。虛扣鉦鼓鳴，響應未昭晰。遂令愚資幻，投禮伺考擊。晋迷浴東都，拓跋陷愈癖。荒哉魏王泰，孝誠空爾激。不知文德賢，坤美符帝錫。天堂無則已，有則必登歷。何事石上灾，千古不可滌。無乃託親名，志祈瓚奪敵。欲爲生民主，先被河神溺。向使正諸位，亦終貽唐感。經行謾誅心，期使來者惕。

渡洛水

諸流匯三川，旱暵水初落。虛舟閣岸沙，褰帷涉清洛。風漪鑑光搖，雲石錦紋錯。五行翠靈源，人文會聖作。千載《洪範》疇，吾道標根著。書呈龜潛趹，羽化人寥廓。誦言履真境，耳目交渾噩。何物女子愚，身没神兹託。荒俗疑傳疑，袪惑賴儒鐸。七步才信雄，賦成博寡約。是爲言咎儐，徒滋魏風薄。安得騰逝波，追洗淫辭惡。

洛陽漫興

江抱河環嶽四方，陰陽貢賦宅中央。道尊阨塞雄天府，德薄繁華餌戰場。鼎問澤糜姬未覆，黨沉社鼠漢先亡。北邙風起銅駝暝，欲吊遺蹤去苦忙。

過函谷新關

新安東偏山虎踞，項羽詐坑降卒處。平塗驅車入峽初，先爲韓有后秦據。六國既平吕政驕，此實谷口昧增戍。漢復滅楚恃承平，關仍秦舊非遠慮。帝起樓船只尺書，有家願作關中居。竟以私財徙國險，漢防從此鈞天如。李唐内蹙五百里，哥舒百萬嗟爲魚。門庭習坎予敵共，何怪四鄰守備疏。

會盟臺咏古

虎噬狼吞挾詐情，澠池何異武關行。合謀分蹻機憂辱，鼓瑟真關勢重輕。趙王西行，將相聚謀，固已憂其不返，而以立太子爲請矣。則所謂不出邯鄲，而秦固無如趙。何者？老生按關膠柱之論，不知當世之機變者也。仗劍風雲吹野水，折衝口舌賴書生。相如惜不知音變，擊缶中含殺伐聲。

澠池道中

秋熱逢關盡，纖絺早吹涼。蝗飛空日白，禾死嶺雲黄。是歲，河南府部内蝗食禾殆盡，方西成而流移已載道矣。南路多流徙，中原幾積倉。三秦糴更貴，何計實邊防。

張茅坐雨

魃虐蝗妖氛塞空，直從汝霍到秦東。[3]霑衣晚坐千山雨，岸幘秋禁萬里風。黍穀大侵成野哭，[4]豆蕎小穫盼神功。[5]憂時未遣持杯興，白鳥翻飛谷樹中。

函谷關懷古

重關百二凜誰何，不獨嶢秦近勢多。太華右臨迎紫氣，中條左顧帶黃河。雞鳴隱約車爭軌，虎視逡巡敵倒戈。忽憶婁生天府説，十傳心腹已沉痾。

稠桑道中望黃河

桃林蟠土山，谷入昧所出。地底無傍風，天際有中日。仰視耕穫人，轉折忽相失。仄登蟻緣枝，幽盤蠱閉帙。僕夫虞殞傷，反汗更股栗。子將慕王尊，馭吏屢遭叱。徑盡躐河壖，黃流過箭疾。踰關勢彌雄，四囑奔馬逸。不知真宰意，何貴砥柱窒。氾濫民其魚，豈止桑田溢。三門中古開，神禹功誰匹？至今沮洳場，盡作粳稻窟。予生髮半蒼，世路十不一。及兹瞻萃嵩，眼豁心神怢。太史嗜南游，吾當分北軼。山川助英□，□必怕近密。向來險遠憂，兹晨蕩已悉。

出關用邃菴先生韵①

湖海萍踪近始還，又持憲節過潼關。臣心若爽如河水，君德難名仰華山。九折路難牢著腳，五經笥好静娛顔。三秦地廣多形勝，天與南生恣遠攀。

登太華山二首

顥氣高浮白帝尊，徊翔勢欲遡崑崙。西郊雲斷仙人掌，東井星疏玉女盆。鳥到半空秦樹禿，猿愁絶嶺漢祠昏。蝗氛滿目車箱谷，民瘼應通箭筈門。時見蝗滿山谷而不能出，豈岳神惡其爲民害而磔之乎？末故云。

雲臺整屐玉泉過，積翠層霄引石蘿。興軼蒼龍穿紫氣，手持白羽上青柯。三千里外龍飛練，十八盤頭逼帝窩。鐵鎖半攀懸日月，下方

---

① 邃菴：楊一清（1454—1530），字應寧，號邃菴，別號石淙，南直隸鎮江府丹徒人。

雷雨暝陰多。

驪山四絕

溫　泉

陰火幽岩煮玉泉，天香羯穢滌千年。金鳧寶雁都飛盡，謾說長纓賜浴偏。

始皇墓

三泉已錮鮑魚枯，[6]四海驪山歲送徒。[7]牧火燎原機械盡，祖龍空作萬年圖。

戲　亭

童妾玄黿禍本奇，萬烽一笑甸侯癡。驪山老父悲前事，咏罷《關雎》咏《黍離》。

鴻　門

納諫忘猜息忿兵，將軍資性亦英明。尊前舞劍空奇計，擲地還聞玉斗聲。

長安中秋對月十韵

昭洗浸淫霽，驅除滓穢收。色添今夜月，光動客檐秋。大地河山混，遙天隱伏愁。兔毫疏可把，蟾魄晃難求。桂蔭涵星彩，金波漾漢流。輪移黃道迴，鑑定紫烟浮。照膽清詩興，傷神積酒籌。爽分風竹細，潤益露花幽。陵曲侵韋杜，關山帶漢周。姮娥千古恨，素髮底須羞。

久雨新霽登秦城鐘樓

夜窗鳴雨近華鏗，畫净層樓眺野耕。山色半城凉翠入，樹聲萬井午陰生。杜陵韋曲天俱遠，漢殿秦宮水自縈。薊北江南飛雁裏，孤雲關塞不勝情。

同姚拙庵憲長、張心齋副使、盧藍山僉事游小雁塔是日雨阻，不能至曲江。

南山秋氣翠巑岏，野思凄凄碧殿寒。塔隱佛燈無雁宿，樹知僧臘有龍蟠。霓旌古苑悲金盌，霜節清尊洗玉盤。[8]十里曲江游興盡，夕陽風雨幾歸鞍。

送成遂齋方伯陟太常卿入京

聖主垂情衆正班，仙塵未許一方攀。雷霆摧折思持斧，雨露飛騰荷賜環。夙抱喜諧棲北斗，高秋愴別見南山。台階聽説頻虛位，知以清鄉借路還。

同許義菴憲副游大雁塔

清池古苑曲江名，小隊隨僧指點行。雁塔不留春榜墨，慈恩難果渭陽情。寺名慈恩，高宗爲文德皇后所建，功果而不能庇其舅氏，何耶？① 水晶宮殿傷灰燼，素黛嬋娟冷棘荆。獨笑拾遺多酒債，春衣典盡句還成。

過乾陵

嫌名當日濫無辜，巾櫛深宮隱禍樞。司馬頓兵留國賊，乾陵含恨納珠襦。村兒晝牧驚攛兔，山鬼宵行嘯薜狐。大耻元凶雙石裏，夕陽周道一長吁。

永壽道中自西安至此地漸高矣。

客路郵程尚計千，塵勞習慣亦安然。穆棱關束邊書馬，大淯溪蒸塢樹烟。穴土居人工曲突，梯山穀壤學平田。征衫怪底晨風急，身入金天斗漸懸。

---

① 慈恩：位於唐長安城晉昌坊，唐太宗貞觀二十二年，太子李治爲追念母親文德皇后長孫氏所創建。

邠州曉發二首

殘月征人早，州城奧窔間。呼船渡涇水，立馬望豳山。[①] 禾黍高低壠，烟雲遠近關。誰能渠白石，種稻濁泥灣。

涇北山橫絶，穿崖細路高。偏懸疑有麓，峻極乃平皋。嶺露催禾秉，溪風颯苧袍。憂動見遺俗，無地立蓬蒿。

午發政平二首

政平城北寺，幽意俯丹梯。驛道迴前嶺，涇流下別溪。惜哉無草木，空爾疊雲霓。秀聚非吾土，征途莫浪躋。

倦翼邠寧路，秋陽午正騎。頻揮南羽扇，一净北煩欹。嶺樹浮天曠，雲鴻接塞遥。多情花帶角，三錫腐儒腰。

寧州曉發

燈火啓嚴城，戴星行未已。夜來下絶坂，左右崇墉倚。昏黑迷前旌，時顧斗杓指。晨雞登頓初，險澀曙光紫。林原衍山巔，溪壑行地裹。陂陀首乾龍，浮立土不滓。所以穴居民，患燥不患水。改邑視井泉，卑棲固其理。耕者百仞上，汲者千尋底。下山阻深溝，上山據高壘。四鄰守無虞，塞馬徒爲駛。民貧獨可憂，咸秦此唇齒。

慶陽即事

北豳風氣佳，地險兼天起。依山羅雉堞，萬户安枕裹。東委沙漠流，西遡環河水。兩川併南潀，溪嶺互激詭。不窋神明餘，草昧固有以。獨詫泉源懸，井罌不居市。城中皆谷汲，疑非經變理。或言郡治東，鵝池昧經始。慶曆加踈浚，玄澤隱河涘。窈黑近龍宫，緩急公私倚。則知濟物心，往智實相遇。石眼貫少陰，誰當踵前美。兩池寶清

---

① 豳山：位於陝西彬縣縣治所南方，又名爲鳳凰山。

深,分甘偏生齒。斯言非謬悠,羸瓶弱者死。

謁范韓祠①

拓跋餘凶勢更張,二公相望屹金湯。一堂俎豆瞻遺像,萬古河山識巨防。賈策清時薪抱火,虞淵昏夜日重光。秋陰畫轉空楷樹,恨入邊烽照朔方。 二公人品既高,邊籌亦偉,而天章之對、英廟之立,事尤殊絕。獨元昊岡悖不能收混一之功,英雄處數窘束之會,千古共陳倉之遺恨,豈非天哉!

靈祐驛次毛東塘韵②

江路盤山轉,頹垣此驛亭。寒雲風外白,畦菽露中青。鳥雀無歸樹,驊騮不在垧。誰教心匪石,自信迹如萍。

曲子里驛次郭雨山韵

潝濊征車潦,塵斑旅鬢晴。環江百里濁,塞路幾時清。驛樹搖星彩,更籌靜市聲。嬌兒恐惰學,秋夢獨關情。

過本鉢城

本鉢荒山道,黃雲翳碧空。冬寒無宿麥,歲險仰枯蓬。土人連年不稔,皆取蓬子充食。皮服□□氣,窑居嗇陋風。剛腸非憚遠,情境黯然中。

靈武臺子睹壁間之作,有過罪肅宗者,故爲解之。

唐皇推心□□腹,封豕長蛇非我族。漁陽鼙鼓破竹來,猛將當關六師覆。鑾輿倉卒幸西南,馬少不能偕骨肉。當時豈暇計大勢,成都僻遠難興復。天子若徇扈蹕恭,世事一去如轉燭。天意人心系北轅,權宜勸進宗社福。裴冕寶册亦徐至,父位子有何嫌惡。竟用李郭收

---

① 范韓:北宋范仲淹與韓琦。寶元元年(1038)党項李元昊稱帝,次年在三川口之戰中打敗宋軍。康定元年(1040)范氏與韓氏共同擔任陝西經略安撫使招討副使,採取屯田久守的策略鞏固西北邊防。

② 毛東塘:毛伯溫(1482—1545),字汝厲,號東塘,江西吉水人,正德三年進士。

兩京，上皇尊貴旋黃屋。獨恨表裏妬濟姦，大孝致譏倫理瀆。靈武臺，高幾仞，環江雲擁烏崟峻。唐家再造此深機，誰云篡竊非其正。君不見，房琯于時建策長，詔使諸王嶺節鎮祿山。把詔長太息，從此四方知響應。靈武臺，高幾仞？黃袍加身勝溫清，懸合琯謀迂唐命。

清平驛坐雨

紅城真出塞，且勿憶江干。曙雨飄沙急，秋風捲地寒。徼巡連戰格，旅道庇征鞍。制閫籌元老，能令聖慮寬。

是夜燈下聞雁口號

底事嗷嗷向夜飛，避寒還慕稻粱肥。深閨好爲催刀尺，塞北征夫望寄衣。

山城漫興

□□對午庖，苦水汲荒郊。候館趨戎吏，烽烟接□巢。追風騰驥足，明月滿弓弰。結束從邊塞，吾生豈繫匏。

將至萌城

西風朔馬陟重岡，戍鼓屯笳接大荒。池涸四時烹窖水，天傾八月蕭溪霜。塵埃宦拙干旄遠，墳典功疏日月忙。塞北江南差可喜，賀蘭雲外叠青蒼。

秋雪行小鹽池作。

九月三日平山墩，大荒泱漭行旅奔。陰風怒號西北至，同雲四布天晝昏。半空飛沙雜霾土，旌旗慘澹吹凉雨。前入硝河作霰零，硝牙齹齹霰縷縷。只尺鹽池勢轉盛，水花玉塵兩清净。瓊瑤雖好絺綌單，長纓欲結指生硬。憶昔官近蓬萊闕，菊時曾踏燕山白。十年江海鬢蕭騷，此日窮邊更秋雪。

過石溝

高岡初履石，劍戟剗荒沙。地險不足寨，路難空摧車。四句信意道出，却似爲張北山發。清渠馬吻愜，遠樹雁行斜。共指賀蘭近，翠屏浮紫霞。

將至靈州[9]

復入人烟境，村墟鷄犬聞。沙黃偏映日，樹緑正連雲。古道流河潤，高嵐壓塞氛。[10]服箱轅下牸，東餉馬池軍。

入夏城

髀消萬里興闌珊，[11]且以并州託賀蘭。城日未寒旗北影，塞風初緊雁南翰。偏懸僞略河山負，混一皇圖雨露寬。使節本兼休養寄，[12]兒童竹馬拜征鞍。

到鎮三日即出按部沙井道中即事二首

三月驅馳到朔方，席猶未煖使旌忙。日催戍鼓聲初起，霜壓沙蘭氣自芳。廩食欲分蓬食味，客兵須借主兵糧。蕭蕭萬馬西風外，何處青山緑草長。

禾田南盡見民窮，白磧黃沙一望中。戰馬未歸飛粟輓，征鴻雖去缺書筒。斷蓬脱實翻風秸，卑木無名映日叢。寒暑載罹淹使節，侵星何敢惜微躬。

韋州月夜望螺山有作

缺月秋山顯氣高，霜清石皺翠生濤。[13]溪通潤谷方逢水，地近鹽硝半不毛。塞馬幾年空野屋，[14]王宮萬木俯荒壕。何當聽績韓公策，歲省千軍轉運勞。

峽　口[15]

生犀飲河欲北渡，海月忽來首東顧。馮彝舉手揮神鞭，[16]鐵角半摧河上路。至今夜有水泣聲，罔象欷歔鬼姦露。土人作渠灌稻田，玄靈委順不敢怒。土人呼山爲臥牛，故云。[17]

花馬池初謁晉溪公出述事①

藩籬不固苦紛拏，歲歲王師嘆靡家。河壤右腴淪朔漠，雍鹽天寶委泥沙。韓公莫憚錙銖費，李牧先從要害遮。② 誰爲廟謨祛首鼠，三秦千里樂桑麻。制帥晉溪公欲循逄菴公遺策，改築橫城以東至榆林邊墻，增高、培薄、置警、設戍，永閡中外。又力持□見，率兵親守花馬池以斷入寇之路，皆籌邊要算也。花馬池之守，公則能自爲之矣，但築城一事，議者難之。予嘗略爲經費其始末，每歲請出内帑銀十餘萬兩，命守臣戍卒築之，計三年用銀三十萬兩，而其役即斷手矣。此秦人百世之利也，一勞暫費，君子能無息壤之意乎？

立　春

土牛初駕勾芒春，謬寄屯政孤皇仁。金城方略趙充國，七月憂勤周北豳。綺樹千花過眼好，綵繒百戲盈庭新。青絲白玉不成醉，弱柳疏梅堪贈人。

除　夜

不共椒盤浪作娛，殊方清酌一燈俱。五千去路多新夢，六八逢春只故吾。龍亢祇愁冬雪少，天旋何慮客星孤。不知寒谷人吹律，早得陽和一刻無。

庚寅元日試筆用立春除夜二韵③

霜臺烏雀忽鳴春，病骨真私造化仁。萬里血誠干斧鑕，時有芻蕘

---

① 晉溪公：王瓊（1459—1532），明山西太原人，成化二十年進士。

② 李牧：戰國時期趙國人，駐守北部代郡、雁門郡（今山西代縣西北）邊境地區防禦匈奴。

③ 齊之鸞於己丑五月升僉事赴寧夏，途中歷經半年，於庚寅元日到達花馬池。

之見上獻并乞休。幾時歸斾指寧幽。薄書冗負河山勝，齒髪愁隨草木新。爲有寸心灰不盡，功名細數汗青人。萬井春聲徹曉娛，堯天瞻拜吏人俱。時有足疾，不能隨班行禮。間憐去翼難隨汝，只有遺經不負吾。霄漢功名長自後，江鄰兒女爲誰孤。東風閭閻陳情疏，乞得歸山雨露無。

送楊中舍册封回京

舍人承家居近侍，莊敏元孫父學士。十年不見鬢眉蒼，官自薇垣遷棘寺。地分清切才且賢，簡記三爲封拜使。觀風一採鵲巢詩，剖符再捧河山誓。邑弩塵驅紫塞雲，關繻册隱黃金字。道傍父老皆嘆息，桑梓駢闐候文馹。濁河東去君西來，賀蘭雪後春初翠。緇衣適館曾幾時，涼冰忽解迎津吏。南薰門外驪歌聲，白馬欲逝無維繫。禁掖竹梧陰始交，天連舊雨相思地。

春巡雜咏十五首

小鹽池驛書懷二首用前韵

邊籌克展盜非窮，無奈春愁客望中。江遠夢寒池草榻，雪深天隔隴梅筒。健忘往魄燈前卷，猶勝新裁旅次叢。鄉路亦能馳我馬，并州何意戀微躬。

飲啄微生信有方，一官四奏底須忙。銓部凡四擬，予僉憲最後得夏。江東擊楫鱸初美，塞北懷人草又芳。寇壓河壖增斥堠，書從天闕借羇糧。客窻三尺春分雪，喜祝青青二麥長。

豫望城獨酌

千里尚書期，渡河結南轍。蕭關成返閇，①黑水得源穴。土山不送青，飛霾氣寒絕。未開春分花，且作清明雪。下馬豫望城，臺日淑可悅。蘆酒傾邊味，感嘆肺肝熱。頎然八尺身，苦慕殉名烈。驅車荒

---

① 蕭關：位於固原州六盤山山口。

微雲,汗顏古豪傑。指揮鐵如意,欲擊唾壺缺。

將至威武堡三首

候物催屯種,肩輿歷塞塵。水縈三岔曉,渠動七星春。花氣醋歌鳥,荊叢翳鬭鶉。麥畦青未了,路有告饑人。

鹵泛春畦白,陽回臘麥青。山形戎夏共,[18]渠利漢唐經。燕早花前乳,鶯遲雨後聽。客心淹冉冉,江樹望冥冥。

朔氣疑長閉,春深始見花。山青橫鳥道,日白鬧蜂衙。土屋耕夫墅,雲烽戰士家。褰帷把殘籍,不記在天涯。

入寧安堡

河曲當年夏九州,屯田春日擁鳴驪。羚羊潤挾郊禾起,米鉢青攢漠樹浮。藥餌有情雙眼健,脂韋無智二毛羞。花飄萬點風光急,語燕歌鶯喚客愁。

宣和堡渡河

春漲河初急,孤軍待曉天。健兒工使馬,脩岸怯迴船。革泛傳驕馬,[19]魚喁亂巨川。莫憑衣帶水,千古塹危邊。[20]

入中衛城

右臂伸西極,寧靈近勢聯。沙山橫絶塞,河水上腴田。草木江南色,旃裘嶺外烟。壯心驅倦足,乘郭思翩翩。

閉閣

閉閣休春困,虛明象外潛。花迷蜂撲席,絮入雀窺簾。獷悍河山異,流移賦稅兼。因風貞憲度,時用惠行嚴。

校士

平驅藝戰張吾軍,臺鎖諸生坐日曛。千里漠荒回異俗,百年聲教浹同文。蜩鳴蠡躍天誰定,山崎川流物自欣。老去獵心還內動,金砂入眼等閒分。

巡蜘蛛渠閱邊

樹紅都盡鳥群呼,塞草新茸接舊蕪。西望瑤池停駯駬,東思禹績上蜘蛛。垣堳衮壤虛堅壁,將士何年實□□。寒薄春衫欺酒力,沙場風雨急前驅。

石空道中

區脱石空西，雲山歷指掌。真宰意莫識，置此甌脱壤。蝛濆毒浸淫，鴟張塵泱溂。千古塞垣下，何由樂生長。良田失桑林，榛菅被河廣。堡蘆絶烟火，宿莽頽垣敞。鎮□東一舍，畏塗轉疊嶂。嶄絶鐵不如，輕騎恣來往。哀彼乘障人，刁斗爲誰響。炊蓬代黍食，忍饑鄰罔兩。短衣不被體，旦夕春冰上。予生功名薄，萬里掉孤鞅。皋鳴和無朋，日念歸吾黨。天高矜蒭微，敢祈契清賞。安得近有力，爲爾陳慨慷。

過塘壩橋

抱日長虹吸大川，萬雷聲撼小城懸。禹功振古流民利，河伯支渠雨塞田。斥鹵春歸初秀麥，庖廚午薦更烹鮮。襄帷四顧邊塵净，布德除苛繼昔賢。

憩漢壩堡

桔槹並載兩龍馳，雷電無聲霹霂滋。菽粟秋原同水火，隄防春漲隔□□。生天立地神功是，漢傑唐英姓字誰。遺愛邊庭空仰止，夕陽乾鵲古槐枝。二壩利澤甚偉，《志》以爲元董文用所開。① 然渠名漢延、唐來，又曰漢伯，則必有始之者矣。而泯没不傳，良可慨也。

將至邵綱堡

陳俊何人復邵綱，邊城鼓角尚相望。不知北鄙旌旗色，誰假南生道路光。飲馬忽驚畦水亂，尋花正憶藥欄芳。九天消息傳來别，病愧無能答聖皇。聞乞歸之疏已寢。

麗景園宴集用老杜樂游園歌韵，同游者馬少卿管給事、王侍御史、鄭二總兵，予與江副總兵作主。

兔園雨晴氣蕭爽，花銷燕寢蓬蒿長。金勒繡旗小輦迷，昔日鄒枚

---

① 董文用：字彦才，元名將董俊三子，至元元年(1246)召爲西夏中興等路行省郎中，於西夏開渠灌溉農田。

誰抵掌。地偏春來鮮簪盍，空翠交裾愜心賞。夏木涼生壯士扈，午鶯嬌動元戎仗。投壺奕棋興跌蕩，多算飲賓互標榜。西渠流水入東池，青草無魚饑鷺上。返照登臺四望時，河山萬里使人悲。悲來欲跨青田鶴，歸聽江鄉白苧辭。丈夫行藏貴磊落，此意非爲兒女慈。樂天不獨浮名地，勿咏窮郊有礙詩。

侍大中丞聯峰翟公同赴張監鎮
紅花寺湖泛舟觀魚用老杜《渼陂行》韻。

行舟塞北一大奇，烏況有澤魚有陂。鱗拋網面白玉尺，鱟探葦底青琉璃。膾飛卵剝金盤入，禽母護巢亂呼集。安知赤鯉非龍兒，老蛟應恐餘波及。庖人務豐志莫測，鸞刀互鳴几重拭。天吳驅鯨助割鮮，濁浪猛風天晝黑。吾人興在水與山，奚事枇盤鼓吹間。公命覆鮮罷罟釣，潛吟翔舞聲關關。和平協樂樂貫珠，洛瑞漢佩群仙趨。西日旌旗急歸櫂，賀蘭暝翠浮虛無。萍踪樂罷悲感至，萬里從公故人意。王陽將奈貢禹何，莫怪尊前舊恨多。

端午侍聯峰公閱將士騎射[①]

軍門午日看札柳，此戲傳來應未久。都城六邊方盛行，楚粵三吳未前有。往年競渡誇水嬉，撇澈捎漬舟側走。及茲馬上覷天巧，神鬼行空遺踐蹂。朔方健兒好身手，沙苑攻駒半龍友。登壇令罷鉦鼓鳴，生獰肯伏調良後。就中神後絕可憐，技癢四蹄始驤首。翩然兩彎亦長物，出有入無惟意受。鶻盤猿掛又蠖伸，轉足跳身運無肘。電搖赤日雲本閒，風起青蘋虎先吼。奇窮妙盡不相下，趙王鼓瑟秦王缶。朱旗再閃壯士呼，旋馬彎弓條分耦。馳道東西金作侯，小者如盤大如斗。向來儇捷金或不，一金數自有奇偶。百步控弦何雄赳，得者氣勝失者負。貧士斷金飽數口，不得之家紛

---

① 聯峰公：寧夏巡撫翟鵬。

內咎。公將持此激賁黝，不獨爲歡勸杯酒。會看守固攻則取，勒石燕然垂不朽。

大　水

塞外頻苦旱，蔓草無宿根。方欣入夏雨，澤物回荒蕪。二麥秀以實，嘉穗連三秦。行野慶豐穰，足食蘇兵民。如何六月交，澇沱驟連旬。崑崙泉源漲，積石茫無津。青銅漾賀蘭，龍舞雲雷屯。夏城環一壑，孤舟濁河濱。浮楂擁漂畜，壓溺悲生人。豆甲禾生耳，掉尾飽游鱗。天高地愛寶，誰當憂饑貧。日車重陰內，蒼生望爾神。

皮服嫗

老嫗髮始艾，諜卒偕以來。問之何皮服，泣云賊中回。嫗兒鮮兄弟，嫗婦初字孩。嫗家平羌堡，隨兒耕山隈。屯田五十畝，旱久生蒿萊。今年雨澤勻，麥實被根荄。五月趣刈獲，官稅恐見催。忽報賊西入，烽烟雜黃埃。旋云救東至，鐵騎轟迅雷。以茲不復走，柴門眼恢恢。誰謂賊無憚，對陣掠人財。我軍退自保，堅壁城不開。賊東不越渠，渠西家被灾。破户殺我兒，長革繫婦頤。驅婦鞭牛羊，孫懼哭聲哀。最後縛得嫗，馬首行崔嵬。追兵無影響，來應靜銜枚。明月千山籟，酸風萬竈灰。譁言不可解，狼心乃多猜。褫剥漢衣褌，皮毳授詭裁。賊悦婦美色，防守雉在每。吞聲姝少群，華語顏瓊瑰。嫗別與嫗類，並執囚莓苔。解縶夜奔逸，忍饑愬憲臺。永訣兒婦孫，生死兩悲哉。聞罷書成篇，以告衛霍才。

便　涼

病軀挾煩襟，夏每困炎燠。邊城快人意，清涼浹三伏。廣庭日逍遙，何用臨風竹。夜窻燈火深，几案無留牘。獨有罇鱸情，時然火內鬱。安得縮地方，西食東家宿。

七　夕

涼月初弦挂賀蘭，天孫怯渡鵲橋寒。蛛絲謾綴人間巧，河上牛郎衣服單。

對月二首

獨有江東月，隨予塞北來。金波秋漾宇，玉兔夜窺臺。朗照非窮伏，浮雲浪見猜。一辭尊味美，兩失桂花開。

紫塞光初冷，丹心苦更傷。明垂秋沆瀣，暗濕客衣裳。鏡破水容亂，輪斜樹影長。姮娥笑簪桂，歛袖避吴剛。

家使遣後，意緒紛然，走筆謾興以自堅勇退之志

書成秋繫雁南歸，雙眼河山興欲飛。實以病軀來絶域，遂令壯志壓塵機。水邊竹徑時時掃，江上鱸魚歲歲肥。更數瓜期望遷轉，高風吹破芰荷衣。

秋巡雜咏三十二首

脱衣亭偶成

昔賢今彦共丹青，祠枕紅花應法星。入室静聽人暗語，瓣香先拜賈中丞。紅花，渠名。

疏　水

我行大和壖，夏人嗟其魚。良田黄雲穗，半菽泥塗餘。畢高百里異，旱潦患亦殊。苦旱但失稔，苦潦獨愁予。此地古異域，蓄洩隄防疏。夾城渠北走，城闉仰視渠。所以田間水，一滿不復除。陰洞漢延底，旋開卒填淤。吾恐浸淫灾，匪獨傷菑畬。唐來苟爲難，晋陽戒前車。渠委湖咽喉，河腹渠尾閭。斯理本明甚，慮始胡多愚。十利易一病，敢兹爽避趨。青青水上禾，落落畦邊蔬。當令旬日内，民物出洳沮。漢延、唐來之間積潦不除，歲敗民田穀。張中丞嘗開涓門於漢延，梁底洩之東行，其費

不貲而功卒無成。今自諸湖決而放之入新渠以入黄河，其勢甚順。予因請於聯峰公斷而行之。

渡　河

塞北河舟制，亦與江舟同。刺弄如移山，帆楫事未工。須明濟川理，乃有致貨功。偏頭粟西轉，靈武漕更東。受降固可守，東勝豈病攻。奈何千里套，棄之沙磧中。三秦桑麻地，百年困即戎。吾欲挽河水，淬礪武庫鋒。驅敵過陰山，遡游據蛟龍。直令張騫槎，崑崙天漢通。

靈州道中即事

赤土青青草樹新，河壖夜雨净車塵。唐皇雪耻除凶地，聖代因夔用夏仁。靈州上漢雜居。屯吏勸耕蘇漢瘠，村氓擊鼓賽田神。鎮城回首卑成澇，生事差池憾大鈞。

江副總兵史參將合營曉送乘月趨清水營

月華平漾大荒沙，並轡新凉未曙鴉。星動龍蛇飛漢將，吹連鉦鼓壓邊笳。衝鵰海宇猶驚鏑，蹴兔蓬蒿不用罝。萬馬嘶鳴思清水，隔川紅遍野葱花。沙葱紅花者中蔬食，白花者不中食也。

憩毛卜剌堡

長城裊塞路纖纖，百室孤營日戒嚴。間譯始諳毛卜剌，驅車今役夏銀鹽。烽烟遠接初秋警，鞍馬勞便小憩淹。溴曠喜因屯政逭，窮荒入穀慶閭閻。

宿興武營

禾麻翳塞半青郊，睥睨東虞套賊巢。地廣非關君令德，險移獨念我同胞。唐藩自喚三城雁，宋耻誰鳴五國弰。刁斗秋聲孤戍禾，昂寒無色黯雲交。

過安定堡不入

塞上塵勞久自便，追風腰褭錦鞍韉。防秋鼓角孤城裏，轉粟車箱大道邊。沙磧蓬蒿青匝套，鹽池潦水碧生烟。午陰絺綌增寒吹，似比寧靈倍颯然。

將至花馬池王參將郊迎設食

岡嵐迴合日光斜，毳幕金罍坐剝瓜。蔬徑潤含終伏雨，禾田青覆去年沙。王庭北徙邊烽少，賓雁南飛朔氣加。驛使只今勞戰馬，兩池愁聽損鹽花。大小鹽池利分給寧夏、榆林、甘肅三邊買馬。

挑塹督役

畚鍤如雲集五丁，老成設險壯邊形。地分狗馬鹽甘苦，嶺餉牛羊牧睡醒。晋溪公奏自花馬池至定遠挑塹，界□護鹽利而通商賈。狗池以鹽苦擯之塹外。然塹成，而邊人耕牧賴焉。則又不特鹽利之資而已。城汲百筒朝繼繼，野炊萬竈夜星星。針氊兩月風霜念，計爲蒼生博永寧。

聯峰公將至小鹽池草地取路參迎宿狼巴井

中丞問俗靈州路，瞻望清塵草徑斜。鞚琫看山詢鐵柱，繩牀掃地宿狼巴。月遲坐假星爲燭，雲起眠愁雨打沙。土冷露寒刁斗急，漠荒辛苦念兵家。

鐵柱謠鐵柱泉堡，賊之水頭。弘治間據守，後以兵少棄之。
然此乃兩鹽池、興武、靈州、定邊四通要害之地，似不可惜增戍也。

套賊西來兩池裏，草磧微茫二百里。賊中苦涸敬玄靈，入驅趨利先趨水。野狐倉官不盈匀，狼巴臭泥滲沙滓。漢兒被掠爲鄉導，鐵柱百泉指甘美。人炊馬飲恣所如，奔突年年鈔邊鄙。泉歸我泉陵我陵，涓滴不遺賊渴死。何惜千兵實棄營，擇耕肥沃結高壘。

小鹽池營偶成營當賊西寇三秦之路，至則寧靈、環慶中斷爲公私畏途，舊設參將
今革之，并減戍兵。或遂欲併營於惠安堡，以護鹽利而均驛程，是亦一說未詳其是否也。

新營罷守將，邊吹搖孤戍。雨自石溝來，鳥向惠安去。干城據水頭，非獨慮韋州。兵減營歸堡，今議或可求。

郊遲聯峰公獨坐道傍流移滿目惻然有作

路閱遲高軒，行人未息肩。南徙一何衆，老穉相攀牽。乃信夏境水，愁恨滿田里。離鄉豈人情，勿咎關譏弛。

懷臺西蔬圃

河渠繞夏市，暗通圃中畦。小池樹陰底，晚憩恒鷄栖。清月照天

末,凉颸生檻西。林禽下初露,未拾棗與梨。瀟然舊花徑,如含故主悽。牡丹春不開,紅藥委芳薆。蜀葵一何盛,獨艷衆蔬低。蔓摘有新瓜,甕蓄餘陳韮。朗吟清夜酌,高視慰久稽。朅來忽浹月,念若桐南溪。肥拙與甘實,滿腹恣臺奚。歸應涉蕭索,感嘆桃李蹊。

清水篇 聞寧安堡被溺,作清水河名,濁之反也。三岔亦河,名七星渠,名紅寺堡,名靈。靈,墩名。

南山霖潦積,清水直北走。渾渾騰逝波,一石泥數斗。橫截七星來,代河灌東畝。潛淤歲千夫,旁役民毒厚。盛怒決三岔,水患寧安受。靈靈詢廢渠,開自李王手。土人呼僞夏爲李王。遠沃紅寺田,更居七星右。首爲茲水斷,遺利今莫守。嘗令窮上游,求入大河口。巡舊西導之,孤城庶可有。廢渠藉復疏,募民耕宿莽。十利易一害,功成福永久。武吏昧遠圖,虛文乃吾負。果聞茫洋災,陷城沒户牖。居人結筏出,涕洟巢培塿。嗚呼!蒼生病,何異魚在罶。擗摽秋夜長,莫贖躬自咎。

同牛東梧憲副苗參將會王參將宅上秋賞月

秋階聚客掃莓苔,佳節清輝海上來。輪正漸看西土顯,鏡完不受朔雲猜。青霄露冷飄香桂,黃道風迴颯上台。坐净塵尊俎暮雅,雅懷開盡更深杯。

同牛東梧、苗王二參將登邊墻東望作塞上曲五首

漢家河套方千里,察罕忻都土肥美。[①]邊墻東去如玦觗,黃雲蔽日大沙子。聞定邊東數里沙磧不可城。河套即元察罕腦兒路,其中堡塞城郭猶存。

大沙子連二沙子,黃沙無風接天起。石臼孤雲哨健兒,狂呼飲馬就甘水。

甘水是泉苦水鹽,故池堆白風纖纖。健兒笑載鹽山去,境上官軍自戒嚴。花馬舊池今在長城外,土人謂其有鹽山之異。

---

① 察罕:初名益德,唐兀烏密氏,父曲也怯律,爲西夏大臣。

戒嚴烽燧日夕傳，柳楊一壘尤孤懸。邊人説戰渾閒事，輦穀筐葵薄暮天。

暮天東目望榆林，瘠土蕪沙歲大侵。會須直取河爲界，耕牧樵蘇沃壤深。

至定邊營與諸將談邊事有作

蒙恬北筑傍蕭關，司馬邊防亦阻山。鹽産兩池秦利遠，河連西夏漢疆閒。風驅須盡兔三窟，管見休談豹一斑。東勝我家真故物，英雄私恨廟謨慳。説者謂秦長城故址在上郡北地，我朝余司馬子俊經略榆林以西，亦因山爲險而已，遂欲舊隙，而謂今長城爲冗長物，不知自漢以前夏州非中國有，故可自畫。今則渡河而鎮全夏，設險以利鹽池，徙榆林以固延綏，其要害當何在也。自西賊入套，紛紛多事，後患殆不可言。成化間，總兵官張泰議欲復東勝，城河壔渠，省覰耕套壤，誠中國萬全之利，而爲議者沮之。今則套賊日强，爲力難矣。獨有增城設塹，自固之策爲可行也。

牛東梧談定邊二異私識二首

山現定邊東十里雲日之朝，曉氣恒結聚爲城郭形，樓櫓門諜宛然，居人呼爲山現。

溪山蘊真盤薈蔚，非霧非烟結靈氣。方隅城郭曠野開，樓堞旌干形髣髴。東梧憲使言有徵，山現海市沖和凝。三秦拒防此要害，會分重闉誅憑陵。

石寺定邊東角嘗有黃白鼠出入沙穴，見者掘之數尺，得浮圖鼎。窮其下爲石窯，數佛巍然其中，今因其舊寺焉。

浮沙聚散陵谷遷，土木塊然千載全。幻鼠導開浮圖窟，衆生地底瞻諸天。金人出現鼠卻走，富嫗佞佛更誰咎。陶復沉沉香火深，邊氓望門首重叩。

鎮屬上雹灾甚重秋稼大損

霖潦初收又雹灾，寧靈民物重堪哀。黃雲隴畝棲禾秸，白露流移泣草萊。米石千錢商早販，耕人十食戍頻來。榆林往歲前車近，抱病愁無濟急才。

書王參將西戎即叙卷

邊臣貪墨番始變，不令大創終革面。穿楊命矢王將軍，殺聲洮岷如震電。諸族稽顙雙淚泫，願貢西產重入見。行荼鬻馬罷爭戰，四方之守在得人。將軍東來番復煽。

書王參將光裕勳階卷

將軍力戰賓倔強，番族稱爲王鐵槍。捷書入報天子喜，官都二品承寵光。已分西闃清西疆，更提三尺來朔方。即今套賊紛跳梁，請入虎穴縛虎子。肘繫金印封侯王。

九日同苗王二參將演武庭登高

庭高演武颯遐荒，金鼓聲催博塞場。風落馬池鹽積白，草枯狼井菊標黃。彎弓莫射南賓羽，繫帛誰傳北斷腸。只有聖恩應補報，滿懷鄉思滯秋陽。

奉侍晉溪公閱視續挑壕塹

尚書欲省戍邊兵，復塹鹽州接橫城。地險緣雲陵谷變，天驕破膽柱維成。三軍鼓舞風行草，八郡恬熙堵有楨。不信請看春月至，買牛荒徼樂深耕。晉溪公既成鹽池之塹，因命牛東梧憲副、張清溪僉憲分督定邊東續塹以至榆林。命予督花馬池北至橫城，延袤將二百里。東工予不知，若予所督地，表裏墻塹溝深壘固，寇至必不能猝越，耕牧其中者有所趨避。若更增築長城，稍令高墩使不可撤，而又得賢將猛士憑塹，以牟呼代大險矣。智者當自識之，予非敢諛也。

奉晉溪公命歸途閱塹至紅山堡少憩

新秋行役孟冬還，元老邊籌指顧間。東出兵聲迴白塔，北來塹勢吐紅山。並生有象天垂昂，善守前規墨却般。更拓舊城馮猛士，王師無戰久須班。

橫城北登眺邃老所築邊墻[21]

新堙山立界□□，元老忠謀世莫知。流俗眩真人異見，宏規罷役歲興師。萬夫版築憂公帑，千里生靈借寇資。試問邇來頻出没，何緣不自橫城窺。

奉侍晉溪公冬巡雜咏四首

奉次周歷夏境嚴韵

太保冬巡塞上州，叨陪斧鉞豁塵眸。寒飈振木三軍肅，遠析搖星萬戍稠。右臂政通青海路，北門未鎖黑山流。夏境南北失險。公來關隘增天險，太白終梟克汗頭。守固，則戰亦可勝。結句翻公賤戰之意。

紅花寺前范湖奉命作亦用前渼陂韵。

少師入夏窮夏奇，策馬登臺舟泛陂。紅花寺邊好湖景，初冬冰瑩寒琉璃。琉璃椎碎擊楫入，潛鱗宿翼泳翔集。太阿光動龍渚吟，九首天吳逃莫及。沉竿要爲深淺測，竿頭水怪血頻拭。中流覽物念浸淫，葦短無花菰穗黑。扣舷起面賀蘭山，佳秀胡爲戎夏間。四朝元老久審匆，中書無事西臨關。卑微安敢嘆遺珠，短鬢風塵任所趨。阨塞河山險頻失，國恥能辭士獨無。江海萍踪爲公至，奇功偉節生平意。乾坤知己復若何，要使旂常公績多。蒙公疏薦修邊。

高臺寺謾成

西天只尺佛無靈，蘭若翻爲斥堠形。邊火烈碑臺盡赭，皇威庇釋樹重青。鳥來赤木嵐光擁，龍導黄河水氣腥。日暮移營傳令下，兩僧闔户對談經。

黑山謠閱視五岔新塹作。

賀蘭如龍西北走，黑山飲河龍昂首。潰宗左帶靈武來，青銅石空夾兩肘。天然阨塞塞外雄，猾宋抗金事非偶。黑山高哉高復高，打磑鎮遠山之口。自元滅夏兵四入，奈何北門棄不守。我朝置鎮重殷鑒，緣雲設險如魚罶。渡河截套城東壖，不築受降勢亦久。冰合猶虞鐵騎來，兩岸對防水泮後。萬全十利百世規，誰其内徙曾不思。縫革爲舟亂五岔，野鷄臺畔巢健兒。打磑鎮遠益疏越，我軍誰復修藩籬。我軍不復修藩籬，入寇甘涼捷徑資。前年總戎僨事死，今年總戎爵又褫。□□右臂斷復續，□胎已成危其危。黑山高哉高復高，元老壯猶長子師。飛章九重界以墊，舊營雖棄守庶而。晉溪公謂黑山遠不可守，須窮兵復之以白虧元氣，但設險以杜其入路，則郊患自消，於是五岔墊矣。

別大知己詩六十韵有序。

大知己何？撫軍大中丞聯峰翟公也。之鶯辱知己之薦多矣。率附驥尾茹連數語而止。准中丞則專疏極稱，累數百言不厭，有表微之道焉。雖淺薄愧不敢當，而于知己則大矣。故臨岐之微，欲言莫盡，而筆舌恨不副心云爾。

昔官叨瑣闥，公秩屬司徒。邦計朝聲籍，遄儀士觀姝。上供珍莞庫，内蠹竭錙銖。並拜監臨責，欣諧麗澤圖。規恢遺刻削，瘠薄潤敷腴。繩墨循非縛，廉榮曠亦拘。周旋偕侍御，沃益瑩冰壺。詎謂睽根合，偏令菀速枯。龍收翻浪鮪，兔攫穴塘狐。桂籍違鵷簉，萍踪逐海隅。康莊騰五馬，遠夢滯雙鳧。衛最移梁甸，臺資謝郡符。王韶經略地，李勣浪游區。唾手賓番族，持衡卓憲模。功高人或妬，價重玉徐沽。遂長三秦臬，疇嗟萬里軀。髮莖仍盡黑，服色已重朱。布法臨涇渭，盈庭質芮虞。嶽蓮風格峻，城斗福星俱。兩造神明久，片言忠信乎。北門求鎖鑰，西顧辨瑕瑜。黃紙中丞擢，黔黎要鎮須。民更元昊故，毒染赫連痡。戰伐瘡痍哭，饑寒水旱癯。鐵衣誰死士，烽火自强□。禮廢軍承變，宗淫訟積誣。王師勞鮮餽，寒稟賦怕逋。弊竇排千孔，凉蹊併一途。要知工補捄，絕迹失駔駔。入境初明分，逢灾輒免租。紀綱淪復整，凋敝槁全蘇。渠利疏唐漢，兵機洞諜俘。歛貪狼避道，不咥虎依嵎。示儉居貧國，先憂達上都。子卯每撤樂，庚癸未聞呼。萬户皆安枕，諸生始業儒。商通靈武僻，稼掩賀蘭蕪。氾濫新歸墾，鉏犁舊田湖。小心修屏翰，大舉志□□。馬謖言垂實，王恢罪可誅。辭援舟共濟,事異幹連株。給舍廉欺罔,飛章列覬覦。歸裝誠猝遽,跂野幾踟躕。往恥甘垂翅,南郎幸濫竽。拔茅付盤錯,投筆嘆桑榆。茗酪愁鄰貉,蓴綵戀奢鱸。雞壇思宿約,熊軾儼亨衢。寶衒張華劍,塵超伯樂駒。微衷許披瀝,正氣曠搏扶。邈徼來縻爵,前軀願執殳。方圓刊柄鑿,燥濕會焦濡。果愜彈冠慶,恒勤促膝吁。麤翹非病急,婉狔靡嫌諛。道重綈袍略,情公卵翼踰。竟容親盛德,真曲庇狂夫。學業荒投裔,才名滅棄繻。何奇回白眼,極薦選青蚨。虛譽囊群剡,玄功煽火爐。春噓委溝斷,梵起蘽浮屠。謾道鷦維鳥,方看雉轉鸕。進曾窺晚達,立莫使終孤。厚誼鑴餘齒,華褒誦弱雛。臨岐私飲恨,對酒再披愚。遠道加餐飯,含生豈卒瘝。朝廷需柱石,輿皂別良污。廟器捐家食,皇猶待哲謨。性靈煩燮理,鬼躁浪揶揄。倘即風雲去,懸從謦咳趨。平沙渺旌蓋,聚散悵須臾。

奉晉溪公檄經度賀蘭西塹

賀蘭右缺地維疏,塞馬年來若貫魚。李廣北征軍失利,漢家西域羽爲書。亂扶赤木雲邊石,深鑿黃河岸曲渠。但取吾民耕牧便,從教山後有氈廬。

庚寅除夜[①]

殊方歸夢久無憑,漸老逢春感愧增。書有百家多未讀,過恒三省寡難能。涉春,犬馬之齒四十九矣。金罍蟻結停雲酒,玉案花生報喜燈。星斗闌干孤咏起,山光劍氣兩崚嶒。

入夏錄卷中
辛卯元日

嵩呼拜舞首西人,中丞胡公未至,予署巡撫事致辭。再把屠蘇紫塞春。草木已窺天德溥,風霜任換鬢毛新。廟堂百慮調兵食,烽火三朝報□

---

① 庚寅除夜:嘉靖九年(1530)。

塵。正旦爲年之朝、月之朝、日之朝。時諜報賀蘭山下賊過。太宰臨邊先設險，受知深處好經綸。聞晉溪公復疏特薦修邊。

誕日固原道中

終風雨土漾干旄，穀日孤雲笑爾生。弧矢晚趨開府地，詩書長繫壯夫情。青羊塹險迴邊馬，下馬房至青羊山新修三秦□□第二重塹。黑水兵精肅漢營。祭罷錦囊初脫藁，辛盤濁酒酹長庚。

山城候迎王給事朱大巡謾成

郵籤插羽急先聲，浹月仙塵境上迎。門下夕郎新寀誼，六科前輩新舊僚誼最重。殿中秋榜舊才名。從天五夜流星使，出塞群山黑子城。若向芻蕘問蓬食，隔年封事有遺情。

桐溪亞卿書報述兒完娶①

侍郎嫡婭久關情，述兒先聘桐溪公女，後殀。尺素平安萬里程。正想弱豚薪克負，不知奠雁禮兼成。事傳著代思甘旨，身有歸途薄利名。只待緣雲邊塹起，[22]秋風一鶴快南征。

山城由澗道趨饒陽

高深盤百折，險澁旆旌愁。石學猿猴挂，溪窮鬼魅幽。鹵中冰亦苦，岩際隴無疇。烟火遙岡樹，停車午憩留。

三山暫駐②

金陵望何極，此地亦三山。苦水愁邊騎，[23]高峰倚漢關。兔深青草窟，蛙急黑泥灣。土屋無完堵，饑人未盡還。

---

① 述兒：齊之鸞長子齊述。
② 三山：即寧夏之"三山"，位於寧夏後衛之東，定邊營之南。

憲副符命至書懷①

紫泥珍重錫綸音，服易純朱帶易金。蓬轉十年恒屈色，蠖信萬里返驚心。浮生富貴防踰分，志士憂勤老惜陰。春滿塞垣花正發，感恩無計竭微忱。

過定邊次壁間韵

春沙澶漫野微茫，戎夏交馳古漢疆。蔓草有根縈白骨，夭桃無樹著青陽。休尊衛霍罷中國，且吊蘺恬設瓣香。誰道燕然遺石盡，老成乘《泰》示包荒。《易》道所以重《泰》者，以有九二之包荒也。今不與較勝負，而惟嚴中外之界為自固之策，豈非包荒之大者乎？我晉溪公設塹為險，其資《泰》治以綿泰運之意深矣，故用以次于末云。

渡河入李祥堡喜見桃李盛開

一春道路眯風沙，穀雨河壖始見花。香奪鳥魂迴燕雀，色超蕉界亂雲霞。芳心莫動重垣護，艷頰如羞小葉遮。寂寞故園千萬卉，烽烟未滅敢言家？

宿周澄堡困甚

小城投止倦如傷，裹革縑帷智木牀。各城公署苦鱉虱嘬膚，困作，便巧牀帷裹革隨行。牀可脱可續，乃名曰智木。百草灘名，靈武渡口。春來舟六渡，雙渠湖名。歲換樹重芳。□□作病難依藥，犬馬銜恩合背鄉。星月微茫塵夢永，惡聲翻妒曉鷄忙。

至□□城命丁夫如東路改隄為墻喜成重險

虛塹危隄土不根，塵勞夢寐轉驚魂。若教小醜輕天險，真以書生負國恩。萬竈歡呼供版築，九重威命奠乾坤。丁夫犒餉毋憂匱，太保

---

① 此時爲嘉靖辛卯年二月，齊之鸞陞陝西兵備鹽法道副使。

忠勤感至尊。晋溪公初命作大堤深塹之上，土苦崩圮，今改築爲墙。重垣習坎，前古所無，小臣犬馬之心始安矣。但須請發内帑犒餉耳。

歸德水

賀蘭山歸德谷口有水泠然出山，即洑流沙底。今引之爲築城用，几跨木千里，至工所作此。

洞門徑仄林谷幽，水避□□東向流。浮嵐照翠磯有聲，一匊入口神骨清。萃風摇漾愈脉脉，以識去就歸德名。胡爲過謹高卑禮，出山只尺行沙底。大麥焦枯小麥黄，山前草木燔根柢。二螺垂涎半空外，打碰前有大螺、小螺二尖峰。雙髻飛蓬曾莫洗。谷口有雙髻峰插空。乃知溪澗亦朝宗，望洋先伏河伯雄。行潦蹄涔顯易竭，資深富媪趨龍宮。太陰蘊洑神千里，誰云不與大海通。君子爲潤雲爲雨，濫觴觸石時足取。尋源剖竹記夒人，刌木較功抱甕父。豈惟萬夫唇吻寧，長城燥土下建瓴。蒼生保障天所祐，小臣苦心庶無咎。

經過故楊副總兵賢花園

衡門臨廣路，中有采椽居。方墻蔬菽畦，宛若幽貞廬。賀蘭焕西翠，黄河蜚東渠。幾樹清明風，花葉雲錦如。鳥聲豈不悦，入耳成踟蹰。籾者苦莫守，覽者暫停輿。塵勞蔽性靈，銜杯惜居諸。王事存吾道，誰能嘆歸與。

相地至邵綱堡即去歲巡歷之日

去年此日均田至，今歲如期涉險來。似與清明風有約，豈因南北路成哀。麥田秀潤黄河水，版築晴轟紫塞雷。坐久詩書聊解縛，蠧魚乾死卷中灰。

修邊宿唐壩堡有感用壁間韵

塵踪日月互西東，報國思圖尺寸功。鎖鑰藩垣三境固，邊郵利澤兩渠同。道惟自力尸饗外，身貴能勞性分中。誰向牛頭驅錦石，憂心應得減忡忡。予奉命城堑夏之三陲，事雖難，未能即竣而已，略有頭緒矣。過唐壩橋坐翫良久，因念黃河粒我夏人，獨捲掃疊洴。造閘之役，歲用丁夫，草木不嘗，而前輩未之有處也。聞中丞曹州王公嘗欲更爲石閘，與予意懸合。當時爲流俗慮始者沮之，小人勞耗，今益甚矣。豈非樂利之遺慨哉？

度地趨赤木口徧探泉穴

驅車大衝子，北走寧化寨。岡巒勢彌高，唐來地底邁。赤木何迢迢，亢龍鼓炎鞫。傳聞峰下井，數卒炊莫逮。今當役萬夫，武騎千群衛。焦土氣不蒸，功敢虧一簣。賀蘭秀潤姿，桃源白雲際。蒼生如有情，渡口莫吾閔。佩刀引泉飛，先下耿恭拜。

赤木裹口墩下坐憩

赤木空濛翠接天，懸車路杪下烽烟。須驅虎北馮金塔，金塔亦山口，當補砌巔嶂。更走龍南跨玉泉。玉泉，營名。城當徑跨其西以南。青草谷中兼得水，白雲岩下盡堪田。驅馳庶竭涓埃報，心苦三陲版幹前。

王宏堡午憩用壁間韻

停輿河上城，岸幘憩初夏。驕陽農未憂，渠流膏新稼。啄雀紅腐中，嘶馬綠陰下。冲襟睡思多，有酒不須瀉。

晉溪公爲更請官司邊計銓部不從聞報

緩急權有無，兩年走邊餉。錢穀非所知，會計庶云當。益以三城勞，負版懼官謗。虛蒙兼濟譽，俛首役塞上。吏部咨云："齊某才能兼濟，何必更設官乎？"

軍夫小譟撫而定之静思自艾一首

功名心急亦稱貪，往事千年後傑諵。蒸土勞人非統萬，往城將命是登三。書生莫貴封侯骨，茅屋當思點易庵。知進知存誰達識，至言休向俗流談。

望　斗

金陵望斗杓，夏昏遠值面。統萬至夏昏，斗杓舉頭見。如何地里遙，更近天樞旋。大帝居紫微，蘊靈靡外衔。六龍運乾綱，四達神光徧。君子期慎獨，毋求密勿援。

清水營喜雨

久旱妨工且病農，玄靈默鑒禱祈恭。月弦挂畢占當雨，虹彩流河瑞應龍。百里蕭森思短褐，孤營霢霂坐高春。垣墉土潤禾生色，笑下愁城醉蕩胸。

次日毛卜剌堡再雨用前韵

兵荒此歲太傷農，報國孚神仗靖恭。萬里暮雲勞峽女，兩朝靈雨霈乾龍。潤回焦土干方築，歡溢衡門相杵春。坐命金罍開酒禁，私憂且豁病夫胸。

花馬池得方侍御薦草過譽學行愧感一首

霜簡停威薦剡馳，表微多愧古靈辭。治非即墨誰爭譽，心惡貪泉自得師。腰帶已黃無蜀望，血誠惟赤有天知。虛名莫負澄清鑒，更與神明暗室期。

晉溪公切責諸將築墻非宜復改爲隄惋嘆自咎

駿工須厚福，嗟爾數實奇。才行不孚衆，安用任事爲。剖心空滴血，莫療威鳳饑。三嘆望横城，寧獨一簣虧。未指遼老殷鑒。

端午王參將以疾不能速客置酒託彭游擊見過是夕大雨霑足

蒲觴箬黍楚遺風，佳節邊陲喜俗同。參帥杜門無客主，游戎較奕有雌雄。土工亢旱人愁役，官粟均輸市苦窮。坐久晦冥先暮色，蠡山雲氣走豐隆。

花馬池散農

前雨驟未勻，今雨徐浹宿。散遣工畔農，驅收草間犢。舉趾新塹中，破塊西山曲。亢漠春不毛，播時秋百穀。無穀饑饉成，無險病耕牧。爾田力有餘，尚來助修築。戰士板幹邊，忍令頧獨瘯。

靈州棗有武人爲是歌，靈武之臺壁聞頗悲慨。然味其辭多脂粉氣，類思婢饕之爲者，故用其韵作佳語矯之。

靈州棗，靈州棗，槎牙庭前天地老，棘針半鋑春鋩小。何年結子與瓜齊，甘如竹實鳳皇棲。惡少爭攀擲瓦礫，生意剪伐同塗泥。帝遣羨門求鳳來，噓枯腴瘁花重開。元封旌旗亘萬里，青鳥銜花壽玉杯。衛公雪耻休大樹，頡利突利爭相附。二凶頸繫兩株高，素車素馬花并素。中興至德遠承家，臺上赭黃凝落花。張后拂花樹底笑，鷄翅行棋樂未涯。樂未涯，帝忘歸，上皇在蜀誰因依？汾陽赤心貫天日，至今木理中無違。

渡河六言

有意唱籌益粟，無神驅石修邊。四月黄沙八渡，雙旌紫塞三年。

責園丁

畦丁不受課，生事圃中微。楸實驚風減，梨枝妬雨稀。氛漠花驅俗，□□菜解圍。如何甘惰縱，莫念我能歸。

諭　蝗

爾有啖物喙，爾無服氣方。含生均大造，安得恒饑腸。麥菽吾民命，三軍仰糗糧。信恣爾饕餮，虔國怒穹蒼。草木葉若實，丰茸異糟糠。往餐孰爾禁，山澤隨飛揚。宋均改非異，境外民奚殊。勿謂元之逝，焚瘞有遺章。

張常侍以歲星蟠桃圖索爲作歌席間援筆應之

漢皇隘世思脫屣，下訪燕齊迂怪士。歲星遥從東海來，含景韜精敞衣履。手持蟠桃千年實，蓬萊宮中親獻似。紫玉輕擘瓊漿流，味如甘露天顏喜。人間大夫方外志，嘲謔塵埃寓神理。恢諧割肉泣侏儒，身長八尺饑欲死。瑶池金母非世姝，驚見牖間戲相訾。先生蟬蛻鷬不淬，笑承偷兒名莫耻。至今壽家藉美談，爭寫丹青畫圖裏。黃門常侍節鉞才，呴噓曾受異人指。獨慕先生以儒幻，遺像高堂並孤矢。吾聞有道五星聚，東井聚後先生起。千旄旬日長安城，萬户千門漢宮址。先生笙鶴近可招，冠蓋舊游情有以。屈指仙桃實正成，應託近臣遺天子。

制檄至以暑停役

役晚防春凍，人愁暴夏炎。息肩騰塞卒，病肺爽江縑。自古邊陲患，于今戰築兼。弛張南仲意，絶地異蒙恬。

興武營答農夫問

塞翁群跽問，何術能占豐？懸知旱必雨，督促事農功。忍饑移食穀，播布焦土中。常恐棄足惜，今果苗青葱。答云非有異，天人理恒通。懲餒耕或廢，嗟爾食固窮。縣官轉輸竭，蓋藏三秦空。《洪範》時雨徵，作哲窺重瞳。帝顧切疆圉，元戎制上公。中丞急仁撫，共圖藩垣工。版築勞已甚，西成報合隆。賊運會衰歇，邊廩粟應充。罷去愕相視，不識流遺風。

渡河六言春來往返計十渡矣。

萬馬嘶川似促，孤舟艤岸如需。新水櫂忘舊水，刻烏檣引飛鳥。

入路還循出路，歸臺未是歸家。萬杵邊頭許許，雙榔水面呀呀。

晋溪公有示許便宜任爲墻塹志喜

向來事衡決，百結迴中腸。豈識元老意，但求群策長。沙頹石莫下，塹險理須墻。邊人萬口議，吾敢私禱張。

視農人王澄堡[24]

西峽朝雲雨腳斜，北山天色净龍沙。催歸水曲襜藍女，布谷林中浪稻家。土人以種稻爲浪稻。浩劫古巢飄鶴羽，小番遺字繡苔花。詩脾不耐邊行喝，豆角蒲芽伴煮茶。

過田州故城即唐朔方軍也。

河外軍藩麥秀中，唐兵昔數朔方雄。韓公北輯三城路，至德中興一旅功。番刻勁銷春蘚碧，漢花穠映寺門紅。高雲不罩田州塔，水鶴歸巢戛暮空。

精衛行

精衛銜石山雪皠，逢豺方聚獸爲醮。狺狺突噬林莽前，羽翼傷摧逝東海。燕賀新成巢萃屋，香潔尋泥向芹蔆。鷗梟欲奪嘴間腥，潛伏蓬蒿革而待。塵埃豈識烈士心，君子勿貽殉名悔。名不可殉殉利同，逃之尚恐追隨在。勞謙膚遜聖者徒，策馬休樹能遠罪。慎之慎之復慎之，虛中泊外乃無殆。

> 辟梟花馬池行臺有鷗梟，巢而夜鳴，晋溪公惡之，不居。予檄後衞指揮楊釗移文城隍之神，使逐之。再至猶聞其聲，乃責限申敕焉，而今絶響矣。

上將行壇氣滅吳，暗巢微鳥協靈符。好音未報懷桑楛，勝兆終占壓雉廬。道路主人皆過客，幽明誠意有先驅。關山夢遠春羹賜，枕簟中宵静自娱。

與王參將彭游擊連日登朔方天塹臺

飛幕纖楹畫戟支，高臺雄視朔方陲。天施雨露生禾黍，地畫溝塍邏虎貔。漢塞未容邊譯款，南襟且快朔風吹。興來行酒依軍法，醉喜將軍有令儀。

戒　　思

著物非超曠，中行隘好奇。豪顛神役句，勝癖夢爭棋。後食恒偏蕙，先憂過自危。浮雲身世在，底苦性靈爲。

渡河時水勢甚盛漫述三首計往返十二渡。

又作臨津渡，游魚狎櫂謳。河肥初伏雨，岸絶半灘舟。草色風歸馬，車聲汗服牛。塵容水虛照，民物重私憂。

龍躍時看劍，蓮花匣未虛。凌競新没馬，喁噞舊游魚。積石浮元氣，扶桑倒尾閭。陽侯驕不起，風色净雙旗。

塵途長自劇，舟坐入冥摓。鯉唉堯荁泳，蛟銜漢璧游。汗漫魁三象，虛無海十洲。纜喧西岸繫，轉盼失中流。

張南溪僉憲至石溝以予前大沙井道中韵 賦詩三首見寄因叠韵迓之

劍躍珪趨幾達窮，十年江海又秦中。遠懷未睹風塵面，佳句先傳唱和筒。幸有餘春生秫甕，即開新徑屬花叢。倒衣極目飛鴻外，駐屐南薰敢弗躬。南薰，門名。

聚首何緣暫一方，爲憐車馬涉句忙。岐陽鳳老金蘭迥，塞北春來玉樹芳。新役正愁興版幹，舊銜猶帶理芻糧。解圍擬待高明策，適館摳衣後夜長。

用前韵作二律迓王北澗少參

雙鳳鳴岐道未窮，清塵今報德輝中。塞風已入南溪興，詩社誰沉北澗筒。須信曉鶯工出谷，莫教乾鵲負深叢。紫薇舊雨神交地，仰止高山在匪躬。

旬宣廉訪共于方，百里先驅五夜忙。塵榻夢生空谷喜，澗毛思擷賀蘭芳。邊城漸實途無警，職業相資士有糧。<small>寧夏隸關西道守巡。</small>跨馬乘舟須日日，望中雄劍倚天長。

壽羅母太孺人八袠十韵<small>爲果亭方伯作。</small>

寶婺騰光地，長庚入夢天。詩書熊首和，俎豆鳳三遷。尾憶黃門附，恩瞻紫誥傳。鼎珍兩朝禄，珠翠八旬仙。薇省看分陝，魚軒不出川。白雲秋嶺外，丹桂曉闈前。繞膝堂時閴，含飴齒尚堅。生兒緣輔世，愛日謾知年。青鳥西王母，洞簫謝自然。瑤池挹春酒，歲歲獻金泉。

復用前韵答張南溪二首

出塞河山入夏窮，足音空谷衆星中。白駒但使麛場藿，黃耳從教滯洛筒。麟閣風雲同澤念，雞壇蒲柳異時叢。玉門萬里班生筆，猶記螭頭侍聖躬。

河外岐西總異方，相逢且撥簿書忙。虛爭奕國千人敵，實賞詩壇六藝芳。地僻架陳春釀酒，官貧傳有宿春糧。薇垣新社煩投轄，暫許淹留畏日長。

復用前韵答王北澗二首

絕域爲文兩送窮，歸懷長似宿酲中。厝薪浪隉孤臣淚，<small>來詩及予《蓬獻疏》故云。</small>採菲新函再命筒。感激正吟青玉案，瞻依忽遡紫薇叢。邊庭稍喜無魑魅，欲駕江雲返薄躬。

屈指生平飲啄方，當年北海太匆忙。悲窮碧落銜荼恤，望膈兼葭倚玉芳。子嘗爲青州別駕，數月奔先太孺人之喪，未及與北澗頓蓋。藩鎮亂階傳肘腋，野心更始病芻糧。翩翩一騎書生策，庚癸三秋計慮長。大同軍亂後，北澗以户部郎督餉其地。

夏夜臺中露坐

翔棲作息四無徒，夜氣祛煩興未孤。雨後馬蓮風旆旆，月中羊棗露珠珠。觀窮物始雙青眼，静與天俱一腐儒。長嘯玉繩漢西昃，泠然身世在冰壺。

送江副總戎歸上谷江名桓，今賢將，吾甚惜其去云。

往時中丞盧龍去，猶記持杯霑臆處。今歲將軍上谷歸，望塵看渡神魂飛。荆山寂寞崑岡遠，忍視國寶輕擲揮。眼底人才閒屈指，六邊將閫批砂裏。將軍忠勇有祖風，行年二十累奇功。授鉞登壇三十四，威名赫赫孚雲中。魏尚孤軍摧黠寇，李廣射石能飲羽。數奇飛將不封侯，文法繩賢拊髀憂。但喜東行向凉國，舉頭白日懸清愁。戰衣莫洗沙場血，塞北烽烟今未滅。

奉侍方岡老先生巡水口號

熊車忽報曉衝泥，策馬追隨謝堡西。北岫雲頑猶在頂，先驅路斷却尋隄。開渠爲拯其魚溺，闤市何緣有虎棲。從此愚誠知洞燭，如簧休向暗中啼。予去歲於漢延西、雙渠湖口令指揮陳節鑿一渠，長七里三分，引諸湖氾濫入新渠以歸黃河。因復數十年不耕之田，無慮百頃。坦然周道，往來者遷焉，皆取之陽侯以遺夏黔首，其迹著甚。妬不開者讒之方岡先生，以爲病民。公入其言，痛笞陳節，將爲予投杼，而廢所鑿渠。予持之甚堅，公乃往親視，則盡得利病所在，始悟人言之非。予非喜心迹得白，而喜此渠之得不廢，將永爲夏人利也。

曉迎方岡中丞公歷彭游擊王參將二營

塞風不斷兩營聯，慷慨無衣夜控弦。凉雁戴星迴鼓角，宿嵐和露濕炊烟。蒼生永奠重門禦，素食偏驚旅枕眠。彩筆雕戈俱物役，南枝倦翼曉翩翩。

鵲橋仙七夕作。

梭停半錦，機支拳石，綽約粧成晚鏡。金風玉露，鵲橋寒月，觳煞年年秋孟。　津頭鼓沸，花間旗閃。巧結同心歡，并向來意緒。水盈盈，更說甚，絲縱縷橫。

小重山

清角悲笳響過雲。平催涼月上，白紛紛。塞頭砧雁小城聞。心鐵石，誰解嘆離群。　銀燭水沉薰。引杯嫌獨醉，但微醺。參辰何事各天分？彈鋏起，台斗氣氳氲。

渡河喜聞北工就緒時河東工猶未畢，計往返十四渡。

屏翰中流望眼賒，賀蘭缺處喜重遮。風高遠雁雲橫墨，櫂近游龍浪滾花。行色秋來頻渡口，宦情老去獨天涯。殷勤傳與河東士，莫學□□奏夜笳。

肩輿野望用前韻

江鄉何處路偏賒，天宇空明眼自遮。秋氣縮泉河欸漲，歲功成物稻揚花。歌聲短句聯長句，驥迹南涯踵北涯。赤木黃沙還要害，邊城月夜尚吹笳。

讀邸報有感

城社依憑制萬方，澄清今喜振乾綱。天非愛道陽終長，德足彌妖彗自禳。夏秋之交，彗星見乾方，二十餘日，其占爲除舊布新之象。裁革鎮守之詔適下，而彗即滅矣，天其無意乎哉。鈎距人亡悲弱漢，濁流禍慘恨衰唐。堯庭化日舒萱莢，會有餘光燭大荒。

踏勘蝗灾宿河西寨

高風滾滾馬頭塵，又是河濱一度巡。斗室甕城天自廣，月華星彩轉非貧。蝗妖接翅仍遺子，民賦輸新未補陳。野釀不蘸筋骨倦，燈花雖喜欠伸頻。

廣武迎候晉溪公乘暇觀青銅峽宿牛頭山寺二首[25]

群山四合鍵青銅，[26]約束河流萬古東。天護漢槎迴鷺嶺，地蕪邊馬飲龍宮。[27]飯僧歲稔陽坡粟，吹客秋高瀚海風。搔首沆寥呼謝朓，靈奇贔屭月明中。

夕陽繫馬宿牛頭，江左湖南勢未侔。顥氣沁回清梵夢，塵途驚悟碧峰秋。山童樹隱埋雲石，牛頭千峰奇崛，皆不毛，但石骨耳。寺前一山土惟壞，亦無草樹。掘其下石層叠紋、佳木扶疏，枝葉皆具如畫，土人取之作屏風、几榻之類，甚可觀。豈蒼精蘊真之爲耶。月白龍吟倒峽流。倦枕呼僧宣小偈，不勞鐘鼓送更籌。

枕上聞鳥

幽討瞰青銅，招提天縹緲。巔出風穴沉，水長月鈎小。尚嫌僧卑喧，憩共佛昏曉。殿角星漢齊，夜闌過高鳥。

過地涌塔院

坤體自高卑，浮圖非地涌。旁出風氣佳，盤礴勢環拱。河亂支沠繁，山壓神情悚。巨靈此經營，擘破洪濛甕。

渡河遇劉中常侍攜酒骰來會戲作計往返十六渡。

我從牛頭來，告君牛頭路。青銅束橫流，神物寰中路。元精簇萬峰，攢翠爭趨赴。極巔最奇絕，華戎歸指顧。上山乘馴驄，下山勤納屨。巨靈開禹迹，即見勿驚怖。

賀蘭山下中秋雪後見月呈晉溪公

仁風兵氣與時行，頗怪秋陰帶雨聲。坐放月騰中夜皎，不知雪在半峰明。關河得險呈祥瑞，草木凝華肅斾旌。羌笛未須吹暖律，寒光留映太陽精。

過李王墳書慨

去雁來烏共暮雲，賀蘭山下李王墳。花銷粉黛蓬蒿色，鬼散□□鹿豕群。臣節竟忘清汴路，誓書先滅小番文。朔方自古關形勝，控制須教掃祲氛。

奉侍晉溪公落成□□關門次韵

朔方天塹凜誰何，右控名山左帶河。轉恤未騰祈父愬，觀成思咏大風歌。將軍甘苦同行伍，制節勞謙挹太和。烽火不驚人樂利，百年功在怨消磨。

奉侍晉溪公落成長城關樓

丹艧層樓面面開，蒼生重奠朔方臺。城衝井鬼緣雲去，塹走龍蛇絕地來。野外車箱農刈獲，河邊間諜寇驚猜。落成共拜公經濟，日暮何妨更百杯。

方岡公爲疏乞代得旨志喜

一騎傳來鵲未知，聖仁天覆許瓜期。技窮百孔經量地，肩釋千鈞負荷時。版幹更嗔趨事急，冰霜那計得歸遲。從今杯酒多餘興，深德中丞恤我私。

九日途次登清水關城[28]

朔方三度重陽節，河曲干旌歲歲忙。鬢髮已甘塵路白，菊花猶見塞垣黃。[29]中丞疏有回天力，太宰功無縮地方。[30]雲外好呼南去雁，繫書先爲報江鄉。

渡河計往返十八渡。

馬鞍山下客衣單，瀟灑方舟艤急灘。鴻雁殿秋風力緊，龍魚欲夜水光寒。逢車莫問公私糴，得路翻生去住難。江草野花陳迹裡，王孫別思幾河干。

赤木山下閱視新塹

山靈受塹劃龍沙，寡婦孤兒喜有家。碧草暗斑遺鏃血，黃雲平覆戰場花。歌風畚鍤穿牀麓，接袵壺簞憩水涯。心悅子來延竚久，唐渠秋樹亂昏鴉。

樂游園歌用杜韵，此夏南郭外慶邸園也。

名園夙約年年爽，草傑花王幾消長。撥冗真緣聞所聞，見之四顧抵雙掌。空餘唐水隘曲江，賀蘭送翠延清賞。當年帝子鳳皇車，郊原爭睹分天仗。胡爲燕樂生板蕩，宮門蘚繡黃金榜。凄風下果藥欄中，湛露肥菘蘭畹上。圖書歌舞非昔時，不獨長安事可悲。秦川未改繁華歇，千古猶歌杜甫辭。共君此來亦難再，脫履蕭關荷聖慈。安得不吟復不醉，明朝謾聽驪駒詩。

趨定邊候晉溪公途次書見

上卿閱役久臨邊，奔走違顏斗望懸。愛日喜留無褐煦，剛風愁作捲旗顚。□驚雞犬雲間縛，土轉牛驪輀下牽。翻悟夏工勞自劇，清溪憲使苦心前。張憲副，別號清溪。定邊城處多沙，負土數里外，其鋪舍皆縛雞犬助守望，用心審矣。

役竣渡河計往返二十渡。

東流吾亦欲東輪，猶是并州喚渡人。伏岸石驕玄獺脊，排舟冰壯玉龍鱗。農箱入市還清野，□帳鄰關不颺塵。寇蓋三年鴻雪遠，正思川上小烏巾。

石涇爲郿延陸憲副作。

當年檇李片帆輕，破恨桃源未濯纓。禹穴石奇終並介，秦川涇遠可論清。鷗鵬近海風雲早，鸚鵡涵春草樹平。涯畔主人天上客，仙槎空望水盈盈。

別夏賦

皖腹貂養，雅違食性；書生邊事，尤非所長。顧忠孝之分攸定，豈犬馬之軀足忘。歲屆己丑，[①]駕言徂荒。歷道里之五千，乃始境乎朔方。餇山萌腥泥之窖水，涉鹽州秋雪之微茫。潴萬池而井天寶，畛域儼其相望。商驚烽堠，犢駭車箱。問四野曷其無人，曰邊騎時此乎陸梁，心恧如擣，色變而康。再宿經乎靈武，蔚樹圖而渺雲莊，田家紛其入穀。睹沙漠之稻粱，慨雪耻除凶之雄安在，五傳資爲一旅之鄉。偉汾陽之精采，吊李苐其猶未亡。指百草以徑渡，灌秋潦之湯湯。夏城屹其未改，是維曩昔之偽邦。

時鎮兵新破，制節在疆。士馬星布，呼芻怒糧。予詎知錢穀之習，羌三日而奔忙。席誠未煖，於下車矧問俗。其能遑檄韋州以言，邁蠡山鬱其蒼蒼。訪帝子之故宮，探地底之幽芳。盈菜色之野薐，掃蓬實於棘荆。群取彼其奚用，將漸碾以充腸。乃䖘嘗其旨否，舌未吐而先僵。彼中州之雞犬，猶厭飫於脫粟。此重邊之子遺，胡不得易耨以深耕。間把鋤犁於戰後，歲又益之以旱蝗。嗟拯饑之無計，徒殞淚其浪浪。霜清紅寺之野，風急鳴沙之岡。登牛頭而舒嘯，卜老衲以行藏。湩崖滴其如雨，山童而石樹千章。河流散漫，地涌荒唐。巨靈惡其無歸，擘青銅而束茫洋；魚龍奠有窟宅，河伯翕以順翔。殆西土之

---

① 己丑：嘉靖八年(1529)。

奇絕,峰領袖而水處囊。金積由兹受溟,鳴虩虩其盈盈。沿秦家而漢伯,注字羅其濫觴。飲馬長城之清水,飯葒粟而蔬沙葱。草枯興武之碧,菊傲安定之黃。匯馬狗之二池,鹺色皎如雪霜。諒濟國之丹丘,徙以兵故而拒商。

遂拜大老于轅門,別十載而眼猶青。曰:"予方脱蹤于戍籍,子何尚淹于湖江?"共接迹於荒徼,信人生之靡常。雲烏氣肅,旌旗色明。緣談兵而偶契,謂多奇如平良。出詢統萬之遺築,烟磧迷而莫詳。馮石臼以内顧,憫孤懸之柳楊。雲歸東勝,雁至受降。土曠瘠而人貧,又四爭百戰之場。毁仁義以立國,笑赫連之彼狂。聲忽没以世蹙,豈無妄而召殃。惟拓跋之節鉞,肇賜姓于李唐。宋初遠而未格,尋入朝于汴之京。欲馴烏以擾獸,竟黷宗于天潢。豈光嶽之氣將分,胡肆侮而番强。墮河東之故郭,乃西渡以自王。背賀蘭而面大河,張城池之金湯。文譯小番之製,兵閲賑抄之行。張元、吳昊激其銳,野利天都淬其銛。謡虚破膽于韓范,亦苦其茹而甘其嘗。惟世衡之設,間使噬臍以相戕。雖譎險其非正,有曲逆之先倡。始勢失以折節,非力屈而于襄。殷鑒不遠,禮重乎坊。緣足至而目擊,羌起惕以生惶。忽大纛其既返,予亦呼濟於津航。顧請纓與拂衣,志交戰其皇皇。乞骸骨于未老,敢尾鳳以鳴陽。荷存鉛刀之一割,逆鱗雖攖而未傷。復定神以脩職,異憲風之我揚。何宗愬其器器,憕最樂之前芳。束靖康之圖書,訧燕樂之膏肓。士全惰而靡練,馬半瘠以負瘡。饑饉成于旱潦,紛民瘼之巨創。制從州郡而營衛,吏免甲胄以冠裳。獨思皇之多士,藹絃誦于宫庠。春芳遲兮麗景,塔影倒兮寶坊。夏宫之羽士絳節,樂游之薜荔頹墻。登城四顧,土壝萬箱。升階入室,繪梲雕梁。土風侈于歡集,清議辨乎否臧。慨綿劣其罔裨,慚政教之我當。巡遵應理,爰整不綱。先疆理其田畋,次均平其税糧。

觀西防疏密於蜘蛛,問南津利病于羚羊。沙山峙白以雲掩,米鉢積翠而霄昂。七星湛其映象,中斷于清水之淙淙,求入河故道而未得,寧安竟析以爲雙。迴車馬槽,西自蒲塘。勝金歷而石空,險虎踞以龍驤。棗園之堡既徙,舊屯之農頗妨。營魚麗於廣武,懾豕突之譸張。唐來渠、峽口之勝,塔百八如走狼。漢延承其下,流勢亦潀洞而披猖。冬捲掃于未凍,春壨湃於早瀇。伐木之斧丁丁,轉茆之車彭彭。潤奚啻于九里,勞亦與利而相償。卓哉,曹州之遠,覽議驅石以聞其泱泱。惜彼格于流俗,謂作法之匪涼。沿九堡以長鶩,道兩壩之中央。諸湖蓄而莫洩,鑒二毛於岐旁。就其淺矣,鞠爲茂草;就其深矣,可以釣魴。慟民田其巨浸,朘膏血於乃蒼。集屯夫以決導,拯迍負之鰥孀。覆舟始於狎柔,敢畏怨而吐剛。矧行人之塗侵於淖,暨大將之壇没于隍,一雨而室十潦九。趨公而騎馬至堂,予誠不自知其多事,乃風生而臂攘,賴以知己薦之吾皇。試濬甃于馬池,蹶悍胡其踉蹌。丁男畚鋪,士女壺漿。齾轄衆以繻增,塞田墾而歲穰。主者謂爲得策,疏微勞于明光。

於是夏之三陲,土工並興。其東也,紅山蜿蜒而左引,鹽場迤邐以右行。其北也,右賀蘭以爲關,而匪關斯鍵;左黃河以爲津,而不津亦障。其西也,赤木之罅無潛狄,玉泉之沼不飲羌。入池之渠,騰蛟轉折;緣雲之城,飛鳥頡頏。制撫之指授曲盡,將士之勤瘁相將。顧予何補于尺寸,聊藉奔走以猖獗。泛紅花之小艇,宿高臺之妙香。目眩唐軍蔽路之麥黍,心搖韓公出塞之旌幢。風聲鶴唳,戍鼓其鏜。爇寒東涯之臺蘚,城圮黃沙之野棠。鎮遠□□,[31]誰其斥逐;黑山雲物,無與機祥。徒瞻二螽緣于翠壁,雙髻裊若仙嬙。打碾谺豁,厥警鶻迅;歸德内流,其聲玉瑲。經大風而思猛士之寂寥,望野馬而嘆蠢爾之勖勸。黃草未蘇于葒秫,汝其不籤乎秕糠。草木燔于大水之口,牛斗粲乎宿嵬之傍。宮傳避暑,隋制移之。償竊佛佞,拜寺羯色,姣若姬姜。寢圓準之鞏陵,①纍纍狀負北邙。蛾眉戲蝶,馬鬣眠麞。鬼燐牧照,睒睒煌煌。金塔騰青而矗矗,瀼鐘作籟以鋃鋃。獨樹雙山,貌蛇虺之添足;黃峽赤木,森松檜其鼓簧。乾溝漸隱,靈武忽騮。地界

---

① 鞏陵:北宋皇帝陵墓,在河南鞏縣。

褻而界，夏塵倏静以倏颺。其去也，但持之若馭朽；其來也，必破之如決瘍。苟惟佳兵以務勝，奚止遺矢而缺斫。斯前王之有徵而鑑，亦老生之知微之彰。四方有守，萬年其昌。

嗟乎，外寧内憂，古今共患。恃險蔑德，禍隱莫量。鍾鄧納屨於劍閣，王韓杭葦乎江湘。民勞可念，王國是匡。小臣俶裝於役畢，以此別夏人而風廟廊。

入夏録卷下

游牛首山記

江左牛頭，自東晋以來號稱天闕，擅勝金陵之南舊矣。丁亥之冬，予得賜環承乏秋官郎署。明年春，始一游焉。然恨興之未極也，茲以關橐之命，整屐將再往。顧時已仲夏，皆憚暑，莫肯同予行者。旗峰、葉子聞之，乃治游具，約棟塘陳子、簣齋陸子，泊予四人，以是月七日乘出。日出聚寶門，至天界寺，舍馬易輿以行。復出安德門，東循城，折而南十里有小石橋，橋北有僧具茶俟，因各成《出安德門》律詩一首。又前五里至白雲方丈，老僧袈裟蕭以入，參畢命之坐，蔬食爲飯之。口誦其所爲詩，亦飄然可聽。壁間有陽明先生律詩，因各次韵一首。蓋先生斯文，人豪且共有，不愁遺之慨，次韵志重也。

坐久，午颸生樹間，復命輿循石逕、穿蒙密，至牛首寺門下。輿肩健者躡磴，入憩銀杏下。僧曰："唐物也。"樹凡合抱者三，半出臺上，半圍臺中，婆娑受風，沁人肌骨。簣齋有寒，思起趨僧舍，予三人從之，命酒數酌。僧東導，觀文殊浮圖，登憑虛小閣，一名芙蓉閣。出閣後，俯甘泉，睨峭壁，摩挲衆刻。又東梯小閣轉折釣上兜率厓，下視兢兢豎毛髮。有小塔，或云昔有僧於此捨身，詢之莫得其名。小林薄生石間，枝皆縢束五色，蓋游者結繩以代留名之意。復下，從閣道西轉，探文殊洞，扣石鼓所在，莫有知者，坐論文殊爲佛之最上乘禪。出，復西北轉上東峰絶頂石上，觀大人迹，斟卓錫泉，臨昭明太子飲馬池，瞻帝京，俯江流，襟帶之壯一覽而盡。下循西峰觀辟支、浮圖。入辟支洞坐論，聲聞辟支，果爲佛之小乘禪。出，從石磴下至佛殿西隅，入禪室，訪長連牀上。庶幾有脫悟見性，可從吾儒游者乎，固問無應者。出，復入西奧室，闔户，觀浮圖及風木倒景，異之。豈日光山色相迴薄，摩盪而生歟，然與漢賦訓釋不同，疑彼未歷實境而云爾也。復從殿西階下，求銀杏根著處。觀虎跑泉、白龜池，臨百二磴。蓋予前度嘗命僧唱，計而得其數，後遂以名。因坐愛杉松鬱然，少頃暝色四合，而予輩亦病矣。復歸僧舍數酌，各作《登牛首山》律詩一首，《銀杏》等小詩十絶，就寢。

比明發，風雨大作，雨中又各賦律詩一首。既午，白雲僧移齋厨米三斗來餉從者，游興益展。是夕，飲皆至醉。予以倦飛之餘過蒙恩渥，欲及罪薄時謀乞骸骨，疑而質之旗峰、簣齋，皆莫予斷。棟唐時作敲推勢，未聞也。夜而棟塘夢焉，旦言之，皆予所憂疑事。然則進退之數，尸之者固有神歟，因相與大發一笑。雨霽出寺上，輿緣溪山椒步陟南嶺。共行竹樹中，葉滴沙涬，衣屐皆霑濕。遂至獻花岩，入憩歸雲亭。稍上至芙容閣，讀石碑，中載《高僧傳》唐僧法融隆寒説法，岩中雪大，堅冰中二花燦然。事又引《五燈會元》融岩居時群鳥獻花之異，乃知岩與閣之所以得名。閣石翠液渾流，寒濕薄人，不可居，有一苦行僧坐卧誦經其中。

出，復登翠微宿星房，上聳翠亭，至拱北峰，佇立四顧。時鍾阜新霽，蒼翠焕發。玉樓金闕西，萬井飄浮王氣。間白雲橫抹，江南北江流其中，渺渺僅一綫。雲外群山皆露其頂，如女新沐而笄狀。薊門、長安，莫知所在。冥捜遐想，欣慨異懷。三君方卜結駟，爲再至圖。而予獨去，此將由太華、終南作賀蘭客矣，皆黯然者久之。乃下觀太白泉，坐小星槎，各作《游獻花岩》律詩一首。飲於東堂，數巡步出，經大觀堂坐息。息所各作《歸雲洞》等詩十絶，①乃旋興。嘉靖八年五月

---

① 《入夏録》上卷於南京游牛首山時所作詩中並無《歸雲洞》等絶句。

初十日，蓉川齊之鸞記。

浮圖倒影測

測曰：金陵之牛頭山東，大浮圖與禪堂西廊房對，值每雲日之朝，闔房戶使暗，僅留一隙，以白練映視之，浮圖影倒垂練上，人皆幻而異焉。予嘗兩至其處，測驗果然。且樹影皆倒，非獨浮圖然也。雖不隨衆幻異之，然於理終未瑩，故作《游牛首山記》，至此多仿像爲之辭。及入夏，聞士人言承天寺西寶塔，拓跋諒祚時物，暗室隙影亦倒，因意是蓋天地間必然之理。亟至寺觀焉，寺門稍東向，浮圖直其西闔戶，觀影處亦正與之對，午后視則尤顯。乃令人行日中，影倒人也。復令人執蓋立，影倒蓋也。志夏事者，不達神奇，其理特于祥異條附見焉。且曰：塔在北，房在南，非日光所能回射。此塔峙形年久，上涵清虛成象，故天光下射於天窗，轉射于墻然耳。嗚呼，是何其仿像之見，視予記牛頭塔影説，爲益謬矣乎。

浮圖塊然土石之形，安得涵清虛成象而有天光？又不考寺東向，而非南北也；又不考隙實旁鑽未嘗仰啓，非天窗也。夫天淵穆而已耳，冥寞而已耳。寄象七曜，而始有光象。曜有顯晦，所謂蒼蒼之顯晦，亦因之至。於大地、山梁、城屋、華表、人物之形皆若圭臬，然必日月至而其影始流也。今謂塔影得之天光，然則人、若蓋、若樹木皆倒影，亦可謂之峙形年久，涵清虛成象者耶？其説必不然矣。蓋形隨日月而東西其影，理之常也。迴蕩㙟軋於天日，翻覆於蒼隅，而激射隙間易置上下者，亦理之常也。如室有明暗合逼分映之地，而人行其間，兩壁皆有影，亦可謂之幻且異，而諉之天光清虛之爲也乎？其説益不然矣。恐其眩俗而反爲滑稽，於禪者所竊笑也，作《浮圖倒影測》，刻之僧室以告觀者。

朔方天塹東關門記

今寧夏河東，[32]棄不毛千里，皆古朔方地。周漢以來，玁狁率由是内浸。[33]以其澶漫夷衍，敵悍騎迅，[34]長驅莫制，毒痛秦、雍舊矣。出車有之王命，南仲往城于方，則是地之爲要害也，匪自今哉。國朝成化間，始即其處築長城三百餘里，捍衛以資。[35]顧寇日黠狡，[36]鈔掠中土，因鐵於銷器得工於解，縛竅堅隳，高智有具濟。[37]而城復卑薄，安足爲南牧障乎？[38]

嘉靖己丑，敵入寇。[39]總制軍務光禄大夫柱國太子太保兵部尚書太原王公瓊，奉天子命，以夏六月仗鉞提重師宿塞上，破走之。[40]乃從石臼馮城極目壞，[41]慨然興嘆曰："險以守峙，守以險固也。[42]今城去軍營遠，賊至不即知，設險守固不如是也。[43]賊平城入，信彎飛，無復藩籬之限，重門禦暴不如是也。[44]吾欲沿營畫塹，聯外内輔車犄角之勢，姑試之。花馬池、定邊間使轍道四達，則資之竟厥工，以救三秦生齒之糜爛可乎？"[45]乃疏論之，以之鸞與僉事張大用領其事。

庚寅秋就緒，及冬，敵人果不能越。[46]大小池增鹽利千緡，公因復疏請自紅山堡之黑水溝，至定邊之南山口，皆大爲深溝高壘，峻華戎出入之防。[47]會巡按御史朱公觀，奏亦上詔大發内帑佐之。且進之鸞、張大用俱按察副使，分督築濬。之鸞實督夏境遵公所部分圖説，自黑水東五十里，參將史經以所部兵二千作之。又自毛卜剌堡東二十四里，都指揮吳吉、鄒時以夏防秋兵三千作之。又自興武營東四十八里，征西將軍周公尚文并諸將士他工之先訖者萬二千有奇作之。又自安定堡東十七里，參將王璣以所部兵千二百作之。又自紅石崖東至鹽場堡四十七里，游擊將軍彭械、指揮穆希周，以陝游兵三千、延綏防秋兵二千作之。始事辛卯春三月，越秋九月告竣。[48]塹深廣皆三丈，隄壘高一丈、廣三丈。[49]沙土易圮處則爲牆，高者長二丈餘有差，而塹制視以深淺焉。關門四，清水、興武、安定以營堡名，在花馬池營東者爲喉襟總要[50]，則題曰"長城關"。高臺層樓，雕革虎視，憑欄遠眺，朔方形勢畢呈於下，可以折衝樽俎。[51]毛卜喇堡設暗門一，又視奧險三里五里，置周盧敵臺若干所，皆設戍二十人乘城哨守，[52]擊刺、射蔽之器咸具。

方役之未就也,公隨所駐步屧跋履,意匠經營,堙山塹谷,必得其勝,勤瘁至矣。我巡撫右僉都御使胡公東皋,復提撕綜理,孜孜贊督。之鸞兢惕受事,幸茲有成。公偕胡公巡閱至登樓,舉落成酒酢曰:"天險不是過矣。"復榜以"朔方天塹"四字命之鸞僭記歲月如左。[53]若夫公百世保障之勳,三秦樂利之澤,天下所必公頌而特書者,門墻奔走,吏宜闕以俟之。

嘉靖十年(1531)辛卯秋九月之望記。[54]

朔方天塹北關門記[55]

夏鎮北境,[56]自河東黃沙之長城百里,燧臺十八堠廢不能守。[57]於是河西鎮遠關為長物,黑山營遂棄,[58]而威鎮堡遷矣,北寇取徑于賀蘭,伸右臂于莊浪、西海,[59]勢有所至也。或言於朝曰:"不早圖之,將延入心腹,夏其能久? 宜復河東城燧、河西營堡固守之耳。"事下,總制軍務、光祿大夫、柱國、太子太保、兵部尚書王公瓊議以聞。公乃簡車徒、盛軍實,自靈武渡河入夏,宿留□□、威鎮之間,[60]跋履駐望,召宿宦、老卒兼詢之。

既得其故,乃進副使牛君天麟與之鸞,詔之曰:"所謂河東西之城燧、營堡、遺墟故在也,[61]何名為復,但未有必守之策耳。[62]夫內勢有所不及,則外地孤懸。彼豈力有餘而甘蹈蹙國之罪哉?[63]如可復也,亦可失也。"因上議,請于唐朔方軍故址北數里為深溝高壘,東屬之黃河,西屬之賀蘭,徙邊堡之無屯種者近之,以助守望,則敵自不能入矣。[64]敵不我窺,然後蓄力俟時以修治。其外拓寸則吾之寸,拓尺則吾之尺也。[65]

有詔鎮巡官舉行,時嘉靖庚寅十二月也。會鎮巡官俱以事去任,公屬之鸞料理役事。越辛卯春正月,新任巡撫、右僉都御史胡公東皋自蜀至,總兵官、征西將軍周公尚文自酒泉至,翕然事事惟謹。三月之望,之鸞以巡按御史朱公觀薦陟按察副使,夏之邊工專責成焉。因偕前副總兵江桓,遵公所部分圖説,率夏正奇兵并陝防秋兵,合六千五百有奇就役。胡公、周公復會萃以來協，相度以弦徑，近通水泉以便炊沃，鳩工集材，百用咸備。而周公因留督諸軍役所，蓐食露宿，與丁夫共甘苦者五浹月。

至秋九月，工告成，[66]由沙湖西至賀蘭山之棗兒溝，凡三十五里，[67]皆內築墻，高厚各三丈，外濬塹，深廣皆一丈五尺有奇。墻有堞可蔽，有空可下視以擊射。[68]爲關門二：東曰“□□”，[69]中曰“鎮北”。其上皆爲堂若干楹，其下各增城三面，爲二堡，周遭里百二十餘步，徙舊威鎮并鎮北堡軍實之。[70]又徙內堡軍之無屯種者於西偏隈，爲臨山堡。[71]城視□□、鎮北稍殺，而營舍工費皆給於官。[72]爲敵臺四，皆置廬舍三間。[73]燧臺八，各設戍二十人，給以弓矢、鎗砲、矛盾之器。[74]

沙湖東至黃河凡五里，水漲則澤，竭則壖，敵可竊出，皆爲墻高厚一丈五尺，塹深廣一丈，以旁室其間道。[75]於是寧夏河山如故，而阨塞之險一新矣。[76]公來閱視，會鎮守左監丞劉公至，今副總兵苗君鑾皆至，[77]與落成焉。公謂之鸞宜記歲月，乃僭作《朔方天塹北關門記》。

嘉靖十年（1531）辛卯秋八月朔旦識。

朔方天塹西關門記

總制軍務太子太保兵部尚書晉溪王公瓊，初與之鸞經略斯土，其言曰：“歲在戊子正月，賊自五岔河踏冰渡，沿野鷄臺西登于岸，反出鎮遠關內，假道以爲西侵之徑。前鎮帥杭雄中其餌，①償軍賀蘭，士馬物故無算。今庚寅五月，賊從西海來，乃傍靈武高東入以歸巢穴。後鎮帥趙瑛憚其衆，[78]堅壁平羌，賊殺掠人若畜各千餘，宿留數日以去。此元兵入夏之道也，夏其危哉。茲議北塹沙湖，以中據河山之險，足以禦一面矣。而鎮之坤隅獨缺，非萬全計也，子其圖之。”

之鸞乃親往相度，南從唐來、壩口循前巡撫都御史王珣所鑿靖賊故渠，以北趐山嘴墩，凡百三十七里，可以濬筑爲險。以復于公，公疏

① 杭雄：字世威，世爲延德衛總旗，都督僉事，嘉靖六年（1527）鎮守。

其説于朝,詔以爲可。既而之鸞自意宜必有徑近,可省費而易成。乃入山,披蒙茸、陟巉巇、下絶坂、攬形勝、求水泉。往來三日,則得赤木山口,距大壩堡城之西北址僅八十餘里耳。山口有石數里,亦可累以城焉。因建議戰士方皆就北、東二役,此宜籍屯丁爲之。更復于公,并告我巡撫右僉都御史胡公東皋,皆曰:"甚善,甚善。"或者不察,駁以多石,而土人狃於久安,多和之者,公爲之停役。

辛卯歲秋八月,公從鳴沙渡河自來營,度約胡公,暨鎮守左監承劉公玉,胥往會商以或者之見。公曰:"古獫鸞皆居此邦之西、蕪武牧羝處,與賊所失祁連、焉支諸山,舊當安在。矧西海賊如未然之火,已星星積薪下矣,孰謂此不足備也? 且設險貴于要害耳。戎夏之間,安得盡爲黃白壤以便吾役哉?"二公咸以爲然。乃竟從之鸞所相,起自赤木,延亘玉泉之三塔墩,凡五十里。議集屯丁六千人,厚其犒餼,令都指揮陳爵統而作之。於是甃缺墉成,削堅壁立,鑿深塹繚,雖未及沙湖城之壯偉,亦足以劃斷躍馬之路矣。

關門三,曰赤木,曰靈武,曰玉泉,可方軌并騎出,以便我之樵蕪哨擊。凡三十五日而工告成,號召黔愚,經紀缺乏,焦勞綏輯之寓,胡公之料理詳矣,之鸞但受成監督耳。或謂之鸞曰:"北、東二役,晉溪公主塹,子必主城。迨城成,而晉溪公喜動顏色也。胡今塹之不復爭乎?"徐應之曰:"夏人勞矣,役不可久矣。履霜而土將凝矣,無衣之嘆興矣。公帑竭矣,得塹而餼羊已存,何城之敢復望也?"然前説竟不可易,數年之後且必見之,何也? 賊以北、東二城厚完而不可入,將東萃之榆林;聞榆林戒嚴而亦議城阻矣,將西萃之賀蘭之後。今茲塹所未環之堡,必有受其毒者,是地安得不終城,而大壩之險可不終續乎哉? 此后君子之責也,書以記之。

嘉靖辛卯十月朔日記。[1]

---

[1] 嘉靖辛卯:嘉靖十年(1531)。

奉壽柱國太宮保晉溪王老先生七十四華誕詩序

任事易違流俗之情，濟時必非恒士之略。於是隨者伐其異，劣者畏惡其能，一有指摘，眾從而和之，足以喧公議而眩國是。苟非事久論定，迹著而心白，使人人自釋而伏，談口雌黃，殆不免于天下後世。尹之於商，旦之于周，卒全忠聖之名，而世不疑其專且偪者，夫豈一日之積哉？

嗟乎，壽之在人，非細故也。國朝隆平，莫盛于成化、弘治之世。然士大夫恬熙日久，至高聲望而淺事實，通比周而塞蹇諤。延及正德，風愈獎矣。于時，今太子太保、兵部尚書晉溪王公，周流大司徒、大司馬、大冢宰，歷典政要，乃矯俗以綜覈摻切，爲務其最。咈眾者，非土魯番、哈密之議乎。之鷥方列諫垣，亦頗于公未解，以主是事者本君子，而共是事者時所謂儔流也。

聖上登極之初，危公者竟以是召，致公於廷尉論戍綏州，使天下不假公之年，復獲自樹天下後世，其謂公何？及西域事大決裂，皇上方思公言，還之戍所，尋授鉞西來，躬至酒泉，大布威信。一談笑之頃，土魯番輸款，而哈密之城印以歸。失得之辨，追考初議，罔弗懸合。則公迎刃破的之算，豈恒情所及哉？迨北敵猖獗，眾欲公遙制原州，而公則禦之塞上。洮岷番變，眾欲公姑事招降，而公則力主戰議。今賊酋奉頭以鼠竄，番孽授首而鳥馴，其機宜果如何也？其最不朽者，倡議設險於朔方，固靖皋蘭諸境，以斷賊西寇東入之路，爲一勞永佚之計。四顧乃無和者，惟之鷥心伏其奇而力贊之。公喜曰："得君，吾事濟矣。"乃上議請行焉。

比就工，夏人難之，三秦人復難之，廷議聞而亦復難之。公不爲動，令竟其役。今人不告勞，而三邊之城塹屹如天險，賢于百萬之師遠矣。其經略竟如何也，是皆天壽元老以遺社稷蒼生之福。使公外甸坤維，而皇上得以內整乾綱，從容暇豫，修政教而興禮樂，匪特人定勝天，爲公之私慶而已。由是言之，向之欲危公者，一何其不爲老成典刑惜哉。邊役告竣，制軍戾止；白雁賓秋，黃花標節。適公七十有四，懸弧之辰，鎮巡會文武官屬稱觴交頌。之鸞乃揚于衆曰："王猛、楊綰，一節之士，①僞定中材之主，猶知嘆其功用之不竟。我公耉艾踰七望八，爲當今遺老第一人，豈久于邊役者哉？《詩》曰：'三壽作朋，如岡如陵。'《書》曰：'天壽平格，公今其歸。'相天子矣，是將以其清明和粹之懿，輔成穆穆皇皇之政。天子萬年，公百斯齡，內治平章，疆圉永賴。顧何必以在邊鄙爲重云乎？"因復繫之以詩。其詞曰：

晋之水濚濚兮，公百斯齡。名以永成兮，謂予不信。西域曷自寧兮？

晋之山巖巖兮，公百斯齡。民具爾瞻兮，謂予不信。北寇曷自潛兮？

晋之都悠悠兮，公百斯齡。克壯其猷兮，謂予不信。番族曷自收兮？

疆場井井，重立四極兮。戎夏大防，古未前識兮；匪兵斯威，元老體國兮。揆席方虛，公歸孔棘兮。

《晋之水》三章，章五句，一章八句。

嘉靖辛卯重九前二日序。②

送王將軍歸榆林序

風起雲揚，猛士寥寂，將軍未老，投劾長歸。嗟乎，急流勇退，儒生決機高蹈之美節也，今乃見之。金戈鐵馬之雄，仕以武而止以文，將軍賢矣。然其如疆場何哉？將軍王姓，璣名，□□字，綏人，[79]家於榆，世其父官爲綏德萬戶，魁梧岸傑，少累戰功。陟都指揮，歷守備參將，威命著于洮岷之間。聯峰翟中丞，嘗爲予言其收番破狄之奇運機風。先生鋒鶚革幹，不庭殲匪，茹首功，爲當時第一。遭忌者抑之，而

---

① 王猛：字景略，前秦丞相，青州北海郡劇縣人，助苻堅統一北方。"楊綰"：字公權，華州華陰人，唐朝名相。安史之亂中，楊綰前往靈武，助李亨登基爲唐肅宗。

② 嘉靖辛卯：嘉靖十年（1531）。

將軍終不言也，竟以賢更守寧夏東路之花馬池。既至，謹間諜、嚴烽堠、撫士卒而欲用之，寇畏之，不敢近其塞。予以城塹之役與之共事二年，每思聯峰公之言，嘗欲臨城縱觀其與寇酣戰，折馘洞胷，應弦游刃，起伏出入之變以爲一快。而卒莫逢其會，但日接其温恭信密，無介胄麤猛氣而已。

一日，忽移病不出，往問之，惟作呻吟艱楚狀，而不言其情，居無何請告，得予之命下矣。然本兵實惜之，猶以疾愈推用爲文。邊人聞者，無不惜也。予集諸君子爲祖帳送之長城關，將軍乃言曰："吾綏與延居五原塞下，士多智勇，習兵其肘金印而登壇，與分油幢而建牙者，不爲少矣。然實莫能皆以功名終，徒以慕廉。將軍之被甲上馬，而不顧遺矢之辱；效馬伏波之據鞍顧盻，而竟餌薏苡之讒者也。吾被金紫而守要地，且驅馳兵間三十年矣，幸未嘗一蹉跌。今踰知命而望耳順，值制節臨邊設險，風塵暫息，不于此時乞骸骨將何俟乎？且負薪之子長矣，固其執爻效命時也。吾當歸擇丘壑之勝，嘯咏餘齡而已。諸君子咸以邊寄方須老成，不宜遽私其便爲譬。"予獨是其言而尚之，謂此歸之，足以警嗜進也。乃歌《紫芝曲》以送之，歌曰："深谷紫芝，光燁燁兮。匪壯士資，仙者愜兮。崇壇巨牙，宦徑捷兮。曷棄而歸，園日涉兮。狂□□血，可以猷兮。流行坎止，君子變兮。羽扇綸巾，信步屧兮。風泉琮琤，雲山罍兮。"將軍喜而再拜，起，拔長劍斫地，且舞且躍，飲酒一斗而去。

西蜀贈言後序

唐仕者多憚蜀任，文章家作《蜀道難》，極其艱遠險峻之狀，蓋有譏焉。及韋皋師蜀，[①]而陸暢更反其辭，爲《蜀道易》以美之。[②] 風俗與政移易，

---

① 韋皋：字城武，唐中期京兆萬年人，傳見《新唐書・韋皋傳》。貞元元年，出任劍南節度使，在蜀地任職二十餘年。

② 陸暢：字達夫，傳見《新唐書・韋皋傳》。天寶時，李白作《蜀道難》斥責嚴武，陸暢作《蜀道易》以讚美韋皋。

蜀道同而臨蜀者異耳。國朝則道一政一，雖夔猶夏，而蜀在中國爲奧區，士皆衡岱、岷峨，而瀍洛、錦筆也久矣。夫豈有昔之難哉？雖然，政有殊司，其勢施必異應，所謂難易者亦或隨之。吾於方岡先生《西蜀贈言》卷有以觀矣。何也？先生廉蜀官，以任法肅政也，其應宜畏而愛難也。

今觀其卷之端，意若私愜，而公賀喜其來惜其去，而實欲其施之徧以咸焉。恢恢乎，樂善忘勢之懿，蓋宗賢之風哉。繼觀其次，己之所與若幸爲時之所需，雖楚材晋用而失助，非所爲戚休休哉。以人事人之真，非綱紀之雅能如是乎？繼又歷觀其次，流濕就燥，苦入甘固，有同心斷金之素，有同德濟舟之實。規非泛美非溢者也，其一時處與贈之肝膈乎？繼又盡觀其次，高山景行，人得所師，和風甘雨，披拂其清淑而浸灌其霈沃者，能戴而不能言，能言而不能諛。且誣也，其得於觀感之間者深矣。且吏民之上也，士民之俊也，以法衛民而民愛之，則聲實既騰交，孚民望而其愚與下者不俟言矣。既又索其所貫，會群粹者觀之，美哉。體必窺其内也，用非徒得于其外也。近求遠取，未有誠而不動者也至矣。匪惟知言，亦知先生之心者歟？《詩》曰：“心乎愛矣，遐不謂矣。”斯卷之指有焉。故觀斯卷，可以知先生廉蜀之道與政矣。蜀道之果非難也，亦信矣。

今夫蜀大而夏小者也，廉訪有所遵，而巡撫中丞得專制者也。地大而有所遵承無難，地小而得專制者愈易易矣。然其道一也，其歸愛先而畏後者也。觀斯卷，先生之所以綱紀夏政者，亦可知矣。

蓉川《入夏録》後序

盛治之世，非文辭不足以鳴之。是故漢之盛鳴之，以董賈班馬；唐之盛鳴之，以李杜韓柳；宋之盛鳴之，以歐蘇黄陳。至元之世不足道也，而能以文辭飾之者，有若劉、許、閻、柯、虞楊、揭薩，[1]以致與三

---

① 劉許閻柯虞楊揭薩：分别爲元代劉鉉、許閻、柯九思、虞集、楊載、揭傒斯、薩都剌。

代同稱，寔則存乎斯文矣。國家化理醇龐，《覆瓿》《潛溪》《東里》《類博》《麓塘》《篁墩》《空同》《太復》，諸集之行固足以鳴之，①然奎宿曜靈、豪傑特立之才匪畫之。此今蓉川先生其人也歟，《入夏錄》乃其詩也。詩固文之精，一皆感物動衷，形之以言，又非作意摹擬之者。通判任子芸菴，日侍先生於行臺，得其藁將鋟之梓，預以示律。律誦之，其辭也雅蔚，其旨也淵深。昔人謂文之肖于其人也，信哉。

先生在先朝居瑣闥，骨鯁性成，流俗不能少易，人多懷忌，尋貶其官。律濫後塵，聞寮友猶追重之，恒相謂曰：“蓉川之官可貶，亦能貶其志乎哉？蓉川之身困，亦能困其才乎哉？”今獲誦其文，益信矣。宜悉生平之作，與《覆瓿》諸集竝傳而集。國家文運大成之典不亦可乎？獨梓行是錄者，芸菴詎無微意在耶？當先生蒞夏之日，戎殷歲儉，百務倥傯，使才智之士爲之，雖繭足而有不能給者。先生指顧之頃，廩有羨積，民無菜顏，獄鮮冤抑，關中三鎮茲獨稱治，且吟詠之情尚不廢于繁擾之政，謂非才力度類者能乎哉？即是可以觀其素矣。至於《附錄》一疏，直道輔世敢言厥難，則休聲碩譽流行無，既而汲黯、魏徵、唐介之賢又不能專于前矣，豈特文辭足以鳴其盛也哉？律愛慕之余，秉斁之心自不可已，乃厠斯言于末云。

嘉靖庚寅秋七月上浣之吉，②芸莊管律書於雙梧亭之南軒。

讀《入夏錄》序跋後

予讀《入夏錄》有所慰焉，復有所望也。夫《入夏錄》者，蓉川齊先生作也。何以名“入夏”也？蓉川由南都司寇郎擢寧夏，僉憲道。里之遠、經歷之多、感發之餘，而是作所由錄也。予爲寧夏人，是故得而讀

---

① 覆瓿、潛溪、東里、類博、麓塘、篁墩、空同、太復：分別指明朝朱同的《覆瓿集》，宋濂的《潛溪文集》，楊士奇的《東里文集》，嶽正的《類博稿》，李東陽的《懷麓堂集》，程敏政的《篁墩集》，李夢陽的《空同集》，朱長春的《朱太復集》。其中“麓塘”應作“麓堂”。

② 嘉靖庚寅：嘉靖九年（1530）。

焉。《録》有詩、有歌、有奏草，皆精純直大之氣，見乎其辭，森不可遏也。予少習舉業，曾讀蓉川之文章于書肆之所流布。後備員言路，又讀蓉川之諫議于官署之所收藏，恒以未見其人爲歉也。今見蓉川矣，幸叼治土之私得讀此《録》矣。時辱拜教之雅，可以慰萬一矣。何以曰"復有所望也"？昔者蓋邦式有志于司馬子長之文章，以其有奇偉氣存，因序《子長游》以贈之。其曰："予有《史記》一部，載天下名山大川壯麗奇怪之處，將以盡天下之大觀以助吾氣，然後吐而爲書。"今于其書觀之，則平生所嘗游者皆在焉。

予讀《入夏録》，則蓉川文學之博、政事之優，所謂"維嶽降神，生甫及申。爲周之翰，四方于宣"者也。行將作舟楫、作霖雨、作鹽梅，柄用于時，周游八極。凡天地間，萬事萬物擊具動心，可喜可愕。變化出没，如萬象之供四時，必大有所感發也。則其所作所録，安知不有如《史記》諸書並傳不朽者乎？顧予守辱林莽，匏繫邊徼恐不獲，如今日之讀《入夏録》矣，故曰："有所慰焉，復有所望也"。

嘉靖九年七月之吉，漢延王官拜書。

贈　言①

送蓉川齊公之崇德序

給事中爲天子親吏司，封駁寄以言責，得糾察百僚。祖宗以來，多選文學之士補用，故士自翰林改任者十常四五備位。公孤秉樞要，以垂光竹帛者，考之前志，率有六科之君子在焉。桐城齊瑞卿由辛未進士選入翰林，補刑科給事中，凡所駁正練達如老吏，照人腑肝。數年補吏科右給事中，侃侃不阿，與御史吳闇交劾吏部郎中倖陞任者三人，三人者即罷去。或語瑞卿曰："盍少恕，不然，恐以同寅之去，爲辱者將必圖報復也。"瑞卿曰："若此是懼，何敢指斥？"

---

① 底本《贈言》前原有《廉憲蓉川齊公行狀》，與《蓉川集》書首行狀相同，兹不重複。

乘輿逾年，轉兵科左給事中。值先帝好武，諸將江彬、神周、李琮等多驕蹇不法。瑞卿一一論其罪，請亟誅之以消禍亂，諸將爲之膽落。宸濠在江南造龍艘劇戲，搖動四方。邀帝南幸，圖謀不軌。啓行有日，廷臣憂形於色，莫敢言。瑞卿與禮科都給事中邢寰、兵科給事中許復禮，三君子倡言留駕。同寅畏禍者，或目瑞卿等爲狂。瑞卿乃大呼曰："諸公今日之不以死諫，天子南行必入賊臣之計。他日有舉湯武之師者，吾輩俱磔於市。"遂率同寅伏闕，號哭不起，十三道御史吳闇等繼至。薄暮，中官乃諭帝意，令各官起。瑞卿度事不可，但已明。又伏闕上疏，帝意稍緩。又數日，郎中黃鞏等亦上疏極諫，疏凡數十上。帝怒，撻之，死者數十人。瑞卿等待罪闕下，自分一死。帝見撻者多死，遂不究。嗚呼！若瑞卿者，豈非古之所謂朱雲折檻之烈者耶？

帝既停南幸，宸濠又諷守臣畢真、孫燧等，保其孝行，解帝之疑。已奏下禮部，邢寰嘆曰："此奸囮也，不可不亟發之。請誅畢真等，不當阿附於是。"帝益疑，左右受宸濠之賂者懼事發，中外洶洶。瑞卿及十三道御史蕭淮、沈灼等上疏言宸濠之惡不可不治。由是帝遣駙馬都尉崔元、太監賴義、都御使顏頤壽，持敕往詰其故。宸濠聞使至，即日稱兵以反，戮憲臣孫燧、許逵。嗚呼！若瑞卿者，豈非古之所謂汲黯之直，而淮南寢謀者乎？

宸濠反狀馳奏，帝乃遣將出兵數萬，命科道官紀功。瑞卿挺臂請行，曰："賊憾予發其奸，必欲赤吾族。吾老母在堂，今已不知所在。吾願以死報。"賊朝紳知瑞卿素有才望，且知其爲諸將所憚，曰："此行非若人不可。"陛辭日，予送之都門外，瑞卿舉酒灑地，曰："之鸞不滅賊，不生還朝。"時秋風颯颯，寒生征衣，鼓鼙聲動，咸有愁色。瑞卿動如常時，予卜之，曰："賊當不旋踵而滅矣。"軍馳至江西境上，聞都御使王守仁舉兵擒宸濠，瑞卿約諸將整衆而還。先帝親征，駕已離京師。召瑞卿及禮科左給事中祝續、御史張綸、許孟和等還侯於彭城，面請迴鑾，不從。且論令同諸將至江西剪遺孽，瑞卿戒諸將不可妄殺。巨閹勢焰太盛，輘轢守臣，瑞卿獨持詞執禮以當之，不爲屈。會鞫宸濠於府第中，宸濠誣守仁。瑞卿責以大義，卒嚃不語。帝駐蹕南都，瑞卿屢上疏請還宮，帝以其不便。已舍之江干，令無入城，乃作《迴鑾賦》，以自遣諸將奪江西守臣功。王侍郎憲拉瑞卿造册，且言勿違上意速禍。瑞卿正色曰："臣子不當陷君於不義。"由是議遂不合，憲獨迎上意，造册以進遲回一年。江彬、張忠等每有問，輒對曰："不紀江西守臣功，而濫及諸貴，何以示天下後世？之鸞等願褫職得重罪，此册不忍造也。"諸將或譖紀功，四人不可之議多出於瑞卿。上曰："此給事中曾論汝罪。"蓋以瑞卿兵科視篆，時帝知其爲敢言之士也。庚辰冬，帝還駐蹕通州，召廷臣供事。予與瑞卿會於舊城之館，談軍中事。瑞卿商于予，曰："南征之事，功不至濫紀者。某輩雖效微勞，然皆上天資高從諫之美。惜吾人不自力，負上爲多。"意指王憲之附彬也。又半月，帝還京，諸中貴日速科道紀功册。瑞卿等執議如故，惟疏論功罪梗概及軍中往還事宜，凡十餘章，字字核實。帝尋寢疾，上賓事遂革。今上自潛邸入承寶祚登極之日，瑞卿即上疏幾三千言，極言天下事。帝爲之改容而誦其要，以端本爲務，指摘權閹，發其隱惡。群閹哄然曰："齊給事攻我輩。"其有議者曰："吾輩十七年所爲，今倒囊而出矣。更何言有即日引罪請罷出者？"嗚呼！若瑞卿者，非古之所謂豪傑之士耶？

七月朔，吏部例該考察。先是南京刷卷御史熊相、大理評事希元，各官紀科道之非不知其實未造册，吏部惑于浮言，乃以瑞卿等四人調外任。命下，廷議沸然，皆云新聖在上，吏部得石公君等紀功事甚明，不宜若是。又曰："扈從靖難之功，內閣少傅蔣公功在社稷，紀功科道四人，功亦不少。若四人可以罪論，則凡舛謬之説，皆實録耶？"六科同寅又曰："瑞卿於聖明朝必大有建議，內安外攘，共成中興之盛業。今乃屈指爲崇德丞，其以千將而割草菅耶？"或有爲瑞卿抱不平，欲上書爲之辨白者，瑞卿聞而止之，曰："之鸞狂妄得此出，與民事相親，知閭閻困苦之故，少盡一二以酬平生爲下爲民之意，實某之願。幸母以之鸞爲念，以重忌者之乘於後也。"又曰："老母缺養久矣，得遂菽水之歡。聖天子之賜，宰執之力也。"即日收圖書南行。

新安汪玄錫與瑞卿生同鄉，進同年官，同科南征之行。不肖常力贊之，乃舉酒以壽瑞卿，曰："瑞卿賦高邁之才，以翰林入科，積勞八九年。旦夕當轉都諫，顧以一丞處瑞卿，此天下之人皆知其不可，固不足爲瑞卿諱也。而子之私憾、人之賦才之高下、蓄心之忠偽，知之不真。正如孔子大聖猶不能無失於宰我，其陰相而默奪之，以歸一定之論。使爲惡者少而爲善者多，則天而已矣。賢如瑞卿，顧黜之於外，使碩人貞士垂首喪氣，天殆憒憒者哉。"有從旁而曉予者，曰："子之憾，誠是金不躍冶，無以知爲百煉之真；馬不馳坂，無以知其爲千里之技。"瑞卿向在諫垣，徒以文字諍論，取名當時。去隱負公輔之望者，固不能必人人之信也。茲屈之爲丞而去，舉朝之人嘆惜，不置有唐之陽城、宋之歐蘇去國之感。瑞卿之名益鏗鏘於宇宙間矣。施之一邑，則一邑治，進而施之一郡、一方皆然。他日宣室有召，賈生前席所聞見益多。則所設施益達，宏功盛烈，與前輩由翰林入科、垂光史册者相後先。安知黜瑞卿者，非大瑞卿之成哉？瑞卿不怨天，其得之矣。

正德十六年七月既望，賜進士出身文林郎兵科都給事中新安汪玄錫，天啓拜書。

送蓉川之崇德詩

蓉川齊子，以清才粹學，久著聲諫垣。比在先朝，抗顏極論，屢批逆鱗，數蹈虎尾，幸不懼於禍。乃今遭逢聖明，首以奉職無效，謫丞下邑，士論惜焉。矧小子辱忝僚末，顧能已於懷耶？綢繆靡宣，貢詩五解。

朝陽有鳴鳳，音響何離離？驚飈一迴薄，戢翼墮雲中。念子耿不寐，沉思靡所通。誰其亮君心，鑒之以昊穹。一解。

昊穹高無極，日月光不忒。無能照君懷，我心亦已惑。輟迹西掖垣，飄颻逝南國。嘉名錫皇邑，願言崇令德。二解。

令德諒可保，乖別何草草。朝入承明盧，莫出長安道。酷暑既已謝，涼風亦何早。執手即修岐，睠焉惜懷抱。三解。

懷抱將與誰，苦心有良知。卓哉東峰子，慷慨吐宏辭。浮榮豈足多，不朽良在茲。嗟余乏瓊玖，千里贈所思。四解。

所思在蓉川，美人何娟娟。明妝炫麗服，迥出秋風前。豈不畏霜露，恥隨桃李妍。榮華有搖落，孤根保貞堅。五解。

正德十六年辛巳秋七月既望，貴溪桂洲山人夏言識。

送陝西按察使齊蓉川序

南刑部正郎蓉川子齊瑞卿，桐人也。既有陝西僉憲之命，其寮采曰：[80]"蓉川子以進士高第，選入翰林爲庶吉士，授給事中。且晉都矣，銓司以其文學風力推陞爲提學而不果。[81]未幾，忤當路，謫官去十餘年，乃始得兵備僉憲於寧夏。[82]夫蓉川子之同年位京堂者，已十數人。參藩司之政晉三品者，已十數人。而蓉川今始云云，寧不謂之遲乎？"曰："於古有五遲，而陞官不與焉。修身不篤，頻失頻復，年且老而無成，曰行遲。心或有所見於理也，口不能爲之形容，曰言遲。見闕不能補，見遺不能拾，見奸讒不能彈儗懦觀望，曰諫遲。臨民不慈，設施措置不以道，下弗被其澤也，曰政遲。折獄繁多，其詞不能明允，曰刑遲。此五者，蓉川子有一於是乎？

昔漢之伏生、轅固，年已老矣，而後能傳其經。當其時，雖有少年蚤貴而仄目者，今不與之數也。宋之韓氏、范氏、司馬氏、文氏、富氏，①年率七八十且百歲矣，而後能明其業。當其時，雖有少年蚤通而讒擊者，今不與之論也。而況蓉川子年且未艾，而道已如此，則政所謂速耳。[83]且夫寧夏，周漢盛時皆爲郡縣。自晉室不綱，赫連氏遂建

---

① 韓氏、范氏、司馬氏、文氏、富氏：分別指韓琦、范仲淹、司馬光、文彥博、富弼。

都焉。魏唐以來，拓跋氏世據有其地。而德明、元昊之際，至宋極矣。國朝混一海宇，[84]竄伏賀蘭莎羅以東、□嵬石觜以南，[85]巍然一重鎮焉。蓉川子斯行，有紀綱之司，[86]有兵穀之寄，或築降城於河北，或運芻粟於靈武。北望鄜延，[87]又與宋韓氏、范氏之經略者並可也。且邇歲以來，安化變於前，哈喇橫於後。雖其彼之不淑，然亦在我者，其亦有以召之乎？然則蓉川子斯行，雖以省朝廷西顧之憂可也，又豈曰遲乎？"於是陳忠甫曰："信乎，常人以積一級進一階爲陞。今如子之言，是以立一德建一業爲陞矣。"謨與蓉川子同寀處而比屋居知，蓉川子必以吾子之言爲是而用之也。呂楠序。

廉訪蓉川齊公像贊

於乎，公之受命紀功也，以數口脫陽明先生於讒夫之吻，先生非公幾殆矣。三言成虎，十夫撓椎，誰復冒衆怒建獨是者？公獨明其不然，豈非真秉道扶義，以社稷斯文爲己任者乎？公所與同事中，貴人張甚公廉，得其陰事挫辱之。其後公亦以讒罷，弗與禁闥者，餘三十年薰猶不同器，乃自古記之矣。居掖垣時，彈劾論奏，朝廷肅然。在寧夏以便宜營花馬城池，地故乏水，公授計行水數百里以築。一軍皆驚，邊人祠之，至今毋絕也。詩文慷慨宏麗，類其爲人。武宗之南征也，公放子墨客卿之製，著《迴鑾賦》以風諫，讀者知其忠。

公季子上舍君近，暨兩孫望、鼎皆辱與余游，嘗乘暇以遺稿及公像示余。像出名人張路，所謂衣冠狀貌如平生者也。上舍君曰："桐故不乏先正，其起家中秘，獨先大夫與足下耳，非足下不能重大夫明矣。"余遜避數四，應賓幸從父老聞公之爲人。今又幸讀公之詩文，睹公之像，顧不能以一言貌公，而徒謝伎於丹青，溺其職矣。迺撮其大節叙之，而系以贊曰："公未亡耶？生氣錯落，力排九關，胸藏五嶽，觀之者若披瀛洲之圖、登麒麟之閣。噫嘻！公其天人歟？宜其英風之諤諤。"

萬曆十九年春季望日，賜進士出身翰林院國史編修眷晚生吳應賓頓首拜書。

夏鎮祠碑文

夏鎮城南里許,故爲逆旅。嘉靖丙戌,逆犯,包瑾坐法當死,乃謀爲不軌,欲危重鎮。時撫臺恒山張公廉,其狀捕逮餘黨。疏聞于朝,咸致之法,變遂平,保邦未危,功至偉也。明年,公去鎮,民感思功德,謀于總戎种公勛、僉君劉君淮,拓故逆旅立祠以祀公。遡前功德在寧夏者,得束鹿賈公、海山王公、西盤張公並祀焉。顧庭宇卑隘,垣地醲湮,祀典未秩。嘉靖癸亥,^①南澗楊公繼撫夏,肇築赤木諸隘,安攘底績。謁祠興感,乃命所司闢地增垣,搆堂列廡,即祠前赤鹵鑿爲塘,方數畝爲軒,南岸扁曰知止。圜植蒲柳,置舟其中,可游可咏,巍然一壯觀也。復稽,繼恒山功德,東塘毛公、五華楊公、石湖吳公並祀焉,從衆議慰民思也。鎮父老歲時伏臘,膰牲以饗,顧祀典猶未秩。歷地震兵荒,祠宇敝壞,塘垣傾蕪,衆懼無以妥神慰民。

鑑川王公蒞寧之明年,歲在乙丑,^②謁祠興惻,乃謀之鎮守西臺。吳公命官鳩匠葺宇,誅茅餙美,增焕橋橋,與師儒士大夫議定常祀。爰考後賢,得聯峰翟公、南澗楊公、瀋溪范公、長白李公,製主並列,共彰遺績。以副使齊君之鸞、僉事黎君堯卿,均樹勞績,録配祀享。即秋仲次丁,公撰文一通,遣通判張大芳率諸將吏往主其祀。牲帛祭品有常,議每歲春秋仲月次丁之辰羞祀爲常,橋曰:“古之載在祀典者,所以崇德而報功也。諸公輩没世而論定,雖其勛猷不一,要皆德望有徵,功業可久。所謂法施于民,勤輸于國,禦灾捍患者,非與顧其祀典,三舉而後備,豈非有待而然耶? 後之人睹遺迹而興起焉,其裨于治理不淺鮮矣。”乃命刻其文于左,使主祀者示歌以降神,其詞曰:

於惟諸翁,邦家楨幹。昭代耆英,或城彼朔方,奠我金湯之固;或開屯夏國,錫民衣食之豐;或禦灾捍患,而嘉猷克壯;或發奸摘伏,而

---

① 嘉靖癸亥:嘉靖四十二年(1563)。
② 乙丑:嘉靖四十四年(1565)。

邊紀肅貞。政在方册，巍巍儀刑。銘傳口碑，洋洋頌聲。允矣前修，聿垂後范。浩然遺澤，淪浹邊氓。一時遭際，雖禄位之未齊，而身後德名，胥國是之與同。爰考祀典，載察輿情。崇德紀功，式報無疆之烈；稽勞録死，用欽不朽之功。於惟諸翁没，咸遺愛於夏土生胥，無忝於功宗。惟兹仲春秋，謹率將吏恪具牲皿，仰伸報祀，用輸僉誠，伏祈照鑒，啓我後□。芳塵學步，前哲景行。忠君愛國，開誠布公。慎固疆場，坐息邊烽。永慰夏民之思，共照翊運之靈。謹告。

陝西等處提刑按察司管糧兼兵備鹽法道僉事滇南張橋撰。

贈言附録

巡撫寧夏右僉都御使翟鵬疏_{嘉靖九年(1530)七月初一日題。}

爲舉異材以獻愚忠事。竊惟天生賢才，以資世用。雖自古以得人爲難，然未聞有借才於異代者。顧上之知與不知，下之遇與不遇，何如耳？《書》曰："知人則哲，能官人。"蓋得人固難，而知人爲尤難也。方今聖明御極，賢傑罔不登庸，然猶以知人爲難。屢下求賢之詔，命兩京大臣、科道及在外撫按官，各舉所知，不拘在位在閑，皆得疏名上請。臣有以仰窺皇上用賢圖治之心之切，得無以賢才隱於山林，淹於下位者，或知之未盡其人，而用之未盡其才歟。此古昔聖帝明王立賢無方，旁招俊乂之盛心也。臣無知人之明，而與有薦賢之責，其於地方賢才，靡不悉心訪究。昔嘗舉其一二以應詔矣，今復得一人焉，敢再爲陛下陳之。切見陝西按察司、寧夏管糧兼管屯種水利僉事齊之鸞，學博而精志，窺聖賢之蘊；才清而敏用，兼文武之全。冰玉之操持，無媿於屋漏；珠璣之揮灑，何忝於詞林。居諫垣、謫邑令、歷郡佐、轉刑曹。犯顏有敢諫之風，理刑無冤滯之獄。撫字之政洽於民心，循良之聲膾炙人口。此臣平日得於所聞之真者，自非養之有素，用之不器，其何以有此耶？

既而進官臬司，蒞事邊徼，興廢振敝，百度一新。度屯田，均水利,豪右杜侵并之姦;抑强暴,蘇困窮,良貧感康濟之惠。用儒餙吏,以嚴濟寬,凡有所更張,皆合于矩度。上無乖於法,下有利於民。此臣近日得於所見之真者,自非學術之明、才力之充,又何以有此耶?

至於地方兵荒,府庾匱竭,戎馬蜂屯,軍需火急,而能使餽餉不絕於供億,老稚不困於轉輪,此其剸繁舉劇、應變濟艱之才。又臣得於累試累驗之真者,尤非居常處順、寸益尺補者所可擬也。顧茲聖世,賢才輩出,中外豪傑之士,敢謂少其人耶?若之鸞者,自臣觀之,亦一時之奇才傑出者也。得人如此,庶皇上諄諄求賢之意,或可以少慰,而臣愚區區爲國之忠,亦因以少盡其萬一矣。

如蒙乞敕吏部再加訪察,如果臣言不誣,乞將本官待以不次,早爲超遷,或外而授以長憲之官、巡撫之任,内而寵以翰苑之選、臺寺之擢。臣知本官可左可右,隨用隨宜,發而爲文章,形而爲事業,必大有可觀者。若必拘以年資,姑以提學序進,則平生抱負亦得以小試,而一方士類必賴以大成。其或奉職罔效,令俶靡終,則臣失人謬舉之罪,自無所逃於斧鑕之下矣。

總制陝西三邊軍務太子太保兵部尚書

王瓊疏 嘉靖九年(1530)七月初一日題。

爲設險守邊大省勞費事。内開,臣又惟興舉事,功在於得人,鼓舞智能,當行激勸。竊見寧夏管糧僉事齊之鸞,歷官中外幾二十年,持身無玷,臨事有爲,邊修之任實堪委托。先年,都御史余子俊,因修邊有勞,與首功同論,廕子世襲指揮僉事。近日,肅州兵備副使趙載,因整飭邊備勤勞,超陞右僉都御史。伏望聖明留神,裁察臣所陳。戰不如守,便宜事理,果有可採,特敕兵部再議,無礙奏行。巡撫都御史責委僉事齊之鸞,各照地方提督修理。内已成未堅完者,務要修理,堅完未成者,照未成溝塹挑挖。果能經理得法,足堪保障,大省勞費。事有成效,各巡撫官具實奏聞,厚加賞賚,不次超擢,以爲忠勤之勸。如或苟簡虛費工力,不堪保障,參奏究治。

巡按陝西監察御史朱觀書嘉靖九年(1530)十一月二十日題。

爲整飭邊防以安地方事。切照陝西延、寧二鎮，地極邊隅，寇禍中國，雖古先哲王聖世亦有所不能免者。蓋狼貪豕突，廼其恒性，烏合烏散，習已同風。故臣自巡歷地方以來，每見二鎮管糧等道方面官員，勘呈在邊失事人犯前來，不曰某官守備不設，則曰某官號令欠嚴；不曰某軍失於哨瞭，則曰某夜不收失於探瓜，以致達賊若干掏開某處城垣，殺害某墩堡軍民，搶劫某地方頭畜。或一日而地方失事者數事，或一事而問擬將士者數人。揆厥所由，蓋緣敵情雖好搶擄，而藩翰不堪保障。自成化年間，巡撫寧夏都御史徐廷璋奏修邊墻二百餘里，開濬溝塹一道。而巡撫延綏都御史余子俊亦修濬城塹，好以故二十餘年，強寇不曾犯邊。

但迄今年久，墻垣疏薄，墩臺傾廢，溝塹湮塞，以致寇易侵入，軍民被害。臣嘗仰見陛下勞心焦思，遠慮深謀，非不知邊防之不可不急，備寇之不可不預。特以民財屢屢告乏，年歲時見不登，恐版築一興，民不堪命者多矣。以故節奉聖旨修築邊墻事宜，還待年豐時來說，欽此欽遵。

但今累被盜賊侵掠，軍民受害實多。況歲時日就奔馳，邊防日就頹圮，套賊一旦擁衆長驅，蓋有難挫其鋒而禦其來者。古人云：“勿恃其不攻，而以吾不可攻者待之。”今若恃其不攻而漫不加意焉，恐非陛下萬全之福也。臣與陝西巡撫都御史劉，并三司等官俱待罪地方，每嘗言論及此，殊爲寒心。切見去歲，總制尚書王，會同撫按等官奏準花馬池、定邊營一帶，共四十五里有零，開挖深溝一道，深濶各二丈，底濶一丈五尺，裏用壕土築堤一道。就於延、寧，見在輪班備禦官軍三千員名，內各摘撥一千五百名做工，合用鍬钁口袋器具，行西安等府辦完。每軍該支口糧一升五合每名，加添五合，以京運銀易粟米千石給散。尚書王一向巡歷駐劄花馬池、固原地方，親率管糧僉事齊之驀督濬溝池，幫築堤岸，不避寒暑。迄今功將就緒，塹內人畜俱免搶擄殺害之苦,而鹽池之利將來支放無窮。

伏乞敕下吏部,將僉事齊之鸞陞遷副使之職,以昭賞功之典,以爲將來勤事者勸。但花馬池西北至橫城堡尚有一百六十里,合照上年事例,仍委前官就以二鎮輪班官軍,兼雇募延、寧貧難人户相參開濬,口糧工食亦照前數給與。蓋臣嘗考之荒政,具載宋臣范仲淹於皇祐二年領浙西路,時值吳下大饑,因興造以發財賑惠,杭州晏然,民不流徙。方今寧夏正當饑饉之歲,而延綏又在凋瘵之餘,召募軍民相參,軍士赴工給與口糧活命,則防邊賑貸一行而兩得矣。如蒙乞敕兵部議行原委官員,將花馬池西北至橫城堡一帶,照依上年事例開濬,其所費工食器具仍令都御史劉,或發京運見易米穀,或查別項堪動銀兩備用,待後所收鹽課銀兩補數。

事畢之日,撫按閱視工程,奏報明白如此,則安內攘外,可以刻期而見效矣。再照濬築溝塹,固可以禦寇侵掠之勢,尚未能絶寇侵掠之心。尤望皇上申敕總制尚書督同二鎮巡撫都御史,嚴行二路管糧方面官,竭忠承委,益勵初心。除二鎮邊城堅厚、溝塹深險去處不必修理外,其各疏薄城垣不可以禦掏挖,缺壞墩臺不足以備哨望,禦敵器具不足以威遠人。查照該都御史汪所奏消弭邊患事宜,及兵部覆籌邊方略,僉謀於旅,參以己見。逐一計算城垣、墩臺、器具,該用夫役若干,工料物食用該銀若干兩,每歲點撥輪班軍士若干名,雇募人夫若干名。其所費銀兩,伏乞聖明量發內帑若干,及敕工部於陝西布政司上納年例銀兩內,每歲量留若干。及將沿邊鹽課銀兩輳數借發約計,或三年或四年,以裏工程堅好,足堪保障。撫按督工官員奏請不次之擢,以示優賢之典。每年特差按察司官一員,專一巡視修理,毋令隳廢,工食就於鹽課支給。撫按稽其功迹,以加舉劾,以警勤怠。

如此,則金湯保障永永無虞,腹內居民得免殺虜之苦,在套賊潛消侵掠之心,輪班軍士咸免調發之擾。鹽課自此而加添,屯政自此而修舉,可謂一舉而數事集矣。天下幸甚,萬世幸甚。

總制陝西三邊軍務太子太保兵部尚書
王瓊疏 嘉靖十年(1531)正月日題。

爲套賊近邊通路急議設備以防後患事。據陝西按察司僉事齊之鸞呈云云。等因，據此看得僉事齊之鸞呈，稱本道督理邊儲屯政兼問刑名。時蒙委行料理兵馬，實兼守巡兵備三道事務，案牘煩勞，日不暇給，收放召賣，冗襍百端。今歲督理花馬池甎工，留彼三個月餘，諸道詣冗廢闕，補綴莫遑。今勘北、東、西三處甎工共三百餘里，役者不下二萬餘人。中衛又有添設墩臺、展濬溝渠諸工，往來點轍有千里。顧彼失此，道事必難兼舉。

乞奏請另補僉事一員，管理糧儲、屯政、刑名。本職或改別銜，或仍舊職，專一往來督工修邊。另爲請敕關防書吏家人口糧，庶幾專心所事，請捐微軀以相大役。仍乞東西二工各發一萬步兵，專委副總兵江桓，或參將楊和，提督僭并兵部議發銀勾別支，使俟邊工既畢，經費有餘移以他用一節具見。本官能以身任其事，意欲著實幹理以圖成效，庶可嘉獎。但該修甎工三百餘里，動調軍夫二萬餘衆，及添築墩臺、修理鋪舍等項工役浩繁，比與尋常修邊不同。本官往來提督點視，尚恐不及，原管本道一應事務委的顧理不周，難以兼理。查得弘治十四年兵部奏差太僕寺少卿王質，大理寺寺丞劉憲，奉敕前來延綏、寧夏專管召軍。太僕、大理，非召軍之官。彼鎮亦有巡撫僉事，惟欲假重官權急求濟事，故特差遣。

近日，郎中何棟陞右通政，管理河道，超拔異材修舉水政，故不拘于常格。今於靈武西夏之地設險開甎，限溝中外，保障關陝，建不世之功，垂無窮之利。事體尤重，且大差委京堂官提督，宜無不可。及查齊之鸞素有才望，歷任中外幾二十年，以郎中轉僉事，對品外遷。今蒙委用，相應量陞職銜以便行事。伏望皇上俯念修邊重事，務在得人，特敕該部查議。另推僉事一員前來寧夏管理糧儲等項事務，將齊之鸞陞改京堂職銜，專管修邊，不必請給關防，聽於所在官司。選取書辦人役，應用本官廩給馬匹，并家人許帶二名，口糧俱照例應付。請敕一道差人馬上賷付本官，令其專一提督修理寧夏各路壕塹、墩臺鋪舍等項，督同各路分守參將，委用官屬分工修理衝要去處。撥軍架梁防護，合用軍夫先儘本處，空閒官軍起取不敷之數行。

鎮守陝西署都督僉事劉文，於陝西固原等處官軍内，查撥協濟合用。錢糧照依兵部原擬於京運銀十萬兩内，動支前銀到遲聽于本處，倉庫見收糧銀内，借照支補數還。工完，餘剩銀兩收庫，年例軍餉支用一應事宜，務要用心經理，處置得宜，勿令軍夫過勞失所，致生嗟怨。指揮以下不聽約束，違慢誤事及剋减口糧、凌虐軍夫等項，輕則徑自量情責罰，重則參奏挐問。應與鎮巡官會議者，公同計議而行，所脩工程務在堅完經久，永堪保障，不許虛費工力，姑爲目前美觀。應該撥軍巡守，及逐年脩補事宜，俱議立定規，刊榜通行遵守。工完之日，將脩理過工程圖畫貼説，并撥過軍夫、用過錢糧造册具本，赴京復命。

巡按陝西監察御史方疏嘉靖十年(1531)三月十一日題。

爲薦揚邊方賢能官員事。臣惟各省守土之官，當以邊隅爲重，各官分理之責，尤以邊務爲難。蓋其所治者，皆經略籌畫之宜；而其所應者，皆摻縱翕張之策。任得其入邊防有賴事失，其當外侮攸招，此其責任之重類，非守常秩諸臣所可擬也。臣巡歷陝西，往來邊塞，訪得陝西寧夏管糧僉事齊之鸞，豁大有謀，威愛並著，以簡静集事功。蓋前官之愆，以博洽成才，謀贊撫臣之議，窮邊軍士咸畏，且懷列職邊陲，事咸克濟。臣未嘗不嘆其責任之難，而服其才猷之異。至論其人品器，年英鋭克，以勳業自期秉心制行，皆端慎不苟者也。臣竊念邊方多事，得人實難，故特舉其事迹穎異者。

伏乞聖明裁察，如其在邊著有迹效，特賜旌獎，略示優厚，以爲守邊諸臣之勸。再乞敕下吏部查訪，如其人品操持可取，仍不次超擢任用，以盡攄誠報主之忠。庶幾使邊境之事功可以振起，而人才之效用亦可以激奮矣。

巡撫寧夏右僉都御史胡東皋疏嘉靖十年(1531)九月十六日題。

爲自陳不職乞早罷遣、舉賢自代以弭灾變事。照得臣猥以愚庸，誤蒙簡用，授以臺憲之職，寄以撫綏之任。履任以來幾將一載，仰思天地造物之恩，欲竭犬馬之勞，以效涓埃之報。奈臣才不逮志，於凡一切邊務，未有分寸裨補。乃茲本鎮地方，螟蟲滅而復生，雨雹降而不止，地道不寧，民生窮困。凡此灾疹，皆由愚臣撫巡失職，上不能宣布德意，下不能勤恤民隱之所致也。況彗星震雷之變，亦皆臣工不能恪恭厥職感召所致。臣備員巡撫，謂宜亟求休退以償灾變。但查兵部議覆修邊，節奉欽依行，與新任寧夏鎮巡官，斟酌緩急，著實舉行。明命在前，工未就緒用是，不敢遽然循例自求休致，黽勉督理以迄於今。

近蒙總制尚書王，遵奉明旨，親詣本鎮，與臣等會議，大捄夫丁，嚴督將士并力修築，功在垂成。北邊從此難犯，地方自爾獲寧矣。顧臣薄劣，竊慚鰥曠，若復戀祿不退，終恐微臣之譴咎愈深，地方之灾疹難免。

伏蒙皇上軫念邊方重鎮灾異頻仍，將臣速賜罷遣，放歸田里，以終餘年。及照原差提調修邊陝西按察司副使齊之鸞，才能卓異，勞勩居多。況今邊工已完，又係該部題奉欽依工完，明白奏來人數，乞敕該部查議，改陞京職，代臣巡撫。議擬上請，庶幾天意可回，灾變可弭。功賞亦明，而地方無虞矣。

總制陝西三邊軍務太子太保兵部尚書
王瓊疏嘉靖十年(1531)十月初六日題。

爲築濬寧夏三陛城塹工完事。據管理修邊陝西等處提刑按察司副使齊之鸞呈，云云。各呈到臣，除親詣各該修工處所，逐一督理閱視修完牆塹，與各官所呈相同外，臣竊惟西北之寇，自古爲中國患。我太祖高皇帝御製《皇明祖訓》，亦謂宜謹備之。今寧夏黃河東西，實古朔方之地，最爲害。中國得之，可以禦外寇；外寇得之，足以抗中國。前代赫連勃勃、趙元昊據有其地，屢犯長安，是其明驗。

我朝自弘治十四年（1501）以後，北寇住套擁衆，由花馬池入寇，直至平鳳、臨鞏等處，大肆驅掠。全陝震驚，調兵集糧，勞費萬狀，患無止息。前守等臣亦嘗建議修邊，爲謀未精，事多撓沮茲者。伏遇皇帝陛下智勇天錫，講學明道，制禮作樂，卓冠百王，超越千古。既修内治，益重外防，深契重門擊析之義，慨允設險守邊之言。諄諄敕旨，務責完成，大發内帑，不惑浮議。惟由聖心獨斷，遂使大功告成。深溝高壘立千里，戎夏之大防，貴謀賤戰，省八府兵食之勞費，守在四方，獨爲上策。臣等何幸，躬逢其盛。昔唐太宗破薛延陀，自爲詩曰："雪耻酬百世，除凶報千古。"勒石靈州，然不過一時之事。唐憲宗平淮西，命詞臣撰碑文紀其事，亦不過一州之據。

今陛下以朔方要害之地設立保障，自古所無，垂功百世，非但一時之事。伏乞御製詩文各一章，及命詞臣撰文爲記，命陝西巡撫都御史劉，置造豐碑立於環縣靈武臺上，以彰中興盛事，垂示無窮，不勝幸甚。再照各該大小官員各能欽遵上命，協謀效力，以致大工完成。溝壘相連，延袤四百餘里，中間水遠土燥，沙流石板去處，挖築搬運，用力最難。尋採紅柳、白茨束以代板，相度高陵深谷借以成勢。野居露宿，櫛風沐雨，數月不休，勞苦萬狀，委與尋常修邊不同，永爲保障。比之斬獲首級，功獨優異。所據各該官員，相應分別等第，量加陞賞，以勸有功。内副使齊之鸞躬親督理，心苦經營，身甘苦勞瘁，功獨爲最。雖已先陞前職，然歷官二十餘年，資格相應遷轉，未足酬勞。況該吏部題准工完再陞。

乞敕吏部查議，將齊之鸞照肅州兵備副使趙事例推陞右僉都御史，如無巡撫官員缺，推陞在京四品堂上官，添註管事，庶足爲奇才異能效勞邊陲之勸。

巡撫寧夏右僉都御使胡東皋疏嘉靖十年(1531)十月十二日題。

爲修邊大功告成事。臣竊惟外寇爲中國之患，自古而然，本鎮受套賊之患于今爲甚。前此守臣亦嘗建議修邊，或動不過時，中遭讒間而續用弗成；或因時審勢，因舊爲新，而功未遂志。茲蓋伏遇皇上憲天聰明，得天勇智，用一二輔臣之薦，起老成材識之臣，付以西北重地。畀以總制重權臣瓊果能感恩圖報，乘時激昂，遂展竭才猷，建議修邊。亦惟聖志先定，詢謀僉同，既大發內帑以裕其用，又復敕旨以速其成。是以謀議臣工得以嚴程課督，從事將帥得以畢力修營。遂使河東城塹足爲三秦之保障，河西城塹足爲一鎮之藩籬。即今鹽利疏通，商賈無滯，田地墾辟，馬牛布野，皆茲城塹之功也。如此勳猷，宜受上賞，《書》曰："功懋懋賞""賞延于世。"

伏乞敕下該部查議功勞，會集廷臣從厚議處，以昭聖朝報功之大典，以示聖天子勸忠之大公。及照各議大小官員，各能協謀同力，以致大工完成。溝壘相連延袤二百七十餘里，中間水遠土燥，沙流、石梗去處挖築，般運用力最難。野居露宿，櫛風沐雨，首尾八月，勞苦萬狀，委與尋常修邊不同。比之斬獲首級，功獨優異。所據各官俱應分別等第，量加陞賞，以勸有功。內副使齊之鸞，當其謀議之初，慨然身任，善言贊決。及夫大役之興，毅然勇能，協相于成。其躬親督理，則寒暑不辭；心苦經營，則夙夜匪懈，功獨爲最。合無准臣前次舉薦，將齊之鸞推陞右僉都御史，代臣巡撫，庶足以激勸賢勞。

巡撫河南監察御史王疏嘉靖十一年(1532)八月十四日題。

爲改補官員事。臣于七月二十三日見邸報開載，吏部將河南提學副使敩，題覆欽依降一級，與參議所有本官員缺，未見處補。臣竊惟學校教化之本源，人才所自出，世道之升降，國家之治忽，咸於是乎，係其任誠重矣。擇之豈可弗精，用之豈可弗當哉？

臣訪得河南按察司副使鄺，學該博而才復英明，行謹慎而志亦高遠。擅詞華於翰苑,雅望攸歸;效勤能於荆南,賢聲益振。又訪得副使齊之鸞,學問蘊藉,才識豐腴。居諫垣而獨持正論,風裁凜然;處邊方而遠樹奇功,譽望愈重。此二臣者,行堪范物,學可作人,綜理刑名,固皆無忝提督,學政尤其優長。如蒙乞敕吏部再加訪察,如果臣言不謬,就將酈、齊之鸞二臣中揀擇一人,改補提學副使,庶使用人得器使之宜,而士類有甄陶之益。師道立,而人才盛矣。

【校勘記】

[1] 崖:《明詩紀事》戊籤卷六作“巖”。

[2] 皇:《明詩紀事》戊籤卷六作“凰”。

[3] 汝霍:《明詩紀事》戊籤卷六作“霍汝”。

[4] 侵:《明詩紀事》戊籤卷六作“祲”。

[5] 眅:《明詩紀事》戊籤卷六作“覘”。

[6] 三泉:《明詩紀事》戊籤卷六作“金泉”,

[7] 歲:《明詩紀事》戊籤卷六作“夜”。

[8] 尊:《明詩紀事》戊籤卷六作“樽”。

[9] 將至靈州:《嘉慶靈州至迹》作“至靈州”。

[10] 塞:《嘉慶靈州至迹》作“虜”。

[11] 闌珊:天一閣本作“躝跚”。

[12] 使節:天一閣本作“憲節”。

[13] 石:《明詩紀事》戊籤卷六作“衆”。生:作“作”。

[14] 塞:《明詩紀事》戊籤卷六作“胡”。

[15] 峽口:《銀川小志》《靈州志迹》作“峽口吟”。

[16] 彝:天一閣本作“夷”。

[17] 土人呼山爲卧牛故云:《銀川小志》無此九字。

[18] 戎:天一閣本作“夷”。“共”天一閣本作“界”。

[19] 馬:《明詩紀事》戊籤卷六作“虜”,

[20] 危邊:《明詩紀事》戊籤卷六作“腥羶”。

[21] 横城北登眺邃老所築邊墙:《銀川小志》作“登横城北望楊邃菴所築邊墙”。

[22] 邊:《明詩紀事》戊籤卷六作“胡”。

[23] 邊:《銀川小志》作“胡”。

[24] 視:《入夏録卷中目録》中作“見”。

附：入夏録　201

[25] 廣武迎候晉溪公乘暇觀青銅峽宿牛頭山寺二首：《明詩紀事》戊籤卷六作"牛頭山寺"。

[26] 華山：《明詩紀事》戊籤卷六作"群山"。

[27] 蕪：《明詩紀事》戊籤卷六作"無"。

[28] 九日途次登清水關城：《〔嘉靖〕寧夏新志》作"九日登清水城詩"，《銀川小志》作"九日登清水營城詩"。

[29] 見：《〔嘉靖〕寧夏新志》作"送"。

[30] 縮：《〔嘉靖〕寧夏新志》作"蹜"。

[31] □□：《銀川小志》作"平虜"。

[32] 今寧夏：《銀川小志》無此三字。

[33] 玁狁：《寧夏志》後有"匈奴"二字。"浸"作"侵"。

[34] 敵：《寧夏志》作"虜"。

[35] 《銀川小志》所删減内容："周漢以來"至"捍衛以資"，

[36] 寇：《寧夏志》作"虜"。《銀川小志》無"點狡"二字。

[37] 《銀川小志》無"中土，因鐵於銷器得工於解，縛竅堅隳，高智有具濟"。

[38] 《銀川小志》無"安""南牧"。

[39] 己丑：《寧夏志》作"乙丑"。"敵"作"虜"。

[40] 《銀川小志》無"軍務光禄大夫柱國太子太保兵部尚書太原""奉天子命，以夏六月仗鉞提重師宿塞上"。

[41] 《銀川小志》無"從石臼""城"。

[42] 《銀川小志》無"慨然興""險以守峙，守以險固也。今"。

[43] 《銀川小志》無"軍""守固"。

[44] 《銀川小志》無"賊平城入，信讒飛，無復藩籬之限，重門禦暴不如是也"。

[45] 靡：《寧夏志》作"糜"。《銀川小志》無"姑試之。花馬池、定邊間使醊道四達，則資之竟厥工，以救三秦生齒之糜爛可乎"。

[46] 敵：《寧夏志》作"虜"。

[47] 《銀川小志》無"大小池增鹽利千緡。公"。華戎：《寧夏志》作"華夷"。

[48] 《銀川小志》無自"會巡按御史朱公觀"至"越秋九月告竣"等字。

[49] 三：《銀川小志》皆作"二"。

[50] 《銀川小志》無"喉襟"二字。

[51] 《銀川小志》無"可以折衝樽俎"。

[52] 三里：《銀川小志》無"里"字。無"哨守"二字。

[53] 左：《寧夏志》左"右"。

[54] 《寧夏志》無落款。《銀川小志》無"方役之未就也"至"九月之望記"。

[55] 北關門：《銀川小志》作"北門關"。

[56] 夏鎮北境：《銀川小志》無此五字。

[57] 燧臺：《銀川小志》作"敵臺"。無"堠"字。"守"作"築"。

[58] 河西鎮遠關爲長物黑山營：《銀川小志》作"三關"。

[59] 威鎮堡遷矣，北寇取徑於：《銀川小志》作"虜潯取徑"。"伸右臂於"作"以侵"。"西海……河東西"《銀川小志》作"西海朝下其議於總督王公瓊，瓊謂副使牛天麟與齊之鷟"。

[60] □□：《〔嘉靖〕寧夏新志》卷一、《皇明經濟文錄》卷三十九作"平虜"。

[61] 東西之城：《銀川小志》作"東西之障"。"燧營堡遺墟"作"烽遺墟"。

[62] 但：《銀川小志》作"第"。

[63] 夫內勢有所不及則外地孤懸彼豈力有餘而甘蹈蹙國之罪哉：《銀川小志》無此二十五字。

[64] 東屬之黃河西屬之賀蘭徙邊堡：《銀川小志》作"屬河山屯堡"。"則敵自不能入矣"作"則虜自不能入"。

[65] 敵不我窺，然後蓄力俟時以修治。其外拓寸則吾之寸，拓尺則吾之尺也：《銀川小志》作"可漸恢復"。

[66] 九月：《〔嘉靖〕寧夏新志》卷一、《皇明經濟文錄》卷三十九作"七月"。從"嘉靖庚寅十二月"至"至秋九月工告成"《銀川小志》作"齊氏實董其役"。

[67] 賀蘭山之棗兒溝：《銀川小志》作"棗溝兒"。"凡"作"允"。

[68] 內築牆高厚各三丈，外濬塹深廣皆一丈五尺有奇。牆有堞可蔽，有空可下視以擊射：《銀川小志》作"內牆外塹"。

[69] □□：《〔嘉靖〕寧夏新志》卷一、《皇明經濟文錄》卷三十九作"平虜"。

[70] 其上皆爲堂若干楹，其下各增城三面，爲二堡，周遭：《銀川小志》作"爲二堡圍"。"舊"作"故"，無"並"字。

[71] 西偏：《銀川小志》作"西"。

[72] □□：《〔嘉靖〕寧夏新志》卷一、《皇明經濟文錄》卷三十九作"平虜"。《銀川小志》無"城視□□、鎮北稍殺，而營舍工費皆給於官"十七字。

[73] 皆置廬舍三間：《銀川小志》無此六字。

[74] 各設戍二十人，給以弓矢、鎗砲、矛盾之器：《銀川小志》無此十六字。

[75] 黃河：《銀川小志》作"河"。無"凡""水"字。"敵"作"虜"。"高厚一丈五尺，塹深廣一丈"無此十一字。

[76] 寧夏河山：《銀川小志》作"河山"。"阨塞"作"險塞"。《銀川小志》無"公來閱視"至"朔旦識"等字。

[77] "劉公至"誤，因後接"今副總兵苗君鸞皆至"，其中"皆至"不應僅"副總兵苗君鸞"一人，而應包括"劉公某"。則"劉公至"當爲"劉公玉"之訛。《朔方天塹西關門記》中有"暨鎮守左監承劉公玉胥往會商。"《〔嘉靖〕寧夏新志》卷二《宦迹‧副將》條載："劉玉，延綏人。都指揮使，嘉靖三年（1524）協守。外文雅，而內剛直。""苗鸞"爲"苗鷟"之

訛。《宦迹·副將》條亦載"苗鸞，蘭州衛人、都指揮，嘉靖七年（1528）協守，以謀勇而副廉隅。"

[78] 趙瑛：原作"趙英"，據《〔嘉靖〕寧夏新志》卷二《宦迹·主將》改。

[79] 王璣，字在叔，據《〔嘉靖〕寧夏新志》，則"□□"爲"在叔"。

[80] 寮：《涇野先生文集》卷十四作"僚"。

[81] 提學：《涇野先生文集》卷十四"提學"後脱"僉事"二字。

[82] 乃：《涇野先生文集》卷十四"乃"後脱"今"字。

[83] 耳：《涇野先生文集》卷十四作"爾"。

[84] 海宇：《涇野先生文集》卷十四作"羌夷"。

[85] □：《涇野先生文集》卷十四作"省"，《〔嘉靖〕寧夏新志》同。

[86] 紀綱：《涇野先生文集》卷十四作"綱紀"。

[87] 北：《涇野先生文集》卷十四作"目"。

參 考 文 獻

一、古代文獻

（一）古籍

《毛詩正義》：（漢）毛亨傳，（漢）鄭玄箋，（唐）孔穎達正義，北京大學出版社 2000 年版。

《尚書正義》：（漢）僞孔安國注，（唐）孔穎達正義，北京大學出版社 2000 年版。

《周易正義》：（晉）王弼注，（唐）孔穎達正義，北京大學出版社 2000 年版。

《周禮注疏》：（漢）鄭玄注，（唐）賈公彥疏，北京大學出版社 2000 年版。

《禮記正義》：（漢）鄭玄注，（唐）孔穎達正義，北京大學出版社 2000 年版。

《春秋左傳正義》：（晉）杜預注，（唐）孔穎達正義，北京大學出版社 2000 年版。

《史記》：（漢）司馬遷撰，中華書局 2013 年版。

《漢書》（漢）班固撰，中華書局 2011 年版。

《後漢書》：（宋）范曄撰，中華書局 2011 年版。

《晉書》：（唐）房玄齡等撰，中華書局 2011 年版。

《新唐書》：（宋）歐陽修、宋祁等撰，中華書局 2011 年版。

《舊唐書》：（後晉）劉昫等撰，中華書局 2011 年版。

《宋史》：（元）脫脫等撰，中華書局 2011 年版。

《大明一統志》：（明）李賢撰，三秦出版社 1990 年版。

《明會典》：（明）李東陽等修，影印文淵閣《四庫全書》本，臺灣商務印書館 1986 年版。

《王陽明全集》：（明）王陽明撰，上海古籍出版社 2011 年版。

《蓉川集》：（明）齊之鸞撰，康熙二十年（1681）齊山悠然亭刻本，齊魯書社影印本1997年；光緒二十三年（1897）桐城徐宗亮重刻本；民國六年（1917）鉛印本。

《皇明九邊考》：（明）魏焕撰，《四庫全書存目叢書》影印明嘉靖間刊本，齊魯書社1996年版。

《涇野先生文集》：（明）吕柟撰，西北大學出版社2015年版。

《皇明獻實》：（明）袁裒撰，臺北明文書局1991年版。

《國朝獻徵録》：（明）焦竑撰，廣陵書社2013年版。

《國榷》：（明）談遷撰，中華書局1958年版。

《洪武京城圖志》：（明）王俊華撰，南京出版社2011年版。

《明實録》：北京大學圖書館影印本，中華書局1985年版。

《明史紀事本末》：（清）谷應泰撰，中華書局1997年版。

《明詩綜》：（清）朱彝尊，中華書局2007年版。

《讀史方輿紀要》：（清）顧祖禹撰，中華書局2005年版。

《明史》：（清）張廷玉等撰，中華書局2011年版。

《四庫全書總目》：（清）永瑢等撰，中華書局1965年版。

《明詞綜》：（清）王昶輯，商務印書館1938年版。

《樅陽詩選》：（清）王灼輯，合肥工業大學出版社2017年版。

《龍眠風雅》：（清）潘江輯，黄山書社2013年版。

《桐舊集》：（清）徐璈輯，安徽大學出版社2016年版。

《明詩紀事》：（清）陳田輯，上海古籍出版社1993年版。

《桐城耆舊傳》：（清）馬其昶輯，清宣統三年（1911）刻本。

《販書偶記》：（清）孫殿起撰，中華書局1959年版。

（二）地方志

《陝西通志》：（明）馬理、吕柟等纂，華東師範大學圖書館藏明嘉靖二十一年（1542）刻本，三秦出版社2006年董健橋等校注本。

《甘肅通志》：（清）許容等修撰，中國國家圖書館藏乾隆元年（1736）刻本。

《〔正統〕寧夏志》：（明）朱栴撰，胡玉冰、孫瑜校注，中國社會科學出版社2015年版。

《〔弘治〕寧夏新志》：（明）胡汝礪撰，胡玉冰、曹陽校注，中國社會科學出版社 2015 年版。

《〔嘉靖〕寧夏新志》：（明）胡汝礪、管律撰修，邵敏校注，中國社會科學出版社 2015 年版。

《安慶府志》：（明）胡瓚宗撰修，寧波天一閣明代方志選刊，臺北新文豐出版公司 1985 年版。

《重修安慶府志》：（明）李遜，明嘉靖三十三年（1553）刻本。

《安慶府志》：（清）張楷撰修，中華書局 2009 年版。

《〔萬曆〕朔方新志》：（明）楊壽撰修，胡玉冰校注，中國社會科學出版社 2015 年版。

《〔嘉靖〕固原州志》：（明）楊經撰修，韓超校注，上海古籍出版社 2018 年版。

《浮山志》：（明）吳道新輯，黃山書社 2010 年版。

《〔乾隆〕寧夏府志》：（清）張金城纂修，胡玉冰、韓超校注，中國社會科學出版社 2015 年版。

《寧靈廳志草》：（清）成謙纂修，胡玉冰、張煜坤校注，上海古籍出版社 2018 年版。

《〔乾隆〕銀川小志》：（清）汪辰繹撰修，柳玉宏校注，中國社會科學出版社 2015 年版。

《〔嘉慶〕靈州志迹》：（清）楊芳燦等修，郭楷編，蔡淑梅校注，中國社會科學出版社 2015 年版。

《〔光緒〕靈州志》：（清）陳必淮監修，蔡淑梅校注，中國社會科學出版社 2015 年版。

《〔光緒〕花馬池志迹》：（清）胡炳勛撰修，孫佳校注，中國社會科學出版社 2015 年版。

《朔方道志》：馬福祥、王之臣等纂，胡玉冰校注，上海古籍出版社 2018 年版。

（三）目録書

《千頃堂書目》：（明）黃虞稷撰，瞿鳳起、潘景鄭整理，上海古籍出版社

2007 年版。

《各省進呈書目》：（清）乾隆敕撰，上海商務印刷館 1921 年版。

《文瑞樓藏書目録》：（清）金星軺撰，商務印書館 1935 年版。

《清代金輝書目（補遺）清代禁書知見録》：（清）姚覲元撰，孫殿起編，商務印書館 1957 年版。

《藏園訂補郘亭知見傳本書目》：（清）莫友芝撰，傅增湘訂補，中華書局 2009 年版。

《中國古籍善本書目》：中國古籍善本書目委員會編，上海古籍出版社 1992 年版。

二、現當代文獻

（一）工具書

《中國文學家大辭典》：楊家駱主編，世界書局 1974 年版。

《中國歷代年譜總録》：楊殿珣編，書目文獻出版社 1980 年版。

《天一閣藏明代方志考録》：駱兆平編，書目文獻出版社 1982 年版。

《中國地方志聯合目録》：朱士嘉編，中華書局 1985 年版。

《中國版刻圖録》：楊繩信編，陝西人民出版社 1987 年版。

《中國歷代人物年譜録》：謝巍編，中華書局 1992 年版。

《中國歷史地圖集》：譚其驤等編撰，中國地圖出版社 1996 年版。

《中國歷代人名大辭典》：沈起煒主編，上海古籍出版社 1999 年版。

《明人室名別稱索引下》：楊廷福編，上海古籍出版社 2002 年版。

《四庫家藏目録》：徐複等主編，山東畫報出版社 2004 年版。

《中華大典·文學典·明清文學分典》：中華大典編撰委員會編，鳳凰出版社 2005 年版。

《明別集版本志》：崔建英輯，賈衛民、李曉亞整理，中華書局 2005 年版。

《四庫存目標注》：杜澤遜著，上海古籍出版社 2007 年版。

《中國古籍總目》：中國古籍總目編撰委員會編，上海古籍出版社 2012 年版。

《四庫全書總目匯訂》：魏小虎編，上海古籍出版社 2012 年版。

（二）著述

《明詩紀事》：王雲五主編，萬有文庫第二集七百種，商務印書館 1936 年版。

《筆記小說大觀》：江蘇廣陵出版社編輯，廣陵書社 1983 年版。

《寧夏歷史地理考》：魯人勇等編著，寧夏人民出版社 1993 年版。

《李白資料彙編·金元明清部》：劉善良編，中華書局 1994 年版。

《桐城派研究》：周中明等編，遼寧大學出版社 1999 年版。

《桐城文派述論》：吳孟複著，安徽教育出版社 2001 年版。

《中國山水田園詩集成第三卷元明》：丁成泉輯注，湖北教育出版社 2003 年版。

《御選歷代詩餘》：沈辰垣編，吉林出版社 2005 年版。

《明末政治與文化變遷》：鄭培凱主編，香港城市大學出版社 2006 年版。

《文心雕龍手記》：羅宗強著，三聯書店 2007 年版。

《樅陽縣志》：樅陽縣史志編撰委員會編，黃山出版社 2007 年版。

《寧夏地理變遷》：吳忠禮、魯人勇、吳曉紅著，寧夏人民出版社 2010 年版。

《安徽摩崖石刻精粹》：安徽美術出版社 2011 年版。

《知行合一王陽明詳傳》：（日）高瀨武次郎著，北京時代文化書局 2013 年版。

《歷代辭賦總匯》：馬積高等編，湖南文藝出版社 2014 年版。

《寧夏舊志研究》：胡玉冰著，上海古籍出版社 2018 年版。

兩朝平攘録・寧夏

〔明〕諸葛元聲 撰　　韓 超 校注

整 理 説 明

《兩朝平攘録》五卷,明諸葛元聲撰。元聲,浙江會稽人,生卒年不詳。除此書外,別編有《滇史》十四卷。

哱拜之亂,是明萬曆間發生於寧夏地區的一次兵變。哱拜爲蒙古降將,嘉靖間被寧夏巡撫王崇古招降而居寧夏鎮。後拜累功至寧夏鎮副總兵,并組建了一支以"真虜家丁"爲主力的强勁武裝,受到歷任寧夏巡撫的倚重。但隨着馬市的開放,邊境戰爭逐漸減少,隨之糧餉被裁減,哱拜武裝團夥的經濟壓力增大。由於軍事政策的調整,寧夏巡撫與哱拜的關係也發生了變化。萬曆十九年(1591),党馨任寧夏巡撫,與哱拜的矛盾不斷升級。党馨又以月糧抵扣所欠朋合銀、拖延發放衣布花草價銀等,引發寧夏士兵的强烈不滿。萬曆二十年初,寧夏鎮士兵劉東暘與哱拜子承恩結盟,糾衆發難,殺党馨及兵備副使石繼芳,并逐漸聯合許朝、土文秀等,内據寧夏城,外召套虜,逐步將戰事擴展至寧夏各堡,欲據寧夏而效元昊故事。此次兵變直至九月中方平定,寧夏鎮城受到極大破壞,明廷耗費了大量的人力物力。史書將此役與抗倭援朝、平定播州合稱爲"萬曆三大征"。

哱拜之亂雖然從時間上來看并不長,但對明後期的政治、軍事體制有重要影響,其中顯示的夷夏關係、夷夏政策、軍事組織結構等均頗有研究價值。相關研究,可參考王維《關於"哱拜之亂"》、和龔《試論明代萬曆間的寧夏兵變》、路虹《明代寧夏鎮"哱拜之亂"述論》、張建輝《魏學曾與寧夏戰役》、魯宏立《明代萬曆"哱拜之亂"原因新探》等。有關此次戰事的記録,散見於《明史》《明實録》《明經事文編》《萬曆野獲編》中,又《萬曆三大征考·哱氏》、《萬曆武功録》卷一《寧夏·哱拜哱承恩傳》、《明史紀事本末》等有較爲集中的記載。各史記載詳略不一,史實亦間有異。諸葛元聲《兩朝平攘録》卷三《寧夏》是記述該事件較早且較爲詳細的著作。今传《兩朝平攘録》僅萬曆間商濬刻本一種,卷首有商氏序，作於萬曆三十四年，上距哱拜之亂不過十四年，故《四庫全書總目》稱"元聲之成書，得之目睹爲多也"。

此次整理，即以日本國立公文書館公布之明萬曆三十四年（1606）刻本《兩朝平攘録》（數字影像）爲底本，其中文字有缺失者參之《續修四庫全書》影印北京大學圖書館、中央民族大學圖書館藏本，并校以《明史》《明實録》《萬曆三大征考》《萬曆武功録》等相關史料。此外，筆者對史料互異者略爲注釋。

兩朝平攘録・寧夏

哱拜者,故黄毛韃子也。嘉靖中,住牧山後,屢盗邊民頭畜得利,因投黄台吉部。吉惡其狡悍,頗忌之。拜遂與土谷赤、阿术尚、虎不亥及華人被擄者鄭暘等,前後三百人扣塞降。夏鎮開府王崇古受之,更選土著健兒,豐其資廩,號爲家丁。建牙則列侍衛,出征則爲選鋒。此輩善騎射,習虜地,敢死。拜尤勇藝絶倫,每遣擣巢,持兩日糗糒,控馬馳出塞,日可三四百里,乘虜不備,盡殲其老幼,驅牧畜而入,計級受賞。故虜憚之,爲遠徙,虜婦誑呼"拜來",胡雛不敢夜啼,寧鎮三百里外無虜馬迹。拜與谷赤各累功受職,拜至本鎮副總兵,谷赤爲游擊,金帛累鉅萬,署養真虜家丁至二千餘人。相繼撫鎮,以爲得以夷攻夷之法,皆倚重優畜之。自馬市開,官軍不復出塞擣巢,拜等勇無所施。邊上游閒者艷資廩,夤緣亦籍爲家丁,實孱弱不能開弓,拜等恥與罷士爲伍。我既以重賄啖虜,邊餉漸有减損,開府者遂視此輩爲虛縻,若不能一日捨去。拜衆觖望無聊,日幸邊鎮有事。無何,赤死,拜告老。赤子文秀,拜子承恩,皆襲父職爲都指揮使。

萬曆十九年,巡撫党馨,山東益都人,蒞任,即疑拜勢重難制,每事裁抑之,拜父子心不能平。是年秋,火力赤大入靖海,經略尚書鄭洛檄調夏鎮兵。馨遣文秀率千騎西援,拜驚曰:"文秀雖經戰陣,豈堪獨將。"乃見洛,願以所部三千人,與子承恩從征。洛壯而許之。馨惡其自薦,故於其行馬之羸者不與易。拜怏怏去,至金城西,見諸鎮兵皆不能如其兵精。賊平,取徑虜地馳歸,虜辟易不敢逼。遂有輕夷夏心,恣睢凌下,多縱其曹橡冒糧。部下把總王徹、金汝卿,中軍朱綬,皆猥薄子,摭拜諸不法,上狀經略幕府。洛以降夷,真不問。徹等復上狀開府,引冒糧事爲左證。拜以賄求免。先是,馨取樹瓜種於拜,西土有瓜自樹上生者,故名。馨取其種。拜令夜不收亦力赤刀兒進之。瓜薄,逆馨意,杖之斃。拜因曰:"非取瓜,取金耳。"乃以白鏹五百兩、獺力猻四十皮,令義子哱奕襄馳獻馨。馨大恕,[1]撻奕襄,監之寧城,寧城即山家垛,在東門外,監達子處,牢固獄也。而下其事河西道鞫之。兵備副使石繼芳,與党同鄉,爲姻家,凡事阿馨意,遂執拜近倖數人,視徹訐鞫如律,已而從末減。拜自念結髮效死疆場,五十年受寵秩,乃以衰遲見僇辱,不勝怨望。承恩念父不平,又以強娶民女爲妾,被馨箠之廿,益其忿。故事,市馬給士伍倒亡者,當追朋合朋頭肉臟銀。馨皆嚴併未完者,即於月糧扣之,丁卒咸蓄怨未敢發。時冬,衣布花草價銀久不放,而開府方欲清查靖海時虛冒錢糧。拜等愈益懼,始與子承恩謀,欲挾衆復歸虜。時土文秀方守赤家堡烟兒垛,正通虜之徑。承恩馳見文秀,告以父意。文秀阻之,不果。

劉東暘者,靖虜衛人,正兵營管家丁也。素梟桀夸誕,有逆志,每以馨浚削,欲爲亂。至是,遂勸承恩,糾党八十人,入關王廟,刲羊歃血盟。將飲,衆曰:"今日舉事,須一人爲主,共視杯中酒漚大者當之。"獨東暘漚大,久不滅,遂共推之。① 期正月念八日,伺鎮巡官宴演武臺時發難。既又未果,然反形大露,巷市洶洶。坐營江廷輔急上變,請給前銀安衆心。掌寧夏衛官李承恩、藥局官陳漢曰:"以亂挾而與之,漸不可長,虜不畏族乎?"馨是之。而總兵張維忠懦不了事,壹意阿馨。至二月十五日,衆家丁催討前銀,并見領月糧,猶不肯給。承恩於是復糾党至關王廟申盟,亂遂決。

十八日己酉巳時,賊蠭聚帥府,恚曰:"邊軍何罪,而開府裁扣月糧,坐置之死。"維忠不能以恩威遣,第令往河西道理之。衆賊嚷罵出

---

① 《萬曆三大征考·哱氏》:"推軍鋒劉東暘爲會長。"與此同。《萬曆武功録》卷一《寧夏·哱拜哱承恩傳》:"於是立劉川白爲大會長,劉東暘、張文學爲二會長。"以主者爲劉川白,東暘其副,與此略異。

門，沿街號召各要穿甲隨衆，不從者殺。遂往攻河西道，門破，逼党階矣，東暘忽曰："且先尋党都堂再來。"喧譁而出。其時，賊卒劉川兒已撞入宅内，繼芳僕撲殺之，寘尸窖中。繼芳窘甚，奉敕印以妻孥踰垣，從千户黄培忠家避。培忠馳至帥府，請速集兵擒賊，幕下相視無定計。培忠恐，歸還繼芳於虞紀善家，遷其室於諸生李喬家。賊衆遂擐甲奪馬，往攻開府矣。時倡亂者才百人，家丁張大紀謂張維忠曰："事急矣，賊小烏合，易與。元帥速傳令中軍司討賊，一鼓成擒耳，少緩將蔓不可圖。"維忠心戰悸不知所爲，尚用游辭求解，爲賊擁入書院禁錮之。復分兵入河西道，於窖見川兒尸，愈忿。就虞家出繼芳於積薪中，繫其頸以轡，亦擁入書院。馨聞變，隔垣出諭曉，賊不聽，圍擁儀門下。俄傳開府召拜，拜入少選，出作胡語，遂大呼而進，馨盡室登樓。時鎮官畢集，莫敢誰何，惟惵語慰釋，賊氣益張。右廡有賞軍新釀醖數十罌，賊競爲牛飲，遂狂酗抽刃登樓。馨家人亂擲金錢樓下，不顧。馨急縋下，避後園。賊執至土地祠，額膊俱著刃，以馬載入書院。繼芳微服襍輿隸中，已出院，急走，忽風掀大帽起，一老兵識之，復執回。河東道兵備隨府初泣事，謁開府，及鎮人通政司参議穆來輔以出使過里，咸爲賊簇至。譬曉百端，終不聽。賊至堂皇，挾矢露刃，數馨貪剋罪二十一。繼芳以婚媾黨惡，同時遇害，各梟其首。張維忠向賊叩首勸饒，不從。都司蕭韶成、中軍梁富國以身蔽護馨，流涕向賊乞全屍。卒不聽，支解馨，以肉喂犬，懸二人首四牌樓。党夫人裸揶徇於市，盡有其橐。始收各衙門印信，分閉六門，縱獄囚，焚案牘，掠公私積帑，市隧貨幣，燒官民廬舍，火光徹天。東暘遂爲賊帥矣。

十九日，賊慮反謀不成，因勒維忠疏引罪，内稱巡撫剋糧激變等。又脅府、來輔爲草乞招安疏，三易始定，并鎮原王，凡三疏，斂富民百金治裝，慮途有更辭，以四健卒監之行。東暘乃下令禁搶掠，殺犯令者二人。

二十日，賊招許朝盟於譙樓。譙樓即北城樓，高大堅完，頫視盡城内外。賊始亂，據之。後東暘專坐北門，許朝南門，文秀、承恩坐西門。[2]朝，故巨盗，耄而猾賊多智,數冒首虜功,授百户,坐罪廢。子萬鐘犯竊,黥爲城旦舂。故賊援爲黨。四凶濟惡,睚眦必報,執李承恩、陳漢,殺譙樓下,以其阻發餉也。四首同懸示。自朝入而賊不復望招安矣。是時,總督尚書魏學曾新代鄭洛,在固原鎮。

二十一日,聞變,火速差千户郜寵齎白牌諭帖,傳諭變丁并在城軍民,即時斂戢聽處分。賊留寵不報,且逐營壘武吏異己者,僞署改易,靡非其黨。賊帥各簡健兒二百人,號曰隨任家丁,潛奪藩府儀仗,導引出入。大括商民金寶,女婦聚北樓,恣淫轟飲。城中民不聊生矣。

二十三日,遊擊梁琦、守備馬承光與哱雲、[3]土文秀互市中衛,方旋兵,謀欲攻賊。文秀素怨開府待之薄。雲,拜義子也,驍猛善戰,時爲千總。党常面許推撫夷守備,不與,亦懷恨。是日,拜執雲、文秀妻子城上,脅令殺琦、承光。文秀猶豫,賊黨孔大宣、黃汝莘已加刃二將矣。文秀、雲乃縋上城,入夥,開門内兵。

二十四日,①東暘差人向維忠逼取敕印,維忠度不免,紿之上閣取印,即自經死。賊既得敕印,合營人馬盡爲脅從。東暘自署曰"義士",以誅貪爲名,出庫藏金給軍士,以結其心。哱拜初爲子所挾,尚惶惑,後見殺死多官,又軍勢浩大,逆謀可成,乃虛推劉、許,事皆從中主持,以圖大逞。

二十六日午時,除市壇,陳几案、帘幰,賊衆畢集。東暘緋袍玉帶,建大將旗鼓,輿馬羽戟,導引前後,僭稱總兵到任。至武安王廟行香,然後詣壇,屠牛馬祭告天地,誓衆曰:"某於某日誅殺某官,爲三軍除害,禍福是共,貳心者有如是牲。"祭畢,饗餞北樓。東暘稱僞總兵,朝、承恩、文秀、雲副總兵,分前後左右五部署。守備高才贊機密,指揮賈應元司宰割,劉桓治穀粟,千户鄭祚典旗幟,周國柱爲東暘中軍,

———————————

① 《萬曆武功録》卷一《寧夏‧哱拜哱承恩傳》與此同,《萬曆三大征考‧哱氏》載其事於"二十五日"。

陳雷爲東暘旗牌，何應時爲許朝中軍，白鴦爲許朝千總。樓上並設五座，各官軍民俱長跪稟事，又嗾鎮官齊赴北樓賀。各路官以事入鎮者，皆令賫銀布，歸賞士卒，收市人心。始議整搠兵馬，取河東西各城堡，又議分兵六千阻當固鎮軍馬。又令魏總兵原差回覆督府，要朝廷授東暘總兵，朝、承恩副總兵，文秀、雲參將，專在寧夏鎮守，如宋元昊故事。若不從，定勾引達子來搶陝西省城。是日，督府又下檄，令賊候旨處分，放民耕樵，皆不報。

二十七日，承恩領兵五百，奪玉泉、廣武、中衛一帶城堡。土文秀領兵五百，奪平虜一帶城堡。承恩未至。玉泉營兵有乘機作亂者，遊擊傅桓廉知之，斬手足者六人。其黨愬之，承恩怒攻玉泉。桓左右盡散，閉門拒守，爲寧夏衛千戶陳繼武縛，獻承恩。因僞署郝雲爲玉泉遊擊，即令陳繼武屯王宏堡，遣韓范行諭西路，遂引兵而西。參將熊國臣、守備袁尚忠等皆棄城走。於是中衛、廣武、大壩、石空寺，所過屠戮。因僞授高天爵大壩守備，張大紀廣武遊擊，何安石空寺守備，王虎中衛參將，李宰、李虎屯棗園。惟北路平虜參將蕭如薰堅壁不下。於是自河西北至玉泉四十七城堡，皆望風披靡，相繼降。賊勢將占據河東靈州、花馬池等處，結連套虜，並舉入寇。成則爲宋元昊，敗則歸虜。各地方旦夕自危，而全陝震動。承恩遣人招如薰，如薰不應，度賊必來攻，預策以待，大出金帛犒士，申守險要。其妻尚書楊兆女也，朝夕勸如薰盡忠報國，自脫簪珥佐餉。如薰以大義獎激士氣，布告遠邇，曰："逆賊擅殺大臣，謀爲不軌，官軍世受國恩，無爲拱手聽命。"

三月初四甲子，承恩、雲以兵數千至平虜，見有備，不敢逼，乃謀先取靈州。此時朝廷聞寧夏之變，命下，敕督臣魏學曾急赴該鎮，假以便宜，相機撫剿，止令捕誅元凶，餘黨準撫。而學曾遠在固原，未悉變亂情形，又武備久弛，錢糧無措，只得急調各邊兵勇，借茶馬官銀以給兵餉。一面移文各營堡，令堅守以待援兵，一面差原州副總兵李昫領鎮兵赴寧夏剿賊。又恐賊結連北虜，復遣兵把截隘口。承恩聞原州動兵,欲乘其未至,急攻下靈州。有吳世顯者,故靈州土官也,曾爲參將府中軍,以賄黜。乘亂潛至鎮,誘賊取靈州,已爲内應。至是,高才謂承恩曰:"靈州堅,未可力取,而來保恃勇寡謀者,宜以計襲之。"乃脅遣長史楊耀川往,止兵乞撫,陰以勁卒隨其後。先密令人通世顯,爲貢生孟召等知之,説參將來保嚴固城守。耀川至,不得入。承恩乃於三月初十遣王虎領賊過河,[4]來奪靈州,爲守備趙武敗,去。

初八日,李昫討賊檄至,承恩引衆趨回鎮,留哱雲駐河墺。高才、張學等商議,大兵壓境,非虜援不能濟,急遣文秀輩齎金帛徵虜援,艤大艘金貴堡以候虜渡。束暘召府、來輔詣北樓議招安,且徵軍餉,府辭以疾。賊怒,將加害,不得已乃與來輔赴北樓。文秀以屬見朝,倨曰:"諸君日言招安,此檄胡爲者?"來輔徐曰:"招安爲朝廷特恩,將職在死,綏不得不爾。"衆默然,恐黃培忠等潛謀内應,乃囚百人。

十一日,李昫率副總兵王通、參將趙武、郭有光、吳顯、孟孝臣、李棟、楊國臣統固、靖、延綏兵馬五萬阻河,屯靈州、鳴沙洲,哱雲奔回鎮。官軍驅賊駝馬牛羊萬啼過河東。[5]拜忿甚,乃罄取官庫金幣,差西僧把利_{嘗爲馨所禮,恃寵殺人,繫獄,賊釋之。數使虜,用幻術,賊奇焉}。與文秀往誘虜曰:"頃爾明愛誅死,火力赤北奔,那顏以馬力弓鋌雄塞下,至今不報復,拜竊恥之。我事苟濟,那顏亦一洗焉。"且許以鎮城界着力兔,平虜所界打正,大壩西抵中衛界賓兔炒庫兒,花馬池界宰僧,鑽刀爲誓。又將盔甲數百領與虜披帶,令起兵來助。虜大喜,許諾,先遣數百騎應援,隨令宰僧統部落三千人後至。

十二日,張大紀在廣武,見官兵已至,密獻書於昫,約迎師。令把總何寬納舟,艤舟西岸,師濟,遂入廣武。大紀回鎮。

十四日,靖虜參將吳繼祖領兵過河,至中衛城外,令城中人將王虎綁獻,進城安撫。由是趙武攻石空寺,吳顯攻棗園,執李宰等,斬三百人。李棟取大壩,楊國臣取玉泉,所陷城堡盡復。官軍得據津渡,聲大振。督撫移住靈州,防賊南犯陝西省城。又差總兵劉承嗣領定邊兵,壁於橫城哨探。賊見官軍四集,以土塞城門,官民稍異者咸忌之，禁於甕城。

十五日，督府始下檄聲賊罪，許朝以衣裹而入，衆不得見。平虜所遣偵者至鎮，爲賊覺，劓、馘，斷兩手，收斬所主家。又恨前廣武渡官軍，收何寬祖、極納舟等家。於是河内絕無一舟，諸兵濟涉甚艱。

十七日，臨鞏道遣都指揮李鯤放船筏至橫城常川渡兵。拜聞虜騎將至，遣文秀、雲領賊數千迎之。值官兵將入玉泉，二賊即會虜迎敵，於玉泉營外屯住。許朝又領兵一千在廣武地方屯住。未幾，宰僧部落三千已至，亦在河西金貴堡門外屯住。

十九日，拜見達虜來助，盡遣家丁五百，并火器手五百，往來策應。又親自引虜數千騎入鎮城，大索金帛聲伎，中其欲。虜大悦，屯札教場内，向官軍稱説："我們與寧夏哱王已是一家，今將迤西甘州、莊浪并延綏各頭目部落俱調前來，與你們對敵。"拜欲乘虜勢取玉泉、平虜，乃令文秀俱辮髮胡服，領虜赴玉泉攻城。①

二十九日，哱雲、吳敦壩部招云吳教壩。等同着力兔帶領精騎二千，②張打坐纛鬐篰撲至平虜，攻城甚急。如薫督兵血戰，射死一虜，③賊方退。時官兵皆臨河下營，賊亦分撥四千人沿河擺守以拒我兵。始知張大紀獻書迎師，因誘殺於漢渠橋下。又殺把總王徹，報上訐仇也。汝鄉以出外免。時各處官兵集已三四萬人，因虜在未敢進。督府乃使譯撫虜，虜因執譯至鎮邀賊賂，賊欲殺之，虜復携去。未幾，虜終以賂不滿欲歸。哱雲以官兵日盛，亦欲隨虜北走，部下家口皆在鎮，不願從。

四月朔，指揮王琦、蕭韶成、陳雷以賊令濬渠出城，皆棄家潜叩督府。後琦往西易芻粟，醉，爲文秀擒。還，支解於市。又垂繫韶成、

───────────

① 《萬曆三大征考·哱氏》、《萬曆武功録》卷一《寧夏·哱拜哱承恩傳》繫於"二十七日"。

② 吳敦壩：《萬曆三大征考·哱氏》作"吳敦壩"，《萬曆武功録》卷一《寧夏·哱拜哱承恩傳》作"吳教霸"。

③ 《萬曆三大征考·哱氏》、《萬曆武功録》卷一《寧夏·哱拜哱承恩傳》皆曰射死哱雲。《萬曆邸鈔》載魏學曾疏，稱哱雲爲蕭如薫射殺，然無具體時間。本書載雲中礮死於四月初五，日期、死狀與他書所載皆異。

雷家。

四月初二日，督府移師花馬池。蓋先是，議者皆謂胡虜未入內地，速宜遣兵阻截，賊勢孤，可并力進攻。或又謂賊嬰城自守，尚不敢發倉劫民家，可招安而平也。魏公初以糧餉未給，故因循至此，則虜已與賊爲一。乃自小鹽池移師花馬池，復遣人諭虜，申朝廷和市舊約，令勿助逆。虜佯許退去，而實陰助之。

初三日，督府傳令李昫率官軍進薄城，列爲四營。賊縱兵辮髮，肖虜出戰，殺傷略相當。賊又脅鎮原、壽陽二王，鎮國將軍蕭樽，隨府、穆來輔皆登城。許朝手刃王侍人，承恩曰：“官軍不退，吾以二王、官人縛陣前作楯耳。”坐之於地，達旦不遣。

初四日，賊又疑守備朱綬、百户白縉、土敖塌爲內應，皆殺之。時李昫居北營，屯演武場，劉承嗣居東營。昫等連日與賊交戰，皆勝。然北營前扼，虜失地利，餉道不屬。昫與承嗣約，初五日同進兵。至期，東營方出兵，哱雲率步卒推火車、火炮突擊之。昫速令王通引兵冲破車營，奪焚火車百餘輛，盡赶入湖內，淹死賊兵無數。通部下家丁高蓋等乘勝遂入北門，大殺傷賊眾。雲奮戈刺蓋濠中，雲亦中礮死。賊敗，自相蹂踐死者千餘人，而榆林爲糧不給，莫肯進。主帥忽下令退師，而奮勇先入者悉兵賊所臠矣。是役也，賊頗懼，又恐城內生變，令人執刀沿街巡邏，不許一人出户。

至初六日，朝、文秀復脅宗室、隨、穆至東城樓上，向昫哀告退兵，顧求招安。自此將宗室、隨、穆俱囚繫甕城關王廟內。承恩於南城呼李鯤曰：“吾父出萬死一生爲國禦虜，蒙恩澤至上將。撫臣浚削，激怒軍心，自取夷滅。吾勒部曲待命，當路不察，反以爲罪而不見功。人言漢恩薄，信然。誰察見至情，吾朝降夕死耳。必云首惡，則常達子、白鶴、張清百人俱在，乃不罪造亂而罪戡亂，吾寧保此完城，結匈奴圖自全也。”因投誥敕城下，鯤慰安之。

初八日，賊復招至虜騎以萬計。昫等亦議天暑兵疲，[6] 糧草不繼，不若權許賊爲休養計，乃各退舍。賊見官軍退，復合虜躡其後，掠張政、魏信諸堡。官軍趣救之,始退。自賊塞門固守屯堡,粟俱不得入,兼之媚虜,財食俱困乏。乃令劉桓、賈應魁大搜民間米麥牲牢,且曰:"官軍屠城,百姓將無噍類,吾爲若曹守護,何吝此也!"官兵退,復修舊怨,乃殺李承恩子沛、納賦納舟從文。一門六人,瞿芳一門七人,執百户張世傑、吕擢,斃於獄,又殺諸生蔣三重。廣造重屋城上,日擁狎邪倡酣醉,輒妄殺戮,搒掠五衛經歷、院、道掌錢吏,責商稅贖鍰,刻期必納。又令民訐首誅党、石時乘機雜盜財物者。於是民殷富之蓄搜括罔遺。又下令毋納諸堡民入城,恐爲耳目。啓閉必親監視,言服可疑及素有隙者,輒殺之。魏總督受命兩月,師無成功,日夜憂懼。或謂哱皆高爵,而推劉、許,意視緩急取二人首,乞靈朝廷爾。今宜陽招劉、許,陰授此意於哱、土,無不應者。督府然其謀,乃於初十日遣賫本家丁葉得辛詭報朝命,陞東暘參將,餘進三級。因密諭拜、文秀,殺東暘、朝立功贖罪。比時四人方密,未有隙。拜乃暴其謀,朝折得辛脛,下之獄。而簡卒潛濠,一意邀虜爲固計。虜責要玉帛美女與河東西地,方肯助兵。賊先是將尼僧樂婦盡配家丁矣,至是無以應虜,乃括鎮城美婦女,不論有夫無夫,盡行掠取送虜。於是哭聲震池,自溺自經者無算。如冠帶官熊彦古妻林氏、千户梅湛母朱氏、楊寀妻范氏、白緝母王氏、餘丁王明理妻王氏,皆伏節而死。内指揮趙承光母李氏、妻李氏,子母五口,罵賊,悉自縊死,尤慘也。時慶憲王被拘,賊將入府索宮人,王妃方氏令閉宮門,伺膳畢出。見賊催逼,妃欲拔劍自刎,一老宮人引妃抱世子入後園土窖中,宮人取袍服置井上,環哭之。賊入,信非溺井,[7]止掠金帛,取少宮人而出。及宮人起窖,妃已死矣。衆賊争取良婦姦淫,民無不切齒。

四月十一日,賊以美婦寶貨載送虜營,并將寧夏地方獻與吉囊莊酋。又揑妖讖,言朱家合休,胡當復興,東詿順義王,令共争天下。

十二日,拜領次子承寵、千總吳敍塤率兵數千,連虜營於張政、鎮河之間。村墅無人,道路阻絶,拜因邀着力兔娘子來城宴待。

十三日,虜乃遣頭目來會北樓上,歃血訂盟,因致金帛牢醴糗糒無算。酋歸留部落，駐牧河之兩厓。

十四日，督府候葉得辛不回，復檄賊開門放農牧，不聽。恐官兵復來攻城，日夜督人運灰土木石城上備禦。按寧夏城池係赫連勃勃所築，名曰統萬，最高且堅。趙元昊據此拒宋師七十萬眾，不能克之。故賊倚恃不懼官兵。有老卒楊柔兒者，故礮手也，爲賊作展石礮，官軍多爲所擊。賊乏火藥，有張大驢者，舊以造烟火給事王府，剋硫黃百餘觔獻賊。皆得重賞。

十五日，賊盡毀城外叢祠壇壝亭榭棹楔之屬，城中禁人偶語，諸生偶語者，賊輒籌之，凡四十人。時繫者盈獄，賊前後縊殺之幾盡。賊情内外，牢密不通，且關中道路崎嶇，轉運糧草極是艱難。朝廷以賊久不下，敕魏學曾速攻下賊，賜劍一口，不用命者前斬後奏。學曾奉此敕，只得廣調各處人馬及延緩等處。游擊姜顯謨、蕭如蕙等皆領兵來會，期四月十七日進攻寧夏城。忽聞虜助賊，東自安定，西自玉泉，大肆侵擾，以牽制官兵。遂改期於二十日進兵。次日，抵城下，掏挖外城，填塞濠塹，欲安雲梯登城。許朝慌，令東暘守城上，自己領卒出城迎敵，殺傷官兵百數，不克登城。

二十一日，賊復合虜二千餘騎挑戰，官軍引大礮中數酋，賊乃引去。此時，魏總督住靈州調度，正愁兵寡，賊虜合勢猖獗，却得甘肅巡撫葉夢熊調到貴州苗兵一千餘人，差總兵麻貴、牛秉忠前來助剿。

二十四日，誘賊出戰。哱拜自領虜家丁迎敵，麻貴、馬乾英斬二級。麻貴此戰乃斷絕招虜之始。拜退入城，虜亦退去。從此戰後，拜不夜出臨陣。官兵趕至城下，城上矢石如雨，官兵中傷，只得退回。於是總兵麻貴、牛秉忠、劉承嗣等共議破城之策，各營挑選精銳七千，結爲西營，從西北，又二千四百，從東北角，兩路夾攻，餘守演武塲大營。

廿五日，進攻。賊步兵四五千在前者，各負板扉障陣，馬軍在後衝，來勢甚猛。官軍打射，自未至申，賊中礮皆死，餘各潰散，丟下板扉皆爲我兵所獲。東營又夾擊，大敗之。原來居障前者皆鎮民也。賊詭令步兵驅之冲障受礮，牽住各營官兵，却令承恩、敕垻率精騎同虜伏兵漢延渠。候官軍運餉至，伏起，殺散眾軍，將糧餉二百餘車焚掠,車牛盡數搶去,搬入城中。及四總兵知之,救已無及。劉、哱得糧大喜,酌酒相慶曰:“此天助也。”

諸將議,晝攻賊有准備,不若夜攻,火光遼遠,守障不及,可破也。乃於二十九日初更,西南起火炮爲號,一齊迸力攻打。賊已上城守護,滾木礨石齊發,擲柴束火藥燒斷雲梯,攻死軍丁無數。攻至天明,不得登城。承恩又出不意,令人阻絶糧道,殺死軍户,將牛隻盡搶去。諸將尋思無計,以寧夏故總兵張傑於許朝有恩,令招之。

五月初一,傑巡城西,遥呼朝,責曰:“事起迫脅,柰何不戢軍士,肆慘殺,即無法亦無天耶!”朝謝曰:“事已至此,不能以死報恩主。今乞招不得,當盡殺王、官吏,北走虜逃死耳。”傑曰:“督府累使招撫,何云不得。”朝乃述得辛詭謀,傑未信。朝即令人舁得辛至,使吐寔。得辛仆地,厲聲曰:“死虜作歹,督府援我計殺賊,不幸謀不成,惟有死耳,而何喋喋。”朝怒,戮其尸於城。是日,宗室倪炪惑繼室王氏,誣宗子潏齋、姜應奎等於賊,[8]曰:“彼廿人同盟,將不利於將軍。”賊劉應奎於市,抶潏齋千,[9]囚之。后鎮原王鞫得其誣,杖殺倪炪。

初二日,寧夏新巡撫朱正色到任。正色初任江陵尹,極有才望,故朝議特推之。朱素聞賊劫我兵糧運,乃先差新總兵董一奎領衆與張傑自横城渡河護運,與諸將協力攻賊。諸將見鎮城堅固,止有西門堪攻,遂令人採取柳稍滿草,和土脩墊馬道,以便攻打。賊見即發槍炮,矢石如雨。牛秉忠右臂射傷,打死官兵二百餘人。又暗令賊同虜自唐渠梁上來攻大營,乃得董一奎新到人馬,速往迎敵。賊見官兵攻城不退,乃以二王、各官至城上,乞緩攻。官軍不顧,礮中其繖扇。已而攻卒傳午餐,不戒。賊從城上擲下火藥,焚原墊柴草,將一應攻具盡行燒毁,不能成功。

初六日,虜大入,自鎮城、中衛,恣屠掠渡河。鳴沙、寧安諸守將閉壘不敢出。拜又教虜怵諸將曰:“我以哱氏故,不憚暑熱,蠻作而遠至,欲西家以好罷兵。今鎮帑告竭,野不獲穫,而病軍民何爲?”

初七日,北營欲阻胡騎,掘關外路,賊隨寔之。時官軍攻具既爲賊所焚,又虜爲之犄角,轉餉甚艱。天氣酷暑,大營難居,往往生病。諸將商議,於初十日將各兵暫撤回李祥河、西寨、魏信等堡休養。賊見官兵退去,設宴慶喜,言我等屢勝官兵,屢奪糧餉,又得達虜內助,成大事必矣。遂令張學撰一道榜文,上稱"一字混天王",聲言即日要攻慶陽,占據陝西。是役也,雖有四五總帥,聚兵五六萬人,而無主將,又督撫臣俱不到營。賊填土塞門,惟開北門以放樵採不常,遣人以金帛勾虜,皆從此門出入。我師攻圍,正從村堡打探,未嘗遣一敢死士入城,覘諸賊動靜。間有射出匿帖內應,或出迸,因不知的實,不敢應之。賊人取箭取草,無一人拒之者。賊專倚虜援,我又不能阻絕其來,以故師久無功。石星爲本兵,漫無經畫,關白已破朝鮮四道,不日倭兵二十萬將入遼東。朝議洶洶,多欲學曾姑招安西賊,專力東方。又欲用密計以賄退虜,令哱賊效火酋潛遁,乃殺一二首惡了事。或欲以重賞購順義王,令擒逆賊。或欲多調客兵,以資生力。中間皆論學曾素無智略,悞國事,宜罷斥。於是朝廷削學曾職,帶罪討賊,而令朱正色、葉夢熊協兵剿之。又議遣李成梁爲大將。成梁方被論歸遼東,又疑不敢任。御史梅國禎獨疏保之,復請身監其軍。乃遣成梁子如松領遼東、宣大、山西諸鎮兵,以國禎監之,同赴寧鎮。賊每日飲酒爲樂。哱拜自兵退後,更不入城,惟在着力兎帳房住,以便調度應虜。

五月十一日,套虜萬騎自大河至賀蘭,北抵平虜,氊帳相望,夏境盡爲虜牧地,常以數千騎往來城市,家徵户索。許朝結酉長近倖五納受,以從女妻之,裝遣甚厚。

十三日,督府檄逮首惡,脅從罔治。拜謬藉吳習地等十人紿府。

十五日,賊徵糧於洪廣諸堡,常信堡百户陳緒誘殺之。賊憾甚,縛緒去,支解之。緒罵賊而死,其妻梅氏同日自經。

十七日,復遣周國柱統兵數千,合虜攻常信,屠戮洩憾。國柱故名畢邪氣,以家丁爲隊長,倜儻好義,東暘僞署爲中軍。與諸生尤鳳鄰,鳳常勸國柱就中圖賊。至是,國柱故緩行。鳳因令弟雜樵中,至堡洩之，民得他竄，不能走者盡屠之。堡女張氏有姿首，賊欲犯焉，投火中死。盡焚官民舍，又伐毀郊坰林木祠宇，十里盡赤。

二十日，朱正色來開府，蔡可賢來兵備河西道，[10]俱駐劄河西營。馳榜諭鎮民，賊匿其榜。

二十四日，賊遣雷昊詣行營，乞招安。張傑信之，爲請督府許之。次日，許朝來迎張總兵進城招安，詭云眾心未一，將傑拘留，禁其從人。又脅諸官吏移狀督府，且徼破格陞賞，殊無降意。朝又打聽得軍門諭撫達虜，得着宰、銀定把都諸酋紛紛講賞消息，恐虜退去，急賫金帛送虜。令對官軍說：“當初與哱拜歃血相助，[11]若要撫賞，先招安拜等方好。”復邀虜從沙湃等處，分道南侵，大肆搶掠。又發兵合虜攻圍平虜，督府急遣兵救援。時着酋欲歸，又聞督府遣人招安，而拜等反復，乃趨至演武場，謂承恩等曰：“孤城不敵官軍，抗則必敗，不若順撫得策。”語甚洽，用胡禮抱頸親愛，而睨視朝，朝不悅。

六月初三，辛卯。督府檄曰：“暘等結髮從軍，曉習兵律，謀叛族誅，令在勿宥。党、石被戕，猶以浚削軍糧，諉曰義舉。爾後易官召虜，誅殺無辜，非叛而何！朝廷曠蕩之恩，仍寬自新之路。我受命閫外，撫剿得專，今與若約，六月出獻逆首，如執迷不悟，三軍惟知討賊，義不返旋。若曰負固，則古無有不破之城。若恃兵食，今鎮儲已空，與諸鎮孰強？又狡虜惟利是視，寧能爲若效死。即王官士民不幸遇害，不失爲忠節，若輩父母妻子難免赤族之禍矣。”朝見檄始懼，又以虜難恃，冀幸得撫，欲遷公署於新城，已擁眾屯舊城，如莊浪魯氏，自署部曲，不屬軍政約束。東南二門，塞勿啓。是日，賊又執李剛堡操守官施威下獄，以其潛通北路官軍，且往鞫許萬鍾盜獄也。

初六日，葉夢熊來代學曾總督經略西夏。此時，兵散各堡，督府日候張傑消息，寧夏城下無一兵。

初八日，賊械常遑子五人詣行營，而厚郵其家。

十五日，督府檄拜等曰：“既械首惡，革面受撫，宜即開關循職，參聽節制，而猶首鼠兩端。且戎政今誰屬，乃總兵張傑。不入公府，群居城上，何等舉動。其速赴督府聽議，毋緩。"賊見檄，復留使不遣，第令雷昊乞緩攻，而愈督軍浚壕，築東南門墁道，毀棹楔、公署木爲渠答固守。夢熊語學曾曰："賊假撫緩師，實候秋初虜來，可以肆志也。今我師老財匱，尚容坐守乎？"乃議十九日官軍四萬并苗兵列爲六營，一齊進攻，董一奎城南，牛秉忠城東，李昫城西，劉承嗣城北，麻貴屯兵教場以備四面有急。又約帖於矢射入，示鎮民不與賊乘城者免死。當日，各賊拒門迎敵官軍，打破垜口數處，火箭燒毀城角樓二處，又將劉東暘住樓飛簷脊獸打毀。至午時，北門忽開，拜與承恩親領達虜家丁出戰。麻貴急傳令，賊中有穿盔甲迎敵者，斬首，不迎敵者，活提招安。又親督諸將馬乾英等，擒斬賊虜一百一十八名顆，奪獲駝馬數多。拜遁入，幾成擒，天晚暫退回營。此一次攻城，城幾破，賊皆膽寒。高才謂拜曰："官兵得併力攻城者，皆因虜衆不至故也。"因復遣通事馬世傑，同拜養子克力蓋，併着力兔原差二人，到卜失兔處，送黃金二十兩、銀玉百兩、蟒衣四件、紬段食物等。言南朝兵馬十九日將寧夏圍困危急，請你領各頭兒，搶了靈州，到下馬關，截斷南朝糧草。今東路莊禿賴、明愛、阿克等，我已俱去約日共合兵馬行事。於是卜失兔皆許諾。

二十日，都督李如松、監軍梅國禎以遼陽、宣大兵至，壁於城南，將兵馬分擺，併力攻圍。一面諭賊許降，令一人下城訂盟。賊素聞如松家威信，意頗從，然莫肯先赴盟者，遂推避不決。次日，許朝復潛兵出，襲如松營，苗兵禦之，朝走脫。拜因先所遣哈不失戶把利徵虜久不至，夜襲北營，欲潰圍入虜，見壁堅，亦引還。

二十二日，官軍用布袋三萬，盛土堆集上城。賊用炮石打傷官兵，游擊吳顯面中一箭，諸軍退回。

二十三日，國禎督令都司李如樟等，率家丁於二更時分密地進攻，用雲梯暗上南城。賊用紫草裹以硝黃烌炮投下，燒斷梯。家丁盡墜，箭炮如雨，不克登。

二十四日，游擊龔子敬、立功官劉天俸領苗兵千餘人，仰攻鎮城，已將南關昭陽樓用火炮焚燒，賊用水救滅。又打懷懸樓三座。[12]董一奎攻打城門，參將王鐵塊面中鉛子。李提督欲乘勢率兵上城，城上箭炮亂下，打傷官軍，仍燒燬雲梯二座，家丁墜地。凡賊每瞰官兵罷攻會食時，必縋下賊人，奪梯奪牌，并將仇公祠、三清觀俱豫燒燬，令我兵無處存劄。本日戌時，官兵力攻南門，將原築土圪開五洞，縱火燒門間。賊等從門上圪開大孔，用水潑下救滅，又用炮石打下，門終不破。兵退。二更時，城內譙樓焚。初，指揮趙承光、戚卿、百戶姚欽等附賊，後見官軍日厚，度賊必敗，乃誘文秀反正，獻門納官軍。文秀亦許諾，與諸生李喬、張墨、守約等計，承光、欽以守城軍截西北，卿以新城民應之，[13]陳嵩乘間殺朝，三射書於西營，約擁兵入城，只俟譙樓火爲期。墨恐書未達，又縋子遐齡，親詣昫，請速兵。而昫欲專功，匿射書，又持疑莫敢決。迨樓火，城中鼓譟，而城下無一人應之。文秀見事不濟，乘醉倒戈，殺數十人。承光、卿逃散，姚欽同家人六名縋下城，奔行營。賊捕陳嵩等二百餘人，斬於北樓下。承光馳歸家，母令急走圖嗣，毋顧我二婦人也。母婦遂同縊死。賊捕承光、卿等械禁之。

廿五日，敕旨至，除拜父子不赦外，餘脅從乃免死。監軍又諭曰："拜父子若能改圖，束手迎官軍，亦當爲保全。"許朝曰："監軍活我良厚德，然我五人誓爲生死，請駐軍關城，毋入鎮。"議終不決。

廿七日，劉承嗣督兵於北門，穿鑿地道攻，爲賊覺，盡殺穴中。自廿二日至此，凡七日，攻城官軍被死傷者八千人。賊馮城死守，狡計百出，矢石火器，日夜狠打，只等卜失兔胡馬來助。梅監軍與李提督商議，賊倚虜不下，必竭力剿虜，使賊絕望，始可平也。於是二十八日，使李寧領精銳哨探。賊使適自虜中歸，李寧因追斬夷虜，并拜養子克力蓋等三十名，奪獲承恩調賊印信令旗，并着力兔號箭一枝。哈不失戶因官軍逐之，投河死。四五日後，土文秀又差吳韜等勾虜回，[14]被千總王世祿追逐，擒其四人。或云此七月初三事。① 如松於是盡得虜信，加

————————————

① 《萬曆武功録》卷一《寧夏・哱拜哱承恩傳》繫於七月初三。

意防阻。賊不知被擒，每夜舉火爲號，以望虜救。此如松斷絕招虜二。①

七月初一，戊午。許朝擁二王、各官至南關城，請董一奎講話。隨僉事覘賊反覆不受撫，與家人張興從上跳下，興繼之，誤踏府，折其脛。董令官軍撲救，止將張興救回，身帶河東道關防一顆。府復爲賊縋上。朝以刀背四擊隨，曰：“老傖老傖，吾視爾如燖雞爾。”②

初二日，南營兵攻振武門不克，芻粟爲賊焚之。

初四日，拜遣徵虜者久不回，乃自率兵欲北走虜，又不能越。是日，復遣人賫金佛像、蟒衣縋城，潛召虜，夜使三發。蓋拜初舉兵，不自立而立東暘，期事成并圖東暘。不成，以二千真虜家丁，足制劉、許死命。至是，兵屢挫，虜援不至，始懼。語子承恩，欲同奔虜，承恩未肯從。承恩母施氏，軍家女也，屢諫拜，不聽。屬誕辰家宴，椎髻胡服而前，拜驚問故，施曰：“以將軍功高，得命婦服，今恐不得長爲漢臣妾矣。”因泣下。拜亦感悟，曰：“如而兒何！”承恩聞之，肆大詬曰：“老孤媚不死，而喋喋撓夫子所爲，是何與汝爨下事。再言，并爾砍訖。”施氏泣曰：“我何不幸，生此狼，斷送老命。”且哭且挈其裾，承恩推跌母，出外去。党公遇害時，二女皆笄矣，爲賊驅，裸而出。周國柱獨言之東暘，與党、石家口同安置存活。國柱常與副總兵葛臣密議圖賊，苦未得間。至是，劉、哱共議緩兵之策，再求招安，國柱曰：“誑之兩次矣，必不信。不若以党、石家口獻出，復許開門獻關，或其聽乎。”承恩如其言。

七月初七日，發党、石家屬出城，求退兵。官軍不聽，攻之愈急，然多傷賊礮，不能下。往鎮兵習神槍，而不善展口礮，小卒楊奈、張起能之，爲賊數殪官軍。又楚人汪雲谷者，初以謁馨至。馨敗，教賊取梵宮積塵，沃以燒酒，造礮着人，無不糜爛，官軍極畏之。

初十日，督府賫固守平虜，攻於城下，自是無虜警。諸屯堡始出

---

① 自“（六月）二十日”至此，《萬曆武功錄》卷一《寧夏·哱拜哱承恩傳》繫於五月，相關時日亦異。

② 《萬曆三大征考·哱氏》、《萬曆武功錄》卷一《寧夏·哱拜哱承恩傳》均繫於七月初二。

樵採，民咸載酒餌芻茭與營軍貿易。此時，賊累求招安，督府不肯信。梅監軍獨決意從之，然未有成説也。

十一日，督府議城卒難下，城東北地形卑下，而大壩內水勢高地丈餘，不若築隄東北，堰唐渠、紅花渠水灌城，此立破之術也，所惜生靈無辜者並葬魚腹耳。眾曰：“事求速平賊，亦難顧惜。”於是決意用之。議築堤一千二百餘丈，一應器具調度，兵勇防視，曉夜謹嚴，俱各完備。賊見官軍築堤，亦防水患，於城頭置重門，斷壩道爲浮橋。蓋賊意撫議行，當出盟，請大臣入城，即可斷橋拘爲質也。

十三日，許朝下城，刑牛馬，與諸將盟，止攻殺。梅監軍亦單騎至關下，面諭賊眾，忠毅慷慨，無不感動。因叱令啓關。朝疑貳，請以詰朝。

十四日，監軍復至，朝等逡巡下城，稽首，開北門迎監軍。梅欣然欲入，偵者還報市隧有伏甲，守關卒戴朝相亦密白賊詭弗可信，乃弗入。約申盟。明日，請諸將與朝灑血酒盟，互疑酒鴆，莫肯先飲，罷歸。戴朝相因執朝親倖黄花兒以降。初，朝下城盟，城中訛報朝就執，妻妾聞之，俱仰藥死。朝大恨，徵賄褦焉。

十七日，朝廷以西師久無功，損兵耗餉，言者紛紛。上震怒，差官械學曾赴京，以夢熊升侍郎，代爲總督，討賊。

十八日，堤工完，決大壩，放湖水。賊正憂慮，忽報卜失兔率部落二萬，莊秃賴、明愛各率部落三萬，分頭從定邊、沙湃等入犯。拜等大喜，速遣真夷家丁并東暘、朝槍手三百名，作爲鄉導，引之寇延、慶、固、靖、鳴沙、半箇城，渡河，由廣武石空山砦而來，勢甚猖獗。督府急令鎮夷遊擊龔子敬，領苗兵一千至沙湃拒虜。始戰俱勝，大炮打虜首一人。不意至山砦口遇虜，虜欲穴垣出，苗兵移營遏其前。虜前驅牛馬，引轂隨之，視跌者輒射，死者八百人。子敬并領兵官戴君寵等，皆沒於陣。督府聞敗，速調延綏總兵董一元統衆出邊搗巢，以牽虜内顧。又遣麻貴領兵四千，擊虜於石溝等處，斬獲頗多。如松又差李寧等在夾河中灘與虜交戰，斬獲虜首三顆。虜從沙湃入者，屢遭零剿，從延鎮沙梁入者，又患一元搗巢，以故陸續遁去。拜見虜遁，使人讓之，求虜再舉。此官軍斷絕招虜三。

廿日，偃水已及城，賊無奈，令張傑寓書如松，申前盟。如松報曰：「主上不以松不肖，使假便宜而西。始松受服時，家威遠戒松，將貴靖亂，無尚斬馘功，故一意用撫。拜等豈不畏爲釜魚，乃欲貴譎智以疑將軍者，復愚松聽。三軍之士皆在，乃疑酒鴆，而撫用不成。堂堂戎師，豈無一策制敵，而假盤盂爲斧鉞乎？且何施面目牙纛也。彼若悔禍，安肯魚鼇鎮民，以悖家威遠之訓。」書報，拜猶不悛。理刑同知宋炯在繫，以憂死。朝逼娶故百户何熙妻，不從，朝手刃之。

二十四日，水大至，壞女城，賊伐宣聖殿、慶府槐柏以繕補北關。窪下受水，堕民舍，無坐卧處，賊禁之不得遷動。

至八月初一，城外四面皆水，城浸至八九尺，賊大懼。是晚，賊三百人駕九船犯堤，官軍併力擒斬，落水死者無數，餘百人以四小舟遁。次日，城東西兩面崩塌一百餘丈，懸樓坍塌兩座，城危旦夕矣。未時，北面堤埂—係都司吴世顯所築—忽從地下決裂，走水衝開二十餘丈，水勢便退。人報督府，即以賜劍就隄斬世顯，三軍股栗。賊衆見水落丈餘，酌酒相慶。

初四日，文秀暴疾輿回，丁邦彦僞署遊擊代之守門。

初五日，官軍修隄，賊遣吴敖埧引四百餘人，駕舟至望軍臺及教塲、舊將臺二處，引礮向泄水口，擾修隄役。麻貴同參遊王通等率精卒從水趨戰，涉斬二十人，獲其礮。敖埧遁免，朝箠耻之。

初七日，賊又發七十人，從東南縋下，駕三舟至東岳廟，設礮對營擊打。牛秉忠率參遊李秉德等領百人，趨水攻賊，至廟，賊懼，退去。又賊五百冲來，奪占廟基，并修補東門潰塌處，隨被官軍從水對城併力射打殺，賊仍占廟基。官軍五日三捷，士氣愈奮。崩隄復完，城中水盈尺。賊出獄中婦女，縱虜嬲淫。

初八日，許朝殯妻馬營園，除道五里，懸流蘇幄，喪具踰制，市衢列甲防非常。先是，南關民夏之時、李醫生、傅授仁等謀，俟朝殯妻日，授仁設晨餐招僞把總吳保、馮良佐，就席擒之，開關納官兵。因射書南營爲約。及朝餔時，授仁方邀二人，去未遠，而官軍舉礮城下，二人即抽身抗敵。東暘疾馳北樓，承恩、朝趨南關，甲士倜焉登陴，矢石交下，大傷官軍。官軍射回其書。<small>前六月二十四，獻城敗于李昫之專功，無足責矣。今南關之獻城失，又先時，乃不自責，而射回關民書，何也？夫使關民助賊，而詐射回，何益？倘出真意，反傷良民，愚何甚也！</small>賊怒，欲盡殺南關民。拜等商議，水日增而隄守堅，非虜來必不可解。於是，又使劉元、朱山出城勾虜，日夜望救，不至。又差閆登科、黃虎等五人，一來打聽決水，二來探望劉元消息。此時，鎮城久困，芻粟不継，城中缺食，人民餓死，吊死者踵相接也。許朝恐人心變動，凡餓死令假稱病死，不許明言，明言者砍殺。

初十日，監軍檄賊啓門納糧糗濟軍民，朝裂其檄。

十一日，李金父子潛謀殺賊，事洩被誅。

十一日，[15]張傑復爲賊遣，詣督府乞撫。夢熊曰："撫，吾夙心，不虞其忽無成。聞城中饑縊，比屋相望，是可忍也？我爲力請朝廷，得賜鐵券免拜，拜若投戈，誓不相負，且令放成受賑河西。"不聽。

十四日，督府稱制，授東暘寧夏左所正千户，諭曰："鐵券且至，但提督受命專征，將在軍，君令有所不受。且憎若多反覆，爲若計，可遴庠士嫻言辭者二人，懇監軍，事必有濟。"朝然之，選二生縋城，詣督府及監軍，皆許諾。二生歸，復朝，朝令復東暘，又遍語諸王及府、來輔。

十六日亭午，監軍傳敕券至，趣闔鎮官師吏民開城門接龍亭。張傑令賊填塹，發門壤，而承恩疑有伏，沮之。監軍曰："曩固知若等無成言，然不敢虛稽敕命，奏繳而後戰耳。"張傑對使泣留，願緩詰朝。

十七日，賊疑敕券爲贗，欲先縋入驗之，且要官軍退。如松曰："敕書盛之金函，固以紫泥，尊君命也，而欲縛以草薦，是何等語。且撫未決，安可退師。"承恩從中梗，復瑾門斷塹，勵衆固守。中外士民大失望矣。

十九日，賊夜絞戚卿於獄。

二十日，毀王太師祠及棹楔三十所，又縊殺承光等。

二十三日，東暘忌白鶴凶狠，將殺之。朝馳救，語相侵。

二十五日，賊欲毀文廟，不果。盡掘奪民窖粟，募善游者決隄。文秀疾甚，東暘、承恩、朝三分其眾，每日舉放烟炮暗號，專俟虜來冲突。官兵一面決水守隄，一面遠近巡邏，恐賊復勾虜。參將來保、副將王通等，果於沙城墩丁義堡等處，挐獲勾虜賊劉元、朱三并閆登科、黃虎，拽得着力兔夷書一紙，內稱調兵搶固原，沿河奪糧，及要從平虜過河前來，約定日期等語。督府與監軍議曰：「水將及城，虜來又成虛矣。速令如松選兵一萬，分遣李寧引軍一千。」廿三四日，至黃硤口，果見着力兔精騎八百自鎮北堡地方搶入。

又廿七日，數千騎自李崗堡渡河，聲言要圍困大營，截奪糧草，救承恩等出城，住牧寧夏地方，以踐割地之約。李寧等止三百騎，遇於李崗堡東，虜注矢如雨，眾有退志。如松手斬一人，鼓之殊死戰。總兵麻貴、遊擊馬孔英大兵繼至，夾攻，虜潰。長驅至張亮堡，虜遂披靡，直至賀蘭山前後，追斬首一百二十顆，奪夷器駞馬無數。虜大敗，騰山逃去，自此解體，不敢復入矣。_{按：如松此戰乃斷絕招虜之終。}

九月初一，丁巳。賊猶毀官民第宅，選楹棟美者搆爲屋，磚周其外，穴竅置槍礮，防益密。雖御妻妾牀第間，不脫劍。

初三日，參將楊文領浙兵一千，及苗兵、莊浪土兵，俱到鎮。

初五日，賊城卒苦乏食，朝戶給一票，票役三人乘城，仍徵糧給他軍，以貧富爲差等，富者爲米戶派銀，給之糴米，無米者刻期梟首南關驛軍。夏之時等苦此役也，相聚而謀曰：「今一粒未收，從何得米。與其死於賊，莫若約我驛軍一二百，先將守關逆賊高天壽等五十餘人，半夜乘睡縛之，然後縋人，請官兵進入。」_{賊將大城門築土，不通外間消息，專賴守關者報之。}

及初七日，水潲北關，城塌。是晚，之時與關民智勇者齊力上城，將守關賊綁縛。已定，先令何業持天壽首級縋下，走報行營。如松先令百户姚欽探視，關民已將擁土除去。如松引兵登城，執吳保等誅之，擒二百人。①

初八日甲子，梅監軍、各將官俱入南關，百姓焚香拜迎。葉侍郎相續入關，犒賞兵衆，撫安關民，不殺一人。大城居民聞之，人人思獻城矣。此時，賊見南關火起，各到南城，欲發矢石，已無及。南關係許朝所管，承恩讓之。

初九日，朝送張傑渡水赴行營，傑陰説朝殺賊立功，不應。賊既失南關，益懼人圖己，民間鋸斧鏟钁之屬盡拘之。或告東暘曰："文秀見水至而托疾，知事不濟，欲陰獻城爲功也。"東暘與朝謀往視，見其少瘥，乃彊起聚飲，共殺之而分有其室。拜父子聞之，益疑懼。官軍據關攻大城，數日尚未下，國禎謂如松曰："賊今勢窮，守必益力，以死憑堅，卒不可破。今賊自相疑懼，不若乘機行間，俾密謀圖之，庶全一城生靈。然内外久不通，莫肯往者。有賣油李登，跛而眇，負罍擊木歌於市曰：'癰之不急而狃於宥，危巢不覆而令梟止。'國禎聞之，曰："是可使也。"千户耿憲又舉之。

十三日，登齎三諭帖并總督免罪牌票，縛木渡至東門，先見承恩，曰："監軍以哱氏有安塞功，今與鼠輩駢誅，深惋惜。軍中不乏使，以登殘民，不駭視聽，有密計授將軍。將軍幸有意聽登，即不聽，願死麾下，毋污劉、許手。"趨而出，從間道見東暘、朝，亦各致札，布監軍議。承恩見水灌城圮，大兵聚關門，計無所出。其母施氏日夜憂泣，懼爲俘奴。而又得李登間，愈惶惑，召所親倖石棟問計。棟曰："周國柱見事審而決，彼雖東暘臣，然與朝有怨，鎮民郭坤死，有妾願托國柱，國柱聘之。而朝復往議，怒國柱之不讓也。故有嫌。盍呼謀之？"國柱尤未敢出，尤鳳促之行，遂往。承恩迎，謂曰："此何時，而坦腹卧曰'欲畜力爲將軍血戰耳'。"承恩語之故。國柱曰："尤秀才嘗言，諸將軍首皆贖死奇貨也，弟不知誰先得之。"承恩頓足，曰："吾恨早不聞此言，幾爲文秀所笑。"

① 《萬曆武功録》卷一《寧夏·哱拜哱承恩傳》繫於初九。

意遂決。議欲召二人飲，醉誅之。國柱曰："兩家前後左右皆戈鈹之士，且以一制二，恐非萬全。將軍當計誅朝城南，柱侍北樓，乘間取東暘也。"承恩曰："然！吾以猛卒五人佐若。"國柱曰："東暘甲衛如林，五人奚爲？形色一露，必敗迺公事。柱一，足矣。"

十四日，庚午。遲明，風霾蔽黑，承恩過呼朝。門者曰："許將軍已往南城，考訊城卒不覺察而致納師。"承恩急往見朝，誑曰："將軍何暇問此，有密事登樓議之。"麾衆下曰："將軍知周國柱有異心乎？吾與將軍斷其首。"語未竟，承恩家卒世富、大宣遽曰："外營礮向樓，無宜久駐此。"承恩疾下，朝跛，後從。大宣掖之梯半，世富抽朝佩劍砍之，首殞梯下。分兵擒萬鐘及夷漢家丁，悉斬之。國柱見馬塵遝起，有兵刃聲，知事濟，乃被鎧登樓，佯謂東暘曰："官軍已入南城乎？何擾擾也。東暘驚起，凭軒望。國柱自後砍之，不死，走入側房，支户。國柱引足破户，梟其首出，衆譁曰："爾何敢弑將軍！"國柱叱曰："誅一逆賊，何弑之有？奴不避死走，官軍盡斬汝衆。"乃散。國柱搜撫、鎮、道印，寘諸懷，縱火焚樓。於是，開甕城，釋二王、來輔、府及所禁七十人。驩呼而出，曰："國柱活我。"外見樓火，咸知賊敗，莫知誰功。隨、穆至南城，見監軍，述承恩、國柱殺賊狀。時城門塞土尚未疏，諸將皆壘土石，陸續上大城。如松登城，哱父子青衣伏迎道左。如松賞承恩花紅，送二王歸府，誅賊黨五百人。天始開霽，城中即時大定。承恩猶疑懼，國禎降紅旗安撫之。北樓火竟日夜，東暘所搜掠貨貝珍瑶，焚之殆盡。

十五日，疏城門土，迎官軍入城。擒高才、汪雲谷、雷昊，民爭歐碎其尸。時哱氏真夷家丁尚多，而諸將皆歡飲其室。夢熊聞之大驚，恐事有變，急傳令如松等，即日不殺哱父子，即以賜劍行事。諸將始悚然，整兵以待。

十七日，承恩出謁，參將楊文以督府令擒之。部兵攻哱氏，拜同承寵、馬貴、陶大、[16]渾代、真胡三百人拒戰，至夜不能下。如松下令曰："誅止哱氏，其餘投順免死，衆遂潰。"拜縊男娘於樓，縱火自焚，官軍撲滅。李如樟家丁李世恩割拜首級，斬貴、太、餘皆就擒。遲明，令鎮民搜捕反者，照依功賞。於是，以次捕汝葦、大宣等三百人，戮於市。自晨殺至日偏時，又出令止殺活捉請功。

二十日，河東西二道、開府、督府、監軍相繼入，安撫軍民，梟天慶、撒戶等百人，杖桓應魁、鄭祚斃於獄。此時，衙門盡行燒毀，各官俱借住民房。肆日之後，置太平晏在西塔寺。先將死節之家賑恤紀錄，檻逮承恩、承寵、渾代、_{部招名哱洪大}。① 土文德、何應時、陳雷、白鴛、陳繼武，獻俘闕下。是年十一月十二日，詔磔於市，仍各梟示九邊，諸妻拏功臣爲奴，賞周國柱世襲都指揮使。當拜爲遊擊時，夜夢天大裂，内火焰中滾出一物，非虎非馬，咆哮徧鎮城。頃之，入拜門，其堂皇一時傾塌。大吼入臥室，伏妻施氏身傍，驚覺。次早問張道人，道人云："應在二十年後。三十年前，索紙書云：'一十一十，十一十一。一箇磨磨衆人吃，五鳳樓前書第一。'"拜不省。無何，施氏產承恩。產日，有狼當門，嗥梟啼屋眷。妻見凶兆，欲不舉，拜強收之。及是萬曆二十年十一月十一日，承恩首磔焉。

平寧夏贊

咏水外史曰："昔魏絳受歌鐘，後世競言和戎。然遺室者辱國，歲幣者蠹財，鮮勝算也。我穆廟時，奄酋悔禍，頓頸受封，互市羈縻，郊坰無警已二十有三年，其明效猶未甚著。至哱酋反噬，志徹囊霄，叛據堅埔，賄勾套虜。虜雖歆利一來，終怵香火，雞肋歲腴，罔敢噓虐。卒之援虜阻絕，馮夷獻功，逆醜陳屍，爝熒儵滅。誰謂非庚午之成，遺潤九里也。不然者，胡馬還來，靈夏内訌，統萬窟虜，陝右震動。萬一哱、劉未即授首，而接踵東韓繹騷，即天下全力，肩負兩重矣，得傆然乎哉？"

---

① 據《萬曆三大征考·哱氏》載，洪大爲哱拜義子。

【校勘記】

［1］恕：疑當作“怒”。

［2］承恩：原作“承息”。下文載劉東暘、許朝各據一門，土文秀、哱承恩據一門，“承息”當是“承恩”之誤，據改。

［3］馬承光：原作“馬承先”，據《萬曆三大征考·哱氏》、《萬曆武功錄》卷一《寧夏·哱拜哱承恩傳》、《明神宗實錄》卷二四六及下文改。

［4］初十：疑當作“初七”。

［5］啼：疑當作“蹄”。

［6］昫：原作“昫”，上文云李昫、李鯤等圍賊，無名“昫”者，當是“昫”字之誤。據改。

［7］非：疑當作“妃”。

［8］姜應奎：原脱“應”字。下文云“劉應奎於市”，又《〔萬曆〕朔方新志》卷三《忠》載“姜應奎，同宗子謀獻東城，未遂，被殺”，同卷《竊據》載“姜應奎刺賊”。知“姜奎”當作“姜應奎”，據補。

［9］漪齋：原作“滴齋”，據《〔萬曆〕朔方新志》卷三《竊據》及上文改。

［10］僃：疑當作“備”。

［11］軟血：疑當作“歃血”。

［12］懷：疑當作“壞”。

［13］卿：原作“鄉”，上文言“戚卿”，下亦均作“卿”，據改。

［14］吳韜：《萬曆武功錄》卷一《寧夏·哱拜哱承恩傳》作“吳繼韜”。

［15］十一：上已有“十一日”，此復出，疑爲“十二”或“十三”之誤。

［16］陶大：下文云“斬貴、太”，疑“太”即指陶大，未知“大”“太”孰是。

參 考 文 獻

《明史》：（清）張廷玉等撰，清乾隆四年武英殿刻本。

《明實録》：臺灣"中央研究院"歷史語言研究所校印，1962 年。

《萬曆邸鈔》：《國立中央圖書館秘笈叢刊》影印鈔本，正中書局 1968 年。

《萬曆三大征考》：（明）茅瑞徵撰，《續修四庫全書》影印上海圖書館藏明天啓刻本，上海古籍出版社 2002 年。

《萬曆武功録》：（明）瞿九思撰，《續修四庫全書》影印天津圖書館藏明萬曆刻本，上海古籍出版社 2002 年。

《〔萬曆〕朔方新志》：（明）楊應聘等纂，《原國立北平圖書館甲庫善本叢書》影印萬曆四十五年（1617）刻本，國家圖書館出版社，2013 年。

醢鷄吟

〔明〕李廷訓 撰　　丁卓源 校注

整 理 説 明

《醯鷄吟》十三卷，明朝李廷訓所著詩歌集，其黃雲詩社社友熊嘉瑞、石鼎玉訂，門人孔聲振、馬一元、魏繼徵及子李夢鶴校。美國國會圖書館藏明天啓三年(1623)刻本，一函四冊，孤本。

李廷訓(1559—?)，字孔教，號士昂，寧夏固原人。明神宗萬曆十三年(1585)乙酉科舉人，萬曆二十三年(1595)乙未科進士。累官至河南清軍道、驛傳道僉事。其生平資料參見《萬曆乙未進科進士同年序齒錄》卷一、《〔宣統〕固原州志》卷四《人物志一》以及《〔嘉靖〕陝西通志》《〔乾隆〕甘肅通志》《〔乾隆〕西安府志》《〔乾隆〕三原縣志》《〔雍正〕河南通志》等。

《醯鷄吟》刻本無書名頁，正文四周雙邊，單、黑魚尾，每半頁八行，行十七字。全書主要包括《醯鷄吟自叙》《醯鷄吟紀年》《醯鷄吟小引》和正文。詩歌皆繫年排序，收錄李廷訓萬曆二十九年(1601)至天啓三年(1623)二十二年間創作的詩歌共七百零六首。除卷二外，均爲一年之詩歌輯于一卷之中，具體來看，卷一收“戊申”(萬曆三十五年，1607)詩八首。卷二收“辛丑”(萬曆二十九年，1601)、“丙午”(萬曆三十四年，1606)至“壬子”(萬曆四十年，1612)詩十三首。卷三收“癸丑”(萬曆四十一年，1613)詩二十四首。卷四收“甲寅”(萬曆四十二年，1614)詩一百零七首。卷五收“乙卯”(萬曆四十三年，1615)詩三十二首。卷六收“丙辰”(萬曆四十四年，1616)詩三十一首。卷七收“丁巳”(萬曆四十五年，1617)詩二十四首。卷八收“戊午”(萬曆四十六年，1618)詩二十三首。卷九收“己未”(萬曆四十九年，1619)詩五十二首。卷十收詩數量最多，收“庚申”(泰昌元年，1620)詩一百五十三首。卷十一收“辛酉”(天啓元年，1621)詩一百零五首。卷十二收“壬戌”(天啓二年，1622)詩八十五首。卷十三收“癸亥”(天啓三年，1623)詩四十九首。

李廷訓詩歌所涉及的內容較爲豐富，有懷古咏言詩、題畫詩、生活感懷詩、酬唱贈答詩、咏物詩、社會時事詩、鄉村田園詩等。在藝術特色方面，有以下幾點：首先，詩歌體裁完備，形式多樣，有古體、近體及歌行體、樂府體等，不落窠臼，自出機杼；其次，傳承陶潛"隱逸"之志，語言樸素自然，清新凝練，務去艱澀；再次，情感真摯，沉鬱頓挫——詩學少陵"現實"之書；最後，善于用典，取用合宜。

李廷訓著《醯雞吟》是一部重要的古代寧夏文人詩集，但學界研究成果很少。對其進行整理與研究有以下學術價值：第一，在文學方面，可豐富明代寧夏地区文學的研究，如題畫詩組詩共六十首，具有很高的文化藝術研究價值。第二，詩歌所涉關中地區的歷代先賢較多，可豐富明朝寧夏地区歷史人物的研究。第三，該詩集按照時間排序的編排體例頗具特色，由於史籍中有關李廷訓的生平資料甚少，通過詩集中所記載便可以了解李廷訓的生平事迹及心態的轉變，爲研究其生平提供珍貴的文獻資料。

《醯雞吟》現有劉璇點校本，收于賈三强主編《陝西古代文獻集成》第十輯中。該整理本僅有少量注釋，基本無校勘内容。本次主要以標點、校勘、注釋等方式进行。以美國國会圖書館藏明天啓三年（1623）李廷訓刻本爲底本，部分成果參考劉璇點校本、《古代咏史集叙録稿》。整理時着重于李廷訓詩歌提及的當朝人、事、物的注釋，卷十一组诗《懷古咏言》所涉及歷史名人如班固、張騫、李賀等僅對其生平作簡要介紹。爲便于學界對李廷訓進行全面研究，其所撰《重修聖墻垣碑記》《署篆静寧州別駕王公德政碑記》《明恩義壽官平川（賈甫京）繼室賈母段孺人附墓志銘》編爲附録，以供參考。

醯鷄吟自叙

醯于五味爲酸，鷄生于醯，故嗜醯。方書名曰蠛蠓，與蚊、蚋等喜群飛舞盎間，一叢瓿□，餔糟歡醴，蓋潔于自奉，而拙于自守，酸辛殊不自知若有味乎。其酸者，如蠹魚三食神仙字，化爲脉望。夫脉望醯鷄，鵬飛蜩擾，其彭殤固自有間矣，此之謂物化。余不佞，竊以有涯之生，辛酸一世，累年課爲俚言，不特醯鷄之化于酸耶。迄今瑣瑣，得若干首，存之藥笥，兒夢鶴輒彙爲一帙，曰《對聖軒艸》。余謂不然，作者無論全唐即近代，海内諸騷人墨客慮無不軼駕前人者，視拙作何啻醯鷄？夫醯鷄，豈無聲，第渺乎小耳，余吟似之，故名。

時天啓三年癸亥午月上澣之吉，關中六盤山人李廷訓書于瓮園之二益堂。

醢鷄吟紀年

戊申①

　黄雲社草八首

　黄雲社友姓氏

辛丑②

　還山歌

丙午③

　濟涇行

己酉④

　王母宮

　古柏

　王母村

　瑤池

　經金佛峽

庚戌⑤

　出塞行

　寄酹都諫胡慕之新家

---

　① 戊申：萬曆三十五年(1607)。
　② 辛丑：萬曆二十九年(1601)。
　③ 丙午：萬曆三十四年(1606)。
　④ 己酉：萬曆三十七年(1609)。
　⑤ 庚戌：萬曆三十八年(1610)。

辛亥①

題彭祖井

壬子②

劉華石中丞告成河工時余署中河事賦呈

舟中對月寄總河都憲陳楚石

元日大雪侍御張洪源留飲曹州署中寄謝[1]

癸丑③

六磐山

瓦亭關

登王母宮

秋日張石城太府招飲于韓府暖泉寄謝

秋入里門

望崆峒

九日集徐麓溪郭心軒二廣文小酌

長武夜雨

邠州道中值雨

宿涇陽福昌寺

水簾洞

奉和洪南池學憲校士之作

春日同友人訪汾村李小泉徵君

徐麓溪學博熊泰徵茂才見訪

和麓溪韵

贈岳念溪二首

酹韓鳳亭七夕遺桃

賀魏小泉新第落成

秋日三原楊荊岫明府招飲賦謝[2]

題華山小石[3]

---

① 辛亥：萬曆三十九年(1611)。
② 壬子：萬曆四十年(1612)。
③ 癸丑：萬曆四十一年(1613)。

訪孝廉昝冲宇留飲[4]

送韓鳳亭之杭參軍二首

甲寅①

同沈泰垣鄭養冲臧九岩汪星野呂鳴原諸寅丈宴集于應城王東園值雨

上洛王招同臧九岩鄭養冲寅丈飲

得鶴二首

送參政陳澄集告歸[5]

七夕雨

謝岩亭宗侯水仙花

秋日晚渡洛口

懷南陽周無文

喜無文至

憐生吟三十二首

續憐生吟六十四首

攝生四箴

乙卯②

二月大雪張學憲試士有詩與鄭憲長即韵和之[6]

贈別無文

附無文作[7]

秋夜棘圍視試用壁間韵

題上洛王虛中亭

喜鶴兒入學

贈送游擊將軍楊太初參戎薊門

感時用壁間韵

晚過盧村

洛陽署中小山

惜洛陽署中梅

---

① 甲寅：萬曆四十二年(1614)。
② 乙卯：萬曆四十三年(1615)。

次二祖庵

對炯雲館松

題壁上達摩

游少林宿炯雲館

思鶴

思歸用壁間韵

題天仙觀白松

嵩陽三柏

登封道中寄縣令[8]

思歸

贈武生王國紀之京

邯鄲道中

贈梁涵虛胡升聞二孝廉偕余北上

沙河焦涵一明府留飲[9]

觀趙州吳道子壁間水畫

定州道中小雪

真定早發望京

金臺驛中感舊

長安與故人言懷

長安邸中有遺瓶貯牡丹者因置小兒書齋

寓報國寺雪夜登閣

丙辰①

井陘道中

早發固關

過淮陰侯廟[10]

宿冷泉關

鹽車行

寒食經介休

———————

① 丙辰：萬曆四十四年(1616)。

臨汾懷襄陵李念塘年丈

綿山雪

渡河

澮河

望華山

斑竹簫歌

窗竹

山庄即事

睡覺

春日鄰翁招飲[11]

雨中移竹

刈麥

鄰有棄子再醮者感而作燕子別四韵嘲之

春日同友人山頭看杏歸集小朝墅

秋日同徐麓溪郭心軒集熊泰徵齋頭[12]

登鐵佛寺崇文塔

春日宅蒔花墻

看花

咏薔薇花

贈自畏上人南行

古原

戲題月琴

初冬

落葉

逐園丁口號

丁巳①

爲梁君參文學母壽二首

八日夜雪

─────────

① 丁巳：萬曆四十五年(1617)。

春日田家

題狄梁公圖

題蘇武圖

春村元夜

春村雨雪

春日山園即事

酧道契徐默陽李明遠見過村墅

暮春郊游

初夏眺遠

忍冬藤花

題太玄山

久旱日食

送菊

九日傷足未出

咸原北眺

訪朱大椿及羅山人于家園賦寄

渭原道中聞雁

咏鳩

戲與人看南樓妓者

瓮園

戊午①

雨霽重游薦福寺

登雁塔

征遼

聞遼陽兵敗趙明吾將軍死之未得的信

題雁塔

寓寺寄内

寺中芍藥用壁韵

———————————

① 戊午：萬曆四十六年(1618)。

250　醯雞吟

贈別周道人二首[13]

感時

梅花冬日寓寺

寺中彈琴

寓隱堂上人方丈

遣意

除夕僧舍有挈酒至者

小詩鶴兒有手抄者即以自嘲

寄謝隱堂上人見過貽以稻酒

渭原道中

六旬自嘲

懷門佩之因隱上人過訪致意[14]

挽申東海[15]

贈別雲祥道人

謝溫與恕賤辰詩箑步韵

己未①

春日汾村李小泉封君見訪

挽申小峰

戲贈花燭重喜者

訪岳念溪處士偶會孫謙之岳含朴茂才時二子中酒奕棋戲賦四韵

移竹書齋

戲題村墅

家有女奴四一髡一脣大且掀一近視一跛足各以俚言嘲之四首

遼警

贈門佩之生子[16]

寺中留別佩之

出塞二首

胡甥汝芳自秦州來留館[17]

────────

①　己未：萬曆四十七年(1619)。

過清川張真人上升處四首

附徐默陽和韵之作

戲贈華山魁陽道人重道歌

贈別魁陽

喜寇仰峰至夜話

喜魁陽再至未幾言歸賦贈

訪李敏吾

謁清川道觀阻雨

贈周魁陽王虛谷二道人

壽伯聞宗侯[18]

北村別墅漫興八首

貧

七夕有感

鶴來

寄謝南客以芭蕉扇見貽

閑居

秋日村墅邀升聞親家

病後視琴

中秋與恕集同泰徵與亨得魚字

寄贈齊道士

冲宇升聞見訪

病少愈有感

問須

須答

庚申①

和熊泰徵春感詩十六首

南園

喜默陽至夜話

———————————

① 庚申：泰昌元年(1620)。

正月十五日立春

徐默陽胡佩所李明遠見過山庄留醉

鄉丈單子愛過余少留即別賦感[19]

懷周無文

戲題新書

感舊

讀梁君旭詩集

新年思隱

秋日泰徵見過值雨留宿賦東韵[20]

坐樹偶成

三月雨雪

新竹

喜胡甥游泮二首

題山園葡萄

賀胡甥游泮三十二韵

秋園

病中憶蓮

蓮報主人

雨中蓮憶主人

主人報蓮

秋夜讀伯聞宗侯大業詩集

早秋聞雁

終南山下聞雁自叠前韵

游温泉

重游報恩寺

晚宿觀音山寺

重宿薦福寺

訪門佩之茂才于王漢孺館中留宿

雨宿温國寺會余羨岩茂才

早發温國寺望終南絕頂

晚望

寺坐有懷

寺夜彈琴

寓寺用壁間韵

折足雀行

杪秋寺中見新月

寺中古藤

發潼關望嶽遇雨

抱病薦福寺枉熊泰徵見過

長安酒肆偶醉

賦得野寺清秋日八首

九日憶舊

客有送峨山小石者置之盆中賦懷

寓寺泰徵見訪適梁瑞軒茂才亦以奕棋至愧無酒醉之賦得野寺清秋日

九日招隱堂上人梁茂才于佛殿一酌[21]

附梁茂才酌九日見招之作

圍棋

寓寺喜門佩之過訪留飲二首

望終南

秋杪寺菊未開

馬嵬

晚望終南頂有雪[22]

寺中秋雨

寺中即事

望山雲曲懷泰徵

同泰徵咏空林積雨首句用王摩詰

留別泰徵仍賦野寺清秋日

采藕

摘柿

采菊英

采地黄

哭都諫胡慕之親家

雪夜喜鶴兒讀書

挽張道人

戲題百子圖六十首

自遣[23]

辛酉①

送熊泰徵赴榆陽

苦無炭行

迎春日自嘲

咸原道中遇雨

渡渭

石九鼎移小園牡丹與竹二首

寄開封竹居宗侯

寄上洛王

大熱

乞雨

喜雨

悼亡女

山園葡萄

院中葡萄

促織

秋初對月彈琴有懷

青衫行

北村即事

咏鐵馬四首

午日懷古

秋日村墅蓮池

① 辛酉：天啓元年(1621)。

道觀聞笙

七夕四首

咏竹四首

鶴兒下第漫成示誠

病中聞蟬

院梅

折梅

寄原武王

寄泰徵[24]

秋夜鵲

贈萬休上人置藏經于崇文塔時銜命至[25]

送從軍者

秋夜雨

萬休見過余病不能報謁代謝

戲寄萬休

懷古咏言五十六首

生日自吟

懷舊[26]

酹隱堂上人

壬戌①

贈張平野

張平野借園避暑

送平野之任東城兵馬使

大風

戲題樹頭鷗

園丁送蓮

仲山

感小雀行

---

① 壬戌：天啓二年(1622)。

寄長安熊泰徵

讀來馭仲叢笙齋詩集

壽岳念溪

夏初病余讀易二首

秋中喜雨

咏龜二首

田家新婦行

城上木

喜鶴兒歲比首唱

重陽久雨

咏柿

寄梦鶴兒

送來陽伯之任川中督學二首

送來小澗仙即陽伯之任[27]

早秋雁秋暮送陽伯之任代人

蓮子

代乞晴文

田家新穀行

秋日陌上看子女摘木綿二首[28]

哭雛少涇二首

挽少涇夫人二首

從婦行

道院遇杜相者賦贈

謝來陽伯以新詩一函見寄

道院聽傅山人彈琴

挽胡甥

訪秦柏軒

搗衣聞促織

瓮園秋晴

摘木瓜

服木瓜詞

喜得竹林寺槐酒附寄韓茂才兄弟

咏虎十首[29]

憂時

慰時

喜鶴兒納妾示勉意

生日有感

生日小集二律[30]

酬隱堂上人生日見過[31]

附鶴兒壽詞

代內壽詞

壽贈夫子新衣代

壽內贈言有叙

代鶴兒壽母

遣悶

長至

挽焦將軍二首

挽焦將軍母二首

哭亡女周年

送梁涵虛之任郾城縣令

除夜

雪夜有懷二首

冬日製披雲巾

除夜懷親

寄門佩之卜居會城

除日聞壓新酒病後微酌有感

癸亥①

六日立春

────────────

① 癸亥：天啓三年(1623)。

人日有感

壽韓潛庵六旬

晦日陰

春暮聞雁

寄趙澄齋憲副窗丈

須彌懷舊十首有引[32]

寄周無文

哭王崇吾

瓮園記八首并記

題菩提庵二首

送甥韓化徵之江右

端午日

端午吊古

題佛前燈

陳幼白學使校士三原

杏

寄酬客有以江南蓮子三斤見貽者

寒食抱病思親

刈麥

壽湛一焦憲副寅丈

葡萄二首

敝扇

煎麥湯行

夏初小軒即事

送喬振寰進士之京寄霍翰垣年兄

懷咸陽張祖程年兄

【校勘記】

[1] 侍御張洪源留飲曹州署中：正文作"張洪源侍御留飲署中"。

〔2〕三原楊荆岫：正文無"三原"二字。

〔3〕題：正文此字後有"胡升聞"三字。

〔4〕訪孝廉：正文作"同升聞訪"。

〔5〕參政：正文作"大參"。

〔6〕二月大雪，張學憲試士有詩與鄭憲長，即韵和之：正文作"二月大雪，張學憲試士有詩，
　　鄭憲長和之，即韵賦呈。"

〔7〕附無文作：正文作"附無文贈別詩"。

〔8〕令：正文此字後有"唐子"二字。

〔9〕府：正文此字後有"鄉丈"二字。

〔10〕廟：正文此字後有"用壁韵"三字。

〔11〕飲：正文此字後有"即事"二字。

〔12〕徐：正文無此字。

〔13〕周：正文此字後有"大緣"二字。

〔14〕之：正文此字後有"茂才"二字。

〔15〕海：正文此字後有"赴舉卒于武闈"六字。

〔16〕之：正文此字後有"茂才"二字。

〔17〕來：正文此字後有"視老夫"三字。

〔18〕壽伯聞宗侯：正文此五字後有"爲其子存椿賦"六字。

〔19〕賦感：正文作"感賦"。

〔20〕賦：正文此字前有"同"字。

〔21〕九日招隱堂上人：正文作"九日寓寺招隱上人"。

〔22〕南：正文此字後有"山"字。

〔23〕自遣：正文作"無題"。

〔24〕寄：正文此字後有"熊"字。

〔25〕塔：正文作"閣"字。

〔26〕懷舊：正文此二字前有"生日"二字。

〔27〕送來小澗仙即陽伯之任：正文作"送同年小澗郎伯陽之任"。

〔28〕女：正文此字後有"輩"字。

〔29〕首：正文此字後有"有序"二字。

〔30〕二律：原作"三首"，據正文僅有兩首律詩改。

〔31〕酬隱堂上人生日見過：原缺此題，據卷一二正文詩題補。

〔32〕十首：正文無此二字。

醯 雞 吟 小 引

彭澤公賦歸以後,①凡所著述,止書甲子年月,不以國號,蓋不忍言晉室陵夷而入于宋,與春秋衛公子鱄坐不嚮木門,其趣同。當今四海一君,余何敢附會陶公之筆? 惟是因時有志,因志有聲,故序以甲子,俾自知其歲不易得,亦可自占其斤力健不耳。若琴、書、詩、酒,陶公之寄情處,余願爲之執鞭所欣慕焉。

唐以詩取士,故騷雅名流雲蒸霧起,其古風、樂府、近體諸什,無所不備,亦無所不工,如入五都之市,華彩陸離,令人應接不暇。迨後取士者,變而策,變而論,又變而文藝,視唐人詩不啻餘食贅疣。采輯者無慮數百家,甲可乙否,復不免挂一漏萬,徒令前人嘔心之物,竟爲後人覆醬瓿也,惜哉! 醯雞塕塕,吟予何有? 當發大方一笑,要以一倡一咏,自喻適志,即有一二吻合語,要非着意蹈襲,敝敝焉以求備且工爲也。

_____

① 彭澤公:即陶淵明(365—427),名潛,字元亮,世稱靖節先生,潯陽柴桑(今江西九江)人。曾任江州祭酒、鎮軍參軍、建威參軍、彭澤縣令等官,四十一歲辭官歸隱,直至離世。其詩歌以寫田園生活爲主,平淡自然,韵味雋永。亦擅長散文、辭賦,風格同其詩。著有《陶淵明集》八卷,今存詩一百二十五首,另有《歸去來兮辭》等文數篇。《晉書》卷九四有傳。

醯鷄吟卷之一

關中李廷訓孔教甫著，社友熊嘉瑞泰徵甫、[①]石鼎玉九鼎甫訂，[②]門人孔聲振元籟甫、[③]馬一元涵春甫、[④]魏繼徵佐聖甫、[⑤]男李夢鶴仙馭甫校。[⑥]

黄雲社草

社自周無文結，[⑦]余與麓溪徐明經諸丈約得十餘人，無文拈韵命題，賦畢，必經改竄而後録之，于今十六餘年，所念之如昨日事。檢笥中僅得春初及送無文之作八首，余具在社友寇仰峰齋頭，而有無亦不可問矣。

除日觀春

天轉宜春馭，人欣迓帝勾。剪來花是彩，鞭處土爲牛。士女簪新燕，街衢結彩樓。渾忘一歲盡，竟日恣遨游。

---

① 熊嘉瑞：字泰徵，有傳世詩集《蒹葭館詩集》，在清嘉慶二十四年(1819)《咸寧縣志》卷一五《經籍》中著録，惜今不見傳。

② 石鼎玉：字九鼎，參與編訂《醯鷄吟》。《咸陽市文物志》載："《王秉庫暨配龔孺人墓志》，明天啓四年(1624)十一月十日葬。題爲'大明壽官東峪王公暨配龔孺人墓志銘'，梁爾升撰文，張耀先書丹，石鼎玉首篆。"

③ 孔聲振：字元籟，爲李廷訓的門生，參與編纂《醯鷄吟》。

④ 馬一元：字涵春，陝西固原人。爲李廷訓的門生，參與編纂《醯鷄吟》。《馬一元墓銘》載："公諱一元，余叔母舅也，馬公原籍陝西固原柳樹巷，太師馬氏望族。"

⑤ 魏繼徵：李廷訓的門生。

⑥ 李夢鶴：字麟堂，著有傳世詩集《十無詩》，其中《燈無油》一詩收録在劉紹攽所編詩歌總集《二南遺音》卷二中。

⑦ 周無文：南陽(今河南南陽)人，黄雲社友之一，明經。

元日立春

四序和風動,三元淑氣催。鵲巢知歲改,雁字應陽來。盤玉生新菜,林標落素梅。羲和無早暮,雙馭上春臺。

人日諸社丈集子樊魯齋書館

翩翩勝友會茲文,携手登高日欲分。黃鳥遷喬春正好,青雲端不負黃雲。

送李霞洲記室之邊

戎衣結束劍光懸,細柳春風惜別筵。青海城頭空月色,長城關外少人烟。封書須寄春秋雁,草檄應擒左右賢。莫是三邊行處樂,青蓮知己念應偏。

元夜諸社友同登譙樓望月

井幹連雲起,星橋駕月來。桂輪一夜滿,火樹萬家開。灝彩燈山發,清光斗柄回。金吾應不禁,何事燭龍回。

硯池冰泮

律應春風解甲期,雪窗一夜硯先知。端溪隱隱雲將雨,紫石溶溶冰帶澌。乍可研來臨碧簡,不須滴露漬寒池。寄言同席青蓮友,莫忘花宮呵凍時。

晦日諸社丈集于寇仰峰齋頭

三陽臨上月,初晦度先春。既集忘筌友,載欣湔衣辰。階蓂全覆舊,岸柳半含新。歡眺情無極,習池倒着巾。

送周無文歸宛中

人自隆中卧,宦從膝下征。新詞軼庾信,能賦武張衡。物望南陽重,詩名北地閎。黃雲結勝契,白社主齊盟。初締鳴鶯好,驚聞班馬聲。驪歌曲未闋,別怨韵難成。夢繞雙雞嶺,客歸三户城。應憐門下士,無地忘先生。以上戊申。[1]

――――――――――

[1] 戊申:萬曆三十五年(1607)。

黃雲社友

徐君正 明經

李鳳夅 記室

馮仲確 郡庠學博

周無文 明經

李孔教 沙隨令

樊克誠 茂才

寇叔坦 茂才

張達天 孝廉

熊泰徵 茂才

陳賡虞 孝廉

醅雞吟卷之二

還山歌辛丑。①

小隱隱兮巢許,大隱隱兮聃周。遡達人之無不可,嗟余跂足之安投。況生涯之多病,若旦暮之蜉蝣。夙懷兮真契,微尚兮玄修。撫孤松之岑寂,抱一石之清幽。泊寵辱之俱遣,復身世其何求。思美人兮不見,驚歲月之悠悠。望白雲兮日暮,坐彈焦尾于中丘。

濟涇行　時余以憂歸也丙午。②

涇水東兮灝灝秋,涇水下兮淼淼流。曷問津兮無橋梁,曷問渡兮無方舟。石硰硰兮水泓泓,繫豈無足兮安可投。意彷徨兮悲風木,風之聲兮起颸颸。滼涇流兮望崆峒,遵山之麓兮樵徑幽。驚玄鶴兮開紫閣,披瑤草兮探丹丘。我心哀哀兮欲何之,瞻白雲兮不可留。

王母宮

七夕飄颻絳節高,更邀武帝薦仙桃。歲星已見朔方死,枉使天王玉趾勞。

古　柏

王母祠前柏十尋,根如玉立幹如金。更留千古馨香在,一任嚴霜

---

① 辛丑:萬曆二十九年(1601)。
② 丙午:萬曆三十四年(1606)。

洌日侵。

王母村

誰把村名王母村，傍山依水盡桃園。涇原南去崆峒北，不見桃花一樹存。

瑤　池

爲憐王母駐雲霓，霞氅丹楹護紫題。流出池頭渾不管，任人濯足任人畦。

經金佛峽余幼時赴試平凉，[1]偶得"石激"二句。己酉，[2]始足感一首。

誰鑿金爲佛，峭屏一轉驚。背霜鴻雁過，帶雪野花生。石激灘聲遠，山高鳥語清。行行朝那水，遥指是開城。以上己酉。

出塞行

高平城外蕭關道，崆峒山下多荒草。皮裘氈帳趁秋高，朱門深閉懸寶刀。朱門閉，朱門閉，盼盼胡兵何時撤。朱門開，朱門開，誰令天驕不再來。漢家命將急西征，車騎將軍欲橫行。胡兒牧馬邊關裏，單于打圍青海城。青海從來征戰地，生還不見一人至。思歸戍客多苦顏，無日不灑沙場淚。

寄酬都諫胡慕之親家

清禁直廬日，黃扉退食朝。春明開別宴，歌管駐征軺。孤驛王程迫，五雲帝闕遥。署蘭淮上使，紉佩正瀟瀟。以上庚戌。[3]

---

①　平凉：平凉府，位于今甘肅省平凉市。
②　己酉：萬曆三十七年(1609)。
③　庚戌：萬曆三十八年(1610)。

題彭祖井①辛亥②

天躔房星度，地闢鏗篯井。不知何歲月，至今留靈景。冰齒雪瑩瑩，洗心玉冷冷。黃河亘天來，萬家移峻嶺。呵護如有神，不敢浸仙境。余叨度支郎，省舍相鄰并。人道老彭鑿，來往不須綆。可以煮丹砂，可以熟銀礦。石髓不易得，服食安可屏。朝餐武陵桃，暮啖橘林杏。夙心有微尚，況復罷塵阱。永懷葛稚川，③中夜獨耿耿。

劉華石中丞告成河工，時余署中河事，賦呈④

瓠子洋洋白馬津，頻沉蒼璧走波臣。誰能疏鑿行無事，詎有胼胝勞厥身。千櫂輕飛千裹粟，萬倉滿貯萬家春。元功自是歸台輔，歌咏宣房史筆新。

舟中對月，寄總河都憲陳楚石

棨戟天開控上游，蘭漿錦纜擁南州。烏臺霧捲千江曉，白簡霜飛九月秋。調鳳歌人促玉柱，珥蟬侍者列貂裘。使星今夕浮槎轉，尚把清光望謝樓。

---

①　彭祖井：彭祖井在徐州有兩處，相傳爲彭祖親自挖鑿。一處在大彭山北大彭村頭；另一處原在市内統一北街彭祖宅内。

②　辛亥：萬曆三十九年（1611）。

③　葛稚川：原名葛洪，字稚川，東晉道教學者、著名煉丹家、醫藥學家，曾受封爲關内侯，後隱居羅浮山煉丹，著有《神仙傳》《抱樸子》《肘後備急方》《西京雜記》等。

④　劉華石：《明實録·明神宗實録》卷五二二載："字純卿，號華石，陝西華州人。萬曆二年（1574）進士，授真定推官，擢江西道御史，巡按山西、河南、順天等處，升順天府丞，養病回籍。起右僉都御史、總理河道，時河決徐州，開復三山河，使韓家壩以東得以通船，升南大理寺卿，萬曆四十二年（1614）七月卒于任。"

元日大雪,張洪源侍御留飲署中,寄謝

綺席開霜府,瑤臺接瑣閣。六華飛簡白,一莢露春暉。素點潘郎鬢,光生曹國衣。嚴城歸炬火,驄馬尚依依。以上壬子。[①]

―――――――――

① 壬子:萬曆四十年(1612)。

醢鷄吟卷之三

六磐山①

君不見，蕭關之西山六磐，六月飛霜不當寒。山腰霹靂大雨作，仰視紅日在天端。一夕絶頂三尺雪，光連隴頭關山月。牧子山頭吹觱篥，征人山下寒徹骨。聞説胡兒近打圍，趁此秋高馬正肥。日驅牛羊早下山，莫使胡兒得意歸。

瓦亭關②

漢使蕭關路，秦封朝那營。溪深唯見草，春盡不聞鶯。野水三家市，磐山百堞城。年來和支郊，一任戍呼庚。

登王母宫

金殿雲開玉座高，漢皇游覽不知勞。千山聳翠塞青鳥，二水瀠流接巨鰲。天仗影飄雙羽蓋，瑤池色漾萬年桃。茂陵巡後宫墻冷，風雨年年湔野蒿。

秋日張石城太府招飲于韓府暖泉，寄謝

高平佳氣挹清秋，此日招尋梁苑游。菡萏餘香擎湛露，松篁翠色

---

① 六磐山：六盤山，位于寧夏回族自治區南部，向南延伸至甘肅、陝西交界地區，主峰在寧夏固原、隆德兩縣境内，是陝北高原與隴中高原的分界綫。

② 瓦亭關：關隘名。東漢初建於安定郡烏支縣境，地屬當今寧夏固原南瓦亭川谷地，爲六盤山北段東西交通要衝，絲路東段險關。另有西瓦亭關，在今寧夏固原東南瓦亭。北宋曾置寨于此，明爲瓦亭驛。

入金甌。驚聞仙樂雲中下，更訝星槎天上浮。潦倒可能着醉眼，淮南池近庾公樓。

秋入里門

數載勞勞事一官，淒凉風水不勝嘆。霜中却憶伯奇履，洛上空彈貢禹冠。分水嶺頭七月雪，蕭關峽口四時寒。川原一望腸應斷，昏黑驅車過六磐。

望崆峒①

帝座由來呼吸分，香爐佳氣曉氤氳。翠屏掩映崑崙色，紫閣微茫松檜芬。靈發汭涇一派水，平連終華四時雲。遥瞻問道真仙窟，百世于今仰聖君。

九日集徐麓溪、郭心軒二廣文小酌

東籬初綻傲霜花，舊侶相過陶令家。謾謂青氈貧可老，且憐黄菊酒堪賒。山中聯句依榆社，座下譚經分絳紗。此日休辭風落帽，還期歲晚共烟霞。

長武夜雨②

山縣誰將堠火迎，淒淒風雨坐孤檠。枕餘蝴蝶三更夢，簾外梧桐一夜聲。濕鼓刺窗偏入耳，寒枝啼鳥轉關情。會須歸作入山計，肯向窮途泣阮生。

邠州道中值雨③

原上陰雲四野垂，西風吹雨透襜帷。千年霧鎖公劉廟，百里烟籠

---

① 崆峒：崆峒山，位于今甘肅省平凉市城西，東瞰西安，西接蘭州，南鄰寶鷄，北抵銀川，是古絲綢之路西出關中之要塞。

② 長武：位于今陝西省咸陽市，地處關中西陲。古屬豳，爲古西戎之地。

③ 邠州：位于今陝西彬縣。

文正碑。聲入野禾還細細,影迷寒雁正離離。不辭皓首衝泥濘,北望停雲有所思。

宿涇陽福昌寺[①]

落日涇原歸暮鴉,忽聞鐘磬問蘭闍。數聲犬吠驚僧定,滿院松香似雨花。禪壁坐瞻螺髻象,積厨旋煮虎溪茶。雲房一枕窗前月,清夢何緣又到家。

水簾洞洞前即大佛寺,[②]在邠州城西。

冷冷方流滴滴勻,真珠爲箔玉爲津。雲門長挂諸天月,初地能遮永劫塵。翠色三秋垂雨露,清光一片隱松筠。洞前車馬争來往,誰向山泉住宰身。

奉和洪南池學憲校士之作

太薇紫氣映三秦,水鏡高懸化雨新。一代文章還大雅,百年盟主重儒紳。渥洼盡得方皋路,牛斗應騰雷煥津。欲到龍門看變化,丹榭只尺奉清塵。

春日同友人訪汾村李小泉徵君其子孝廉。

先生高卧九嶙隈,求仲相將問釣臺。竹裏鳳鳴栖影動,花間蜂集帶香來。一鐮蕨剪新園韭,幾酌濃開舊瓮醅。繾綣主人情未已,夕陽倒載蹇驢回。

徐麓溪學博、熊泰徵茂才見訪

北地詩壇舊主盟,相過烟舍喜還驚。風塵往事悲蓬梗,牢落當年

① 福昌寺:位于今陝西省咸陽市北杜鎮,爲金大定年間(1161—1173)杜昌所建。
② 大佛寺:位于今陝西省彬縣城西。原名"應福寺",貞觀二年(628)基本建成。北宋改名"慶壽寺"。人們因其佛像高大雄偉,從明景泰年間起俗稱大佛寺并沿用。

伐木聲。別久青氈仍故業，吟成白髮苦新生。慇勤且醉今宵月，況復明朝是去程。

和麓溪韵

奉粟深慚三尺儒，風塵底事上東都。十年鞅掌疏親友，半載優游存故吾。不謂鱣堂懷鄭村，何來烏谷訪潛夫。相逢握手寧相放，試看黃雲舊日顱。黃雲，詩社名。

贈岳念溪余有別墅在呂村，與念溪鄰。

陰陰喬木古村墟，竹裏衡門是敝廬。酒熟南山桑落後，菊移暑雨豆花初。狂歌拼與時相棄，高臥從教世共疏。惟有隱君無俗事，頻將雞黍問閑居。

其　二

烟火深村車馬稀，茅茨小築對荊扉。新成燕雀喧晴語，來慣牛羊薄暮歸。四壁常開醅酒瓮，一池閑坐釣魚磯。羨君自是羲皇侶，何必高深訪少微。

酬韓鳳亭七夕遺桃

武陵深處碧參差，不比張家大谷梨。擎露甘分百葉樹，迎風香送九華枝。非關花縣停車日，正是天孫織錦時。臥看歲星今見否，誰人竊取向瑤池。

賀魏小泉新第落成

城西甲第披琅玕，共羨于門肯構寬。陌上綺花新濯錦，苑邊修竹穩栖鸞。階臨涇水祥光麗，户對峨山灝影端。上客此時同燕賀，爲君擊節咏斯干。

秋日楊荆岫明府招飲賦謝[①]

清秋巀嶭映終南，仙令華筵開笑談。玉麈風前香郁郁，絃歌花下露湛湛。屏搖蠟炬芝蘭影，酒酌罍金琥珀壜。深荷令君能醉客，不妨酩酊載輿藍。

題胡升聞華山小石用杜韵。

芙蓉萬丈華峰尊，一石拳拳峭似孫。帝女削成青玉片，巨靈劈斷碧蓮根。寸雲常拂仙人掌，小逕疑通天一門。但使君心能不轉，會須枕到洗頭盆。

同升聞訪咎冲宇留飲冲宇與大參鳴宇同胞。

紫閣遥瞻北斗高，偶從稽子識山濤。詞壇一代推牛耳，上苑雙飛舊鳳毛。可是結將廷尉襪，翻憐佩有侍中刀。潯陽不礙藍輿飲，早晚相將棹小舠。

送韓鳳亭之杭參軍

憐君金印客，小隱入吳關。杖履六橋月，烟霞千頃山。榻懸如有待，棹去幾時還。底事亭前柳，驪駒不可攀。

其　二

握手若爲別，南風蚤近凉。片雲出谷口，一劍指錢塘。以我儒冠老，看君石畫長。東南鼙鼓動，努力報明王。以上癸丑。[②]

---

① 楊荆岫：楊之璋，字荆岫，今河南沁陽人。參政初東子。萬曆庚戌進士，授陝西三原令。清介自持，威惠大著。曆官戶部主事。
② 癸丑：萬曆四十一年(1613)。

醢鷄吟卷之四

同沈泰垣、^①鄭養冲、臧九岩、汪星野、吕鳴原諸寅丈宴集于應城王東園，值雨

平原春盡麗城東，結駟招尋此會同。望裏山河迴檻外，座間臺閣入天中。柳絲翠合千峰雨，荷蓋香翻一沼風。倒載滿拼今夕醉，燭龍應共擁歸驄。

上洛王招同臧九岩、^②鄭養冲寅丈飲

澹烟濃樹小山居，景物清和入夏初。竹遠雕欄猶舞鳳，藻涵清沼欲藏魚。花邊飲興憐春暮，樓上詩情帶雨餘。招隱共憐千載事，風流還自愧應徐。

其 二

平臺雨過似新秋，修禊還邀上客留。一鑑微開分洛水，千峰高叠見嵩丘。彩雲欲逐繁絃亂，芳徑偏宜桂樹幽。投轄莫言歡已盡，不妨秉燭夜深游。

---

① 沈泰垣：沈儆炌，字叔永，歸安（今浙江省湖州市）人。父子木，官南京右都御史。儆炌登萬曆十七年（1589）進士。歷任河南左布政使，入爲光禄卿。四十七年以右副都御史巡撫雲南。《明史》卷二四九有其小傳。

② 臧九岩：據《國権》卷八三、卷八四、卷八五、卷八九，《明督撫年表》卷三，《明實録》載："臧爾勸，字仲升，號九岩，山東諸城人。明萬曆二十年（1592）中進士，授户部山西司主事，署儀制員外郎，後升任陝西潼關兵備副使，改任提學副使。"

得 鶴

購得乘軒物色奇，閑心偏與素心宜。乍聞緱嶺雲間唳，驚見遼陽華表姿。影入絲桐月到處，步來簾箔雨餘時。拼君暫作樊中侶，歸放青田會有期。

其 二

籠開雲外識仙姿，松下亭亭入覯時。野性乍調須晚稻，羽衣新刷向清池。豈無萬里秋風翅，亦有三山夜月期。顧我主人歡欲舞，肯教別怨報琴知。

送大參陳澄渠告歸

清時未得賦閑居，勇退憐君衣遂初。高臥已開蔣詡徑，息交不上惠文書。携將琴鶴歸東海，留得風雲護上儲。聖主需人無旦暮，肯令安石老樵漁。

七夕雨

綺節煌煌銀燭搖，仙妃此夜渡星橋。秋涵暝色沉河鼓，帝遣玄陰護絳綃。鵲影迴隨雲影度，佩聲還逐雨聲遙。金針穿罷更籌畫，天上人間總淅瀝。

謝岩亭宗侯水仙花

天與花朝別有工，凌波仙子玉瓏瓏。紛紛影弄當階月，冉冉香餘入戶風。已謝先春梅樹白，却羞礙日海棠紅。坐來幽賞人誰見，疑是淮南小桂叢。

秋日晚渡洛口

天外殘霞澹洛原，西風古渡欲黃昏。半篙秋水前溪月，一帶林嵐遠岸村。何處漁聲歸釣舸，幾家砧韵掩柴門。自憐張翰蓴魚美，惆悵當年別故園。

懷南陽周無文[①]

同人結社憶當年，風雨聯窗醉共眠。隴樹不堪分雁影，汴雲何處寄鸞箋。飄零花下芳時酒，冷落林間白雪聯。渭水好將雙泪去，百花洲畔到君邊。

喜無文至

誰憐白首老馮唐，南宛騷人問大梁。屋月榻隨關月下，使星節對客星光。詩仍彩筆當年健，話引青燈此夜長。官况似僧心似水，祗應日日醉周郎。

憐生吟

憐生吟自叙

余不佞，兒時受先君業，調聲摹韵，間亦取古人詩令記之，然初不知詩何物也。弁年又爲制義所束。通籍後，旁午簿書，幾十年所，本業化而烏有，又安問詩？戊申歲，[②]讀禮山中，適周無文從其家君宦至。無文于詩，蓋性也。身困白牛，江湖自放，詩益工。識面後，因出笥中諸稿，并所爲《八老》詩者示不佞。尋爲結“黃雲詩社”，取先唐諸佳句誦之，覺津津焉。鷄壇間常拈一二語，無文謬爲許可。無何，已酉之夏分袂。又越五年，無文命剡溪，訪戴都門，適余有使徐之役，兩不相值。人生聚散，岐路如斯矣。迨余以司郵至梁，始知無文歸卧故山，貽書招之而至。余不佞，又不知于詩何似。無文旋起曰：“先生‘藏多歲蠹囊死少年螢’，江南有膾炙者，其不減‘雲破月來’尚書耶！區區三寸項斯先生，則小子亦不計罪。”余不佞，覥焉曰：“有是哉？‘吳江楓泠’乎！”胡盧者久之。隨不覺憐無文之才且將老，而又且貧

---

① 南陽：今河南省南陽市。
② 戊申歲：萬曆三十五年(1607)。

且病且苦也。又見《含生》中老、貧、病、苦之可憐者，又不止無文已。輒演《八老》，爲《八貧》《八病》《八苦》，與無文限拈共賦，爲《憐生吟》，爰以災木。蓋余抱老漁之志，而欲竟以苦吟之業也。余固不知詩，然世有憐我者，亦必有知我者。

萬曆甲寅花朝上澣，[1]書于中州臬署之協恭堂。

附同年王符隅司馬《憐生吟叙》

先是南陽李伯舉侍御爲《八老》之詩，後十餘年，而關西李孔教年友演爲《老》《貧》《病》《苦》，凡三十二篇。周生無文，即伯舉之甥也，亦如數和之，命曰《憐生吟》，蓋憐此有生也。余讀其吟而益憐之，兩人契合之故在叙中，茲不具論，爲論其詩。孔教之詩，務在刻峭，而時出言外之趣。無文用意沉沉，而韵致爲饒。篇中如孔教之"補衲和雲破，傳燈借月來"，無文之"安得千年雪，旋生萬里秋"，兩人工力不相下也。而孔教之憂邊民力盡，無文之經窮竟若斯，其志亦各有所在。余惟老、病、貧、苦，生人之所惡也，而于詩爲得，故古人篇中數及之。然孔教用世人也，一再爲令，迴翔司農之署，周旋徐沛之濱，今且觀察中州矣。舉人世之所惡者，真如時子之睪，故其仁心亦時露筆端，記有之"詩言志"，其謂斯乎。至無文夙負才名，而竟以左氏之疾坐廢。雖詩以窮工，而不無侘傺之感。韓子有云"厲憐王"，無文且自憐之矣。嗚呼！孔教輦上君子，而不忘故交若斯也。是不獨憐生也，蓋憐才云。

八 老

老漁

垂綸不厭晚，豈爲待文王。枻鼓歌猶壯，笛吹聲更蒼。白頭長載月，青笠飽經霜。閑向篷窗卧，呼孫釣小航。

老樵

山從何歲采，松畔晚依栖。斫月頭爭白，穿雲目欲迷。挑輕猶憩

---

[1] 甲寅：萬曆四十二年(1614)。

石，踏重故扶藜。爲看棋終局，歸柯不可携。

老僧

休歇經千卷，支離錫一根。浮杯無舊伴，持鉢厭前村。香積身將幻，燈傳眼倍昏。回思秋放鶴，孫覺又生孫。

老道

壺中日月邁，閑對晚山賒。恃有延年藥，疑餐住世霞。青扶九節步，黃戴一冠華。好共羅浮侶，長看洞口花。

老農

漫稱南畮父，耕力不如前。防雀猶禾黍，占蛙幾歲年。飲先鄰叟社，餉怯遠陂田。尚念諸孫子，春秋欠賽錢。

老儒

歷盡三冬苦，猶窮兀兀經。書藏多歲蠹，囊死少年螢。小子衣成綠，吾生衿尚青。寒窗對明鏡，文作鬢邊星。

老將

登壇何歲月，斤力雁行知。猿臂秋風怯，虬髯塞草衰。宿各推轂久，餘勇據鞍遲。獨有平胡志，依然三十時。

老卒

黃花長一戍，白首滯孤城。已厭殘軍隊，還從宿將征。纊多憐未死，戈短嘆餘生。齊相難同飲，誰知帳下情。

八　貧

貧儒

四壁長無火，鄰燈但鑿窺。褞袍連敝着，空甑帶塵炊。囊澀旁搜日，窗寒困守時。祇應安義命，羞作送窮詩。

貧僧

方丈蛸生網，鐘殘乞未回。面時惟有壁，浮處總無杯。補衲和雲破，傳燈借月來。錫泉空自汲，長洗鉢中灰。

貧道

鶴饒何處羽，有客製衣難。藥少君臣味，錢無子母看。斷烟猶煮石,冷竈尚燒丹。醉向南山乞,桃花笑酒殘。

　　貧醫

不謂越人瘠,心良骨却窮。泉寒橘井綠,烟斷杏林紅。難借一丸活,空餘百草籠。蕭條猶市上,羞澀自壺中。

　　貧老

白髮黃金盡,飢寒旦暮春。艱難一片意,衰朽百年身。析子無餘產,求人少故鄰。富兒輕薄者,知姓愧相親。

　　貧兒

趨庭有菜色,承冶無溫裘。何事囊中澀,偏貽膝下羞。懷來橘不飽,破處練難求。自分那能養,寧須計遠游。

　　貧女

憔悴深閨裏,無媒影自傷。淡梳雲樣髻,獨凭綉邊床。泪滿羞臨鏡,情含倩作裳。紛紛蘭佩去,誰念舊荆筐。

　　貧軍

萬里蕭然戍,黃沙骨僅存。分甘無舊將,挾纊斷新恩。竈減炊難飽,衣寒鐵不温。憂邊民力盡,窮壘向誰論。

八　病

　　病僧

抱沉思净業,理藥向空王。似入無生定,疑休不住糧。幻形扶錫杖,癯影卧繩床。強坐松窗夜,禪燈檢聖方。

　　病商

經營憐曰瘦,沉痛恨天涯。不下行床卧,難禁市語嘩。橫金醫總便,旅食飯難加。起色須珍重,東西那是家。

　　病老

危慮垂風燭,何堪霜露侵。買無不死藥,卧有少年心。蛇促弓邊影,鳩深杖底吟。鄰翁相問慰,兒女倍沾襟。

　　病軍

何事黃沙卧,難支枕上戈。痛深藥力減,視疾將恩多。怯逐秋防塞，强隨夜渡河。帳前憐起色，不死更繞歌。

病尼

憔悴龍華色，香心卧菩提。拈花禮拜懶，夢枕誦經低。怯綉佛難就，顰燃燈欲迷。青蓮何所染，女衆漫相悽。

病妾

寵席何狼狽，憑帷首亂蓬。夜魂驚暗燭，春恨鎖殘風。藥餌充陳下，衾裯抱卧中。憮憮寧薄命，憐愛主心同。

病僕

疲策攖寒暑，崑崙恨不飛。問耕憐正卧，爲御願全違。藥裹愁誰侍，詩囊力倍微。枕前辛苦泪，滴滴搵青衣。

病妓

欲倚青樓懶，花憐瘦骨眠。歌聲呻月下，舞態怯風前。紅雨迷鴛枕，青囊當錦纏。蕭郎無意緒，不到舊帷邊。

八 苦

苦熱

萬里雲爲火，疑燒百二州。風蒸黄雀避，水滾赤魚浮。揮盡臨淄汗，飲乾河朔流。無能撲龍燭，欲唤一天秋。

苦寒

應凍天關折，嚴風裂日光。重帷銀燭冷，急浦玉虹長。深中荆王寢，彌侵高士僵。更憐臘月戌，萬里重胡霜。

苦雨

不盡商羊舞，淫霖亘海隅。蛙沉常産竈，泥入最深塗。禾耳重生黍，草心頻長蘆。青天何日睹，太潦怨農夫。

苦雪

同雲何太重，集霰幾重重。愁入仙郎鬢，凋殘玉女容。釣應臨水罷，樵亦爲山封。別有詩成困，騎驢興却濃。

苦旱

何魃偏爲雪，陽驕水不泉。六龍焦赤地，萬井爍丹烟。神走山山帛，巫驅日日鞭。爲憐長不雨，雲漢籲蒼天。

苦行

遮莫風霜淚，長沾游子衣。浮雲愁晚色，遠水怨殘暉。有路偏難到，無家得便歸。那堪同宿者，睹面故人稀。

苦吟

癖性甘騷雅，詩魔太不情。止求一字得，便覺二絲生。默想形如定，思深睡不成。自憐多瘦骨，豈是爲詞名。

苦學

詩書成痼癖，生死鄭侯軒。祇閉孫郎戶，寧窺董子園。疲精時萬卷，儘力日千言。一片幽窗意，惟當曬腹論。

續憐生吟

《憐生吟》者，余與無文倡和于署中之作也。無文別後，余又增爲《瘦》《小》《廢》《醜》《怨》《空》《失》《惡》各八首，共得六十四首，以足憐生之意。

八　瘦

瘦儒

衿子何年弱，青青繡帨寬。窺燈惟吊壁，垂帶有餘鑿，臼已消新面，緇仍撮舊冠。可憐凌玉樹，風度怯清寒。

瘦樵

久住巖中穴，胼胝一草鞋。伐來渾似木，劚處自如柴。立骨棋仙伴，憔容漁父偕。侵晨倒大樹，山魅共枯崖。

瘦翁

年歲從吾老，羸尪不可爲。染髭刻鵠面，曝背炙雞皮。女嫁男婚畢，髮彫齒削時。伶俜閑話舊，笑殺里中兒。

瘦道

山陰深處卧，共説是癯仙。自以風爲馭，如教藥駐年。肌同龜鶴瘠，形任海桑遷。更有胡麻飯，輕身欲上天。

瘦僕

小奚底事瘁，應得主君憐。環倚瘝人侍，執將羸者鞭。衣青惟剩骨，囊錦不勝肩。知客來門下，念奴識面偏。

瘦馬

噴處猶然玉，長鳴汗血屏。據鞍龍骨露，伏櫪兔毛跧。肉削金銜際，牙查錦障間。只緣風力異，萬里未辭艱。

瘦鶴

癯癯階下禽，相異古仙經。膝蓋槁如木，睛深懸似星。胎將琴化疊，羽自劍分形。祇爲清于水，八公羨爾齡。

瘦妓

紅樓長搔首，薄薄不勝衣。翠減娟雙黛，香消玉一圍。風憐芳裊弱，月會艷情微。不任搖湘佩，魂銷自欲飛。

八　小

小侯

束髮銜恩貴，貂蟬始冠軍。椒房新尚主，御苑舊從君。國以微身許，名甘少俠聞。翻嫌麟閣上，白首始爲勛。

小宦

星星一謁者，出入在天垣。選少供廝役，徵年識聖恩。殿頭新內史，禁裏小黃門。主上一噸笑，與人輕易言。

小僧

皈依爲弟子，童心只自知。念經須問字，剃髮却無髭。乞日先師飯，游雲後衆隨。客來若相訪，松下喚沙彌。

小兒

從自懸弧後，一門添若丁。痴來惟任性，醒處却生靈。騎馬截園竹，學書塗畫屏。高軒尋父輩，何物羨寧馨。

小女

年前初會語，將是鳳雛凰。鏡弄雙鸞影，角分百寶妝。聯詩吟父句，學拜傍娘行。尚有床頭瓦，提撕未可忘。

小丐

不辨東西路，却離襁褓懷。啼饑惟有淚，折爨只留骸。背去雙親早，嗟來一命乖。夜投僧寺宿，拾得饎殘齋。

小優

不謂鄭櫻桃，少年出衆嬌。歌將曲共麗，色與笑爭夭。老可一言破，香能永夜消。頓教淫湎者，無復事衣宵。

小鶴

與母相鳴和，聲聲聞九天。初生六翮健，微露一丹圓。呼食青田下，習飛珠樹邊。三山知不遠，應駕大羅還。

八　廢

廢官

夜光不易得，按劍苦相投。驥向伏轅老，荆從刖足囚。長沙沉賈傅，司馬滯江州。聖代需材亟，弓旌早晚求。

廢將

誰是師中帥，却無閫外權。秦還六國印，蠡上五湖船。樹隱汾陽宅，瓜歸邵氏田。不侯李飛將，空有聖君憐。

廢姬

奉帚先皇殿，秋生團扇凉。詩曾題御水，繡亦寄沙場。宮錦存君賜，霓衣貯舊廂。猶將盧女曲，夢裹候昭陽。

廢醫

回生亦有術，濟世却無心。架閣神農草，金消岐伯鍼。臂痕猶帶折，藥氣尚餘襟。多疾知名久，醫門不可尋。

廢交

當日金蘭重，何緣勢利輕。鶯分伐木伴，雞棄祝壇盟。覆雨翻雲態，朝吳暮越情。神交千古士，久敬揖齊嬰。

廢妾

盼盼青樓上，仙郎意不留。無難換一馬，何地索千牛。桃葉隨風落，蓮花帶雨愁。誰憐萱草盡，塵滿鄭源裘。

廢卜

日者渾閑事，占占虛此生。焚蓍釋封變，灼背厭龜薨。不肆開三兆，無簾挂五行。支機石已花，何處問君平。

廢傭

天地若爲主，生涯但此軀。姓名隨處變，牛馬任人呼。賣菜無常担，提壺失故壚。長須猶是舊，誰識酒家奴。

八　醜

醜士

上林長獻策，齷齪不成論。擁腫攻書苦，支離作賦頻。儒冠三尺面，觿佩一圍身。怪説新登第，同科有半人。

醜吏

刻木期爲對，喙長酷似陶。弄文形欲舞，執筆面如刀。腰折廳中事，顧支案上勞。昨朝決大獄，犴狴若生毛。

醜僧

來從天竺國，結足過東瀛。禮佛肩高頂，翻經眼靈睛。住山牛亦伏，過海怪還驚。試聽長持咒，相將夜叉行。

醜婢

何物唤春花，無顏頭亦丫。皴皮惟事織，黑面似啼鴉。調笑胡奴酒，粗噇空腹茶。縱能執盥節，肉障豈堪遮。

醜婦

落英不易麗，粉黛若爲工。有美還臍裹，無媒輒入宫。首蓬羞折鳳，肩胛謝驚鴻。寄語登徒子，長吟宋玉風。

醜女

冶容誠誨妒，可復奼無鹽。貝齒含脂露，焦皮傅粉粘。色無一可取，德有四難兼。誰欲歸之子，何當許允嫌。

醜人

人不同如面，儵僥何可堪。似猴肩更聳，如鬼面猶藍。石擲驚相異，香薰怨最憨。倘然共裹舍，郝許俱無慚。

醜夷

重譯歸王會，真成胡越家。毛拳螺是髻，齒鑿象爲牙。毿毿文身裸，侏儒烏語嘩。梯航十萬里，但識指南車。

八　怨

春怨

早春忽及暮，春暮更何之。極目山凝翠，傷心花墮枝。五更百舌鳥，千折寸腸時。青草池塘夢，相思寄向誰。

秋怨

萬水起秋風，長天一雁空。寒蟲悽落葉，白露泣疏桐。聲入清商裏，思歸哀郢中。美人千里月，相望意無窮。

宮怨

羊車不再到，盡日下簾鈎。露冷合歡殿，月明百子樓。前魚空自泣，團扇易爲秋。凄斷長門賦，茂陵未可求。

閨怨

含意梁間燕，從來只并飛。心驚眠數覺，誓遠恨相違。詎忍朝開鏡，寧辭夜搗衣。橋南卜有日，掩淚盼君歸。[1]

別怨

未闋陽關曲，蕭蕭班馬鳴。重來知有會，此別若爲情。落日孤帆影，秋風一雁聲。不堪分袂處，飄泊是前程。

民怨

連年征賦重，邊事更多需。逐户丁男役，打門租吏呼。鐵衣百戰死，木食半菽無。避亂深山者，何人不向隅。

羈怨

片月十江外，一身萬里餘。還山憐有雁，寄水恨無魚。峴井留王粲，文園病相如。夢魂猶解路，夜夜返吾廬。

幽怨

縲絏亦何罪，鳥言誣冶長。獄中冤有氣，盆下覆無光。圉户游魂斷，棘叢鎩羽傷。漢家哀詔在，萬一遇文皇。

八　空

空山

深兀千峰曉，谷聲何處傳。幽雲惟抱石，遠水但聞泉。巔積天中雪，陰餘澗底烟。春來鹿子過，沙淺不成眠。[2]

空江

萬馬潮聲息，瀟湘一望賒。雨餘千頃碧，日落滿川霞。影靜天同色，濤生浪共華。張騫歸闕後，無處覓浮楂。

空寺

古梵何年宇，山僧那住禪。石龕生有蘚，香積久無烟。獨鶴閑相過，野猿影自憐。傳燈誰是主，明月照諸天。

空城

朝市經時變，離離禾黍迷。危風堞雉下，落月夜烏啼。古器人耕得，殘碑過客題。不堪回首處，荒草暮雲西。

空池

依然亭樹在，曲沼罷清流。月没蟾蜍影，蓮枯菡萏秋。潛魚不可見，浴鳥亦難留。山簡重來日，詎能醉此游。

空園

蘭亭停酌久，晚色謝芳叢。砌草閑生綠，簷花自落紅。惟餘深院雨，誰卧北窗風。無賴猶黃鳥，綿蠻飛向東。

空齋

陋室渾無物，虛中祇自知。一瓢顏子巷，四壁相如居。飢鼠歸田日，寒蛸結網時。塵芬不可到，但與白雲期。

空房

人自天涯遠，閨中蕙一帷。春深羅薄薄，秋暮月依依。琴御傷絃斷，書封恨雁稀。只餘形共影，將夢到金微。

八　失

失機

連朝邊報急，胡馬出龍堆。烽火千門望，羽書一箭來。將星隕似雨,殺氣振如雷。百戰沙場骨,封尸幾月回。

失意

致主寧無策,青雲事竟虛。看花人散後,落羽鳥歸初。獻楚三朝玉,干秦十上書。布衣只如此,慚愧待公車。

失友

交情生死重,臭味在金蘭。不謂分歧易,寧期合袂難。絃因鍾子絕,袍爲范睢寒。時聽山陽笛,月中掩泪看。

失路

人烟一望杳,歧路轉相迷。萬里隨帆影,千山信馬蹄。歸心無處落,夕照向誰低。何似家園鳥,黃昏有所栖。

失明

世上無明惱,獨憐歲月賒。有形誰吊影,滿目見空華。行去全憑杖,坐來是處家。亦知天有命,卜子更何嗟。

失鶴

玄毳華亭客,如何去不還。有心栖海樹,應悔落塵寰。片月青田遠,孤雲紫蓋閑。空留清影在,簾外與屏間。

失馬

金臺不易遘,汗血漫群空。自失雲中驥,翻爲塞上翁。夢乘千里月,腸斷四蹄風。魚海龍城遠,誰從車騎戎。

失劍

底事龍淵物,刻舟不可尋。轆轤容易轉,牛斗等閑沉。徒負平胡志,空懷報國心。昆吾如再得,何惜溢千金。

八　惡

惡風

青蘋何處起,千里颺狂飇。雨應黃梅落,臺吹飛燕嬌。相烏無定影,入海更衝潮。灰鶴翩猶健,逆飛過宋朝。

惡少

輕薄誰家子,五陵走馬游。青春挾燕妓,白日帶具鈎。彈鳥西城苑,鬥鷄南陌頭。金鎚長在袖,醉臥酒家樓。

　　惡客

　　東閣延賢相,何緣厭此賓。可知門下士,多是陌頭人。珠履平原重,雀羅廷尉貧。綠林有豪客,薄爾亦黃巾。

　　惡犬

　　無似韓盧子,東郊逐兔勞。噬牙張短喙,鬣尾帶修毫。吠客桀家狗,喉臣晉國獒。只唯不厭主,此義較人高。

　　惡鳥

　　鷹鸇新得路,同類便相嗔。慘矣鳥較鳥,忍如人食人。野鴟猶伏晝,南鵬尚承塵。誰念百禽亂,深林無處春。

　　惡草

　　儘教生要路,一任自榮枯。不入芝蘭室,甘同蕭艾途。田間稂是莠,塚上狗爲蒭。莫怪力耕者,荒蕪欲盡誅。

　　惡木

　　不共庭中樹,爭如剪伐何。扶疏餘蔭在,擁腫故根多。有地經霜露,無人尋斧柯。何勞匠者顧,終始影婆娑。

　　惡酒

　　縱羨杯中物,誰能樂此賢。微醺酸是醴,不醉淡如泉。玄石何年別,中山無再傳。祇唯陶處士,巾漉瓦盆邊。

攝生四箴

寡嗜欲
太上無欲,最下多欲。入聖出凡,要在寡欲。

平喜怒
大怒破陰,大喜破陽。心猶火也,弗戢自殃。

謹言語
此口所出,彼耳所入。勿謂無傷,駟馬不及。

節飲食

食當其饑，飲當其渴。口腹是從，元氣奈曷。以上甲寅。^①

【校勘記】

［1］盼：原作"盻"，据上下文改。
［2］沙：原作"莎"，据上下文改。

————————

① 甲寅：萬曆四十二年(1614)。

醯雞吟卷之五

二月大雪，張學憲試士有詩，鄭憲長和之，即韵賦呈

兔園一夜散瑶華，月白同雲似不遮。飄尚柏臺琪是樹，飛來藝苑玉爲葩。麻衣舊色偏宜淺，梅粉新妝競自誇。一曲陽春人盡和，滿城桃李在公家。

贈別周無文

纔喜雪殘來雪屐，忽驚春暮挽春衣。南陽客想嵩門卧，中散人歸汴水稀。明月影隨芳草去，青山夢逐杏花飛。臨岐惟有相思泪，惆悵盍簪意盡違。

附周無文贈別詩

梁園物色渭城琴，送我春深感更深。別句有才還可和，離聲無韵不堪吟。空餘知己千行泪，咽滿詞人一片心。惆悵和陰明月約，青蓮長許夢遺簪。

秋夜棘闈視試用壁間韵

秋闈撤幕引諸生，銀漢星懸尚待明。解額宏開麟鳳網，是增解額五名。點頭誰識鬼神情。試看蟻戰筆揮陣，競入龍津劍吐精。此際中原知得隽，夜堂深處鑑衡平。

題上洛王虛中亭

不着淮南隱，耽幽小桂叢。池開一鏡月，窗度萬松風。臺榭全無

地，烟雲半是空。絲桐深夜静，珠箔晚凉通。人自羲皇上，客游島嶼中。論文筆動彩，列席宴飛紅。齊物漆園吏，無名河上翁。曳裾君不厭，猶得叩玄同。

喜鶴兒入學

懸弧時節正三冬，天爲寒家生嗣宗。仙羽九皋入夢寐，明珠一顆喜丰茸。芹池此日雛將鳳，桃浪他年鯉化龍。世業春秋須領略，成名報我紫泥封。

贈送游擊將軍楊太初參戎薊門

大將分符銅虎新，薊門細柳鎖龍城。星摇一劍胡天遠，霓引雙旌海日明。嶺外空懸和市餌，雲中誰許主封盟。知君報國長策在，肯使嫖姚獨擅名。

感時用壁間韵

中州非復舊神州，南北東西面面愁。金穴已封緹騎在，桐圭纔剪繭系稠。賈生應灑積薪泪，娶婦空懷恤緯憂。矯詔發棠今日事，慚予無以慰民休。時兩臺有疏請賑，故云。

晚過盧村

初心已與此心違，未得息機思息機。水過許由洗耳岸，山經盧士讀書扉。剩亭無炬分樵火，野逕多榛牽客衣。酒緑花香不歸去，鳥啼木落自依依。

洛陽署中小山[①]

曲洞叠山鎖薜蘿，小春時節又經過。松籠深院人烟少，吏散空庭鳥語多。緱嶺誰家吹鳳管，嵩陽幾雁度關河。重來載酒無人醉，清冷

----

① 洛陽：今河南省洛陽市。

其如此夜何。

惜洛陽署中梅

阿誰解愛百花魁，手自叠山石下栽。魂斷年年逢驛使，香消片片落莓苔。疏枝不奈風霜苦，老蘚還承雨露培。分付館人須護息，開時可寄一枝來。

次二祖庵

如有靈山約，遲回復浹旬。壁瞻初祖面，光睹慧公神。葱嶺玄中解，曹溪教外真。一葦登彼岸，五泒指迷津。我亦天游子，非甘世網人。華嚴明正覺，般若梧前因。卓錫窺雙井，樞衣拂幻塵。山門留玉鎮，有帶慚吾銀。

對烟雲館松

秋風彫萬木，憐爾獨氤氲。翠合千峰靄，虬盤百尺雲。影連風竹動，香共月華分。坐對寧知久，歲寒須此君。

題壁上達摩

西來此地結山龕，面壁工夫未可探。空向寰中忘九九，定從静裏覺三三。鶴閑高騫千年樹，龍老深盤百尺潭。能解烟霞須作主，肯將塵累抱林慚。

游少林宿烟雲館

層巒叠岫碧千尋，偶到雲居卧翠岑。石檻松聲驚蝶夢，月寮竹影弄龍吟。縱橫千載題詩碣，彷彿諸天譯梵音。若謂深山堪吏隱，會尋初地叩禪心。

思鶴余入觀，令僕以二鶴挈還里中。

丹頂玄裳迥絶埃，將君西去念徘徊。半窗清影三更夢，一枕歸心萬里回。調入朱絃容易別，詩思陰和若爲裁。主人恩重君應念，待我乘軒二月來。

思歸用壁間韵

花映朱闌竹映樓，碧山如畫五陵秋。焦桐一曲千鍾酒，底事車輪馬足愁。

題天仙觀白松志載軒轅三女一塚，葬此。

帝子宮妝試紛梅，三花連理鬥霜開。天香疑自雲中墮，仙佩遥從月下回。未比楚臺神女梦，更慚梁殿玉兒媒。夜來姑射山頭雪，飛向青螺髻作堆。

嵩陽三柏①

君不見，森森三柏共一林，參天節概歲寒心。雲來同結烟霞蓋，風動若傳天籟音。嚴霜冽日年年伐，不與名花芳樹歇。漢帝何勞玉趾臨，主人更有嵩門月。

登封道中寄縣令唐子

岑崒千山裹，瀠紆萬壑連。聲希風似古，地僻寺多禪。誰避交牙寨，猶餘洗耳泉。數家殘照際，幾處亂雲邊。薜荔人成市，耕耘确郎田。樵薪供爨火，炊石足寒烟。窮谷艱妝穫，幽岩易削朘。寄聲良吏道，莫使向隅偏。

思　歸

愧將薄俸買青田，欲學高僧老一禪。習静不妨山寂寂，懶眠長藉草芊芊。碧筒酌酒臨池近，玉局圍棋坐竹邊。千載吾師彭澤令，肯將絓組易林泉。

———————————

① 嵩陽：今河南省登封市。

贈武生王國紀之京

一篋兵書歲月驚，偕予記室赴神京。霧藏豹穴全山冷，劍拂龍淵盡夜明。投筆不難辭故國，棄繻還欲事長纓。致身直上凌烟日，莫忘當年説項情。

邯鄲道中①

驅驅匹馬問漳河，三國七雄竟若何。銅雀春殘荒草在，叢台秋盡野花多。香消羅綺埋幽徑，水咽笙簫逐逝波。盡説邯鄲千古夢，誰能長嘯入烟蘿。

贈梁含虛、胡升聞二孝廉偕余北上

翩翩羔雁上楓宸，勸駕還忻逐後塵。鳳共鳴時應羨薛，龍當登處更推荀。連山家學淵源舊，上國賢書物色新。且喜薦雄芳信至，知君不負杏園春。

沙河焦涵一明府鄉丈留飲

三載梁園魂夢驚，又隨計吏入燕京。烟寒古渡秦山遠，月傍疏枝汴水明。馬首豈堪頻北望，雁行何日向南征。仙郎不惜如澠酒，爲慰枌榆憔悴情。

觀趙州吳道子水畫

聞説仙踪在趙州，果然駭浪壁間留。墨花漾漾銀河動，筆勢滔滔玉海浮。詎有曇摩能折葦，謾云任子可垂鈎。丹書會得傳神處，濯足應須萬里流。

---

① 邯鄲：今河北省邯鄲市。

定州道中小雪①

凌晨輕霰撲襜幃，玉屑瑶塵袖自揮。古驛乍驚梅已發，長堤疑似絮還飛。清光漫逐思王馬，素片濃沾曹國衣。只尺中山拼一醉，春風應爲霽寒威。

真定早發望京

星軺千里入京華，易水燕山路不賒。日上十洲呈海曙，雲開五色映朝霞。華封願進南山酒，清佩還看御苑花。自愧聖朝無裨補，欲將白髮卧鷗沙。

金臺驛中懷舊

嚴風冽冽動鄉愁，却憶博陵當日游。父老知無長老在，儒生應是後生流。鶴歸華表憐城郭，客渡桑乾念舊州。此際哀吟無限意，不堪孤角起譙樓。

長安與故人言懷②

二十年來出處同，相看白髮嘆飄蓬。荒園何不歸元亮，失馬猶然是塞翁。綠醅幾家桑正落，碧山一帶柿初紅。到頭杖履相從事，涇水原南沙苑東。

長安邸中有遺瓶貯牡丹者，因置小兒書齋

誰發名花上苑中，大寒時節占春風。金莖浥露輕匀粉，玉朵含香淡抹紅。故向宮梅先鬥色，曾何欄藥共争叢。托根應自培來早，莫怪東皇獨致功。

---

① 定州：今河北省定州市。
② 長安：今陝西省西安市。

寓報國寺雪夜登閣依壁韵。

禪房蕭索夜光懸，客舍寒生思黯然。鷲嶺虛沉龍藏月，燕山空鎖虎溪烟。捲簾花墜諸天雨，凌閣白生大地蓮。聚散浮沉終古事，漫隨上界禮金仙。以上乙卯。[1]

---

① 乙卯：萬曆四十三年(1615)。

醯鷄吟卷之六

井陘道中

萬山簇簇太恒西，路轉崖迴鳥道低。石邑遙連千仞巇，土門直用一丸泥。嶺頭餘雪雲中積，天際歸鴻塞上迷。日暮征人正愁絶，那堪角起戍樓悽。

早發固關①

孤城昨夜雨霏霏，四野陰雲黯不歸。露重似迷五里霧，烟寒疑透九油衣。愁驚蓁棘目前刺，畏觸岩崖石下機。歸去終南還有計，日高沉醉臥柴扉。

過淮陰侯廟用壁韻

鳥盡弓藏恨未休，登壇功業竟蜉蝣。解推知不忘高帝，菹醢曾何戒列侯。當笑吳牛先喘月，還憐社燕早歸秋。赤松一去高千古，底事傷心雲夢游。

宿冷泉關

綿原灑灑泠泉關，傍晚牛羊盡下山。寒月春殘村犬吠，暮烟鍾静野僧閑。鄉愁帶酒沉猶醒，旅夢迷雲去復還。無奈枕函泉下水，向人嗚咽更潺潺。

---

① 固關：位于今山西省平定縣東北，亦作"故關"。

鹽車行霍州道中。①

君不見，太行山，九折峻坂在雲間。馳下如馭疾，登之上天艱。何況負鹽車，曲折六六灣。一時用盡兩臂力，常恐雙輪不得還。又不見，百里奚，五羊之皮飯牛肥。硤石道中遇穆公，一言立晤與俱歸。只有一人貴，豈無九鼎威。寒裘暑不蓋，居然一布衣。相杵無聲秦人哀，至今伯業有光輝。

寒食經介休

不知寒食近，匹馬苦吟詩。烟斷榆將變，灰沉杏欲炊。墦間乞祭日，陌上采花時。獨有思鄉客，行憐介子推。

臨汾懷襄陵李念塘年丈②

獨夜臨汾館，凌晨汾水明。星殘隨馬足，村近聽鷄鳴。萬里逐秦客，十年泣楚生。仙郎何處問，明月照連城。

綿山雪③

忽見綿山雪，東風二月寒。不知秦尚遠，誤作隴雲看。

渡 河

立馬津亭下，風帆不少留。龍門雲未散，仙掌雨初收。孤棹搖輕浪，寒烟度遠洲。故園春更好，應整釣魚鈎。

澮河姜女手迹，在澮河岸北。④

君不見，澮水芬芬生澮草，澮山西去長城道。斷崖縱迹古今存，

---

① 霍州：位于今山西省臨汾市。

② 臨汾：今山西省臨汾市。

③ 綿山：位于今山西省晋中市。

④ 姜女手迹，在澮河岸北：康熙四十五年《曲沃縣志》載："築城守邊疆，城竟國遂亡。不如孟姜女，遺迹澮河傍。"

野渡千年明月皓。朝市于今陵谷翻，滄桑幾許海濤奔。誰能力挽長河下，只此纖纖一手痕。

望華山[①]

一片芙蓉秀，孤高不可言。巨靈鍾地肺，灝氣接天門。日上仙人掌，雲生玉女盆。從來真隱處，丹竅古今存。

斑竹簫歌

舜皇南征于蒼梧，嗟仙輿之不反。聲哀哀兮動地，撫孤篠兮雙媛。抱節兮貞簳，冒雪兮霜根。泪紅兮珠迸，竹紫兮斑痕。截琅玕兮鳳語，披蒼筤兮龍噴。湘山碧兮寂寂，湘水如黛兮湲湲。聽月下洞庭之北，有清響于湘水之沅。噫嘻！秦庭之女偕蕭史于鸞鷀，乘雲霞兮不返，至今遺韵之安存。

窗　竹

清明已過到家山，梅墮桃疏春色闌。只有數竿窗外竹，青青留待主人看。

山庄即事

罷種南山豆，扶藜一逕微。細蟲驚物化，高鳥倦秋飛。分水雲春礎，補蓑雨織衣。閑中有忙事，莫謂便忘機。

睡　覺

墻植巇峨山下竹，枕移谷口澗邊池。五更三點鴉行散，正是山人睡覺時。

---

① 華山：位于今陝西省渭南市華陰縣。

春日鄰翁招飲即事

野老爭席罷,村翁共見携。主尊移燕壘,客坐傍雞栖。榆社朱陳舊,荊扉楊杜西。更知茅茨近,相勸醉如泥。

雨中移竹

芳園綠竹競紛紜,着意移來翠色芬。高榦扶疏猶帶雨,低枝迤邐若垂雲。驚聞拂牖搖龍影,瞥見臨池舞鳳文。第一欲留君子醉,肯教漁父可平分。

刈　麥

梅子黃時二麥黃,家家妝穫各登場。鄰翁雞黍閑相勞,宛是《邠風·七月》章。

鄰有棄子丹醮者,感而作燕子別四韵嘲之

銜泥雙紫燕,歸社自烏衣。忽爾新婚別,不知比翼非。差池接片羽,門戶傍人飛。何似鳲鳩拙,班班七子依。

春日同友人山頭看杏,歸集小墅

暖掠山頭杏,花飛林外風。春光三已半,冠者五人同。度水扶藜遠,登原藉草豐。歸來吟社醉,笑對瓦瓶紅。

秋日同心軒麓溪集熊泰徵齋頭

滿床書史滿山霞,勝侶相邀到鄰家。坐對松篁風戞玉,香浮簾箔雨翻花。鱸堂并席傾三雅,蓮社重開共九華。設醴已謀今夜醉,尊前莫惜月輪斜。

登鐵佛寺崇文塔①

浮圖崒嵂接昭回，秋日登臨亦快哉。石塔依稀多寶塔，蓮臺彷彿集鳥臺。烟寒渭水瀠流小，露下南山積翠來。曳履不知天路近，文星燦燦傍三台。是塔成于漸庵李公、誠宇張公云。

春日宅蒔花墻

南圃花生蔓，移來小院東。破苔盤嫩綠，細竹引新紅。鶴繞疏籬靜，鳥窺曲檻通。梅軒此不遠，何礙送香風。

看　花

春日十花九未開，其如無日不陰埃。況當妒雨嫉風後，爭忍相拋不看來。

咏薔薇花

海外燕支色，閨中韓壽香。怕人輕覰折，生出刺心芒。

贈自畏上人南行自畏曾寓南寺，講《法華經》。

持經懸百衲，龍象共西來。絕頂松窗雪，東林蓮社雷。禪將雙樹靜，花與五雲開。會解君無着，還浮萬里杯。

古　原

祁連山與古原平，②鼙鼓喧喧列漢營。好水川西先契利，朝那湫北舊長城。避弦雁字先秋唳，乘障狼烟徹夜明。聞道登壇新衛霍，軍中不問棄繻生。

---

① 鐵佛寺：位于今陝西省漢陰縣。
② 祁連山：位于今甘肅省張掖市。

戲題月琴

四絃長與七絃友，高韵偏宜入竹林。抱處團圓明是月，撥來的瀝和爲琴。儘教酒客狂歌曲，一任胡姬笑墮簪。千載漫留清響在，不妨山水有知音。

初　冬

老圃存吾道，設門常不聞。竹閑人迹少，花静鳥聲來。接子留春種，劚枝待雨栽。南榮風色好，一日一徘徊。

落　葉

梧井經秋一葉飄，况當秋暮盡蕭蕭。銀河月墮窗前影，玉剪風裁霜後條。有恨迴隨流水去，多情無那故枝遥。此時摇落魂堪斷，不信東風未肯招。

逐園丁口號

不爲抱甕老，翻是賣花翁。剥削枝頭子，蕭疏架上紅。賫糧啄水鳥，借寇食苗螽。去去吾將圃，生成任化工。以上丙辰。①

---

① 丙辰：萬曆四十四年(1616)。

醉鷄吟卷之七

爲梁君參文學毋壽

嵯峨新第氣佳哉,中有北堂壽域開。寶婺正懸青玉帨,麻姑初薦紫霞杯。靈護沆露三秋結,斑彩凌雲五色裁。從此海籌添歳歳,相將桂醑獻蓬萊。

其　二

承歡子舍樂怡怡,天眷德門百福宜。七裘慈闈德耀壽,一時國器季常眉。喜看繞膝含飴日,還想垂髫割股時。節孝一家綿澤遠,爲君長頌九如詩。

八日夜雪

喜得迎春雪,隨風夜未闌。冀生八葉玉,樹結六花繁。曉色先窗入,清光透骨寒。何當着蠟屐,深巷問袁安。

春日田家

山晴村舍晩,烟火幾家遲。幸是春耕候,還當雨足時。盤盛石澗菜,杓飲瓦盆醨。醉道今年令,不征二月絲。

題狄梁公圖

親在白雲外,雲在碧山頭。碧山行有盡,白雲安可留。

題蘇武圖[①]

漢閣圖麟後,胡山牧羝初。上林如許雁,不寄李陵書。

春村元夜

村落鼓田田,兒童嬉笑偏。社棚邀月飲,佛殿放燈燃。游處穠無妓,歸來醉似仙。更聞歡舞道,春色勝常年。

春村雨雪

郊迥千山雪,紛紛六出華。同雲迷野渡,似月照平沙。落地泥沾絮,流澌冰帶花。更憐不夜色,常映讀書家。

其　二

初雪寒生夜,崇朝雨更頻。凍池深乍綠,覆草露先春。雲亂封樵徑,泥融墊角巾。誰憐深遠處,猶有跣行人。

春日山園即事

春風催杖履,無事不優游。暖放山櫻樹,寒消石澗流。看雲閑仰面,經月懶梳頭。客至書爲罷,僧尋飯可留。逢迎絕許史,游咏共羊求。關意悅林鳥,息機近水鷗。絃調三疊曲,棋對一枰楸。散帙分詩韻,挈尊帶酒篘。竿裁籜處竹,鐺煮釣來鰍。蹴踘花邊戲,搒蒲柳外骰。流光寧惜暮,抱病却忘憂。自有濠梁趣,誰言公與侯。

酹道契徐默陽李明遠見過村墅

茅許先生逸興豪,携琴挈酒不知勞。鶉居自分容雙膝,鶴馭忽驚問二毛。選地雲中期種玉,臨池石上更飛毫。問君此會何能再,莫待春深老碧桃。

---

① 蘇武:字子卿,杜陵(位于今陝西省西安市東南)人。武帝末,以中郎將使匈奴,不屈,被留十九年。昭帝時還,爲典屬國。宣帝立,賜爵關内侯。卒,年八十餘。《漢書》卷五四有傳。

暮春郊游

黃鳥于飛日，青郊樂事偏。綴枝花似繡，鋪地草如氈。坐傍流觴水，行挑沽酒錢。偶逢蹋蹴戲，忘却老當年。

初夏眺遠

背郭凌高臺，小窗北面開。樹密村陰合，山環翠色來。亭午一登眺，危簷轉薄雷。涼風入新竹，坐此消塵埃。

忍冬藤花俗名金銀花。

不比蓬生梗，扶持須待麻。經冬稍換葉，入夏續開花。長蔓蛇盤曲，微香蜂聚衙。金銀無假借，誰寄野人家。

題太玄山

君不見清都高閣雲間矗，碧城紫嶠松風度。采芝石上草猶春，洗藥池邊香欲吐。垂珠琪樹枝枝丹，漱玉靈泉滴滴寒。借問三山何處是，雷平春色在仙壇。

久旱日食

四海炎蒸萬彙焦，紅輪馳馭駕風飈。安能不激天公怒，驅伏神龍雨詰朝。

送　菊

新築菊花開正繁，偶因傷足未窺園。園丁深解東人意，移得名枝送幾盆。

九日傷足未出

登高落帽分無期，送酒白衣更是誰。黃菊向人應解笑，何來衛足不如葵。

咸原北眺

咸原一駐馬,感慨欲飛騰。烟點諸城小,山形萬叠崩。瀠紆涇渭水,起伏漢唐陵。桑海渾閑事,何須問廢興。

訪朱大椿及羅山人于家園賦寄

叢桂閑招隱,雲霞栖紫芝。綺花迷竹徑,碧水漾蓮漪。杯酌穆生醴,床堆杜老詩。生平多野興,偏與兔園宜。

渭原道中聞雁

銀河驚露冷,玉海度雲低。搖曳涇原北,徘徊渭水西。語梁歸社燕,栖樹任晨雞。獨有能鳴意,凌霄尚未稽。

咏 鳩

國風千載重關睢,底事無巢傍鵲居。纔見化成鷹摯後,更憐刻玉杖耆初。隨陽塞上鴻寧愧,辭社梁間燕豈如。去去故園急拂羽,莫教鸇隼浪紛挐。

戲與人看南樓妓者

濃施朱粉艷施丹,樓上琵琶倚市彈。堪笑肩與辛苦者,一時回首向南看。

瓮 園

園丁去較晚,何似此春妍。香蕊隨蜂采,高枝任鳥遷。呼童瓶換水,移杖手携編。物理只如此,吾生聽自然。以上丁巳。[①]

---

① 丁巳:萬曆四十五年(1617)。

醯鷄吟卷之八

雨霽重游薦福寺

春日西郊霽，雲林三月天。翠微山歷歷，青穫麥芊芊。松逕間留鶴，花關靜覆禪。重來因有會，不厭上方眠。

登雁塔

俯視秦今日，遙憐唐盛時。直留一片影，空斷幾殘碑。繡嶺寒烟積，曲江野望垂。千年塔尚在，陵谷豈勝悲。

征　遼

戍客新過自朔方，爲言徵急赴遼陽。長年盡臥三邊雪，此日還披萬里霜。塞上已無充國在，陣前多是趙括行。不知誰失徙薪策，爛額焦頭底事忙。

聞遼陽兵敗，明吾趙將軍死之，未得的信

許國憑孤劍，分兵出塞垣。重圍矢已盡，百戰苦無援。車騎全軍沒，傷殘幾卒奔。死生不可料，何處慰忠魂。

題雁塔

何年營雁塔，鷲嶺若相望。突兀凌霄漢，穹窿福盛唐。山生天外翠，松落雨中香。誰向烟霞裏，迴翔見梵王。

寓寺寄內

太白終南夙有期，殷勤報與內家知。已完婚嫁三生業，肯誤遨游五嶽時。許椽全家皆馭鶴，劉綱有婦共尋芝。卿卿給我三年假，訪道歸來未是遲。

寺中芍藥用壁韻

紅藥叢生蘭若中，莖莖艷色逗香風。爲因根托金仙地，不與人間華共空。

贈別周大緣道人

壬辰銀夏之亂，周將軍手刃劉酉，[①]功居其首，神廟賜名國柱，歷任至蜀中總戎。將軍懸印于梁，從黃冠者游，余私心頗嚮往之。戊午，偶訪余于三原，故有贈別之句，以志余意焉。

將軍虬髯白如雪，黃冠飄然四海游。自顧弓藏因鳥盡，非關名遂始林投。三年金印懸梁上，萬死刀痕在額頭。堪笑五湖歸范蠡，猶將西子載同舟。

無言今日會，此別若爲期。白首相逢異，青牛再見奇。窮途悲叔夜，人代仰鍾離。借問遼東鶴，何年訪故知。

感 時

冽冽北風慘慘雲，青衫白晝竟紛紜。梁王劍爲無因按，秦伯舟緣有誓焚。悲兔野狐甘一類，避鸇神雀豈同群。誰能挽得天河水，一洗池陽污世氛。

---

① 周將軍：周國柱，安定（隸屬于今甘肅省定西市）人，《〔道光〕安定縣志》載："周國柱，官寧夏總兵。"《明史》卷二二八、卷二四七、卷二七〇、卷三二七、卷三三〇對其赫赫戰功有所記載。

梅 花

冉冉微香澹澹姿，孤芳若與歲寒期。先開深院人難見，蚤發南枝蝶未知。何處吹來驚玉笛，故教標落點水池。但留千古清香在，一任狂風妒雪欺。

冬日寓寺

終南一望一徘徊，覓勝尋幽志未諧。臘雪尚封毛女洞，凍雲猶鎖老君崖。草堂僧子依期去，芝室山人有約偕。惟待中條春色動，會將筇杖任青鞋。

寺中彈琴

一見嶧陽友，悄然思轉深。啼鳥樓是夜，別鶴怨如今。石上泉流咽，松中風入吟。何來雙樹下，復會子期心。

寓隱堂上人方丈

祇園深木鬱蒼蒼，問月披風到上方。此日弟兄蘭若院，當年衣鉢惠公房。爇檀爐氣明無障，烹茗厨烟積有香。却嘆浮生忙底事，方袍結足亦何妨。

遣 意

髮如道士梳千下，食共山僧過午齋。若使就中生意盡，可能少駐老形骸。

除夕僧舍有挈酒至者

燈殘寒夜燼，鐘定老僧來。髮共何年雪，觴同此夕杯。辛盤聊自薦，爆竹莫相催。捻指流光去，遲明春亦開。

小詩鶴兒有手抄者，即以自嘲

從來不會詩，興到强爲之。甘作無明障，閑調有病饞。百年心上結，一夜鬢邊絲。詎可逢人説，誰令孺子知。

寄謝隱堂上人見過，貽以稻酒

久去東林寺，頻來惠遠聞。有鴻曾避地，無鶴不惜群。稻自青精種，釀從甘露分。獨憐多病客，饋問轉勞君。

渭原道中

家山西萬里，匹馬向三原。①雲出依山寺，烟迷遠岸村。縈情歸梓里，失計別松門。惆悵夕陽際，誰招阮籍魂。

六旬自嘲

廿年五斗嘆悠悠，甲子逡巡此一週。戎馬舊郊遺趾在，山原新築片雲留。笑余薄宦真爲拙，勸我居官益足羞。回首風塵成底事，欲將白髮伴浮丘。

懷門佩之茂才因隱上人過訪致意

白髮初相識，青春兩度旋。神交頻寄夢，病久竟忘年。寺憶分襟處，燈憐落雪天。惟將相思意，再致老僧前。

挽申東海赴舉卒于武闈

手挽烏號六石彊，生平意氣更昂藏。興來好客青尊滿，醉後彈棋玉局長。一夜悲風驚雁塔，百年清夢付鷹揚。可憐身死石無儲，只有兵書在總房。

---

①　三原：今陝西省咸陽市三原縣。

贈別雲祥道人

一葉蒲團一布巾,何來塵世訪逐臣。留君半席容身地,莫到蓬萊忘故人。

謝温與恕孝廉贈賤辰詩箋步韵[①]

竹屋風霜曉,蓬弧寒色偏。抽簪憐獨老,迎屐欲登仙。酒酌南山近,詩成白雪妍。此時賓從滿,玉樹重當筵。以上戊午。[②]

---

① 温與恕:字與恕,陝西省三原縣人。温純次子,萬曆四十三年(1615)中舉,著有《峴浮閣詩賦集》《藝園圖咏》《瓠中飲雅》《六貂部類》《藪澤集》《綢繆急著》《曲徙先籌》《捫虱雜言》等。

② 戊午:萬曆四十六年(1618)。

醽雞吟卷之九

春日汾村李小泉封君見訪

曳屐乘春好，涉園黃鳥驚。掃苔花有逕，解籜筍爲羹。留坐開中聖，閑行閱耦耕。柴門清話久，相送月華生。

挽申小峰

汩汩風塵三十年，帶星沐雨事行廛。長衝澤國蝮蛇草，不憚越江颶母船。華表乍歸千歲鶴，揚州輕擲萬緡錢。九原伯道如相問，莫謂人間盡有天。

戲贈花燭重喜者

錦字冰妝次第催，秦娥并下鳳皇臺。合歡芳醑重重酌，連帶夭桃朵朵開。引處彩絲還一色，種來藍玉是雙枚。仙郎不用徘徊久，繡被薰籠共莫猜。

訪岳念溪處士，偶會孫謙之、岳含樸茂才，
時二子中酒奕棋，戲賦四韵

龐公吾獨訪，二妙適相過。司馬當鑪醉，伯倫荷鍤歌。對棋長面破，坐樹共頭科。擬作商山會，綺園年較多。

移竹書齋

敢擬淇園蔘水芬，獨憐心醉子猷君。移根持護青琅色，帶雨披離

紫玉分。豈爲裁來堪釣錦，非關坐處可干雲。窗前但得留君子，鳳舞龍吟總是文。

戲題村墅

遠村人不到，寓目入林長。枝上鶯鳴織，水心魚跳梁。蝶邀蜂作隊，竹與樹分行。不解無情物，逢迎底事忙。

家有女奴四，一髡，一脣大且掀，一近視，一跛足，各以俚言嘲之

長夏包荷葉，經冬戴一蘆。鬢邊掠可省，額角髻全無。華表丹頭鶴，鵲橋摩頂烏。夜來獨宿處，枕上月輪孤。

其　二

櫻桃只措大，難傳口邊脂。搖處舌偏弄，寒來齒更危。榴開枝上嘴，栗裂果中皮。往往相稽反，騰蛇宜鎖之。

其　三

縱乞年年巧，金針無分穿。喜時眉亦皺，行處手常前。天問迷昏曉，奩開亂粉鉛。眼中人不見，交睫若常眠。

其　四

非夔何一足，得侍細君前。跛立難執櫛，隨行後入筵。行須螃蟹爪，獨處鷺鷥拳。彳亍渾無力，長嗔路不平。

遼　警

聞道遼陽戰，天朝大損名。山河失漢壘，草木盡胡兵。蔽日沙場血，徹明鬼哭聲。燕京只尺地，無乃聖躬驚。

贈門佩之茂才生子

偶客依精舍，聞君喜弄璋。食牛占氣秀，懸矢應辰昌。蚌出珠還媚，雛將鳳共頏。應知歡自足，湯餅可容嘗。

寺中留別佩之

久虛物外契，白首若爲新。一日以吾長，三生因爾親。燈殘秋鬢客，雪送夜歸人。渭水雙魚近，題書莫厭頻。

出　塞

羽林新拜將，計日欲吞胡。金絡迫風馬，雕彎偃月弧。全師臨瀚海，分道擊單于。百戰功成後，誰論萬骨枯。

其　二

樞令軍中發，分兵探虜塵。銜枚搗夜穴，臥雪築荒屯。磧戍黃雲暗，沙場白日湮。可憐新鬼哭，血染草磷磷。

胡甥汝芳自秦州來視老夫留館

乘龍此日正垂髫，負笈關山不説勞。汧水行聽鸚鵡語，岐岡遥見鳳凰毛。知拋陸子懷中橘，難得江生夢裏毫。小館暫留開萬卷，早期萊彩換宮袍。

過清川張真人上升處俗名貓兒庵也。

父老傳聞得道仙，九嵏山下指清川。青貍一日同生羽，白晝千人看上天。土屋尚存酪酊影，古槐長帶翠微烟。低迴皓髮無留處，何得從師一叩玄。

其　二

盡説超塵學大仙，幾人冲舉似清川。共看醉後登無上，始信壺中別有天。嵯崒山光猶護壁，扶疏槐影尚含烟。何年華表來城郭，會向真師問又玄。

其　三

玉笈瑤函載列仙，更將奇異羨清川。笙吹緱嶺須乘鶴，鼎化烏號亦墜天。不信青貓生羽翼，誰知陸地足雲烟。千今真見先生迹，朝市山林何處玄。

其　四

由來百二集真仙，西望崆峒東渭川。函谷老君瞻紫氣，瑤池王母降金天。雲開白嶽一靈掌，雨足青田四皓烟。若向真人尋至訣，玄關關外更無玄。

附徐默陽和韻之作

清齋符咒擬求仙，何得清川似稚川。逐日醉眠一市酒，刻期笑入九重天。貍同試藥雲中犬，槐有憑虛足下烟。不把仙方留世上，教人何處問重玄。

戲贈華山魁陽道人重道歌

道人莫輕言，輕言即輕道。非道不可言，可言非常道。知者不肯言，言者不知道。道原不在言，言多晦了道。玄關一竅玄，玄處不可道。養氣忘言守，守處誰能道。如魚飲江河，冷暖自知道。如客游四方，歸家只一道。未有天地人，無人豈無道。既有天地人，人人道其道。有爲有不爲，爲却失了道。無爲無不爲，爲道自有道。有道不如無，無道不無道。片言當下明，一藏何足道。千聖無二心，證心即證道。所以得道人，緘口不言道。

贈別魁陽

小軒習静獨徘徊，仙客忽從白嶽來。渾迹誰能識鍾吕，清談自不減宗雷。巨靈掌上還丹熟，大華峰頭下鶴迴。何幸盟金更有約，洞前二月看桃開。

喜寇仰峰至夜話

南山一抱疴，幽卧幾經霜。門自羅蒿雀，床惟鳴夜螿。煩君來梓里，問我到山房。懶道一官拙，驚看兩鬢蒼。桃燈嫌漏促，譚道味玄長。莫負崆峒約，采薇共頡頏。

喜魁陽再至，未幾言歸，賦贈

仙客重來問索居，龍鍾病夫頓蓬蓬。囊中旋解扶衰藥，肘後與看運氣書。別去三峰真隱日，養成九轉大還餘。憐吾筋力年來減，特贈刀圭到敝廬。

訪李敏吾

君家住在嵯峨下，清養幽姿静養真。牧豎不知相訪意，漫云尋水看山人。

謁清川道觀阻雨

暑去秋來欲謁師，不勝淋雨阻幽期。慇勤與報虬鸞道，待我晴明携杖隨。

贈周魁陽、王虛谷二道人_{周，華人。王，絳人也。}

雙馭玄衣鶴，黃冠髮共青。瘐盂懸海嶽，褚扇引風霆。丹熟鷄先試，琴鳴龍亦聽。古來得道者，秦晋一山靈。

壽伯聞宗侯爲其子存椿賦

節屆長庚玳宴開，南山初獻小山杯。青牛氣識銀潢發，朱邸祥占寶籙來。遥想象賢同樂地，更誇燕賀滿平臺。新詩十萬華封祝，末席應須愧老枚。

北村別墅漫興_{八首。}

滿地撲簾白絮，一榻入户青山。午睡無人驚覺，枝頭黃鳥間關。

其 二

草間全當水面，茅簷半隱山溜。獨坐輕烟茂樹，何防散髮科頭。

其　三

匝匝搖空粉籜，森森抽笋霜根。不須羨他肉食，籜龍取助盤飧。

其　四

青嶂新生片月，碧霞遙落晴空。且喜索郎酒熟，呼童邀飲田翁。

其　五

病後俗緣漸減，夏來畏日長眠。惟有閉關習靜，猶嫌石上流泉。

其　六

冒雨南山種豆，乘晴東圃耘瓜。非爲逃名避地，田疇原是生涯。

其　七

自剪青莎織雨，試裁綠荷披風。時有山僧相訪，更無人到山中。

其　八

湛淡曲通碧沼，芙蓉新洗紅妝。雨過香聞十里，還生一枕微凉。

貧

解綬歸來似野僧，幾函書史一壺冰。尋常酒債無錢償，何事還生夜客憎。

七夕有感

烏鵲橋頭梭欲停，穿針抽縷待仙靈。獨憐不解乞天巧，錯向君平問五星。

鶴　來

連日逡巡未下床，塵埋焦尾水沉香。多情惟有階前鶴，一步一鳴窺洞房。

寄謝南客以芭蕉扇見貽

蒲葵不共樣，當暑頓教秋。似練文斜界，如珪葉倒抽。紗厨入影白，竹簟引風遒。素手無相忘，秋分尚未收。

閑　居

淩晨曳杖吟閑句，半夜披衣學坐禪。老去亦知生意少，争如六馭
更加鞭。

秋日村墅邀升聞親家

谷口山頭三徑荒，蒹葭一望正蒼蒼。樹圍青嶂千霄漢，雲繞寒流
護石床。老去孤松成獨卧，秋來蒓菜故堪嘗。移文莫負鍾山約，好結
連鑣到草堂。

病後視琴

夏來衰病日相尋，蛸網蛛絲半在琴。强起輾然成一弄，不妨還是
舊知音。

中秋夜與恕集同泰徵與亨得魚字

虹飛嶼閣外，蟾滿桂輪初。灝彩流雲净，浮光清漢虚。霜毫裁玉
樹，水錯鱠金魚。猶挂西巖鏡，嫦娥望正舒。

寄贈濟道士先是韓潛庵自楚歸，曾向道士乞藥方，試之有驗。

有人傳是紫陽君，今在荆峽留片雲。幾度夢中見法相，不知何計
到江濆。

其　二

曾把仙方寄老夫，近來筇杖不須扶。壺中有藥君無用，肯與徐生
换骨枯。

冲字升聞見訪

翩翩雙玉自風流，携有奚童帶酒篘。不問主人入竹院，似憐吾道
在滄洲。傲霜殘菊英堪把，鬥雪新梅香暗浮。寂寞慚無供客具，遲君

一曲廣寒游。

病少愈有感

伏暑方逃夏，何當嬰大寒。醫來頻裏藥，妻勸少加餐。呻久鄰人厭，嗽多近侍難。理肌消削盡，留得二毛看。

問　須

緑鬢星星須更皤，自憐青鏡暗消磨。染君藥物知多少，扁鵲復生奈爾何。

須　答

長眉不笑古瞿曇，鶴髮誰能似老聃。六十年來知是夢，何當更作少年慚。以上己未。[①]

---

① 己未：萬曆四十七年(1619)。

醯雞吟卷之十

和熊泰徵春感詩十六首。

一賦歸來自索居，年華冉冉拂琴書。山頭經遇尋溪鹿，水面初開在藻魚。弱柳好禁肢力軟，繁花欲妒鬢毛疏。獨憐芳草無媒徑，不遣東風到敝廬。

其 二

渭北原南物候新，烟光簇簇望中春。晴回太華山前雨，綠轉曲江水上蘋。似絮楊花逐醉客，如篁鳥語喚歸人。誰能無着東風力，碧月青苔不厭貧。

其 三

尋常秋到思偏苦，春色撩人思更長。叠叠秦山雲漠漠，潺潺涇水雨蒼蒼。社前燕子驚新語，檻外花枝度暗香。慚愧遷鶯多致意，聲聲求友遇東墻。

其 四

密樹閑園黃鳥催，偶扶藜杖破青苔。露滋細草石根冷，風絢浮萍池面開。沂水漫思曾點浴，春山誰釣子陵臺。更憐轉眼清明近，百五百年能幾回。

其 五

初春天氣尚餘寒，別有幽情未易寬。孤磬冷冷驚遠寺，游絲裊裊拂晴闌。梨花欲舞千枝雪，葵藿新抽一寸丹。可奈相思無着處，陽春高調不成彈。

其 六

一官落落愧明時,悔向青山歸臥遲。節物盡隨寒暖變,容光不覺故新移。花間蝶夢因晴舞,樹裏鳩巢帶雨支。經眼春榮留不住,有懷獨與采芝期。

其 七

烟霞惆悵武陵高,抹月披雲變二毛。綠涴玄洲千樹藥,碧開瑤圃萬年桃。玉繩難繫晼晼日,滄海寧容小小舠。草蔓花枝成底事,自憐白首不勝搔。

其 八

輕雲澹日共悠悠,抱病獨登郊外樓。指點唐陵連漢闕,縈迴灞水帶涇流。歌殘百舌風前弄,舞盡綠楊雨外柔。眼底繁華那可問,令人一倍長春愁。

其 九

看雲日日坐高春,不向馮唐嘆不逢。花謝應憐春已暮,時清長愧道無庸。幾行遠塞聯蹁雁,何處空山斷續鍾。拼意衰年惟散放,中林獨步一青筇。

其 十

一枕栩然睡半酣,無端新燕語諵諵。已驚花落朝還暮,況復鴻來北自南。夢裏不知爲鄭鹿,眠來獨笑似吳蚕。等閑勘破浮生事,一任人呼作老憨。

其十一

春來春去日相尋,杖策彳亍出遠林。[1]乍見疏簷飛野馬,時聞喬水集幽禽。移將孫楚石邊枕,行作《離騷》澤畔吟。白首可憐交契盡,登山臨水總關心。

其十二

五陵春日擁繁華,寓目郊園事事賒。踏草游人閑藉草,如花士女競穿花。輪蹄易簇紅塵合,歌管難留白日斜。只尺青門小隱地,誰能學種邵平瓜。

其十三

山北移文着薜衣，獨來野墅望春暉。石春稷水分清淺，箔挂峨山入翠微。坐樹漫云擇水美，臨池豈是羨魚肥。此中幽賞無人解，肯逐東風問是非。

其十四

綠楊紅樹暮春天，詎有春風到極邊。捲髮胡兒吹觱篥，燕支狄女戲鞦韆。野磷偏照狼山骨，烽火遥連定海烟。獨是閨人思遠戍，眷衣欲寄泪濺濺。時有遼警。

其十五

遼海鯨波久不清，春來百感動心旌。青苗竭澤仍增餉，白骨堆山更選丁。挑菜時時聞野哭，吹蘆處處起邊聲。提壺不向沙場喚，欲醉中山到太平。

其十六

朝來散髮問東君，九十春光今幾分。柳帶烟濃籠淡月，花隨風細送輕雲。流觴客袚蘭亭禊，禁火人悲綿上墳。閑勘物情須盡醉，無勞車馬日紛紛。

南園

不材竽仕籍，難報聖明恩。再領爲郎署，一麾持憲垣。金章翟賜錦，玉璽鳳銜言。徒有傾葵志，戔戔仕貢園。

喜默陽至夜話

別來游物外，何意到山中。經歲風霜變，移時笑語同。尋真得至訣，問鼎遇仙翁。清話竹窗下，不知斗柄東。

正月十五日立春

三五當元日，東皇始得歸。風傳青鳥信，月望玉蟾輝。瑞莢盈天關，寒梅占雪扉。春鞭何處着，空自卧牛衣。

徐默陽、胡佩所、李明遠見過山庄留醉

罷官長閉戶，仙客重相尋。自有烟霞趣，都無朝市心。狂吟還起舞，酣醉更彈琴。何處求真樂，陶然在竹林。

鄉丈單子愛過余，少留即別，感賦

相向鷄皮叟，遙憐竹馬時。多年成易別，片刻會非期。季重情偏切，稽生途更悲。銜杯猶未盡，分袂欲何之。

懷周無文

人從雕鳳老，廬傍臥龍隈。宛水雙魚遠，秦山一雁哀。黃雲開日社，梁苑集霜臺。長別今如此，相思詎可裁。

戲題新書

千年曆數似循環，誰作吉凶誤世間。百物施張真誨盜，四民奔走不教閑。壽從嘗藥神農促，食自分田后稷艱。多少典墳灰已冷，何因逃得祖龍删。

感　舊

獨憐如市地，來往少人過。扶病客難會，生塵釜自多。豈無彈鋏咏，漫有憩棠歌。近日桐鄉老，問余健若何。

讀梁君旭詩集[1]

老來無別事，盡日把君詩。子美驚人句，伯喈絕妙詞。祇惟不世契，行待至公知。聞賦三都就，山房遲履綦。

---

[1] 梁君旭：梁爾升，字君旭，陝西省三原縣人。《陝西金石志》卷四載："《元扈山房詩文集》，四卷，明三原縣梁爾升撰。爾升，字君旭，隱居元扈山房。時游吳越，與知名士相唱和。"

新年思隱

迢迢故里隔邊塵，東入燕京西贅秦。二十五年孤宦客，六旬二歲異鄉人。閑花經眼時時變，野草連天日日新。舊業蕭條親知盡，惟應尋伴老綸巾。

秋日泰徵見過，值雨留宿，同賦東韵

瓮園一卧老孤桐，羊子相尋小逕通。愧我絕交擬叔夜，羨君有筆賦楊雄。秋聲淅瀝當窗樹，暮雨蕭疏入户風。清坐頓忘分夜話，應憐無酒醉山翁。

坐樹偶成

偶坐河邊樹，春風襲我襟。穭流千古在，因見白公心。

三月雨雪

迴風斜雨逗寒威，入夜冷冷帶雪霏。石溜水漸隨澗落，樹生寒玉并花飛。沿階細草滋偏長，趁暖流鶯懼早歸。寄語東皇留些意，晴明待我試羅衣。

新　竹

一夜霜根色，爭抽千尺竿。清風吹嶰谷，凉月照琅玕。臨水裁堪釣，拂塵籜可冠。長令開笋徑，留待子猷看。

喜胡甥游泮

泮龍初化躍天池，猶是翩翩竹馬時。清藻雙鈎裁漢水，采芹半壁接雲逵。還依玉樹凌風秀，遥聽金聲擲地奇。丹桂君家培日久，佇看連掇最高枝。

其　二

別來何日不含情，相問曾勞千里行。顧我尚虛平子願，羨君已繼阮家聲。芹香佩處天香近，桃葉蓁時桃浪清。欲識老夫懸戀意，秦山崒崒草菁菁。

題山園葡萄

山園無異草，蟠木頗相宜。漢貢名芳遠，桐君物色奇。藤蘿亦有蔓，桃李豈無姿。琥珀呈蟾影，披離垂露滋。舞腰羞作柳，衛足慚如葵。輪囷曲堪架，篔簹勁可籬。會當摘馬乳，先爲引龍髭。莫待秋霜落，東風好護持。

賀胡甥游泮三十二韵

地靈鍾間秀，世德毓時流。學術真儒重，文章哲匠優。惟天培厚積，厥祖啓孫謀。宰邑歌絃誦，司徒借筋籌。福星歸汴路，晝錦出皇州。丹桂香相襲，庭槐蔭益稠。飛鳧汾上去，諫草禁中留。直省排黃闥，宗卿潤帝猷。明廷還指佞，故里竟閑投。臺閣賢良譽，閭門孝友修。烟霞尋夙好，婚媾締前疇。高蹈任棠節，長懸杜甫憂。君吟招隱賦，余服返初秋。佳胤雛將鳳，沖齡氣食牛。箸襦知國器，牽幬獲良述。清鏡阿戎儷，丰神小謝儔。拜予垂總角，遲爾曬書樓。鄴架恣旁攬，酉藏任博搜。裁詞霏五色，搦翰燦雙鈎。此日脫華穎，當年騁紫騮。雲逵期軔發，泮沼早芹游。鄧圃一枝茂，崑山片玉收。三千欺海窄，九萬況程修。榻笏獨爭勝，鳴珂先繼麻。遺經仍甲第，累葉舊箕裘。尤拔菁莪異，遐征樸械求。連綿登虎榜，接武占鰲頭。幹蠱夫何忝，乘龍願已酬。青雲憐得路，白首念栖幽。捷至風生坐，顔開酒倒甌。同人抒賀燕，顧我效懷鳩。寄語東床子，勉旃未可休。

秋　園

高秋郭外户，寂寂對南山。沿砌芳菲歇，依池鵝鶩間。菊殘留紫蒂，竹老帶青斑。未是衡門隱，無人常閉關。

病中憶蓮

一池紅蕖映清漣，每到芳時抱病眠。應怪老夫頭已白，無緣合作并頭蓮。

蓮報主人

聞道東君餌藥期，百身恨不佐參蓍。苦心一點終須棄，不信多情斷得絲。

雨中蓮憶主人

的的朱顏争傳粉，莖莖碧玉競擎盤。兩年相憶君知否，爲報濂溪那日看。

主人報蓮

翠葉紅蕖滿沼開，那堪妒雨嫉風催。寄聲報與花靈道，明歲開時定要來。

秋夜讀伯聞宗侯大業詩集

千秋誰解鑄鍾期，不朽吟成千首詩。可是一經傳向日，猶然七步賦曹時。鶴鳴珠樹陰偏和，風到金枝秋更悲。怪得夜來驚病耳，冷冷清韵沁人脾。

早秋聞雁

未是高秋日，聯蹁天際來。惟應邊草白，况復虜弦開。影逐南征遠，聲留北地哀。瀟湘一片意，燕雀莫相猜。

終南山下聞雁自叠前韵①

刷羽南山下，排雲幾陣開。不辭關塞遠，豈爲稻粱來。風急行行

---

① 終南山：位于今陝西省西安市長安區城南。

斷，月明字字哀。冥飛那知處，弋者漫相猜。

游温泉

繡嶺山前剩壞垣，溶溶一水尚潺湲。誰將膏膩流千古，猶灌櫟陽萬户園。

重游報恩寺

漫思曾到地，三十五年餘。半是青衿社，全無緇服居。蓮移新竹院，松老舊精廬。更想看花日，低回停鹿車。

晚宿觀音山寺①

偶到中南寺，尋幽未便幽。樹乾餘夕照，階砌足蛩愁。鉢净芹供飰，燈殘松續油。因緣聊此夜，不得駐行輈。

重宿薦福寺②

經霜三十四，古刹此重游。殿宇仍垂舊，瞿曇半寂休。風驚巇嶮度，月借洞房留。孤磬蒼蒼夜，欣同老比丘。

訪門佩之茂才于王漢孺館中留宿

誰謂長安遥，盈盈秋一水。相思憑雁來，相訪托雲履。還登明月樓，暫聚德星止。殷勤惜此别，重訂浮丘子。

雨宿温國寺會余渼岩茂才③

策杖尋幽勝，相逢共子衿。論文傾若蓋，談《易》盡爲簪。雨入圭峰急，雲流草閣深。追隨渾不厭，豈减古人心。

---

① 觀音山寺：位于今陝西省西安市長安區。
② 薦福寺：位于今陝西省西安市永寧門外。
③ 温國寺：位于今陝西省西安市長安區西湖村。

早發温國寺望終南絶頂

一雨中峰霽，侵晨渡渭西。樹濴山色翠，水浥稻香泥。出定僧方起，驚飛雁欲迷。振衣須有待，絶頂躡丹梯。

晚　望

雲門獨曳屐，招隱意何違。村落虚斜照，山光掩翠微。田僧驅雀返，牧竪荷蓧歸。相見不相問，行藏任是非。

寺坐有懷

因生遺世想，山寺暫栖遲。出岫閑雲澹，投林倦鳥知。不言應有會，偶偈豈爲詩。安得絶塵契，相將任所之。

寺夜彈琴

方丈都無物，蕭然共野僧。絲桐一再弄，恰勝得良朋。鳥宿風初定，霜寒月復澄。静觀吟未闌，秋思欲飛騰。

寓寺用壁間韵

寄迹祇園覺地寬，不須塵世索盤桓。已完婚嫁當年事，寧戀笙歌盡日歡。上座結趺雲一榻，中林高卧日三竿。爲言莫道離家慣，只恐蕉花夢易殘。

折足雀行雁塔寺中。

階下折足雀，頻來施食時。群雀滿腹歸，憐爾獨忍饑。報喜有虚聲，繞樹無穩枝。縱能避網羅，愁逢挾彈兒。嗟乎！折足雀，可奈何。知來識歲今如何？有時獨立向東風，不能隨分填天河。化爲金印報君恩，折足折足奈若何。

杪秋寺中見新月[2]

忽見新生月，無生却有生。九天沉大火，三日出長庚。鈎曲垂簾靜，眉彎入畫清。會須觀初地，耿耿露微明。

寺中古藤

祇園叢裏不知春，虬曲蛇盤結怪鱗。昨夜山僧閑入定，鉢中龍繞老禪身。

發潼關望嶽遇雨①

言駕青牛瞻白嶽，臨高眺遠獨遲迴。三峰竟没芙蓉影，函谷那看紫氣開。合沓文王避雨處，溟濛毛女栖雲隈。何時尋拾靈岩草，爲着青鞋布襪來。

抱病薦福寺，枉熊泰徵見過

秋風雙樹下，思子意如何。爲惜中秋別，重煩九日過。高吟推社長，烹茗借禪那。生平清興在，見爾欲婆娑。

長安酒肆偶醉

非僧非道非儒紳，三尺焦桐一字巾。偶到長安酒肆醉，不知天地屬何人。

賦得野寺清秋日八首。

熊泰徵社丈以"野寺清秋日"起興，屬倡和，各八首，書于隱堂上人之澹然軒。

野寺清秋日，隨來憩上方。拈須吟半偈，行藥步長廊。洗耳佛前磬，薰心定裏香。自分多病客，投老白雲鄉。

---

① 潼關：今陝西省渭南市潼關縣。

其 二

野寺清秋日，寂寥古木陰。清霜流客鬢，凉月印天心。香積日中飯，聲聞松下琴。遠公知姓久，結社在東林。

其 三

野寺清秋日，藤蘿物外幽。梵將風籟動，曇共雨花浮。清唳一聲鶴，毫光五色虹。何當因大乘，漻沆與天游。

其 四

野寺清秋日，逍遥藉梵宫。幢翻摇玉影，鐸響振金風。露冷青蓮社，香飄紫菊叢。願言抱清節，期與此心同。

其 五

野寺清秋日，蒹葭占一方。竹簾殘夜月，茅屋早秋霜。蓋偃松枝翠，簪垂柿葉黄。寄言招隱客，此地可相忘。

其 六

野寺清秋日，幽人睡未醒。紵寒長夜白，楓落遠江青。柏子隨風篆，松門盡日扃。愁心猶萬里，況復雨泠泠。

其 七

野寺清秋日，蕭條景若何。烟濃函貝葉，露重綴衣蘿。雁塔凌風峻，龍城積雨多。秋來渾是病，披霧問維摩。

其 八

野寺清秋日，悠悠百感生。眉攢由惠遠，頤解得匡衡。朝暮無常槿，東西不定萍。此身隨萬物，愁思苦相縈。

九日憶舊

兩度重陽日，登高不在家。悲秋曾谷口，覽勝此蘭闍。風急冠難正，瓶空酒可賒。誰能虚令節，潦倒謝黄花。

客有送峨山小石者，置之盆中賦懷

一片盆中石，移來自嶔峨。抱雲如有意，攻玉不須他。詎作流中柱，誰生水上波。清懷饒枕漱，對此欲婆娑。

寓寺泰徵見訪，適梁瑞軒茂才亦以奕棋至，愧無酒醉之，賦得野寺清秋日

野寺清秋日，何期二仲來。彈棋知國手，作賦羨長才。泰徵有《奎樓賦》，一時長安人傳誦之云。松子諸天雨，菊花九日開。故人餘興在，空復耻尊罍。

九日寓寺，招隱上人梁茂才于佛殿一酌

聊共香臺上，登臨看翠微。插萸同輩少，送酒故人稀。無意風吹帽，多情泪濕衣。悲歡只如此，酩酊扶僧歸。

附梁茂才酬九日見招之作

重陽臨勝地，一雨轉霏微。雁塔成名舊，龍山佳會稀。携壺惟素節，送酒却緇衣。君興知非淺，相將盡醉歸。

圍　某

縱橫十九條路子，原從太極判陰陽。誰知覆雨翻雲手，看作爭南戰北場。象向無中生得有，心由閑裏自成忙。神堯大哉如天聖，肯把殺機抵義方。

寓寺喜門佩之過訪留飲

渭上分襟賦別詩，憐君不失野人期。寧知臘屐尋餘日，正是聞鍾思子時。抱石片雲空有住，依松孤鶴老無枝。自惟多病煩相問，頃覺禪窗一解順。

其　二

一日三秋有所思，況經秋早杪秋時。[3]書齋共卧連床話，吟社分題右座詩。到處看山心寂寂，幾回望月意遲遲。幸君相訪留君醉，莫

遣焦桐怨別離。

望終南

南山迴望迥，青藹接丹丘。濃淡松篁色，逶迤洞壑幽。岩深霞欲吐，水遠翠爭流。會有山靈約，直須到上頭。

秋杪寺中見菊未開

梵宇當秋晚，香臺傍菊栽。金英含霧冷，紫萼耐風裁。桂影閑相逗，霜華一任催。解知陶令意，留待歲寒開。

馬　嵬

有客乾陵過，自言曾過馬嵬坡。孤塚青青耕者留，夕陽牧子塚頭歌。三峽泠泠雨中曲，千里香魂招得不。牛郎織女解笑人，華清底事無人浴。

晚望終南山頂有雪

霏雪三秋早，中峰萬壑寒。藐如姑射髻，聳是玉仙冠。素鶴蹁躚下，白雲縹緲端。太清絕頂處，殘夜有誰看。

寺中秋雨

晨鐘方罷聽，淅瀝到床頭。陰合空林色，寒生衆木秋。雲深琴却潤，濕重草偏幽。誰共燈前話，天花尚未休。

寺中即事

支離漫想就醫王，曳屧行吟到上方。生怕網羅憐鶴去，自傷辛苦笑蜂忙。隨堂蔬食鐘鳴晚，散步松林葉落霜。若道維摩醫我處，坐來無事日偏長。

其　二

坐來無事日偏長，但學高僧據一床。古木斷烟清籟動，空庭栖鳥静琴張。只留疏月窺欹枕,剩有凉風襲薄裳。隱几嗒然成獨臥,不知身世在羲皇。

望山雲曲懷泰徵

不見君,思見君,思君不見望山雲。終南雨霽日未曛,山光夕照多氤氳。思見君,不見君,樂游原上草偏共,長安城裏花復殷。惟有南山一雁嘆離群,聲聲嘹唳不堪聞。思見君,望山雲。

同泰徵咏空林積雨,首句用王摩詰

積雨空林烟火遲,雲堂獨坐正絲絲。重陰黯澹千山合,宿霧披離一望垂。冷砌漫沿零蘚色,危巢頻下覺鳥饑。叢中那是高唐地,遮莫朝朝暮暮時。

留別泰徵,仍賦野寺清秋日

野寺清秋日,逢君又別君。唾來渾是玉,謔出總成文。病向吟中去,襟從合處分。雙魚連渭水,來往可相聞。

采 藕

蓮房不耐雨,荷蓋豈勝霜。天然西子臂,把之有餘芳。

摘 柿

萬木經秋盡,村墟落照斜。羨此林中實,紅于二月花。

采菊英

曾讀神農傳,餌菊目可明。待洗青白眼,看他世上情。

采地黃

道士服黃精,世傳延壽年。莫怪稽叔夜,不題尚書箋。

哭都諫胡慕之親家

公以典會試事言權要者去，公亦被蟄，尋歸。死之日，中外無不心惻。

若欲權臣去，甘將鯁骨歸。中朝封事絕，右掖諫書稀。十口孤墳淚，千山一總幃。青編遺太史，披讀泗沾衣。

雪夜喜鶴兒讀書①

凌冬催歲暮，滕六驅同雲。盡樹琪花發，漫空柳絮紛。輕寒侵翠被，圍坐笑紅裙。獨有雪窗子，書聲夜已分。

挽張道人

九月當重陽，天乃作霖雨。伊余多病夫，經年不出戶。夜聽兩鄰家，摧垣如落杵。日中市無人，閭巷可柵櫓。獨有養鵝君，雨中相問愈。祇期張道者，休糧善納吐。絕粒甫七日，一旦謝觀主。至期跏趺坐，羽化時亭午。噫嘻！誰云生可存，生存道不存。誰云道可尊，道尊人不尊。徘徊道與命，千古無定論。余少嬰弱疾，兼之命遇屯。時與道者語，性理若冥昏。與之譚命宗，却云命有根。歸根即復命，得自《五千言》。觀君速化處，今古等芒芲。彭殤各待盡，疇可扣天閣。

養鵝君，即觀主雷道人也。

戲題百子圖

山人胡愛松以夾紗百子屏見貽，時無文方擬詩題，屬賦各一首。余緣公出，別無文後，竟不能援筆。今笥中得五十餘首，姑抄之，以俟異日補綴焉。

學射兒

開弓月滿雄心赤，引矢星流嫩頰紅。若笑天山功尚遠，由來事業

---

① 鶴兒：李夢鶴，前文已注，見《醯雞吟》卷一注釋。

起桑蓬。

讀書兒

獨向青編窺蠹魚，端思若與聖賢居。下帷猶自藏燈火，還看日間未讀書。

竹馬兒

輕趫紛紛年少群，青竿截作五花文。相將陌上迎官府，幾得荊州郭使君。

習字兒

一片竹箋幾葉蒲，床頭指點共胡盧。自從認得之無後，長看山陰筆陣圖。

題詩兒

白紙屏風障竹窗，揮毫濡墨勢搋搋。題來屏上驚人筆，雛鳳新聲迥不雙。

俎豆兒

土簋自陳懷處果，瓠樽還荐種時瓜。兒童豈解尊尼父，祇是嘗聞俎豆家。

奪魁兒

誰把魁星鑄斗躔，文光燦燦斗光寒。少年有志奪魁首，不和神圖鬼像看。

射覆兒

索數由來爭耦奇，有知何得似無知。看他射覆渾閑事，即是鴻濛開竅時。

彈琴兒

漫將喀唾拭金徽，促軫拂絃手自揮。試向窗前潛一聽，大都聲似太音希。

看畫兒

流水無聲花絕香，生綃一幅展中堂。少年應笑丹青筆，畫賞何如真賞長。

旗鼓兒代咏三戰呂布。

一幅紅綃裁作旄，堂前起舞影颭颭。等閑欲作擒胡事，笑指風雲八陣高。

鼓

繡段額妝花帖腰，振天轟地鼓群鬌。若教夜半終童聽，疑是軍中擊斗刀。

呂　布

黃金鎧甲玉纓冠，義董恩曹如弄丸。養虎養鷹寧有辨，不教人作丈夫看。

玄　德

矯矯蛟龍得雨新，曹瞞睥睨漢宗臣。詎知天命歸真主，即是青梅失箸人。

關　聖

不顧封侯不顧金，紅袍贈處便分襟。丈夫義分輕天下，枉却奸雄結士心。

翼　德

千騎當陽下坂頭，江陵固自失前籌。臥龍躍馬渾無計，爭及橫橋丈八矛。

灌花兒

薄紫濃紅點作猌，澆花只恐花發遲。蜂黃未退蝶餘粉，引惹翩翩不去枝。

冠蓋兒

皂幢荷折葉爲蓋，烏帽蟬聯翅可裁。笑向街前誇得意，聲聲喝道大官來。

戲彩兒

階下斑斕五色新，儼然萊子娛雙親。可憐列鼎重茵者，不及嬰兒一念真。

禮佛兒

畫堂擬是説經堂，合掌佛前作道塲。昨日阿娘香盒裏，偷來沉水奉空王。

洗浴兒

芙蓉丹頰襯霞明，菡萏香膚映水清。浴罷相將紅羅帨，鳳池新拭鳳毛輕。

籠雀兒

籠窄不嫌損羽毛，望雲看樹任呼號。愁他饑甚添紅粒，枉使嬰兒心太勞。

迷狐兒

兒戲何來捉迷狐，小狐失穴老狐呼。縱能尋得一狐謎，可得真狐九尾無。

博錢兒

群髫階下笑相呼，白玉局中戲闒蒱。輸與青錢還抵掌，肯教一注竟成孤。

觀魚兒

着意觀魚魚不省，潛鱗在藻綠漪静。涵咏相隨蓮葉東，分明搖動雙蓮影。

倒立兒

足可爲持手可履，如以目聽以耳視。小兒顛倒只須臾，看他未必長如此。

風箏兒

墨子木鳶飛上天，工夫直到作三年。紙鳶自可乘風便，百丈惟須一綫牽。

彳亍兒

一足商羊齊子歌，齊廷大雨即霶沱。商羊不作兒童舞，雲漢桑林奈若何。

排優兒

優人假作古人身，却有痴兒學假人。堪笑世人渾是假，歌童舞女總爲真。

打板兒

掌上握來檀是板，一聲聲似接同歡。縱然未中宮商節，鳳吹新篁應紫鸞。

吹笛兒

豈有落梅黃鶴樓，非千折柳關山月。無腔信口一吹來，自是調調天籟發。

打鼓兒

誰發階前振振聲，兒童擊吹亂喧轟。雖然未是漁陽鼓，擬學攙撾襧正平。

舞鶴兒

玄氅青衣對影蹁，堂前偏得主人憐。嬰兒若解胎仙訣，便可乘之飛上天。

臂鷔兒

樹陰深處語如梭，贏得兒童四面羅。玉臂金韝不肯放，青雲意氣竟蹉跎。

壘城兒

秦築長城恨未平，何來畚築日營營。少年不知人生苦，却把愁城作化城。

捕螢兒

忽驚凌月徬階明，復見隨風隔幔轉。年少偏宜聚得來，紗囊輕貯臨書卷。

采蓮兒

擘破蕖房一棹輕，約開荷蓋萬珠傾。碧池深處蓮花影，照見蓮臺生化生。

撐船兒

曲柄偏嫌莖有刺，折荷猶怕藕多絲。相呼兒伴刺船去，更向芙蓉密處移。

相鬥兒

遮莫奮將如瓠臂，瞥然揮却似綿拳。可知痴子多爭鬥，血氣元當未定年。

打彈兒

黃雀雙雙栖茂陰，何來小子彈相侵。傷弓鳥自飛飛去，却惜隋珠沒地尋。

提傀儡兒

刻木假爲真面目，牽絲新剪舊裳衣。弄來燈下頻催鼓，髣髴白登夜解圍。

看傀儡兒

少年提出白頭翁，鶴髮鷄皮烏角巾。引惹兒童群笑問，就中誰是把絲人。

鬥草兒

花尋墻外草尋池，拾得不教衆共知。直到群兒般數盡，袖中撚出一枝枝。

看鸚哥兒

笑道鸚哥慧可誇，聽他私地語呀呀。近來會說貓兒打，更喚春花來掇茶。

教鸚哥兒

遠貢長懷南國悵，問安却罷隴頭吟。嬰兒解愛鸚哥語，不解鸚哥不語心。

舞獅兒

刻面彩妝紅錦毯，盤旋舞作獅王撼。誰教發出河東聲，驚破龍丘居士膽。

折柳兒

裊裊當軒千萬枝，一枝折向手中吹。柔條年少折猶易，若待衰殘折取誰。

走狗兒

吠月眠花喜不勝，更憐顧兔意飛騰。怪來上蔡秦丞相，幾欲重尋恨未能。

圍棋兒

就裏敲來如雹落，沿邊列處似飛星。橘中樂處誰傳與，棋聖由來屬爾馨。

鬥雞兒

先唱已憐聲喔喔，擅塲更喜勢摐摐。誰家年少虛時日，辜負司晨報曉窗。

釣魚兒

香餌投時開綠水，釣竿把處立清陰。痴童豈識濠梁趣，祇是臨淵有羡心。

尋促織兒

寒夜啾啾促織吟，閨中織婦轉關心。何當一入黃童耳，繞砌伏階着意尋。

鬥促織兒

知雄先作圍塲勢，挑戰如嫌出袖遲。何物細微亦解鬥，回頭却忘草根時。

鞦韆兒

春風吹雨灑鞦韆，掉却羅襦不怕寒。誇道自家能會打，高高拜起倩人看。

摘果兒

最怕風搖朱實盡，更嫌鳥啄紫英殘。不須拾取道傍者，自有新珍盈玉盤。

投壺兒

玉女投壺事甚微，隼飛龍躍世爲稀。拈來信手頭頭是，赤子原無命中機。

炊飯兒

取得曾藏窗下火，駕言荷得采來薪。巧炊几自原無米，却怪空生甑底塵。

摘花兒

千枝百葉覓紅芳，笑插輕枝總角傍。記得街前人報道，杏園先看探花郎。

踢毬兒

俯身迎處月初轉，迅足擊來星欲流。年少塲中垂紫袖，齊雲不羨五花毬。

撲蝶兒

蛺蝶雙雙舞翠苔，相將羅扇共擎來。無端驚破莊周夢，不得園中栩栩回。

無　題

出無車馬入無朋，尚子抽身恨未能。長嘆遠公曾放鶴，更多支遁亦憐鷹。尋常見寺即思住，行次逢山便欲登。豈是閑情空徹骨，前生恐是一貧僧。以上庚申。①

【校勘記】

［１］彳亍：原作"于于"，據卷十一《戲題百子圖》之《彳亍兒》改。
［２］杪：原文作"抄"，據本卷《秋杪寺中見菊未開》改。
［３］杪：原文作"抄"，據本卷《秋杪寺中見菊未開》改。

———————————

①　庚申：泰昌元年(1620)。

醯鷄吟卷之十一

送熊泰徵赴榆陽

幕府徵才子,飄然解薜衣。龍山烽火近,魚海羽書飛。一劍從軍壯,千年記室稀。功成草檄日,早趁鹿鳴歸。

苦無炭行

役褵玉磬山,一縷山腰炭。有力負而來,取給池陽爨。陂深上下難,憂雨不憂旱。今秋雨霑霖,山魅蒿目嘆。市井久無烟,價倍十之半。中有懸罄家,枵腹終日肝。乍見蛙從竈下生,饑兒寒女驚相看。床頭霍霍泪如珠,何時得共簷溜斷。

迎春日自嘲

自憶薄游三十霜,曾乘時令拜勾芒。花羞潘岳十年令,蘭謝馮君三署郎。墙角不知雪已盡,簷牙但覺日初長。傷新感舊無心緒,一任東風逐世忙。

咸原道中遇雨

不期月離畢,冒雨向秦城。霧霮連山勢,淅淋遍野聲。隰原禾更起,曲岸草蘇生。涇渭無舟楫,爲霖空復情。

渡 渭

渡口人爭濟,呼丹馬暫停。水生橋已斷,雨過草初醒。短棹輕回浪，平流小讓涇。計程亦不遠，傍晚到柴扄。

石九鼎移小園牡丹與竹

仙郎裁錦構仙葩，分與朝雲倚紫霞。佇看畫屏開滿坐，入門真是季倫家。

其　二

石抱霜根露泣枝，幸君移植向春池。龍吟鳳翥應珍重，何似山窗冷落時。

寄開封竹居宗侯

梁國薄游日，詞宗交獨親。談經玄是契，招隱道爲鄰。念我歸來易，多君別處真。還將函谷月，爲寄小山人。

寄上洛王

五載南山着薜蘿，尋思梁苑賞心過。疊山凌漢同登眺，華翰裁雲許倡和。坐上春襟傾玉醴，樓邊清興入金波。近聞叢桂八公老，鴻寶成編可寄麼。

大　熱

火龍天上赤繩繫，炎帝空中丹竈吹。不省人生何所似，游魚釜底命如絲。

乞　雨

王孫貴子雕鞍錦，挈榼携尊邀妓飲。聞道縣官乞雨行，醉聽巫鼓花邊寢。

喜　雨

溽暑憂無雨，原疇禾黍燋。俄占石潤礎，驚見蟻封苔。入夜傾如瀉，隨風響似潮。蒼蒼暨有意，膏澤沛崇朝。

悼亡女

暮年生一女，憐如掌中珠。豈無繼裘兒，鍾情固不殊。三歲語喃喃，清聲如鵁雛。七歲能引針，綉成鸞鳳圖。誦讀女誡經，手不釋須臾。許婚在垂齠，待年堂有姑。吁嗟乎！芳齡甫十三，破鏡與夢符。一疾隨物化，遺我形影孤。弱婿千里遙，兩地歸同途。異哉天上子，哀哉人世無。泪下入九泉，一夜白頭須。誰憐雙羽翼，唯有夜啼烏。

山園葡萄

珠顆勻勻粉帶霜，山童摘取喜盈筐。何當釀作長年酒，不說涼州刺史漿。

院中葡萄

密葉長絲纍落盤，搖風篩月耐霜寒。祗因結子無何有，見者空教仰面看。

促　織

閨閣不成寐，寒蛩聲未休。啾啾來枕上，切切入心頭。素女經長夜，青娥耐九秋。如何使妾夢，猶得到涼州。

秋初對月彈琴有懷

呻吟復呻吟，抱此白雲琴。蟫蛸絡玉徽，兼之塵久侵。頃想夙昔契，拂塵試一鳴。初彈聲索澀，如蟹絃上行。別調理宮商，促軫丘中曲。有懷在美人，美人清如玉。坐對明月光，白于地上霜。就枕嶧陽桐，商風襲我床。

青衫行

青衿中有與學中門役結交者，故寓言嘲之。

青衫駒白馬，長安走狹斜。望望入黌門，縶馬守闔家。長者呼爲兄，老者拜若爺。自以貴下賤，從此蓬生麻。交譁置斗酒，與之談公衙。家世事學宮，相托敢參差。師儒多耄老，月旦豈由他。快意醉歸鞭，前途日尚賒。噫嘻！女子戒失身，失身七出加。男子慎失足，失足友朋嗟。先達重名節，浮榮等土苴。哀哉青衫兒，輕身何足誇。

北村即事

谷口遙相望，北山近有田。春餘釀酒穤，秋足絮衣綿。先辦公家稅，仍留賽社錢。打門無縣吏，抱病亦恬然。

咏鐵馬

佩馬朝天關，風度五更回。仙郎朝罷早，玉珮帶星來。

其　二
家園終日醉，久不到花宮。底事簷前馬，依稀似相風。

其　三
閨夢長不穩，起問侍兒行。璜聲無邐遠，側耳在東墻。

其　四
朝不行雲來，暮不行雨去。放來解佩環，初會巫山女。

午日懷古

屈平沉水後，荊俗近何如。觀妓開筵盛，鬥龍奪錦餘。盡人樂午日，誰復吊三閭。把酒遙陳奠，靈均冀鑒予。

秋日村墅蓮池

蕭條荷已敗，不及見花時。露蓋殘擎玉，風莖剩折枝。游魚潛落水，浴鸛下清池。漫有臨淵興，綸巾理釣絲。

道觀聞笙

子晉登仙寄遠心，叢篁弄出鳳鶯音。驚聞童子吹松下，鳳泣鶯悲思不禁。

七 夕

織女候牽牛

榆葉流星渚，銀河填鵲橋。暫停今夕織，惟待牽牛邀。

牽牛邀織女

桂殿蟾光下，星橋綺席開。殷勤問靈匹，早晚渡河來。

牽牛送織女

一觥雲母酒，相送水中央。歡隨今夜枕，愁上去年床。

織女憶牽牛

一水銀潢隔，三星永夜看。經年若爲別，佩帶等閑寬。

咏 竹

小院一竹，遇風、雨、雪、月時，輒有小致，賦此。

風

一枝挺秀立疏林，不作拖金曳玉音。霜節抽空迎雨嘯，應須截作老龍吟。

雨

霏微凍雨入紗窗，滴瀝叢篁搖玉缸。恰是萬行斑竹泪，隨風南灑泣湘江。

雪

漫天覆地亂紛紛，偃壓偏凌抱節君。縱使滿頭渾是雪，琅玕翠色獨氤氳。

月

孤榦扶疏逗玉蟾，紫篁丹桂共疏簾。分明鳳尾搖清影，露下風來看不厭。

鶴兒下第漫成示誡

下帷發憤莫遲遲，不信聽吟落第詩。望喜空穿倚問目，懷慚難展對人眉。三年僅得一千日，萬杰纔收七十奇。莫把光陰輕擲放，相如須記過橋時。

病中聞蟬

嘒嘒新聲到枕中，長吟偏動白頭翁。疏槐影翳危冠影，衰柳風隨薄翼風。飲露自能乘羽化，蛻塵寧與搶榆同。獨憐亦有翩翩分，遠樹荒林意不窮。

院　梅

易識先天理，百花此獨魁。水姿霜後媚，玉蕊雪中開。香可江妃屬，清堪何遜裁。本無物與競，傾國莫相猜。

折　梅

日短窮簷下，風來疑有蘭。枝枝經雪瘦，片片帶冰寒。幽賞惜輕折，暗香肯易拼。小齋清更冷，插向膽瓶看。

寄原武王

清桂披襟日，平臺曙色分。吹笙王子晉，執轡信陵君。從集梁園客，還徵魯壁文。枚生今已老，繾綣少林雲。

寄熊泰徵

野寺清秋禮藥師，曾勞相問唱新詩。而今病可君歸日，又是清秋野寺時。

秋夜鵲

三匝月明樹，況當雨夜秋。烟迷栖未穩，濕重去仍休。空有呼晴語，還添知歲愁。君毛終不改，白盡枕邊頭。

贈萬休上人置藏經于崇文閣時銜命至

海藏經千帙，龍文御筆裁。金輪從地轉，玉札自天來。揮塵香花落，揚鈴佛日開。借言白馬寺，幾得大乘回。

送從軍者

聞君出塞從軍行，秋風萬里長城北。長城關外虜塵多，只有一劍留君佩。丈夫意氣在吞胡，爲請長纓繫單于。即今漢主不好文，莫學區區老腐儒。

秋夜雨

螢光幾點伏階草，蟋蟀床頭使人惱。珠桂關心恨不休，喔喔雞鳴愁尚早。晌午厨烟猶未炊，雨中糯米和糠搗。千門萬户共秋情，誰能盡向秋中老。

萬休見過，余病不能報謁，代謝

曳屨春初過，扣關秋暮遲。惟將一片意，多致萬休師。維摩榻中偈，清江座上詩。何時白蓮社，錫杖與追隨。

戲寄萬休

一紙乞書寄萬休，禪關三扣值雲游。聞師曾到觀音寺，大火毒龍降得不？

懷古咏言

地不能盡人，人亦不能盡地。余秦人也，不敢自謂秦無人，故一地僅録一人。縱不能盡人盡地，而唱嘆之餘，聊以抒余懷耳。

西安蔣詡①

辭郡不臣新社稷，開園祇與舊羊求。元卿亮節無人解，爲愛松筠三徑幽。

長安韓休②

當朝峭直弼君違，貌瘦應須天下肥。從罷蕭嵩林甫相，六郎沉湎竟忘歸。

咸寧韓康③

城中賣藥不知名，豈市終南捷徑聲。更入深山匿姓字，安車何處訪先生。

咸陽班固④

文賦兩都推第一，何當銜恨同蚕室。醉奴輕犯洛陽塵，漢史到今爲絕筆。

涇陽李圓通⑤

周家玉樹屬隋家，亡國諸宗恨未賒。非是將軍維護力，陳宮仍唱《後庭花》。

----

① 蔣詡：字心余、元卿，漢杜陵（今陝西省長安縣縣東南）人。哀帝時，官兗州（今山東省兗州市）刺史。王莽居攝，告病歸，臥不出户，常于舍前竹下開三徑，惟故人求仲、羊仲從之游。《東觀漢記》卷一〇有傳。

② 韓休（672—739）：字士良，唐京兆長安（今陝西省西安市）人。工文辭，休初應制舉，累授桃林丞。又舉賢良，擢左補闕，判主爵員外郎。進至禮部侍郎、知制誥。出爲虢州刺史。後母喪服闋，爲工部侍郎、知制誥。遷尚書右丞。後拜黃門侍郎、同中書門下平章事。後以工部尚書罷。遷太子少師，封宜陽縣子。其生平事迹在《舊唐書》卷九八至卷一〇〇有敘。

③ 韓康：字伯休，一名恬休，京兆霸陵（今陝西省西安市東北）人。常在山中采藥，到長安市上出賣。三十餘年，口不二價。桓帝（劉志）派人請他作官，遂逃入霸陵（今長安縣東，本爲霸上地，因西漢文帝葬此，故名霸陵）山中隱居。《後漢書》卷八三有傳。

④ 班固（32—92）：字孟堅，扶風安陵（今陝西省咸陽市）人。著有《漢書》《兩都賦》等。《後漢書》卷四〇有傳。

⑤ 李圓通：京兆涇陽（今陝西省涇陽縣）人，擢授參軍事。《隋書》卷六四有傳。

三原李靖①

日表龍姿暫盍簪,局中一着便傾心。冲冲爲帝爲王志,輸與唐家作雨霖。

高陵袁盎②

宦者與驂天子乘,夫人并坐后宫茵。當時不有絲君諫,幾與高皇續後塵。

興平馬援③

銅柱服南盡倒戈,銜冤薏苡可如何。至今炎海歸心者,尚祀將軍馬伏波。

渭南翟公④

棘院飄飄廷尉去,雀門寂寂網羅開。自從勘得交情破,一任客來客不來。

華陰楊伯起⑤

四知堂集執經才,何用屏陳絳帳開。唯是三鱣銜入後,一門歷歷應三台。

---

① 李靖(571—649):字藥師,京兆三原(今陝西省三原縣北)人。少有文武才略,受舅父韓擒虎賞識。隋末任馬邑(今山西省朔縣)郡丞。後歸附秦王李世民,攻取割據洛陽的王世充。唐武德四年(621),從趙郡王李孝恭平定割據荆州(今湖北省江陵縣)的蕭銑。又安撫嶺南,得州九十六。八年,阻擊突厥南下,受檢校安州大都督。太宗即位,歷任刑部、兵部尚書,檢校中書令。後封衛國公。著兵書《六軍鏡》三卷,已佚。《舊唐書》卷六七有傳。

② 袁盎(?—前148):字絲,又作爰盎。西漢楚(今湖北省秭歸縣,位于宜昌市東北)人,後徙安陵(今陝西省咸陽市東北)。文帝時爲中郎將,以數直諫,不得久居朝中,調爲隴西都尉,後任齊相、吳相。《漢書》卷四九,《史記》卷一〇一有傳。

③ 馬援(前14—前49):字文淵,扶風茂陵(今陝西省興平縣)人。先仕王莽,後歸劉秀,歷任隴西太守、伏波將軍。因南徵立功,封新息侯。後在討伐武陵"五溪蠻"時,病死軍中。所作多奏疏書表。《後漢書》卷二四有傳。

④ 翟公:下邽(今陝西省渭南縣,位於西安市東北)人。初爲廷尉,免。西漢元光五年,復爲廷尉。《史記》卷一二〇有敘。

⑤ 楊伯起:楊震,字伯起,東漢弘農華陰(今屬陝西)人。楊震少時勤奮好學,通曉經義,品行優良,曾有"關西孔子楊伯起"之美譽。歷任刺史、太守、司徒、太尉等職。《後漢書》卷五四,《東觀漢記》卷一七,《藏書·儒臣傳》有傳。

同官孟姜女①

力杵行椎千萬人，亂山堆積骨磷磷。何緣倒得長城土，祇是尋夫一念真。

鄠縣楊礪②

直聲苦節著生平，天子深知汝礪名。委巷雨中勞玉趾，益教朝宁重清卿。

藍田蘇珦③

蓮花幕下一明經，折獄能清扈國刑。當日知君非義琰，可能詹事佐朝廷。

盩厔趙瞻④

宋家亂政是青苗，忤相直將新法撓。一謫同州旋入拜，三宗自是聖明朝。

武功蘇世長⑤

眼見江山歸晉陽，瑤臺玦室笑隋皇。無端更好隋皇奢，爭遣直臣不發狂。

三水侯君集⑥

一幕相從天策軍，藥師方略尚書文。試看磧石千年碣，尚勒交河

---

① 孟姜女：傳說中人物，范植妻。秦時植役長城，姜于州之嘉山築臺以望夫。久不歸，往尋之，則植已死。姜沿城痛哭，城爲之崩。親負夫骨歸。人以比杞梁妻。《楚寶》卷二九，《澧州志》有傳。

② 楊礪（931—999）：字汝礪，號毅齋，京兆府鄠縣（今陝西省户縣）人。北宋官吏。建隆間進士第一，歷隴州防禦推官、翰林學士，官至工部侍郎、樞密副使。《宋史》卷二八七有傳。

③ 蘇珦：雍州藍田人。舉明經，累授鄠縣尉。《舊唐書》卷一〇〇有傳。

④ 趙瞻（1019—1090）：北宋鳳翔盩厔（今陝西省周至縣）人，字大觀。舉進士，授孟州司户參軍。歷知萬泉、夏、永昌諸縣。英宗時，遷侍御史，直言敢諫，後出判汾州。神宗時，判開封，出知同州，授提舉鳳翔太平宮。哲宗立，累遷同知樞密院事。著有《春秋論》《史記抵悟論》《唐春秋》《西山別録》等。《宋史》卷三四一有傳。

⑤ 蘇世長：武功（今屬陝西）人。隋、唐官吏。入隋爲長安令，累官都水少監。王世充僭號，署爲太子太保，行臺右僕射。歸唐擢諫議大夫，太宗時官至巴州刺史，舟壞溺死。《舊唐書》卷七五有傳。

⑥ 侯君集（？—643）：豳州三水（今陝西省旬邑縣）人。唐初隨李世民作戰，太宗即位後歷任右衛大將軍、兵部尚書等職。西元636年，平定高昌，後與太子承乾謀反被殺。《舊唐書》卷六九有傳。

土谷勛。

淳化宣秉①

不就蒲輪同二龔，恥將折節事奸雄。更輕富貴甘清儉，還讓雲陽宣巨公。

乾州竇氏二女②

復道嶙嶒荒草衰，龍文馬鬣斷風吹。奉天萬丈一抔土，不及冰霜二烈祠。

耀州柳公權③

鍾王妙筆曹劉詩，從幸偏承明主奇。豈是兩朝無諫疏，多因焚草少人知。

邠州張舜民④

忠佞由來不共曹，荊公新法敢相撓。非因元祐遂賢黨，爭見浮休居士高。

———————

① 宣秉(？—30)：字巨公，馮翊雲陽(今陝西省淳化縣西北)人。少時以節高顯名三輔。西漢哀、平間，隱居深山，王莽多次徵召，皆不仕。更始即位，始應徵爲待中。建武元年(25)拜御使中丞，甚受劉秀器重，每議事，特爲他與司隸校尉、尚書令設專座，京師號稱"三獨坐"。二年，遷司隸校尉。四年，拜大司徒司直。生活節儉，常服布衣，蔬食瓦器。《後漢書》卷二七有傳。

② 竇氏二女：奉天縣竇氏二女伯娘、仲娘，雖長于村野，而幼有志操。住與邠州接界。永泰中，草賊數十人，持兵刃入其村落行剽劫，聞二女有容色，姊年十九，妹年十六，藏于岩窟間。賊徒擬爲逼辱，乃先曳伯娘出，行數十步，又曳仲娘出，賊相顧自慰。行臨深谷，伯娘曰："我豈受賊污辱！"乃投之于谷。賊方驚駭，仲娘又投于谷。谷深數百尺，姊尋卒；仲娘腳折面破，血流被體，氣絕良久而蘇，賊義之而去。京兆尹第五琦感其貞烈，奏之，詔旌表門閭，長免丁役，二女葬事官給。京兆戶曹陸海著賦以美之。《舊唐書》卷一九三有傳。

③ 柳公權(778—865)：字誠懸，京兆華原(今陝西省耀縣)人。唐元和三年(808)登進士第，歷穆宗、敬宗、文宗、武宗、宣宗諸朝，歷任翰林學士、中書舍人、諫議大夫、右散騎常侍、國子祭酒、工部尚書。咸通初，以太子太保致仕。柳公權書法以楷書著稱，與顏真卿齊名，人稱顏柳。其作品主要有《大唐回元觀鐘樓銘》《金剛經刻石》《玄秘塔碑》《馮宿碑》《神策軍碑》。另有墨迹《蒙詔帖》《王獻之送梨帖跋》。《舊唐書》卷一六五有傳。

④ 張舜民：字芸叟，號浮休居士，又號礦齋，邠州(今陝西省邠縣)人。陳師道姊丈。宋英宗治平二年乙巳(1065)進士。宋神宗元豐初應邊帥高遵裕辟，從軍守靈州。因贊畫無功，作詩譏訕，于元豐五年(1082)冬十月謫監郴州茶鹽酒稅。哲宗元祐初，除監察御史。徽宗朝，以龍圖閣待制知同州。坐元祐党，貶商州。有《畫墁集》。今存詞僅四首。《宋史》卷三四七有傳。

醴泉杜希全[1]

靈州萬里事勤王，肅肅威名靜朔方。疏上八章皆體要，馬前誰道是戎行。

韓城張升①

孤臣惟待聖明知，獨是君孤不可爲。指佞泉卿立殿陛，何愁當宁有孤危。

商州四皓②

漢儲將廢鳳還來，皓髮能持翼主才。假使青宮終不定，商山應笑四公回。

蒲城劉德③

斗粟尺布不相容，後毋誰能如母共。長羨伯奇閔子孝，劉公亦自躡芳踪。

臨潼韋夏卿④

故人宜解四知心，況是同胞陟翰林。雲客一清瑩似玉，可能輕取袖中金。

同州李周⑤

達士那堪趨世塵，浮沉晦迹自恂恂。不將尺牘干權要，羞作乞墦

---

① 張升（992—1077）：字杲卿，韓城（今陝西省韓城）人。宋大中祥符年間進士。初任楚丘主簿，宰相王曾、夏竦賞薦其才。歷任户部判官、開封府推官，至知雜御史。爲人忠謹清直，論事激切，直言不諱，因斥張貴妃和宦官楊懷敏，引起仁宗的不悦，乃出知慶、秦二州。後拜御史中丞、樞密副使、參知政事、樞密使。《宋史》卷一二四有傳。

② 商州四皓：秦末漢初申唐秉、周術、季吳實、崔廣，避亂隱居商山，四人皆年高，鬚眉皓白，故稱。漢高祖欲廢太子而另立戚夫人之子，吕后使人迎四老以固太子之位。

③ 劉德：據《陝西通志》卷一四載："蒲城人，父娶後妻何氏，德事如所生。家貧備工，取直一錢、尺帛，皆上之。四弟并何氏出，德撫愛尤篤。稱貸得錢，悉爲弟求婦，一門藹然，鄉裏稱爲'劉佛子'。"

④ 韋夏卿（743—806）：字雲客，唐京兆萬年人。大曆中，與弟正卿同舉資良方正高等，任高陵主簿，累遷刑部員外郎，擢給事中，出爲常、蘇二州刺史。徐州節度使張建封辟爲徐泗行軍司馬，俄召爲史部侍郎，進檢校工部尚書、東都留守，改太子少保。存世詩三首，分別爲《別張賈》《送顧況歸茅山》《和丘員外題湛長史舊居》。《舊唐書》卷一六五有傳。

⑤ 李周：字純之，北宋同州馮翊（今陝西省大荔）人。登進士第，調長安尉。熙寧初，累官至提點京西刑獄。熙寧四年（1071），因不願分湍河爲六渠，坐不任職，降差通判解州。熙寧七年，判西京國子監。元祐中，歷任太常少卿、秘書少監、陝西轉運使、工部侍郎、知鳳翔府、知陝州等職。未幾，提舉崇福宫，改集賢殿修撰。卒年八十。紹聖中，坐元祐黨人，追貶賀州別駕。《宋史》卷三四四有傳。

登壟人。

長武張確①

帝命維良守重邦，堅城不受大金降。忠魂獨有明君吊，千載張巡名并雙。

鳳翔公孫枝②

王官一戰霸秦侯，千里西戎兵亦休。不是子桑推轂善，真成三敗老羸囚。

岐山竇威③

晋陽卜世王秦都，内史亟須博雅儒。援古訂今襄帝業，時人還笑書痴無。

郿縣法真④

在浚干旄太守來，幅巾一見蓽門開。先生若爲功曹屈，應有移文出草萊。

汧陽段秀實⑤

氣貫白虹心似鐵，奪笏擊時欲剪滅。不能立斬亂臣頭，恨瀝一腔忠義血。

---

① 張確（？—1126）：宋邠州宜禄（今陝西省長武縣）人，字子固。元祐三年（1088）進士。元符三年（1100），應詔上書，乞誅大奸、退小人、進賢能、開禁錮、起老成、擢忠鯁、息邊事、修文德、廣言路、容直諫。崇寧元年（1102），遂坐罪入元祐黨籍。後復官。宣和中，歷任通判杭州，知坊、汾、解、隆德等州府。靖康元年（1126）二月，金軍攻陷隆德，力戰而死。《宋史》卷四四六有傳。

② 公孫枝：字子桑，岐州（陝西省鳳翔）人。先在晉國，秦穆公時才由晉歸秦。曾薦孟明于穆公，使霸西戎。人謂子桑之忠也，其知人也，能舉善也。《漢書》卷六四、《國語集解》對其事迹有敍。

③ 竇威：字文蔚，扶風平陵（今陝西省北）人。隋朝末年任秘書郎，唐任高祖丞相司録參軍、内史令等職。學問淵博，朝章國典都有他參與制定。原有詩集十卷，已散佚。《舊唐書》卷六一有傳。

④ 法真（100—188）：東漢扶風郿（今陝西省眉縣）人，好學而無常家，爲關西大儒。"性恬淡寡欲，不交人閑事"。辟公府，舉賢良，皆不就。隱以終。《後漢書》卷八三有傳。

⑤ 段秀實（719—783）：字成公，唐隴州汧陽縣（今陝西省千陽縣北）人。天寶四年（745），初授安西府別將，後歷任隴州大堆府果毅、綏德府折衝都尉。"安史之亂"發生後，先任義王友，充節度判官，繼任懷州（今河南省沁陽縣）長史，知州事，兼留後，不久任光禄少卿。《舊唐書》卷一二八有傳。

扶風趙榮[①]

至孝憂親不有身，此身生處是吾親。分羹自合得天下，應愧岐陽割股人。

南鄭李固[②]

凜凜椒房并主權，奸謀一發直如弦。當年收骨非班亮，暴露誰知李子堅。

城固張騫[③]

靈槎萬里上天還，博望遨游牛斗間。堪笑虎頭班定遠，惟思生入玉門關。

褒城鄭朴[④]

一犁谷口事耕耘，勸駕還勞楊子雲。可惜燃藜閣上客，草《玄》尚有《美新》文。

略陽權德輿[⑤]

公心獨立與衡平，詎有門墙桃李榮。試看孤寒及第後，名卿元輔是門生。

---

① 趙榮：元扶風人。母強氏有疾，榮割股肉啖之者三。復負母登太白山，禱于神，得聖水飲之，乃痊。母年七十五卒，榮號痛不食，三日方飲水，七日乃食粥。葬之日，白雲庇其墓前後十五裡，葬畢而散。榮負土成墳，廬其側終喪。《元史》卷一九七有其小傳。

② 李固(94—147)：字子堅，東漢漢中南鄭(今陝西省南鄭縣)人。少好學，博古通今。州郡多次舉孝廉、秀才，司空府召爲屬官，皆堅辭不就。順帝陽嘉二年(133)，對策，直陳外戚、宦官專權擅政弊病，任爲議郎。後歷任荆州刺史、大司農。沖帝時官至太尉，與大將軍梁冀參錄尚書事。及桓帝即位，梁冀構陷李固，下獄處死。有文十一篇，大都散佚。《後漢書》卷六三有傳。

③ 張騫(約前164—前114)：字子文，漢中城固人，武帝時，歷官校尉，奉使西北國十三年，以功封博望侯。《漢書》卷六一有傳。

④ 鄭朴：字子真，漢谷口縣(今禮泉縣東北)人，修道静默，世服其清高。成帝時，大將軍王鳳以禮聘之，不屈。揚雄盛稱其德，曰谷口鄭子真。耕于巖石之下，名振京師，馮翊人刻石祠之，至今不絶。《陝西人物志》有其小傳。

⑤ 權德輿(759—818)：字載之，唐天水略陽(今甘肅省秦安縣)人。幼穎悟，四歲能詩，十五歲時爲文數百篇。唐德宗時，召爲太常博士，改左補闕，遷起居舍人、知制誥，進中書舍人。憲宗時，拜禮部尚書、同中書門下平章事，後徙刑部尚書，復以檢校吏部尚書出爲山南西道節度使。卒謚文，後人稱爲"權文公"。以文章著稱，是中唐台閣體的重要作家。《全唐詩》存其詩十卷。《全唐文》編其文爲二十七卷。傳世文集有《權載之文集》五〇卷。《舊唐書》卷一四八有傳。

漢陰丈人①

應世誰能忘世機，機心多處道心微。丈人渾沌無機事，端水徒勞論是非。

平涼皇甫謐②

玄晏先生滿架書，挂經牛角帶經鋤。平時梁柳容相過，更有何人到索居。

華亭郭執中③

立斬金人招我使，直陳相國蔽君奸。縱然與坐溫公黨，益使名高重太山。

涇州吕尚

綉虎雕龍得幸偏，鍾繇妙筆右軍研。何緣天作與親合，三錫還承聖主憐。

靈臺牛僧孺④

精金古器比名芳，風節稜稜在廟堂。不得文公皇甫謐，争教蕢轂重奇章。

———————

① 漢陰丈人：典出《莊子·天地》，《太平御覽》卷五九〇、《漢魏六朝雜傳集》、《楚寶》卷二八有載。

② 皇甫謐(215—282)：字士安，幼名静，西晉安定朝那(今寧夏省固原市東南)人，隨其叔父徙居新安。少遊蕩無度，或以爲痴。年近二十，乃感悟勤學，博通典籍，以著述爲務，自號"玄晏先生"。後得風痹疾，猶手不輟卷，時稱"書淫"。朝廷累徵不應，嘗作《玄守論》《釋勸論》等以示其志。自表就帝借書，皇帝送其一車書。所著誄、頌、難、論、詩、賦甚多，又撰《帝王世紀》《高士傳》《逸士傳》《列女傳》《年曆》及《玄晏春秋》等，名重于世。現存有《高士傳》《帝王世紀》輯録本及《甲乙經》十二卷。門人摯虞、張軌等皆爲晉名臣。《晉書》卷五三有傳。

③ 郭執中：華亭(位于今甘肅省平涼市)人。北宋末登進士第。宋哲宗元符中言事忤執政，斥居同鞏，因家焉。高宗紹興初，金人犯成州，執中集鄉豪禦之。金人遣使來招，執中斬其使于雷洞之壘前。紹興五年，任左朝奉大夫，直徽猷閣，行兵部員外郎。仕至樞密承旨。《成縣志》卷三七、《徽郡志》有其小傳。

④ 牛僧孺(779—847)：字思黯，唐安定鶉觚(今甘肅省靈臺)人。貞元進士。唐穆宗時累官至户部侍郎、同平章事；敬宗時出任武昌軍節度使。武宗時被貶爲循州長史，宣宗時還朝，病死。著有傳奇集《玄怪録》。《舊唐書》卷一七二有傳。

静寧吳玠①

下帷每閱千年史，憑几長攤三略書。開府涇原功藉甚，亦文亦武著芳譽。

延安韓世忠②

一勝朱仙少保還，盈庭誰發議和奸。將軍不與金牌死，剩得湖山杯酒問。

慶陽岐伯③

黃帝烏號遺鼎湖，先開《素問》著《靈樞》。至今扁鵲倉公巧，長按當年岐伯圖。

寧州傅咸④

白簡霜飛紫禁開，徹明親捧皂囊來。封章直破奸豪膽，台閣風生太尉臺。

隴西李賀⑤

奉禮一官騎距驢，何來赤蚪帝宸書。天才從古難爲用，虛遣高軒見過初。

---

① 吳玠(1093—1139)：字晉卿，宋德順軍隴幹(今甘肅靜寧)人，徙居水洛城(今甘肅莊浪)。政和元年(1111)從軍，先後參加宋夏戰爭、鎮壓方臘與河北暴動。建炎四年(1130)，以戰功累遷至秦鳳路馬步軍副總管、知鳳翔府兼權知永興軍路經略安撫使司公事。紹興初，在和尚原、饒風關、仙人關三戰中，連敗金軍主力，升任川陝宣撫副使，進檢校少師，拜奉寧、保定軍鎮節度使。紹興六年(1136)，兼營田大使，改拜保平、靜難軍節度使。官終四川宣撫使。卒諡武安，追封涪王。《宋史》卷三六六有傳。

② 韓世忠(1090—1151)：字良臣，號清涼居士，陝西延安人。南宋抗金名將，民族英雄，官至樞密使。韓世忠抗金時，曾經屯兵石閭鎮(今張家港市楊舍鎮慶安村)，屢次擊敗金兵，其抗金事迹至今還在張家港境內廣泛流傳。《宋史》卷三六四有傳。

③ 岐伯：黃帝嘗與論醫，有《素問》《難經》行于世。《史記》《漢書》對其事迹有載。

④ 傅咸(239—294)：字長虞，北地泥陽(今陝西省耀縣東南)人。西晉文學家，傅玄之子。初拜太子洗馬，襲父爵清泉侯，遷尚書右丞，後歷任太子中庶子、御史中丞，以議郎兼司隸校尉卒，諡號貞。剛簡有大節，風格峻整，疾惡如仇。《奏劾夏侯承》等多篇，傳世文集有《傅中丞集》。《晉書》卷四七有傳。

⑤ 李賀(790—816)：字長吉，唐鄭王之孫，稚而能文，尤善樂府詞句，意新語麗。當時工于詞者，莫敢與賀齒，由是名聞天下。以父名晉肅，故不得舉進士。卒年二十四。《舊唐書》卷一三七有傳。

秦州趙充國①

漢室托孤多趙霍，七十老臣髮似鶴。金城屯策困先零，元勳不愧麒麟閣。

西和王仁裕②

肩薪一擔手三墳，博得名傳學士聞。不信試鑽腸胃看，滿腔古篆羅星文。

伏羌姜岐③

只爲督郵彭澤去，若君何識漢陽生。當時力拒功曹命，完得幽人高尚名。

狄道辛慶忌④

請劍直須斬佞臣，不難折檻批龍鱗。舉朝多少寒心者，誰是回天轉日人。

寧夏傅昭⑤

窮巷空林長閉關，悠悠學府臥狼山。千旌并枉名卿駕，經户披帷

---

① 趙充國(前137—前52)：字翁孫，漢隴西上邽(今甘肅省天水市西南)人，善騎射，熟悉匈奴和羌族情況，英勇善戰，因功歷遷車騎將軍長史、中郎將，擢爲後將軍。漢本始元年(前73)，與霍光立漢宣帝，封營平侯。神爵元年(前61)，率兵鎮壓羌族起義，主張恩威并施，分面治之，并首先在湟中實行屯田，促進當地農業發展。甘露二年(前52)卒，謚曰北侯。《漢書》卷六九有傳。

② 王仁裕(880—956)：字德輦，五代時天水(今屬甘肅)人。唐末任秦州節度使判官。後爲後蜀中書舍人，充翰林學士。入後唐，末帝召爲司封員外郎知制誥，充翰林學士。後晉時，累官左散騎常侍。後漢時，任户部侍郎，充翰林院承旨學士。後周時，累官太子少保。著有《開元天寶遺事》《唐末聞見録》《王氏見聞録》《玉堂閑話》《國風總類》《南行記》《入洛記》《西江集》《紫泥集》等。《舊五代史》卷一二八有傳。

③ 姜岐：字子平，漢陽上邽人也。少失父，獨以母兄居，治《書》《易》《春秋》，恬守守道，名重西州。後舉賢良，公府辟以爲茂才，爲蒲阪令，皆不就，以壽終于家。《御覽》卷五○八、《後漢書》卷五一有傳。

④ 辛慶忌(? —前12)：字子真，西漢狄道(今甘肅省臨洮縣南)人。初爲右校丞，屯田烏孫赤穀城。元帝時，任金城長史，遷張掖、酒泉太守。成帝初，任光禄勳、執金吾等職。後任左將軍。《漢書》卷六九有傳。

⑤ 傅昭(454—528)：字茂遠，靈州(今寧夏吳忠)人。少孤，太原王延秀薦于丹陽尹袁粲，辟爲郡主簿。尋爲總明學士、奉朝請。齊永明中(483—493)累遷員外郎、司徒竟陵王子良參軍、尚書儀曹郎，建武元年(494)任中書通事舍人。歷車騎臨海王記室參軍、長水校尉、太子家令、驃騎晉安王諮議參軍，尋除尚書左丞、本州大中正。梁台建(502)，遷給事黄門侍郎、領著作郎，尋兼御史中丞，黄門、著作、中正并如故。天監三年(504)兼五兵尚書，參選事。六年出爲建威 (轉下頁)

共解顔。

洮州李晟①

良器天生社稷臣，逆囚敢動玉京塵。一飛露布還鑾輿，復見唐家日月新。

榆林劉殷

笋不秋生冬不芹，孟宗孝迹著前聞。天將百石七年粟，更與榆陽孝子殷。

肅州張奐②

董卓當朝漢室危，竇陳謀泄被誅時。然明一疏回天變，列列忠貞萬古知。

涼州宋纖③

杜門不受權臣聘，開帳惟余多士從。青壁丹崖高尚處，先生始信是人龍。

（接上頁）將軍、平南安成王長史、尋陽太守，七年（508）入爲振遠將軍、中權長史。八年（509）遷通直散騎常侍，領步兵校尉，復領本州大中正。十年（510）復爲左民尚書。十一年（511）爲信武將軍、安成內史。十二年（522）爲秘書監，領後軍將軍。十四年（524）遷太常卿。十七年（527）爲智武將軍、臨海郡太守。普通二年（521）入爲通直散騎常侍、光祿大夫，領本州大中正、尋領秘書監。五年（524）遷散騎常侍、金紫光祿大夫，中正如故。大通二年（528）九月卒，年七十五歲。詔賻錢三萬，布五十匹，即日舉哀，謚曰“貞子”。工詩文，著有《恭職北郊》。其生平事迹《梁書·傅昭傳》《南史·傅昭傳》以及《嘉定赤城志》和民國《台州府志》有載。

①　李晟（727—793）：字良器，洮州臨潭（今屬甘肅）人。初在西北邊鎮任裨將，屢立戰功，後調任右神策軍都將。德宗時，率軍討伐藩鎮田悦、朱滔、王武俊的叛亂。朱泚叛據長安，他回師收復長安。任鳳翔、隴右節度等使，兼四鎮、北庭行營副元帥，封西平郡王。在軍四十餘年，始終勇敢善戰。《舊唐書》卷一三三有傳。

②　張奐（103—181）：字然明，敦煌淵泉（今甘肅省安西縣東）人，少遊三輔，師事太尉朱寵，學《歐陽尚書》，刪減《牟氏章句》。舉賢良，對策第一，擢拜議郎。東漢永壽元年（155），遷安定屬國都尉，以200人進長城，招誘東羌，共破匈奴，再遷使匈奴中郎將。延襄二年（159）受株連，免官禁錮。六年，復爲武威太守。繼遷度遼將軍，徵拜大司農，以九卿秩督幽、并、涼三州及度遼、烏桓二營，三州安寧。後爲宦官所忌，以黨罪禁錮歸田里。光和四年（181），病卒于家。著《尚書記難》三十餘萬言，銘、頌、書、教、誡述、志、對策、章表二十四篇。《後漢書》卷六五有傳。

③　宋纖（273—355）：字令艾，敦煌效穀人也。少有遠操，沉靖不與世交，居于酒泉南山。明究經緯，弟子受業三千餘人。不應州郡辟命，惟與陰顯、齊好友善。《晉書》卷九四有其小傳。

甘州汜騰^①

蘿薜不爲絓組媒，避時早早賦歸來。縱勞刺史徵書辟，一杜柴門未肯開。

生日自吟

亦儒亦道亦瞿曇，甲子悠悠六十三。已以鳳章酹老父，更將麟筆付中男。餘生徐甲骨能隱，多病維摩若自甘。惟有古原丘壟在，幾回清泪不勝含。

生日懷舊

君不見洋洋大河水，東注去不回。黃金可鑄西陵客，芳醑誰澆銅雀臺。憶昔同時竹馬兒，今成鶴髮雞皮父。男婚女嫁事已完，東西奔走身無主。有時寄我書八行，字迹潦倒不成章。含泪開函不忍看，報道誰存誰又亡。黃雲社，祈田賽，握手交歡十數輩。三十年前懸弧辰，酩酊都是嵇康態。至今落落如辰星，望秋强半露先零。諸子同歸土一抔，把酒誰盼地下靈。吳質賦辭傷故舊，滿川鄰笛悲向秀。徒令後人哀前人，爲君一滴筵中豆。

酬隱堂上人

甲子悠悠六十三，憶昨方丈臥終南。松聲静夜禪中月，花影寒山定裹曇。祇覺慈雲無念住，不妨佛日有心貪。此辰設帨煩相問，紫栗青樽謝未戡。以上辛酉。^②

【校勘記】

[1] 全：原作"令"，據《舊唐書》《〔嘉靖〕陝西通志》改。

---

① 汜騰：字無忌，晋敦煌人。舉孝廉，除郎中。屬天下兵亂，去官還家。太守張閎造之，閉門不見，禮遺一無所受。嘆曰："吾聞亂世貴而能貧，乃可以免。"散家財五十萬以施宗族，柴門灌園，琴書自適。刺史張軌徵之爲府司馬，騰曰："門一杜其可開乎！"固辭。病卒。《晋書》卷九四有其小傳。
② 辛酉：天啓元年(1621)。

醢鷄吟卷之十二

贈張平野[①]

畿內專城分虎符,仙郎中詔看飛鳧。懸知柱史垂清問,先上秦民饑殣圖。

張平野借園避暑

駕言思避暑,何敢愛吾廬。萬竹清風動,一天涼月虛。無茶供上客,有樹待巾車。君興知非淺,憐余携手疏。

送平野之任東城兵馬使

北極風雲動,仙郎榮此行。魚書新印佩,驄馬舊階迎。內史清華望,王畿父老情。甘棠留郟鄏,切莫負生平。

大　風

班鳩苦不營巢穴,嬴得人呼鳩子拙。夜來風雨忽飄搖,鳥栖雀壘一時折。

戲題樹頭鴟

不鷹不隼樹頭號,腐鼠爭喧聚爾曹。縱使戾天即万里,可曾一睹

---

①　張平野:即張善治,字平野,明陝西三原人。萬曆三十一年(1603)舉人。幼隨父三極廬祖墓三年。初仕郟縣知縣。以治績擢户部主事,督德州倉。崇禎元年(1628)遷南康知府。後隱迹林泉,優游著述。其著述有《訓書規則略》《敦倫庸言》。《〔光緒〕三原縣新志》《西安府志》《南康府志》有其小傳。

鳳皇毛。

園丁送蓮

恨見荷花折作枝，叶乾蕊落莖留絲。自慚不及游魚子，猶得雙雙
戲水芝。

仲山用唐人題仲山韵。

花萼樓成恩共被，華清人散逝同波。爭如季許青山隱，異日猶知
與仲多。

感小雀行

小雀新成戀母慈，護鷹哺食步相隨。秋來舉翅別堂處，不記氄毛
黄口時。

寄長安熊泰徵

去年幕府徵記室，府中年少推雄筆。借籌遼海甫寧波，忽值慈闈
即世日。漢時董子近君廬，廬墓長甘水與蔬。渭流一望隔蒹葭，頃令
迢迢雙鯉疏。紛吾方外尋真侶，卜居欲就長安處。自顧楊朱途已歧，
惆悵心知誰與語。

讀來馭仲叢笙齋詩集

鬱鬱青琅戛紫琳，剪雲裁月應南金。含毫不襲前人句，匠意直開
先正心。髮向幾年思處白，學從萬卷破余深。獨憐偃蹇人如玉，鎮日
齋頭對鳳吟。

壽念溪翁

隱君懸弧日，新秋月在庚。茅茨倚北山，酌酒南山晴。惟君
忘世機，課子與躬耕。往田偕豎牧，而無鷗鳥驚。南鄰有猶子，閱

墙恣横行。雀角穿其屋，寬然不與爭。佳辰來故舊，鄰翁前進觥。一杯復一杯，相勸盡壺罌。白眼持索即，滿引與客并。耳熱且狂歌，安論月旦評。夜闌客未散，酩酊忘送迎。年年壽君酒，願言稷黍成。

夏初病余讀《易》

小簟南風灑灑，疏簾細雨泠泠。恰是幽人病起，籠頭藥揀參苓。

其 二

燕子營巢閑語，葡萄引架新絲。支頤長吟何有，隱几静問庖羲。

秋中喜雨

昊天屯膏苦關中，纔見雲興即見虹。白嶽行求阿父水，秦山致禱湘仙宫。不期七八苗將稿，遂有霂沱雨及公。孰是束長生有術，可能人力奪天工。時鄉人取太白山三阿父水，又禱秦山湘子洞取湫。

咏 龜

詹尹無遺策，神龜世所聞。憑靈居蔡室，知命夢元君。藏廟宜爲寶，灼占祇自焚。背中八卦理，不朽共羲文。

又戲咏

生平長不食，善吸世間風。鱗甲藏胸滿，碑文自負工。交蛇從頦異，聚鱉與形同。祇爲前知物，教君死殼中。

田家新婦行

時當農事急，新婦出幃房。提筐摘木綿，南陌與相將。歸來供内饋，先倩小姑嘗。日午曬新谷，麥飯餉新郎。噫嘻！十畝山田五畝宅，安得衣食足倉厢。邠風古道今在兹，厭見城市綺羅行。

城上水

君不見，受降城外邊頭墩，一舉狼烟到榆門。旍頭纔過大沙梁，橫行若有千里長。榆塞兵屯三萬餘，帥府分符逢可汗。烽火直入長安城，清野堅壁盡北看。縣官望燧登城頭，先伐胡虜攻城謀。晝點保甲板上名，夜令擊柝報更籌。短墻纍纍懸大水，上有一梁下變轂。胡兒攻時可下縋，要使胡兒自轂觫。噫嘻！自是胡兵不深入，深入涇原任所之。市兒鳥合望風靡，一水一石安可支。

喜鶴兒歲比首唱

文昌天閣西極廠，轟轟紫電虹飛沆。一筆縱橫敵萬人，蛟龍得雨神獨王。出匣干將試新硎，鏗悅青衿推哲匠。佇看秋風槐子黃，桂香直接桃花浪。

重陽久雨

八日雨，九日陰，十日大雨更零霈。貰琴問酒家，酒家不肯賒。籬邊看黃菊，黃菊空復華。黃菊青酒兩無情，使我此日何所營。農人告予害禾黍，愁無來歲釀酒稻。嗟乎！有酒何當醉花前，何須預作明年處。

咏　柿

滿林紅葉帶霜勻，不說江南橘子新。獨有一般甘露味，大能醒却醉中人。

寄夢鶴兒

暑雨邊城便是秋，況當秋到更堪愁。思兒惟有家鄉夢，猶在書帷布帳頭。

送來陽伯之任川中督學①

星野文明度，龍門劍閣開。久虛北面席，爲借西京才。日霽峨山曉，秋陽漢水迴。懸知按節處，時雨遍蒿萊。

其 二

西蜀圖書府，文旌想到時。望鑪金不冶，懸照鏡何私。窮采崑林玉，兼收藥籠蓍。化成知考最，鳴佩鳳皇池。

送同年來小澗仙郎陽伯之任

同年兩榜接雲逵，眼看仙郎步鳳池。羨爾荀家星聚早，羞余陶令賦歸遲。別時想隔三年席，過日長吟千首詩。巫峽猿蹄腸欲斷，應憐月夜念君時。

早秋雁

日南日北常無爽，鴻去鴻來定有期。底事今年秋早過，單于射獵已多時。

秋暮送陽伯之任代人。

連雲棧閣秋風起，星旆搖搖山色紫。殘鴻衰柳動離愁，送君西郊臨渭水。渭水東去隔河梁，巫山巫峽雲霧裏。白帝城邊聞杜鵑，知我三更啼未已。君家年少藉詩名，冷冷冰壺清見底。不辭振鐸向西蜀，誰念青衿老書史。臨邛若無馬長卿，文君何處尋知己。子雲開閣校文餘，肯薦龍鍾耋萬里。

---

① 來陽伯(1319—1391)：來復，字陽伯，一字履中，號星海。明陝西三原縣人。萬曆四十四年(1616)進士，授户部主事，歷兵部郎中，累官至山西右參議，崇禎三年(1630)卒于任所，年五十七。平生多才藝，詩與仲弟來臨齊名。清黄虞稷《千頃堂書目》著錄其《來陽伯詩集》，《〔雍正〕陝西通志》著錄其《雲起閣詩草》十八卷。現存天啓間金陵刊本《來陽伯集》二十卷，詩十九卷，收詩一千四百餘首，文一卷，收各體文三十餘篇，首畢懋康、來宗道、馮汝京序。是集又有道光二十三年(1843)重刊本。《池北偶談》卷二〇有其小傳。

蓮　子

菡萏褪紅裳，金須不耐凉。珠華傾碧蓋，玉子結黃房。擎處仙人掌，飴如甘露漿。托根應太華，咀嚼有餘芳。

代乞晴文

望太清兮顧太靈，仰帝闊兮扣帝庭。應如肸蚃兮不可測，色茫茫兮氣冥冥。嗟商羊之夜舞，豈月離于畢星。害烖盛兮大水，弔霪雨兮零零。匪天心之降割，實薦德之不馨。率百農兮致禱，冀天聽之垂聽。敢祈雲龍潛兮玄翳屏，雨師散兮風伯停。籲蒼蒼兮竭精，誠願十風五雨兮泰而寧。

田家新穀行

九月雨，雨如注，雨不休，日夜愁。山南僅有田一塿，耕耨聊可糊餘口。新徵無奈有遼糧，履畝而稅益升斗。計戶贈軍錢，逐門添馬價。里老打門催，復遭甲長罵。膝前小女已鬻人，質田更向富翁貰。纔能救得眼前急，大雨延綿穀盡涓。半菽不飽可奈何，披蓑戴笠急收拾。小兒手挼穗，老婦用連枷。強半皆空芒，簸揚多秕苴。粗糲甫成飧，縣吏已到門。懷中出限板，老夫不敢言。老婦人厨具雞黍，致辭濕穀難積貯。況此山居未敢留，俛首暫煩官府去。紫髯縣吏未出莊，青衣皂隸復上堂。嗟乎！匹夫匹婦誰爲主，一米一粒經萬苦。納在官家預備倉，可憐化作倉中土。

秋日陌上看子女輩摘木綿

北山五畝向陽田，穀雨及時種木綿。七月絮頭白似雪，相將筐筥到南阡。

其　二

往年常若冬衣薄，且喜今秋絮滿枝。躬自摘來躬自紡，恐違九月授衣時。

哭雛少涇

生前恃古道，名位一廷評。諫諍遺青史，文章入化城。竹高千尺節，松抱萬年貞。夫子今亡矣，朝陽幾鳳鳴。

其　二

夫子歸來日，宅開五柳傍。閉門唯著述，焚諫不留章。天路俄然杳，夜臺從此長。清風與高節，一思一沾裳。

挽少涇夫人

少涇公懸車廿年，壬戌，[①]新君即位，召還。未及赴闕而卒。夫人哭公而死，故作歌挽之。

賜玦先皇命，拜環新主恩。藏舟驚別淚，封鬣誓同窀。松柏期連理，冰霜凜一門。旌忠其表節，早晚慰香魂。

其　二

笄服曹家誠，家聲文母儀。待實精內饋，躬織理寒衣。忽掩匣中鏡，俄停簝下機。不堪歌薤露，蘭蕙泣庭闈。

從婦行

秦俗，新婦以旬日歸寧，婿亦從之，余感而賦此。

不謂十日婦，駕言寧父母。不謂一朝歸，薄言澣我衣。佩珊珊兮辭姑嫜，車轔轔兮共新郎。新郎新婦栖連枝，菱花窗下畫娥眉。蘭膏夜結芙蓉穎，珊瑚亂挽鳥雲影。笑看天河牛女星，不覺銀床垂玉井。

道院遇杜相者賦贈

仙都人迹少，不厭與君逢。談笑青雲外，塵埃物色中。瑩瑩冰昌

---

① 壬戌：天啓二年(1622)。

鑑,泠泠御爲風。應得鶴經術,何言漢八公。

謝來陽伯以新詩一函見寄

素篋新裁下草廬,蜀文越錦總無如。冰蠶乍吐千尋雪,火布重經百練練。力挽六朝靡習後,吟還四始正聲初。怪來清夜驚神鬼,一氣秋時逼太虛。

道院聰傳山人彈琴

久與焦桐闊,偶聽松下吟。驚回莊子夢,撥動伯牙心。猿鶴聲偏和,漁樵道共深。會君指下趣,聊以滌塵襟。

挽胡甥

弱齡奇爾早崢嶸,誰料俄傳玉樹傾。六鷁不勝風勢逆,九天忽報帝樓成。要全夫子三年義,難奪親闈一片情。慷慨溘然成大夢,爲君揮涕寫前旌。

訪秦柏軒

抱病思逃暑,西郊訪隱君。清都松下奕,方丈枕中文。藥餌活人衆,蒲團夜坐分。愛君多道氣,投老願爲群。

搗衣聞促織

候月拭砧石,沿階鳴夜螿。搗衣聲不斷,促織語偏忙。露下高天白,壺添秋點長。九邊霜到早,若個寄寒裳。

瓮園秋晴

荷敗菊殘槿不花,輪蹄誰到野人家。嫌多寒露連陰雨,剩有明霜欺早霞。黃却春風先發葉,綠添秋日晚生華。青苔滿地無人迹,落盡枝頭老木瓜。

摘木瓜

從嬰足疾延多病,惟有木瓜可愈之。老幹劚來刻作杖,澀皮削去甑爲炊。膏含數日肋先健,手柱經時屐自移。不信試看本草傳,神農千載是醫師。

服木瓜詞

瓊瑤非不美,持可報木瓜。叢生三月天,滿樹海棠花。春莖亦已茂,秋實更堪嘉。病足者不亡待盡,比比咨嗟。參著之所不到,鍼砭之所難加。爾乃莖攢芒刺,酸濺齒牙。不說五粒松脂,一飯胡麻。昔神農之嘗百草,取其實不取其華。岐伯曝蒸有度,雷公火候無差。余餌君之伊始,正一陽復干飛葭。爾其健吾身之肋骨,去足疾之根芽。使余躡日影,步丹霞,余將植爾于木公之圃,金母之家。

喜得竹林寺槐酒,附寄韓茂才兄弟

蒲萄別縣釀,桑落應時醅。不遠竹林寺,重逢嵇阮才。[1] 槽床香壓稻,瓦甕苦流槐。脾病不妨醉,奚奴信信來。

咏虎十首有序

市無虎也,人言三至而市遂有虎。余別墅在呂村,人言村有虎,村人被患十年于茲。余始信之,故作虎詩。

文炳黑章胡不仁,山南山北苦齊民。縱君自負嵎中勢,應有迎車攘臂人。

其　二

獸中偏爾性難馴,逐逐耽耽怒獸臣。不并同胞玄霧變,牛哀應信是前身。

---

① 嵇阮:指魏晉人嵇康、阮籍。

其 三

異矣陸郎德政優，浚儀三惡萬人愁。化將周處卒爲善，先斬南山白額頭。

其 四

東海深銜苛政冤，自甘虎口不須言。泰山山下無人哭，千載誰招父子魂。

其 五

日繞深林夜跳莎，時聞呼號振山阿。弘農太守今爲政，好負群兒早渡河。

其 六

遺患誰家養爾曹，食牛殺氣在林皋。日前黃犢撲來慣，長向村中上下號。

其 七

匪虎如何曠野來，仲由好勇豈知裁。雖然從者絕糧病，猶自馮河暴得回。

其 八

久無龍虎山僧法，空有玄壇神將文。一射可教石没羽，至今人道李將軍。

其 九

嘯嘯風從當谷聲，摩牙舒爪敢相攖。皇天若不憐純孝，誰遣楊香朱泰生。

其 十

大《易》占來履尾凶，幸然不噬頗能容。何當三變乘剛惡，眇視跛行終作凶。

憂 時

天作霪霖五浹旬，米珠草桂困斯民。愁他市井無營者，即是揭竿斬木人。

慰　時

時歉時豐天運均，國家代有莫相嗔。九年洪水七年旱，何事堯湯無亂人。

喜鶴兒納妾示勉意

寒門子月臨長至，恰是徵蘭頡夢時。一日雍雍諧鳳侶，百年振振集螽斯。屈身應舉伯仁子，讓嫡還多趙氏姬。閨壼由來風教地，面墻三復《二南》詩。

生日有感

崑崙山下星宿海，萬派千流源不改。人生誰復是空桑，水源木本誰能忘。吾家行伍古原族，干役匠佐屬戎籍。先君年少事《詩》《書》，一業麟經起白屋。何以命余曰廷訓，趨庭《詩》《禮》無異問。何以字余曰孔教，父執示我從先覺。一行作吏三十春，迎養聊將蔬水伸。爲民不畏強禦者，力忭當時要路人。股肱心膂力未竭，重茵列鼎生前闕。赤繩難繫烏兔足，一事無成百病發。君父恩深兩未報，戴圓履方曷足道。此日本源念更深，愁端恨緒誰能掃。

生日小集二律

龍鍾六十五經旬，自負清時二十春。窮祿爲親親即世，辭官養病病存身。佛容白髮爲徒弟，天許青山作放民。慚愧佳賓三祝酒，年年酌向過時人。

其　二

自笑支離年復年，形骸如水鬢如綿。八行題處毛無穎，一杖扶來履不前。祇爲長慵閑綠綺，每因多病玩韋編。生平牛馬何須問，拼醉賓筵玉甕邊。

酬隱堂上人生日見過 時涇渭泛漲，竟日难渡。

葦向涇流渡，錫從渭水飛。當筵曳一屨，稽首祝三衣。香積釀初熟，青田稻正肥。華堂列鼎處，杯箸重清輝。

附鶴兒壽詞

大椿初度高堂壽，玳筵三祝如澠酒。一祝如天地，天地同悠久。再祝如日月，日月并不朽。三祝如松柏，松柏千歲友。十洲三島畫中仙，瑤草瓊芝海上有。人生何處覓鏗鏸，長生不在鏗鏸右。天和順養如嚴君，豈向山中窮二酉。武陵不計漢秦年，甲子四百絳縣叟。仙垣高注壽千千，丹府大還玄九九。拼取斑衣舞筵前，年年滿酌南山斗。

代內壽詞

卮酒獻南山，堂開玳瑁筵。君今初度六十五，我亦從君廿五年。生較盧郎晚，欽惟冀子賢。履脫塵芬外，籌添海屋邊。醁蟻樽中滿，青鱗饌內鮮。齋隨太常後，案舉伯鸞前。豈不見君子好鼓琴，在御琴瑟和且平。又不見君子好歌詩，好合妻子樂耽焉。近市城中宅，背郭山下田。陶逕餘松菊，顏巷足粥饘。縱是無人來蓽戶，幸然有子守青氊。祝君莫辭今辰醉，方外何須問倔佺。

壽贈夫子新衣 代

生甫筵開畫錦闈，小春新製卿雲衣。戔戔愧我七襄報，薄薄襲君五品緋。解組當朝推正色，搢紳此日有餘輝。願將玄鶴千年氅，籌海長銜華表歸。

壽內贈言 有序

慨自鳩聲絕響，雞牝司時，《柏舟》誓死，憂汎彼于中流。淇水帷裳，言奚取其不爽。《國風》并《采薇》，惡難淆，想《蒹葭》之懷伊人，睐《邠風》之歌六月。秦俗尚朴，閨範猶端，雖細君佞佛有緣，但慈心終歸善道。用是愛忘其醜，情見乎辭。

顏不在如玉，如玉易招辱。才不在多能，多能易取憎。伊余貞静清勤婦，十五結褵繼箕帚。惕我昧旦視雞鳴，中饋事翁毫不苟。織問奴，耕問僕，丸熊教子勤誦讀。東鄰乞，西家貸，慷慨施與不芥蒂。顧余抱病十餘月，一息淹淹白盡髮。伏枕支離不忍看，背着床頭泪暗彈。有時煎藥湯，不使婢僕親。恐致火候差，先嘗然後進。夭夭鄰家子，濃油艷粉妝。等閑出門屏，内君不下堂。齊家正身修婦道，羞把娥眉窗下掃。我家内子事事宜，修真更恐外人知。事佛一意悟真空，十齋五戒禮藥師。聞説無始威音王，本有一顆如意珠。寄在當人人不知，致令日夜泣窮途。如意珠，無價寶，上聖凡愚固同抱。鄉鄉只向領頭尋，蓮臺從此長不老。

代鶴兒壽母

具慶筵前春色早，一陽長至滋萱草。設帨堂開初度辰，婺光燁燁輝生寶。熊丸分夜教惜陰，烏雲落剪留賓好。齊眉雅重伯鸞名，并肩期入劉綱道。佇看金母薦蟠桃，相望水公食火棗。斑衣拼舞進霞觴，子舍年年祝壽考。

遣　悶

匡床曝背日，曦短斗南時。饑雀枝争啅，寒蛸暖墜絲。抛書難字過，倦坐滿傾卮。白髮頻搔首，長吟老杜詩。

長　至

地下陽初動，天心復自雷。寒從玄陸盡，春逐斗南回。晷進一紋綫，葭飛六琯灰。誰憐足病老，鞾履應時來。

挽焦將軍

授鉞不毛地，軍聲動百蠻。將星黑水落，大樹夜即閑。部曲仍思決，鯨鯢已閉關。封尸還旗旆，猿斷劍門山。

其　二

蒿里泰山暝，銘旌錦水遙。封侯歸地下，哀詔惜天朝。長劍沉無色，醜夷留有苗。路人揮淚指，新塚是嫖姚。

挽焦將軍時焦將軍計至，其母太夫人繼公而死，故并及之。

匹馬連雲棧，丹衷誓裹尸。天心不厭亂，地險故驕夷。國柱松嶓折，輀車弓劍隨。最憐身死日，陵母與同期。

其　二

素蓋星爲旆，銀鈎帛作銘。泉臺天欲杳，霜隧夜常扃。人向巴山哭，車臨渭水停。忠魂何處慰，萱草共芻靈。

哭亡女週年如安，小女名也。

一年不見女如安，留得靈帷小像看。料是香魂終未散，幽明兩地淚難乾。

送梁涵虛之任郿城縣令

獨冷青氊鄭廣文，五年師席著芳聞。鱣堂化晶揖楊震，蓺火春風噓子雲。公先是分考蜀中云。南鄭諸儒留舊帳，召陵百里待新君。祇擬宓子鳴琴暇，爲寄一聲慰別群。

除　夜

誰把風輪轉四時，此時百感更難持。歲邀親舊通宵守，痴任兒童竟夜嬉。眼見五朝如促漏，身經兩世幾星移。可憐一夕冬春變，肯放椒花獻歲卮。

雪夜有懷

朝從葱嶺來，暮發龍沙度。平鋪灞陵橋，合杳關山路。玄翳與雲同，泉瀠如環素。遥憐珠樹鶴，毛羽應如故。

其　二

嚴風浸墐户，臘月暗邊城。詎有鴛鴦影，惟聞鵝鶖鳴。漫空塵有象，委地玉無聲。何處山陰道，孤舟訪戴生。

冬日製披雲巾

就日寒簷下，披雲烏作巾。幽閑宜杖履，飄灑出風塵。解籜思逃暑，裁綸漫釣春。雪中別有客，疑是畫圖人。

除夜懷親

兩年嬰足疾，起拜百分難。悽愴經時動，儀容灑泪看。杯陳柏葉酒，饋薦五辛盤。空復心如在，恫恫不自安。

寄門佩之卜居會城

坐忘顏子巷，喧寂一齋居。床上攤圖史，壁間桂軫絲。多鄰唯有德，到處是人師。余亦長安卧，相過奉履綦。

除日聞壓新酒，病後微酌有感

冬來伏枕未離房，暫爲春還移小床。乍聽清聲流竹葉，始知寒滴瀉椒觴。守年有興隨新减，好飲多情帶舊狂。但覺一甌疾少愈，何須禁酒信醫方。以上壬戌。[①]

---

① 壬戌：天啓二年(1622)。

醢鷄吟卷之十三

六日立春

春日先人日，人當春後時。春至人不至，一夜一春思。

人日有感

景物三陽勝，最靈七日辰。登高臨上月，迎曉應宜春。益友應多興，鼎調餘五辛。自傷白髮客，久病不如人。

壽韓潛庵六旬正月晦日也。

中和令節近懸弧，六襄春開斗酒需。已羨內家鸞并美，更誇孫子鳳將雛。腰纏輕跨揚州鶴，身隱長披海嶽圖。爲忝姻聯三致祝，拼傾酥醑醉提壺。

晦日陰

元日陰如晦，春襟鬱重違。青陽將半過，黃鳥未全歸。惜節仍張幕，除窮尚湔衣。高陽有酒客，何處看花飛。

春暮聞雁

嘹唳青溟外，翺翔春暮時。胡塵已滿地，何處可栖遲。

寄趙澄齋憲副窆丈

冠年執藝侍門墻，宦海浮沈三十霜。黃霸君名七載旬，馮唐余老一麾梁。還山誰遣成秦贅,遺世多應謝楚狂。獨憶歲寒知己者,峒山涇水共茫茫。

須彌懷舊有引。

須彌山,唐題石門,寺名也。今稱景雲寺,距郡城一百餘里,鬱鬱蒼松,可干雲漢。寺中依山鑿石爲佛,佛皆古天竺像。先郡中士人讀書此者,莫不顯達。庚辛歲,余習靜山中,偶趙子伯仲,挾策而游,客正殿之石室東。雪夜訪戴,與談,則伯子業儒,仲子以家世箕裘,銳意韜鈐。因以相視莫逆,于是乎爲通家之好。少暇則于佛殿戲謔,竟日忘倦,至今念之,如昨日事。卯辰,仲子聯捷鷹揚。乙未,余亦倖徼一第。厥後,出處不同,南北參商。會予在民曹,伯子循吾棄儒,習祖世職,相與握手都門,僅數月而別。丁未,余讀禮于家,仲子固游擊右將軍也,爰修須彌之雅,常常而見,迄今又二十年所矣。今東事孔棘,仲子捐身報主,獨當一面,蚤晚麒麟閣上人,亦知不佞抱病朽夫腸一日而九迴也耶!伏枕譫語,爲《須彌念舊》十首,遙寄遼陽,惟萬里故人無相忘也。東望燕雲,可勝瞻溯。

循吾昆玉讀書佛殿

引錐蘇子搜韜略,閉戶孫生探典墳。袛有燈光佛可借,書聲徹夜上方聞。

訪循吾明吾兄弟于石室中

姜肱被中君共臥,偶然訪戴到君床。一觴一咏雜鍾磬,說劍譚經作道場。

佛殿戲時有柳徐二茂才今亡矣。

羝角填填法王鼓,狂歌振振海潮音。一堂三教皆徒子,大覺師王喜更深。

余客安上人方丈,距前寺五里許,雪中,趙伯仲遣人邀飲

皓皓千山十二洲,松枝帶雪似僧頭。花宮歡笑不知暮,忘却帷中狐腋裘。

日暮，伯仲送余之安上人方丈

伯生執彎仲扶肩，送我騎驢到寺前。把炬山僧迎且笑，浩然今醉
灞陵邊。

妓有贈余香囊者，答以小曲，明吾時令歌之

陳姬贈我綉羅囊，一曲相思寄杜娘。仲子何來成笑柄，時令歌唱
佐餘觴。

邀循吾兄弟于讀書處一飯

濾過帶泥石澗水，煮來和土野田茨。邀君就我及齋午，莫待闍黎
飯後時。

大佛閣前戲擲打兒窩

百丈閣前拜大羅，臨巖擲石打兒窩。箕裘一子聊堪寄，伯仲綿綿
計得麼。

寺下大路有石門遺址，余與趙伯仲游坐其下，同有建坊之約

石林仰止叩蒼蒼，移日班荊大路傍。談笑山靈乞佑助，成名共碣
萬年坊。

明吾登壇在即，余已歸蓮社久矣，愴然有懷

已見藍輿歸白社，多君玉帶鎮山門。莫將心許成閑話，藏在靈山
未可諼。

寄周無文

汴上春風二載留，可堪一別九經秋。開樽伴月偏豪放，搦管中宵
共唱酬。漫向夷山分玉佩，送令洛浦隔仙舟。心知但有無窮憶，兩地
長懸萬里愁。

哭王崇吾

霜凋玉樹士林憐，詎是登頤躋耋年。階下荊花相泣露，庭前桂子
但號天。江湖誰識陶公隱，閭巷同嗟徐孺賢。何處招魂招未得，爲君
揮泪不成眠。

瓮園記

癸丑夏,[①]余卜郊西南隅隙地,構築一宮,題曰"瓮園",以艱于水也。園西鑿井,長夏命園丁抱瓮汲水以溉花竹。堂扁曰"二益",階下兩砌,植牡丹、芍藥二種約二十餘本。東有軒,栽萬竿竹,名"叢玉居"。居後,孤桐百尺,下甃井,清冽可汲也。其西則曲塢花,垣開一楹,内置簟帷,聊以栖息,命之曰"懶窩"。折而之北,矮屋三間,曰"枕烟齋"。時與中書松滋即墨諸子相容與其間,几上攤老杜詩及《莊》《左》一二函,然此齋非知客不到也。暇時登"望雲亭"。亭之下,二柏峙立,交蔭若垂蓋然。可移繩床偃卧其下。緣級而升,東南可寓目終華,西望則有先人敝廬,故以名亭。北建"涉趣樓",樓從竹裹登之,峨山秀色,如在目中。園外有田半頃,每當收穫日,輒坐閲于上,足以自娱而已。區區五畝之宅,亭榭外所植花卉幾何,竊取陶公涉園成趣之意,故謬以八景題之。

叢玉居

籊籊青琅玉,慵作管城書。無意裁龍曲,還留釣錦魚。

枕烟齋

一片孫荆石,雲霞曲洞深。中宵披露起,風落桂香陰。

懶　窩

涉獵手風慵,逢迎足病罷。偃卧一繩床,搔首北窗下。

涉趣樓

晴光四面豁,春色五原收。縱目瞻仙氣,嵯峨湖鼎秋。

望雲亭

亭亭突兀起,白雲北地來。青山望不極,更上一層臺。

二麗畦

名花參差開,妝點閑園勝。南國有美人,持將紅藥贈。

---

① 癸丑:萬曆三十一年(1613)。

桐　井

素空舞桐風，床上轆轤早。吳綱斫桂花，一葉先秋老。

柏　蓋

千枝蔭重重，參天黛色古。小簟臥岐風，長夏不知午。

菩提庵一楹，捐金鳩匠，夢鶴兒祈嗣之意甚懇也，故旬日成之，余因爰爲四韵，再致祝焉

郭外招提院，人天初地分。蓮華清映水，柏子靄生雲。衣白傳心印，色空了世芬。但將回向意，静夜戒香焚。

其　二

皈依無上士，西向紺園開。佛日隨緣現，慈雲垂蔭來。華嚴翻貝葉，净土觀蓮臺。願駐獅王駕，生生胤善財。

送甥韓化徵之江右

池陽匹馬嘶行屬，荆水廬山在目前。跨鶴壯游當午日，歌驪夕夢指南天。經過沙浦千家市，飄泊西江萬里船。去矣親知長引領，計程及早整歸鞭。

端午日

佳人繫百索，願言續命長。共飲菖蒲酒，剪戈懸中堂。靈符書丹字，相將簪女郎。因想田文子，高户竟徵祥。

端午吊古

天中端午日，遺事自靈均。落魄羅江水，招魂湘浦神。黍沉九子結，縷繫五絲新。縱有忘憂草，難忘憂國人。

題佛前燈

水光寶月遍三千，半滿何如不夜天。一點圓明傳震旦，長懸色界見西乾。金莖祥發曇花爐，石碗香生初地烟。願授燃燈佛半偈，琉璃常照聖人前。

陳幼白學使校士三原

三輔人文挾策來，代天哲匠持閫裁。雲從萬里燕王市，風動千章楚國材。法眼笑看蜉螳戰，洪鑪化盡躍金灰。直將時雨培楨幹，桃李公門未可猜。

杏

閑居郊園午，文杏何翩翩。解結垂詹子，會熟桃李無。滿盤瓊玖色，持以列賓筵。有華兼有實，令人心賞偏。

寄酬客有以江南蓮子三斤見貽者

綠房青實重南金，寄遠還徵知己心。囊貯遙憐池上色，緘開仍憶採時音。空將諸品法華念，漫向三峰華嶽尋。從此可能脾病愈，莫言遼海致人參。

寒食抱病思親

親舍朝那遠，三春寒食期。空餘西向淚，不盡若堂悲。祭乞墦間日，錢夢陌上時。薦蘋如往日，起拜苦支離。

刈　麥

五月負郭田，麥秋登場圃。鷄黍具故人，勞我田家苦。款語問桑麻，箕坐日當午。白墮命開尊，就醉垂楊樹。

壽湛一焦憲副寅丈

洪河天上來，鼎山嵯峨峙。嵯峨映池陽，三山儼相似。中有價人含鷄香，民曹清譽冠岩廊。熊車一式臨洺水，至今黎庶頌龔黃。憲垣兩入如矢直，三晋執法起顛仆。高節獨與古人期，解綬歸來頭尚黑。睠言生申甫，天中日當午。大椿三千年，初度從兹數。時曳綦履到寒門,憐余骨立問寒暄。顧瞻北斗意徜徉,南山有酒不盈尊。冠蓋如雲祝慶長,塡篋人文相接光。卷阿應有鳳皇鳴,東山佇慰蒼生望。

葡 萄

一院葡萄熟,高高不可捫。梯引虯龍架,珠璣錯落繁。蓮心堪笑苦,梅酸未易吞。釀成一斗酒,聊以佐吾罇。

其 二

大宛何年來,僻地托孤根。主人偏着意,幸承扶植恩。修鱗蟠詰曲,委蛇恥攀援。縱抱支離病,霜露任乾坤。

敝 扇

美人贈我時,握手敢相忘。因之入懷袖,披拂惠風揚。近日却難蔽,搖來生半凉。肯用秋節至,客易委空箱。

煎麥湯行

施湯,小惠也,曷是置人牙頰間。但念情因緣起,事以時堙,姑識之于筆,以告來者。

負郭三畝宅,鑿井在宅邊。轆轤一百輪,下汲百尺泉。渴者易爲飲,值此暑月天。往來困乏人,揮汗相比肩。一老坐樹傍,致詞主人前。市中寧無酒,惜無買酒錢。去去涇陽城,途長更旱乾。豈不欲飲水,安得如壯年。行道固心惻,主人心轉憐。新麥既已穫,舊井不須穿。農夫有暇時,煮作麥子煎。取含隨心力,温凉任自便。偃鼠固有分,布穀亦有緣。惟佛憫衆生,不難以身捐。余本佛弟子,視此等滴涓。所願如愚公,王屋山可遷。江海不擇流,將能成大川。乞靈菩提子,河潤及千千。

夏初小軒即事

薰風新轉夏,永日北牕虛。貼水荷初展,覆階梅尚疏。吟龍促玉軫，披蠹探函書。久謝高軒客，蓽門閑有餘。

送喬振寰進士之京

釋褐年來晝錦游，承歡不到鳳池頭。久知清切歸人望，且喜皇華上帝州。策馬一鞭驚快着，御風萬里趁先秋。從茲大業推麟閣，莫學區區老腐流。

寄霍翰垣年兄<small>時備兵靖虜。</small>

萬里烏蘭星海濱，明時授鉞重清臣。共看紫誥徵黃霸，會見蒼生借寇恂。一水洪河臨漢月，千山鐵騎净胡塵。豈期緩帶尋知己，尚憶山中老避秦。

懷咸陽張祖程年兄①

心事悲白髮，生涯對遠山。凄凄道已窮，空林獨往還。憶看長安花，扶搖同得路。刺促四十年，久闊塵外羽。一片和氏璞，十上無色悴。季鷹戀蒓鱸，不待秋風至。無官自耦耕，有子付箕裘。竹舍咸原上，雪田草徑幽。同是山中人，往來不知處。脉脉尺一書，雙魚托渭渚。<small>以上癸亥。</small>②

---

① 咸陽：今陝西省咸陽市。
② 癸亥：天啓三年(1623)。

附　　録

一、重修天聖墙垣碑記[①]

（一）碑石情况

明萬曆卅五年（1607）四月秦藩信官張朝立。馮從吾撰，李廷訓篆，高學詩書，趙儉，楊甫松刻石。原在咸陽市秦都區大魏村東天聖宮舊址，1963 年移咸陽博物館。

圓首，身首連雕，趺佚。首高 40 厘米，寬 64 厘米，厚 13.5 厘米。身高 119厘米，寬、厚與首同。身首通高 159 厘米。有下榫，高 14 厘米，寬 17 厘米，厚11 厘米。

長方形碑額高 30 厘米，寬 12 厘米。陰刻篆書"重修天聖宮之碑記"八字。字徑長 4 厘米、高 6 厘米。額兩旁及頂部，有陰綫龍雲紋花飾。

碑面陰刻楷書十六行，行卅六字，除空格外，共五百卅字。字徑 1.5 厘米。四邊有陰刻雙綫邊框，邊框外是寬 3.4 厘米的陰綫圖案，左右各爲雙龍華飾，上下爲日月卷雲紋飾。

碑背首部亦有高 30 厘米，寬 12 厘米的長方額，陰刻行書兩行："重陽王祖師仙迹記"八字。字徑 4 厘米。額兩旁及頂部有陰綫雕翔鶴卷雲紋飾。身部陰刻楷書捐資人姓名，二百六十二字。字徑 1.5 厘米。四邊亦有四厘米寬的陰綫圖案。左、右、上三邊是纏枝花飾，下邊是山水紋飾。人名中包括有大魏村、南吳村、底張鎮、西程村等村名及捐資人名。還有大魏村社鄉約、首人、功德主，本宮主持道人及道徒姓名。

---

① 見張鴻傑主編：《咸陽碑石》，三秦出版社 1990 年版，第 130—132 頁。另據《〔光緒〕海城縣志》，明西安州游戎記碑在縣西舊西安州堡，万曆三十一年癸卯，户部主事李廷訓撰。今佚。

（二）碑記内容

重修天聖墙垣碑記

咸陽邑城北距三十里大魏村，有」重陽祖師號曰天聖。歷代相沿，其來久矣，所謂傅重陽故墟是也。其祖師仙迹之托始，始于何時？宮」殿之肇造，造于何代？胥歷歷有記。暨緣圮修葺，亦在記焉。余不復贅。適兹萬曆丁未歲」，秦藩信官張朝者，退慕仙風，乃玄門正宗。況是宮也，倚崎巒，屏太乙，涇流渭津其帶之，卓然聳一」方之觀望，允矣動當代之肅將也。故重其道，不敢輕其道所發迹之地，睹昔廟貌雖崇，而曆世」曠遠，不無廢壞。矧兹墙垣猶屬土築，非惟不足以華人耳目，亦易爲風雨所損者，恐非栖神」之所也。爰是，慨然樂輸資材，貿易磚石，包砌修葺，焕然一新。宮墙增麗，方之舊制，其生色更何如」也。詢我雍都一巨觀哉！夫功不兩月而告□，誠不可無記云爾。托余爲言，余將何説？蓋朝等固」非爲徼福計，而福自集矣；亦非爲免禍計，而禍自遠矣。吾□後之睹是績者，感發興起，但有頽」圮，勤加補葺，則天聖宮與天俱不朽矣。敬志貞石，以爲更新功德之記。賜進士第文林郎河南道監察御史前翰林院庶吉士長安少墟馮從吾撰。

賜進士第文林郎户部主事六盤李廷訓篆

咸陽字興庵高學詩書

大明萬曆三十五年歲次丁未孟夏四月吉日立碑

信官張朝　西安護衛趙儉　楊甫松　楊甫林刊字

（三）《重修天聖墻垣碑記》碑影

圖版一　重修天聖墻垣碑記（碑面）

圖版二　重修天聖墻垣碑記（碑陰）

二、署篆静寧州別駕王公德政碑記①

署篆静寧州別駕王公德政碑記

六盤李庭訓河南僉事

考班史，載漢守令事甚悉。予横襟往牒，思得一循良，以撫吾恨。窮年注慕，不復見漢官威儀。甲寅春首月，有莊邑父老席來相、楊栖鸞等百餘人，具署縣事静寧州州判王公德政實迹，懇余爲記，將瑢圖勒石，以志不忘。余反復詢其狀，言者膾炙于口，聽者兩腋生風。余勞告父老義甚高，且喜其得賢父母也，慨然嘉尚其政而爲之記，曰：秦關八郡，疲癃則首平涼；平屬苦地，又惟莊浪稱最。當事者憐兹邑不堪再誤，乃慎署篆者之選。辛亥六月，推王公維持縣治。公下車曆問利弊，密加調劑。知政猛則民殘，公則以至試流愷悌②；政寬則民慢，公則以渾厚發精明。百姓苦收糧重，公則秋毫不忍多取；苦豪强横，公則元惡必加重懲。買辦不許扣剋，行户無分外之輸；公費盡行革除，收頭無額外之供。署中惟有梯房，已經頹圮，公捐修鐘鼓樓一座；門前并無遮攔，風氣何聚，公捐俸結構文昌閣三間。并創建賓館，以商確政事；謀開東門，以疏通地道；而邦本于爲永固。以故士民騰歡，頌聲載道，竊恨得公晚矣。以之聞于當事者，當事不快心哉？行看剡書頻上，不次之擢，爲吾民慰。奈今日哺煦我雞邑者，轉而爲人之怙恃，枳棘之所，將安留與。余今于公葡信宿之難再，痛瞻依之何常，特預貢俚言，銘繪禄像而鐫之石，庶幾民望。公尺碑做古漢人爲王常立生祠，以志思云。公籍湖廣麻城，諱大霖，字澤世，雨□其別號也。萬曆甲寅。③

三、明恩義壽官平川（賈甫京）繼室賈母段孺人附墓志銘④

（一）墓志情况

明天啓三年（1623）十月二十八日葬。墓志方形有蓋，志、蓋同大，邊長60

---

① 見清乾隆三十四年（1769）抄本《莊浪志略》卷二〇。

② 試："誠"之誤書。

③ 甲寅：萬曆四十二年（1614）。

④ 見咸陽市文物事業管理局編《咸陽市文物志》，三秦出版社2008年版，第235頁。

厘米，厚9厘米。蓋陰刻篆書4行，行4字，文爲"明壽官平川繼室賈母段孺人祔葬墓志銘"。志石陰刻正書33行，行31字，題爲"恩義壽官平川繼室賈母段孺人祔葬志銘"，李廷訓撰文，劉士璉篆蓋，房象乾書丹。蓋、志四周均有花草飾邊框。志文記述賈甫京的繼室段氏的生平事迹，内容豐富，且書法精妙，刻工講究，有一定史料和藝術價值。出土于三原，現藏三原縣博物館。

（二）墓志銘内容

明恩義壽官平川（賈甫京）繼室賈母段孺人附墓志銘

［蓋文］

明壽官平」川繼室賈」母段孺人」祔葬志銘」

［志文］

恩義壽官平川繼室賈母段孺人祔葬志銘」

賜進士奉議大夫欽差清軍兵備河南驛傳道按察司僉事眷生李廷訓頓首撰」

山西大同府東路管糧兼管屯捕同知眷生劉士璉頓首篆」

文林郎奉政大夫山東兖州府運河同知眷生房象乾頓首書」

孺人者，儒士增福、增壽之母，故恩義壽官平川賈公諱甫京之繼室也。恩義壽官」以萬曆癸卯莫春捐館舍，越二載乙巳嘉平葬南郊新阡，先太保温公銘諸墓。孺」人于萬曆己未戌月廿六日終内寢，①以天啓癸亥閏十月廿八日，②啓壽官暨元配」張壙祔葬焉。先期孤福偕弟壽泣而曰：孤元母早世，無出。孤母腹孤二人，復見皆」哀哉，百身莫贖矣。孤不能慰生前，會今葬有日，願乞一言，以志不忘，庶足表幽貞，」慰泉壤，亦孤爲子者心也。余曰：婦德不逾梱，余又非長子，言何足以志孺人也。其」孤懇再四。余曰：不知其婦視其夫，不知其母視其子，則孺人有可志矣。孺人姓段」氏，故絳人，與壽官同里閈，蓋繼張而相壽官者也。當張之逝也，壽官難其繼，妁得」孺人。孺人父處士公素稔知壽官德若梁伯鸞，遂不妨以女繼焉。孺人既嬪，而賢」淑柔慎，視張無兩，以故壽官多内助云。聞之夫子無婦助，擬偏轂難轉，只翻不翔，」以觀壽官之家運生平，及其子之恂恂儒雅，大抵得内助力居多。藉令不然，則馮」衍、劉孝標輩，良

---

① 己未：萬曆四十七年（1619）。
② 癸亥：天啓三年（1623）。

可鑒已。壽官惟得張而浚娀于前，得孺人而紹休于後，兩相焜耀，宜大有造于賈也。且其孤曰：先母張之拮据，先君子數數言之，孤幼不省。自孤有知，先君子久旅蕪，先慈以弱質支內政，凡公私取用，節縮不匱，先君子得免內顧憂。又孤兄弟甫離繦抱，先慈不吝伏臘費，督令業，偶稍軼矩矱，即譴責，不假貸。孤兄弟無似，雖不幸不卒業，亦不至落莫潰門戶，皆母功也。不寧惟是，先慈性勤儉，洴澼洸，動龜手，績紝紡，繼晨昏。糞掃洒除，雖瑣必親；金碧綺穀，雖華不禦。呵叱不揚于比鄰，夏楚不加于臧獲，子婦沐卵翼之恩，威黨沾河潤之澤。諸如此類，先慈足壽考，今竟爾也，尚忍言哉。

余聞其語，嘯乎歎曰：戴天者，忘高；履地者，忘厚。二子食母而不忘其母，非孝心純篤，能若是乎。且其母一閨閣者耳，而其行若是，非第一婦人也，其殆傑然大丈夫流乎。倘非聞瘠土沃土之訓，而劑之以慈和，能若是與。孺人父諱慨，素醇朴，三晉右族，人稱爲長者。孺人作配壽官，多內行，想其發源有自矣。孺人生嘉靖辛亥十二月二十日，距卒得壽六十九歲。子福娶見前志，三繼李氏，見南氏，生員騰電女。壽娶孔朝宰女，副李氏。女一，適涇陽大陽村壽官王敬賢子。孫男一，賈我琦，幼。孫女二，俱幼，未聘。并福出。銘曰：

夫以婦助，子以母賢。繼宜室家，璧合珠聯。彼没没以死者，孰若孺人之可傳。

天啓三年歲次癸亥閏十月廿八日

不孝男增福、增壽、孫我琦泣血上石

富平石匠李加聚鐫

參 考 文 獻

一、古代文獻

《國語集解》:(春秋)左丘明撰,徐元誥集解,王樹民、沈長雲點校,中華書局 2002 年版。

《史記》:(漢)司馬遷撰,中華書局 2013 年版。

《東觀漢記校注》:(漢)劉珍等撰,吳樹平校注,中華書局 2008 年版。

《漢書》:(漢)班固撰,(唐)顏師古注,中華書局 1962 年版。

《舊唐書》:(後晉)劉昫等撰,中華書局 1975 年版。

《後漢書》:(南朝宋)范曄撰,中華書局 1965 年版。

《隋書》:(唐)魏徵、令狐德棻等撰,中華書局 1973 年版。

《晋書》:(唐)房玄齡等撰,中華書局 1974 年版。

《太平御覽》:(宋)李昉等修撰,夏劍欽等校點,河北教育出版社 1994 年版。

《舊五代史》:(宋)薛居正等撰,中華書局 1976 年版。

《宋史》:(元)脱脱等撰,中華書局 1977 年版。

《楚寶》:(明)周聖楷撰,岳麓書社 2008 年版。

《元史》:(明)宋濂等撰,中華書局 1976 年版。

《醯雞吟》:(明)李廷訓撰,明天啓三年(1623)刻本,美國國會圖書館藏。

《徽郡志》:(明)孟鵬年修,(明)郭從道纂,嘉靖四十二年(1563)抄本。

《來陽伯文集》:(明)來復著、(清)李錫齡校刊,清道光二十三年(1843)刻本。

《松門稿》:(明)王庭訓撰,萬曆四十一年(1613)汪學海刻本。

《明實録》:(清)張廷玉修,中華書局 1974 年版。

《二南遺音》：（清）劉紹攽撰，清同治十二年(1873)刻本。

《〔宣統〕固原州志》：（清）王學伊等纂修，清宣統元年(1909)刊本。

《〔宣統〕新修固原直隸州志》：（清）王學伊修，錫麒纂，韓超校注，上海古籍出版社 2018 年版。

《〔乾隆〕西安府志》：（清）舒其紳等修，嚴長明等纂，乾隆四十四年(1779)刊本。

《〔雍正〕陝西通志》：（清）查郎阿修，沈青崖纂，雍正十三年(1735)本。

《〔雍正〕河南通志》：（清）田文鏡修，孫灝纂，雍正十三年(1735)刻本。

《〔乾隆〕三原縣志》：（清）劉紹攽纂修，乾隆四十八年(1783)刻本。

《〔光緒〕三原縣志》：（清）賀瑞麟纂，焦雲龍修，清光緒六年(1880)刻本。

《〔乾隆〕甘肅通志》：（清）許容修，李迪等纂，清乾隆元年(1736)刻本。

《南康府志》：（清）盛元等纂修，查勇雲，陳林森點校，江西高校出版社 2016 年版。

二、現當代文獻

（一）著作

《關中士族與文學》：李浩著，中國社會科學出版社 2003 年版。

《明清進士題名碑錄索引》：朱保炯，謝沛霖編，上海古籍出版社 2006 年版。

《咸陽市文物志》：樊延平主編，三秦出版社 2008 年版。

《〔光緒〕三原縣新志》：《咸陽經典舊志稽注》編纂委員會整理，三秦出版社 2010 年版。

《中國題畫詩發展史》：劉繼才著，遼寧人民出版社 2010 年版。

《古代咏史集敘錄稿》：張焕玲、趙望秦著，三秦出版社 2013 年版。

《陝西古代文獻集成》：賈三強主編，陝西古代文獻集成編纂委員會編，陝西人民出版社 2017 年版。

（二）論文

《明末學風與詩學》：王遜撰，南京大學文藝學專業 2013 屆博士論文，指導教師周群。

《明代寧夏詩詞研究》：王娜撰，寧夏大學中國古代文學專業 2014 屆碩士論文，指導教師梁祖萍教授。

《明清陝西三原文人群體及其著述研究》：周喜存撰，陝西師範大學中國古典文獻學專業 2017 屆博士學位論文，指導教師趙望秦教授。

《明清寧夏進士與文學》：金振宇撰，寧夏大學中國古代文學專業 2019 屆碩士論文，指導教師梁祖萍教授。